3 단계

ДОРОГА В РОССИЮ

러시아로 가는 길

러시아어 단계별 종합 교재

первый уровень ТРКИ

В.Е. Антонова,
М.М. Нахабина,
А.А. Толстых

뿌쉬낀하우스

러시아로 가는 길

초판 1쇄 2007년 03월 08일
초판 3쇄 2019년 03월 18일

지은이 В.Е. Антонова, М.М. Нахабина, А.А. Толстых
옮긴이 뿌쉬낀하우스 출판부
펴낸이 김선명

펴낸곳 뿌쉬낀하우스
주소 서울시 중구 동호로 15길 8, 리오베빌딩 3층
전화 02)2237-9387
팩스 02)2238-9388
이메일 pushkin_book@naver.com
홈페이지 www.pushkinhouse.co.kr
출판등록 2004년 3월 1일 제2004-0004호

ISBN 978-89-92272-05-6 18790

© ЗАО «Златоуст», 2006
Настоящее издание осуществлено по лицензии, полученной от ЗАО «Златоуст».

Korean Translation Copyright © 2007 by Pushkin House
이 책의 국내 저작권은 «Златоуст»(즐라또우스뜨) 출판사와 독점 계약한 뿌쉬낀하우스에 있습니다.
국내에서 저작권 보호를 받는 저작물이므로 무단 전재나 무단 복제를 금합니다.

*잘못된 책은 바꿔 드립니다.

러시아어 단계별 종합교재

러시아로 가는길

러시아 교육문화센터
뿌쉬낀하우스

머리말

본 교재는 모스크바 국립대학교 국제교육센터(ЦМО)의 나하비나(М.М. Нахабина), 안또노바(В.Е. Антонова), 똘스띄흐(А.А. Толстых) 교수가 저술한 〈Дорога в Россию 3〉 (2006년, ЗАО «Златоуст» 출판사)의 한국판으로 "러시아어능력인증시험"인 토르플(TORFL, ТРКИ)의 '1단계(Первый сертификационний уровень)'에 해당된다.

본 교재는 〈러시아로 가는 길〉 시리즈의 세 번째 책으로 중급 문법과 회화를 심화시킬 수 있도록 구성되어 있다. 한편 많은 텍스트와 과제를 통해 독해력과 분석력을 향상시킬 수 있으며, 이를 바탕으로 러시아어로 토론 및 작문할 수 있는 능력을 기를 수 있다.

본 교재의 구체적인 특징은 다음과 같다.

첫째, 각 과는 들어가는 글, 이 과의 길잡이, 회화, 문법, 텍스트 및 읽을 거리로 구성되어 있다.

둘째, 문법 설명 및 연습 문제를 다양화시켜 중급 문법을 보다 쉽게 이해할 수 있도록 구성되어 있으며, 이를 바탕으로 토르플 시험에 대비할 수 있도록 책의 마지막에 예제를 싣고 있다.

셋째, 풍부한 텍스트를 통해 다양한 러시아 문화를 접할 수 있도록 구성되어 있다. 정보와 흥미로운 이야기들이 많아 간접적인 러시아 문화체험을 할 수 있다.

넷째, 회화 부분이 강화되어 하나의 주제를 바탕으로 토론을 심화시킬 수 있도록 구성되어 있다.

다섯째, 독학이 가능하도록 청취용 CD가 제작되어 청취력 향상을 돕고 있다.

본 교재는 120시간의 학습 시간을 기본 학습량으로 하고 있으며, 월 30시간을 기준으로 할 때 4개월 완성이 가능하다.

　이와 같은 훌륭한 중급 교재가 한국에서 출판될 수 있게 된 것에 기쁜 마음을 표한다. 이를 통해 학습자들이 러시아어를 향상시키고, 러시아를 잘 이해하게 될 수 있기를 바란다.

뿌쉬낀하우스 출판부

이 책의 구성

>> **들어가는 글** Эпиграф　　　　유명한 시나 격언을 통하여 각 과의 핵심 문법 및 주요 테마를 전달한다.

>> **이과의 길잡이** Содержание урока　　각 과의 테마, 문법, 텍스트 내용 등을 미리 보여준다.

>> **회화** Поговорим　　각 과의 핵심을 이루고 있는 테마를 중심으로 다양한 정보를 나누고 깊이있는 토론을 할 수 있도록 회화 파트가 강화되어 있다.

>> **문법** Новая грамматика　　심화된 중급 문법을 체계적으로 공부할 수 있도록 구성되어 있다.

>> **텍스트** Текст　　다양한 내용의 중급 텍스트를 통하여 독해력과 분석력, 어휘력을 강화할 수 있도록 되어 있다.

>> **읽을거리** <Это интересно узнать>, <Читаем газеты и журналы>　　다양한 읽을거리를 제공함으로써 러시아 문화를 보다 잘 이해할 수 있다.

축하의 말

Дорогие читатели!

Этот учебник написан для вас опытными прододавателями из Центра международного образования Московского государственного университета.

Он представляет собой третью часть курса русского языка для взрослых учащихся различных форм обучения.

Курс обучает общению (в устной и письменной формах) в соответствии с требованиями первого сертификационного уровня по русскому языку для граждан зарубежных стран.

С помощью курса «Дорога в Россию» вы овладеете русским языком на первом сертификационном уровне, а также подготовитесь к тесту первого уровня Российской государственной системы тестирования.

Желаем успехов!

Анна Голубева

차 례 Содержание

01 **Людей неинтересных в мире нет...** **11**

Тема : 사람의 생애, 그의 가족, 그의 관심사와 취미(1)
Грамматика : 1. 완료상, 불완료상 동사의 능동과 피동 구문
              2. 재귀동사의 활용
Тексты : 가족 문제
         체홉 전기의 일부(희곡 〈갈매기〉에 관해)
         〈발견〉(체홉 단편소설의 요약)

02 **В человеке всё должно быть прекрасно** **45**

Тема : 사람의 생애, 그의 가족, 그의 관심사와 취미(2)
Грамматика : 1. 능동 형동사의 현재시제(불완료상 동사로)
              2. 능동 형동사의 과거시제(불완료상 동사와 완료상 동사로)
Тексты : 가족의 전통
         길랴롭스끼(전기의 일부)
         체홉(전기)

03 **Науки юношей питают** **71**

Тема : 교육제도와 학업, 학문, 직업(1)
Грамматика : 1. 피동(수동) 형동사의 현재시제(불완료상 동사로)
              2. 피동(수동) 형동사의 과거시제(완료상 동사로)
              3. 피동 형동사의 단어미형
Тексты : 러시아의 교육 시스템
         슉쉰(전기)
         시험(슉쉰의 단편소설 요약)

04 **Воробьёвы горы, московский университет!** **101**

Тема : 교육제도와 학업, 학문, 직업(2)
Грамматика 1. 형용사와 부사의 비교급
              2. 형동사의 장어미형과 단어미형
              3. 단문과 복문에서 형용사의 한정적 용법
Тексты : 언어에 관해
         경연 대회
         따찌야나의 날
         2005년도는 모스크바 대학 250주년입니다
         신문과 잡지를 읽읍시다!

차 례

05 **Покажите мне Москву, москвичи! Покажите** **131**
   мне её без прикрас

   Тема : 도시, 도시탐방, 교통수단, 도시에서 길 찾기
   Грамматика : 1. 접두사가 없는 운동동사
   　　　　　　 2. 접두사가 있는 운동동사(1식 변화)
   Тексты : 세계 다양한 나라의 교통수단 형태
   　　　　 도시의 문
   　　　　 모스크바는 도시가 아니라 온전한 세계다(모스크바 탐방)
   　　　　 삶 속에서 마주치는 상황
   　　　　 신문과 잡지를 읽읍시다!

06 **Москва – звонят колокола! Москва - златые купола!** **171**

   Тема : 도시의 유원지, 도시에서의 삶
   Грамматика : 1. 접두사가 있는 운동동사의 상 비교
   　　　　　　 2. 접두사가 있는 운동 동사(2식 변화)
   　　　　　　 3. 운동동사의 전이된 의미들
   　　　　　　 4. 단문, 복문에서의 장소 표현
   Тексты : 티켓없이 극장에 들어가는 법
   　　　　 모스크바의 끄레믈린
   　　　　 새 아파트
   　　　　 신문과 잡지를 읽읍시다!

07 **Зову тебя Россиею...** **209**

   Тема : 러시아(일반적인 정보, 역사, 지리)
   Грамматика : 1. 수사
   　　　　　　 2. 부동사
   　　　　　　 3. 복문에서의 양과 정도의 표현
   Тексты : 러시아(일반적인 정보, 국가조직, 역사, 인구, 언어, 자연)
   　　　　 우랄
   　　　　 자연의 기적
   　　　　 아내와 다퉜다(체홉의 단편소설 요약)
   　　　　 바조프(전기의 일부)
   　　　　 돌로 된 꽃(바조프의 단편소설 요약)

Содержание

08   **Культура едина для всего человечества**   **253**

Тема : 전통, 명절, 문화
Грамматика : 1. 단문과 복문에서의 시간 표현
                   2. 단문과 복문에서의 조건 표현
Тексты : 전통과 명절
          신문과 잡지를 읽읍시다!
          문화 소식
          단편소설(체홉의 단편소설 요약)
          이반 바또프
          달, 태양과 바람(러시아 전래동화)

09   **Я же с дальней дорогой знаком по-другому…**   **309**

Тема : 건강, 여행, 운동
Грамматика : 1. 단문과 복문에서의 원인, 결과 표현
                   2. 단문과 복문에서의 목적 표현
                   3. 단문과 복문에서의 양보 표현
Тексты : 에른스트 물다쉐프
          목소리와 눈(그린의 단편소설 요약)
          여행가 표도르 꼬뉴호프
          더 빨리, 더 높이, 더 힘차게!
          아테네의 영웅
          신문과 잡지를 읽읍시다!
          웃음
          인디고의 아이들–그들은 누구인가?
          크리스마스 휴가

Тест (토르플 1단계 모의 테스트)   **351**

Урок 1

Людей неинтересных в мире нет...

흥미롭지 않은 사람은 세상에 없다

> Людей неинтересных в мире нет.
> Их судьбы — как истории планет.
> У каждой всё особое, своё,
> И нет планет, похожих на неё...
>
> У каждого — свой тайный личный мир.
> Есть в мире этом самый лучший миг.
> Есть в мире этом самый страшный час,
> Но это всё неведомо для нас.
>
> И если умирает человек,
> С ним умирает первый его снег,
> И первый поцелуй, и первый бой...
> Всё это забирает он с собой.
>
> Евгений Евтушенко

이과의 길잡이

Тема:
Биография человека, его семья, его интересы и увлечения 사람의 생애, 그의 가족, 관심사, 취미(1)

Грамматика:
I. Активные и пассивные конструкции с глаголами НСВ и СВ 완료상, 불완료상 동사의 능동과 피동 구문
II. Употребление глаголов с частицей -СЯ 재귀동사의 활용

Тексты:
Проблемы семьи 가족 문제
Фрагмент биографии А.П. Чехова (о пьесе «Чайка») 체홉 전기의 일부(희곡 〈갈매기〉에 관해)
Открытие (по рассказу А.П. Чехова) 〈발견〉(체홉 단편 소설의 요약)

 **회화**

Поговорим

1 **Давайте поговорим о семье.**
   а) Вы хотите знать:

— Какая семья у вашего собеседника?
— Сколько человек в его семье?
— Как зовут его родителей, братьев, сестёр?
— Сколько им лет?
— Где живёт его семья?
— Чем занимаются его родители, какая у них профессия?

   б) Вы слушали диалог. Сообщите, что вы узнали о семье одного из собеседников.

2 **а) Вы хотите знать:**

— На кого похож ваш собеседник?
— На кого он похож по характеру?
— Какой характер у его родителей?
— Чем они увлекаются?
— Как они проводят свободное время?

   б) Вы слушали диалог. Сообщите, что вы узнали о семье одного из собеседников.

3 **а) Вы хотите знать:**

— Где живёт семья вашего собеседника — в городе или в деревне? Почему?
— Его семья живёт в собственном доме или в квартире?
— Какой у его семьи дом (сколько этажей) / какая квартира (сколько комнат)?
— Есть ли у его семьи домашние животные?
— Кто заботится о них, гуляет с ними?

   б) Вы слушали диалог. Сообщите, что вы узнали о семье одного из собеседников.

Новая грамматика

I. Активные и пассивные конструкции с глаголами НСВ и СВ

> ! Эта грамматика нужна вам для чтения учебников, газет и журналов.

1 Прослушайте объявления. Скажите, где можно увидеть или услышать их. Что вы узнали из этих объявлений?

Добро пожаловать!
Новая станция метро открывается первого января.

Уважаемые покупатели! Лекарства продаются только по рецепту.

Внимание!
Книги выдаются только по читательским билетам.

Посмотрите нашу передачу!
В ней рассказывается, как создавался первый космический корабль и как формировался первый отряд космонавтов.

Купите нашу книгу!
Вы узнаете, как готовятся национальные русские блюда.

Уважаемые пассажиры!
В нашем самолёте курить запрещается.

Уважаемые пассажиры!
Проездные билеты продаются водителем только на остановках.

Уважаемые студенты и школьники!
На наши летние курсы русского языка принимаются все желающие.

Приглашаем вас в букинистический магазин на Арбате!
Здесь принимаются и продаются старинные книги, альбомы и открытки.

Уважаемые клиенты!
В нашем банке обменивается валюта всех стран.

2 а) Прочитайте фрагменты биографий известных людей. Скажите, кем были эти люди, знали ли вы об этих людях раньше.

П.М. Третьяков

В середине XIX века известный русский коллекционер Павел Михайлович Третьяков начал собирать лучшие картины русских художников. Коллекция картин **собиралась** им долгие годы. А в 1892 году П.М. Третьяков подарил эту коллекцию Москве.

Фамилию Бехтеревы хорошо знают во всём мире. Бехтеревы — это семья учёных, которые занимались и занимаются изучением мозга человека. Научные исследования начал Владимир Михайлович Бехтерев (1857–1927) в конце XIX века. В течение нескольких лет в России им **создавался** Институт по изучению мозга. Затем научная работа в этой области **продолжалась** его дочерью и внуком.

Традиции семьи **сохраняются** и сейчас: правнучка Владимира Михайловича Бехтерева Наташа учится в медицинском институте, чтобы стать врачом.

В.М. Бехтерев

Д.Д. Шостакович

Самая известная симфония русского композитора Дмитрия Дмитриевича Шостаковича — Седьмая («Ленинградская»). Это произведение **создавалось** композитором в начале Великой Отечественной войны (в 1941 году). Седьмая симфония впервые **исполнялась** автором в Ленинграде в радиостудии и **передавалась** на всю страну. В это время город находился в блокаде: вокруг стояла немецко-фашистская армия.

В 1755 году **открылся** и начал работу Московский университет. Учёные, которые преподавали в университете, **приглашались** из-за границы. Лекции **читались** иностранными преподавателями на латинском, греческом и немецком языках. Но основатель Московского университета Михаил Васильевич Ломоносов хотел, чтобы лекции в первом российском университете **читались** российскими преподавателями на русском языке.

М.В. Ломоносов

б) Обратите внимание на выделенные формы глаголов. Напишите инфинитивы этих глаголов и определите их вид.

1. Переходные и непереходные глаголы

Прочитайте примеры в таблице 1. Скажите, чем отличаются переходные глаголы от непереходных. Дополните таблицу своими примерами.

Таблица 1

Непереходные глаголы	Переходные глаголы что (с)делать? + объект (4)
Виктор отдыхает.	Виктор читает *книгу*.
Анна работала.	Анна написала *письмо*.
Друзья будут заниматься.	Друзья будут изучать *химию*.

2. Пассивные конструкции с глаголами НСВ (1)

Прочитайте примеры в таблице 2. Посмотрите на схему. Скажите, чем отличаются активные конструкции от пассивных. От каких глаголов образуются пассивные формы?

Таблица 2

Актив А	Пассив П
Студент **изучает** / **изучал** иностранный язык.	Иностранный язык **изучается** / **изучался** студентом.
На пятом курсе студенты **пишут** дипломные работы.	Дипломные работы **пишутся** студентами на пятом курсе.
Учёные **будут решать** эту сложную научную проблему.	Эта сложная научная проблема **будет решаться** учёными.

 кто? изучает  что?

что?  изуча**ет**ся кем?
или
кем?  изуча**ет**ся что?

кто? (1)	глагол НСВ	что? (4)
Студент	изучает... изучал... будет изучать...	русский язык. математику.

что? (1)	глагол НСВ + -ся	кем? (5)
Русский язык...	изучает**ся** изучал**ся**	студентом.
Математика...	изучала**сь** будет изучать**ся**	

3

а) Прочитайте (или прослушайте) сообщения. Как можно передать эту информацию по-другому? (Используйте активные конструкции.)

1. Все учебные вопросы решаются деканом.
2. Контрольная работа будет выполняться студентами на компьютере.
3. Эта картина создавалась художником 5 лет.
4. Энциклопедии и словари хорошо покупаются студентами и школьниками.
5. Газета «Московский комсомолец» с интересом читается молодёжью.
6. В Центре международного образования МГУ студентами изучаются русский язык и другие предметы.
7. На встрече с известным актёром зрителями задавались интересные вопросы.
8. На уроке сначала преподавателем объясняется новая грамматика, а потом студентами выполняются упражнения.

б) Как изменятся сообщения, если вы измените время глаголов?

Образец: Все учебные вопросы решались / будут решаться деканом.

4

Запишите данную информацию по-другому. Закончите предложения справа (используйте активные конструкции).

1. На конференции психологами обсуждалась проблема воспитания детей.	На конференции психологи...
2. В настоящее время учёными всего мира создаются лекарства от СПИДа.	В настоящее время учёные всего мира...
3. Мировой океан исследуется учёными разных стран.	Учёные разных стран...
4. Памятник Петру I в Москве создавался известным скульптором Зурабом Церетели несколько лет.	Известный скульптор Зураб Церетели...
5. Санкт-Петербург строился русским царём Петром I много лет.	Русский царь Пётр I...
6. Долгие годы коллекция музея Эрмитаж собиралась царской семьёй.	Долгие годы царская семья...
7. Шестая симфония впервые исполнялась её автором П.И. Чайковским в Санкт-Петербурге.	П.И. Чайковский впервые...

3. Случаи употребления пассивных конструкций с глаголами НСВ

Прочитайте примеры в таблице 3. Посмотрите на схему. Скажите, чем отличаются эти конструкции. Какие формы глаголов используются в них? (Задайте вопросы, если вам что-то непонятно.)

Таблица 3

когда?/ где?	Актив A	Пассив П
В России	президента **выбирают** один раз в 4 года.	президент **выбирается** один раз в 4 года.
В январе в Кремле	**проводят** новогодние ёлки для детей.	**проводятся** новогодние ёлки для детей
В Москве	**строят** новую станцию метро.	**строится** новая станция метро.

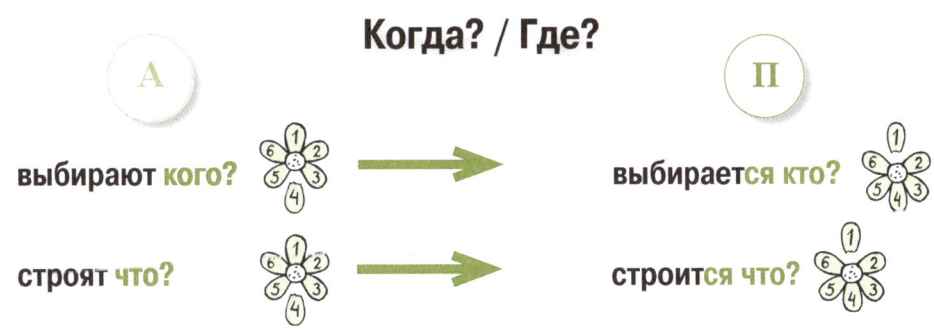

когда?/ где?	глагол НСВ	что?
Сейчас здесь В Москве	строят строили будут строить	школу. метро. мост.

A

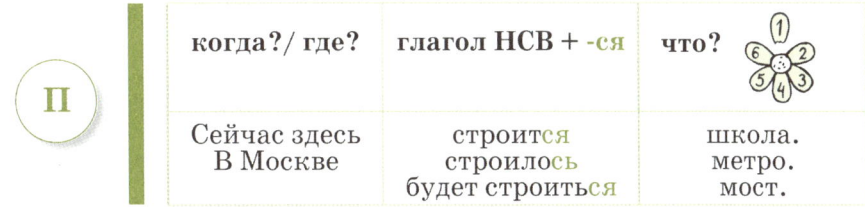

5 Прослушайте словосочетания, замените пассивную конструкцию активной.

Образец: задача решается задачу решают

ужин готовится, цветы продаются, проблема решается, праздник отмечается, природа исследуется, планеты изучаются, ректор выбирается, дом строится

Образец: школа будет строиться школу будут строить

день рождения будет отмечаться, книга будет издаваться, песня будет исполняться, президент будет выбираться, работа будет выполняться, сувениры будут продаваться

Образец: здание строилось здание строили

коллекция собиралась, институт создавался, Новый год праздновался, школа строилась, история изучалась, фильм показывался, полёт готовился

6 Прочитайте фрагменты биографий ещё раз, замените пассивные конструкции активными. Расскажите, что вы узнали.

7 а) Прочитайте текст. Скажите, кто такая Татьяна Устинова?

Недавно в газете «Труд» была напечатана статья, в которой рассказывалось о семье московской писательницы Татьяны Устиновой. Вся её дружная семья живёт за городом в большом старом доме. На кухне постоянно готовится еда, дети играют, а в саду весело бегает собака Кузя. В этой семье все друг друга любят и всегда помогают друг другу. Романы создаются здесь же, в этом уютном доме, и печатаются на старом компьютере, который писательница купила когда-то очень давно у знакомых.
Этот дом, сад и эта семья, где все кричат, ссорятся и мирятся, появляются в каждом романе Татьяны Устиновой. Её герои — нормальные, живые люди, с которыми мы встречаемся каждый день. Поэтому книги Татьяны Устиновой читаются очень легко и с удовольствием.

Т. Устинова

б) Задайте вопросы по тексту, чтобы уточнить, правильно ли ваши друзья поняли этот текст.

в) Прочитайте текст ещё раз, замените пассивные конструкции активными.

г) Расскажите, что вы узнали о семье и работе Татьяны Устиновой. Запишите эту информацию (3–5 предложений).

8 **Прослушайте сообщения и запишите эту информацию по-другому** (используйте активные конструкции).

1. Сейчас в Москве строятся новые современные дома.
2. В университете ректор выбирается один раз в 7 лет.
3. В поликлинике больные принимаются каждый день с девяти утра.
4. Романы Б. Акунина всегда читаются с удовольствием.
5. В магазине «Подарки» на Тверской улице продаются русские сувениры.
6. В микроволновой печи мясо и рыба готовятся очень быстро.
7. Всемирно известный русский самовар делается на заводе в российском городе Туле.
8. В дружной семье все проблемы обсуждаются и решаются на семейном совете.
9. В начале учебного года в школах и институтах составляется расписание занятий.
10. Рассказы Татьяны Толстой печатаются в лучших российских журналах.
11. Раньше теория относительности А. Эйнштейна изучалась только в институте, а сейчас эта теория изучается в школе.
12. Космический полёт готовится в Центре подготовки космонавтов в Звёздном городке.

9 **Прочитайте объявления ещё раз (упр. 1). Замените пассивные конструкции активными.**

10 **Прочитайте текст.**
а) Скажите, какая проблема обсуждается в этом тексте.

Сейчас почти во всех больших городах России создаются центры планирования семьи. В эти центры приходят молодые люди, чтобы получить консультацию опытных психологов, врачей и педагогов. В этих центрах обсуждаются наиболее важные проблемы молодой семьи: материальные проблемы, проблема жилья, проблема рождения и воспитания ребёнка.

В последнее время психологами и педагогами часто обсуждается вопрос: сколько детей должно быть в семье — один или несколько? В каждой семье эта проблема решается по-своему.

Многодетные семьи сейчас «вышли из моды». Считается, что один ребёнок — это удобно. Одному ребёнку в семье уделяется больше времени и внимания, он лучше обеспечивается материально. Но единственные дети, особенно подростки, часто говорят о своём одиночестве. Такие дети могут быть неуверенными в себе, в своих силах, потому что постоянно опекаются своими папами, мамами, бабушками и дедушками.

Конечно, если в семье много детей, родители не могут проводить много времени с каждым ребёнком. Но в многодетных семьях младшие дети воспитываются старшими братьями и сёстрами, которые играют и занимаются с ними. Дети в больших семьях быстро становятся самостоятельными и уверенными в себе.

| уделять время кому? (3) | опекать кого? (4) |
| уделить внимание детям | детей |

| воспитывать кого? (4) | обеспечивать кого? (4) чем? (5) |
| воспитать детей | обеспечить детей книгами |

б) Найдите в тексте 9 пассивных конструкций и замените их активными.

в) Спросите своих друзей, что они думают об этой проблеме. Согласны ли они с автором этой статьи? Какая у них семья?

г) Что вы узнали из беседы с вашими друзьями? Выскажите своё мнение.

д) Есть ли в вашем городе центр планирования семьи? Чем он занимается? Как вы думаете, нужен ли такой центр?

4. Пассивные конструкции с глаголами СВ

11 а) Прочитайте фрагменты биографий известных людей. Скажите, кем были эти люди. Знали ли вы об этих людях раньше?

В.М. Васнецов

В 1878 году известный русский художник Виктор Михайлович Васнецов переехал в Москву. А в 1894 году в центре Москвы, в Троицком переулке (сейчас переулок Васнецова), он построил дом, в котором жил со своей семьёй. Дом **был построен** по проекту самого художника. Мебель в доме **была сделана** его родным братом Аркадием. В этом доме В.М. Васнецовым **были созданы** его лучшие картины.

В 1905 году молодым учёным Альбертом Эйнштейном **было сделано** великое научное открытие. Им **была создана** теория относительности. Современники очень удивились этому открытию, ведь Альберту Эйнштейну тогда было всего 26 лет. Эта теория не сразу **была принята** учёными. В наше время эта теория **изучается** не только студентами, но и школьниками старших классов.

А. Эйнштейн

А.П. Бородин

Н.А. Римский-Корсаков

Всем известно, что опера «Князь Игорь» **была написана** русским композитором А.П. Бородиным. Но не все знают, что автор не закончил свою оперу. После смерти А.П. Бородина работа над этим произведением **была закончена** другим русским композитором — Н.А. Римским-Корсаковым.

Периодический закон химических элементов **был открыт** русским учёным-химиком Д.И. Менделеевым в 1869 году. А таблица химических элементов **была создана** учёным в 1871 году. Существует легенда, что эту таблицу Д.И. Менделеев увидел во сне.

Д.И. Менделеев

б) Обратите внимание на выделенные формы глаголов. Напишите инфинитивы этих глаголов и определите вид.

 **5. Случаи употребления пассивных конструкций с глаголами СВ**

Прочитайте примеры в таблице 4. Посмотрите на схему. Скажите, чем отличаются активные конструкции от пассивных.

Таблица 4

А	П
М.В. Ломоносов **основал** Московский университет в 1755 году.	Московский университет **был основан** М.В. Ломоносовым в 1755 году.
Студент быстро **решил** трудную задачу.	Трудная задача быстро **решена** студентом.
На вечере молодой артист **прочитает** стихи.	На вечере стихи **будут прочитаны** молодым артистом.

А

П

или

кто? (1)	глагол СВ	что? (4)
Артист	прочитал прочитает	рассказ.
Поэт	написал напишет	книгу.

что? (1)	пассивная форма от глагола СВ	кем? (5)
Рассказ	прочитан был прочитан будет прочитан	артистом.
Книга	написана была написана будет написана	поэтом.

6. Образование пассивных форм от глаголов СВ

Посмотрите таблицу 5. Расскажите, как образуются пассивные формы от некоторых глаголов СВ. Дополните таблицу своими примерами.

Таблица 5

сдела прода потеря основа	-ть -ть -ть -ть	+ **-н** (-а, -о, -ы)	сделан продан потерян основан	(-а, -о, -ы) (-а, -о, -ы) (-а, -о, -ы) (-а, -о, -ы)
реш-**и** изуч-**и** постро-**и**	-ть -ть -ть	+ **-ен /-ён** (-а, -о, -ы)	реш**ён** изуч**ен** постро**ен**	(-а, -о, -ы) (-а, -о, -ы) (-а, -о, -ы)
откр**ы** заб**ы** уб**и** прин**я**	-ть -ть -ть -ть	+ **-т** (-а, -о, -ы)	открыт забыт убит принят	(-а, -о, -ы) (-а, -о, -ы) (-а, -о, -ы) (-а, -о, -ы)

12 **Используйте материал таблицы 5, чтобы составить предложения со следующими словами:** книга, тетрадь, дом, ключ, решения, письмо, магазины, задание, музей.

Образец: Книга продана (потеряна, куплена, открыта...)
Эта книга куплена в магазине.

13 **Прочитайте предложения. Передайте эту информацию по-другому** (замените пассивные конструкции активными).

1. Эта старая машина была куплена родителями очень давно.
2. Тест будет проведён преподавателем на следующей неделе.
3. Дом в деревне был построен моим дедушкой.
4. Книга подарена мне подругой на день рождения.
5. Эта сложная операция будет сделана опытным хирургом.
6. Эта книга написана известным писателем.
7. Научная статья была прочитана студенткой очень внимательно.
8. Ремонт в доме сделан хорошим мастером.
9. Картина была нарисована московской художницей.
10. Стихи известного поэта будут переведены хорошим переводчиком.

14 Запишите данную информацию по-другому. Закончите предложения справа (используйте активные конструкции).

1. Интересная статья была написана российским журналистом во время путешествия на Северный полюс.	Российский журналист...
2. Учёными-психологами был сделан вывод, что компьютерные игры развивают способности человека.	Учёные-психологи...
3. Скоро московским издательством «Вагриус» будет издана книга о самых интересных событиях XX века.	Московское издательство «Вагриус»...
4. Грузовой автомобиль «мерседес» назван специалистами лучшим автомобилем 2004 года.	Специалисты...
5. Фотографии были сделаны моим другом в студенческом спортивном лагере.	Мой друг...
6. В статье талантливым учёным будут собраны и проанализированы результаты научных экспериментов.	Талантливый учёный...
7. На экскурсии туристами будут осмотрены самые интересные места в городе.	Туристы...

7. Случаи употребления пассивных конструкций с глаголами СВ

Прочитайте примеры в таблице 6. Посмотрите на схему. Чем отличаются эти конструкции? Какая форма глагола используется в активной и какая — в пассивной конструкции?

Таблица 6

когда?/ где?	А	П
Недавно в Москве	**открыли** новый театр.	**был открыт** новый театр.
В 2005 году	**построят** новую библиотеку МГУ.	**будет построена** новая библиотека МГУ.
В 2003 году в Петербурге	**выбрали** нового губернатора города.	**был выбран** новый губернатор города.

УРОК 1. ЛЮДЕЙ НЕИНТЕРЕСНЫХ В МИРЕ НЕТ... | 23

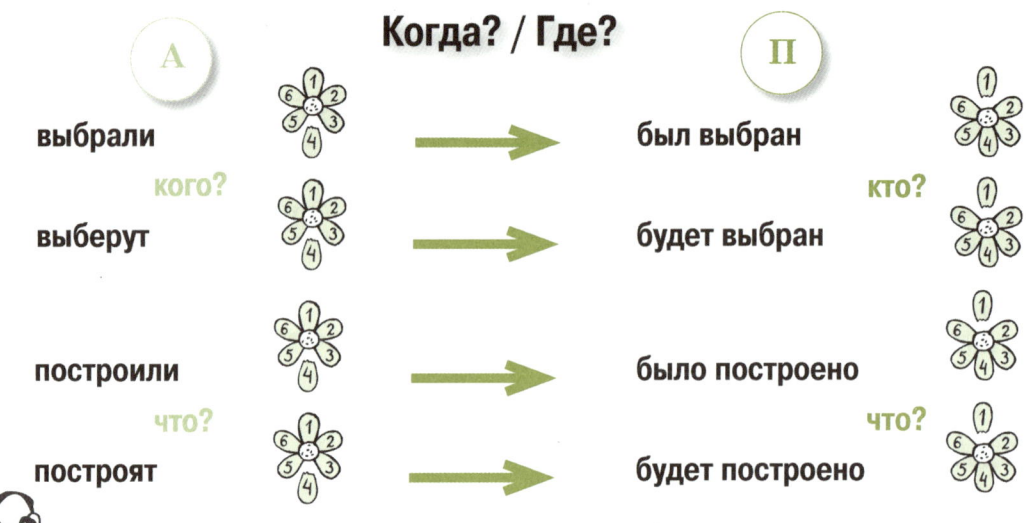

15 а) Прослушайте словосочетания, скажите по-другому (замените пассивную конструкцию активной).

1. **Образец:** школа построена ▶ школу построили

библиотека закрыта, магазин открыт, картина нарисована, продукты куплены, дом продан, обед приготовлен, ключ потерян, решение принято, задача решена, газеты прочитаны

2. **Образец:** здание было построено ▶ здание построили

город был основан, теория была создана, картина была нарисована, закон был открыт, письмо было написано, открытие было сделано, работа была продолжена, фильм был показан

3. **Образец:** дом будет построен ▶ дом построят

экзамен будет сдан, здание будет построено, планета будет исследована, домашнее задание будет сделано, проблема будет решена, касса будет открыта, книга будет издана, решение будет найдено

б) Распространите данные сообщения (1 и 2) с помощью вопросов **где? когда? кем?** и т. д.

Образец: школа построена ▶ В этом районе школа была построена недавно.

16 Прочитайт предложения. Передайте эту информацию по-другому (замените пассивные конструкции активными).

1. Письмо было написано вчера вечером.
2. Продукты были куплены утром.
3. Трудное упражнение сделано на уроке.
4. В 2008 году в стране будет выбран новый президент.
5. В столовой был найден учебник по математике.

6. Ключ был потерян в автобусе.
7. В следующем году будет построена новая школа.
8. В воскресенье магазин будет закрыт.

17 Прочитайте сообщения и скажите, что вы узнали. Передайте эту информацию по-другому (замените пассивные конструкции активными).

1. Информация о разных факультетах МГУ получена из Интернета.
2. В следующей передаче будет продолжен рассказ о проблемах молодой семьи.
3. Новая модель мобильного телефона будет сделана для людей, которые любят не только надёжную технику, но и красивые вещи.
4. На международную конференцию будут приглашены учёные из университетов разных стран.
5. Новый российский фильм «Возвращение» впервые был показан на Международном кинофестивале в Венеции.
6. Гостиница «Москва» в центре города скоро будет перестроена.

18 Прочитайте фрагменты биографий ещё раз (упр. 11), замените пассивные конструкции активными. Расскажите, что вы узнали.

19  а) Быстро прочитайте текст и скажите, какой символ имеет Московский Художественный театр и где можно увидеть этот символ.

Пьеса «Чайка» была написана Антоном Павловичем Чеховым в 1896 году в Мелихове. Эта пьеса была особенно дорога Чехову, потому что в ней писатель впервые рассказал о нелёгкой судьбе людей, которые, как и сам Чехов, выбрали творческую профессию. Герои пьесы — девушка, которая мечтает стать великой актрисой, и молодой начинающий писатель. Оба они мечтают о славе, верят в свой талант и в свои силы, но ещё не знают, какие трудности встретятся им на их нелёгком пути.

Впервые «Чайка» была поставлена в 1896 году в Санкт-Петербурге. К сожалению, пьеса не имела успеха, потому что не была понята зрителями. Антон Павлович Чехов очень переживал эту неудачу. Поэтому, когда режиссёр Московского Художественного театра Константин Сергеевич Станиславский предложил Чехову поставить «Чайку» в Москве, Антон Павлович согласился не сразу. Он пришёл в театр, познакомился с артистами, читал им свою пьесу, был на репетициях спектакля и убедился, что идея его пьесы была правильно понята режиссёром и молодыми талантливыми артистами. Так началась творческая дружба писателя с театром.

В 1898 году чеховская пьеса «Чайка» была поставлена на сцене Московского Художественного театра. Пьеса имела огромный успех. Она была хорошо встречена зрителями. Они долго аплодировали, бросали цветы на сцену и не хотели уходить из театра. С тех пор летящая чайка стала символом Московского Художественного театра. Этот символ и сейчас можно увидеть на здании этого театра, на его занавесе и на театральных билетах.

б) Прочитайте текст ещё раз и ответьте на вопросы:

1. Почему пьеса «Чайка» была очень дорога А.П. Чехову?
2. Где зрители впервые увидели эту пьесу?
3. Почему спектакль в Петербурге не имел успеха?
4. Какой театр предложил А.П. Чехову поставить «Чайку» во второй раз?
5. Как встретили пьесу «Чайка» московские зрители?
6. Почему можно сказать, что спектакль в Москве прошёл с успехом?

в) Какие ещё вопросы по тексту вы можете задать?

г) Найдите в тексте 6 пассивных конструкций и замените их активными.

Это интересно узнать!

20 Прочитайте информацию об изобретениях и открытиях. Расскажите, что нового вы узнали (используйте активные конструкции). Можете ли вы что-нибудь добавить к данной информации?

1. Первый термометр был изобретён итальянским учёным Галилео Галилеем (1564–1642).

2. Электрический ток был открыт итальянским анатомом и физиологом Луиджи Гальвани (1737–1798).

3. Рентгеновские лучи были открыты немецким физиком Конрадом Рентгеном (1845–1923) в 1895 году.

Леонардо да Винчи

4. Проект первого парашюта был сделан итальянским учёным, инженером и художником Леонардо да Винчи (1452–1519).

А. Нобель

5. Динамит был изобретён шведским инженером-химиком Альфредом Нобелем (1833–1896).

6. Шампанское было создано французским монахом по имени Дон Периньон.

7. Первый в мире словарь был создан в Китае.

8. Очки были изобретены английским философом Роджером Бэконом (1214–1292).

9. Здание Большого театра в Москве было построено русским архитектором О.И. Бове в 1825 году.

Скульптура «Рабочий и колхозница»

10. Скульптура «Рабочий и колхозница» была создана известным русским скульптором Верой Мухиной.

11. Первое кругосветное путешествие было совершено в 1519 году португальским мореплавателем Фернандо Магелланом.

12. Америка была открыта итальянским мореплавателем Христофором Колумбом 12 октября 1492 года.

13. Видеомагнитофон был изобретён в 1956 году.

14. Телефон был изобретён американцем Александром Беллом (1847–1922) в 1876 году.

С.П. Королёв

15. Первая космическая ракета была создана в России конструктором Сергеем Павловичем Королёвым (1906–1966).

16. Первый полёт в космос был совершён российским космонавтом Юрием Гагариным в 1961 году.

17. Голубые джинсы впервые были сшиты американцем Леви Страуссом.

18. Первое в мире метро было построено в 1863 году в Лондоне.

19. Бумага была изобретена в Китае во втором веке.

# Новая грамматика

II. Употребление глаголов с частицей -СЯ

Посмотрите, в каких ситуациях употребляются эти глаголы.

1. Пассивные конструкции с глаголами НСВ		Студентами **изучаются** иностранные языки.
2. Собственно-возвратные глаголы **-ся = себя**		Молодой человек **одевается**.
3. Взаимно-возвратные глаголы 		Друзья **встретились** и **обнялись**.
4. Глаголы, обозначающие непроизвольное действие	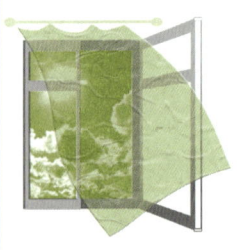	Был сильный ветер, и окно **открылось**.
5. Глаголы, которые без **-ся** не употребляются		Мой друг — очень весёлый человек. Он всегда **улыбается**.

1. Собственно-возвратные глаголы (2)
(-ся = себя)

Посмотрите, в каких ситуациях употребляются эти глаголы.

Девочка причёсывается.

Ребёнок умывается.

Сравните!

глагол + **-СЯ**		глагол + **КОГО? / ЧТО?** 
	Девушка **причёсывается**.	 Мастер **причёсывает** девушку.
причёсываться (= причёсывать себя) **причесаться** (= причесать себя)		**причёсывать** кого? / что? (4) **причесать** (причешу, причешешь, причешут)
	Ребёнок **одевается**.	 Мама **одевает** ребёнка.
одеваться (= одевать себя) **одеться** (= одеть себя)		**одевать** кого? / что? (4) **одеть** (одену, оденешь, оденут)

21 Посмотрите на рисунки, сделайте к ним подписи (выберите внизу нужный глагол).

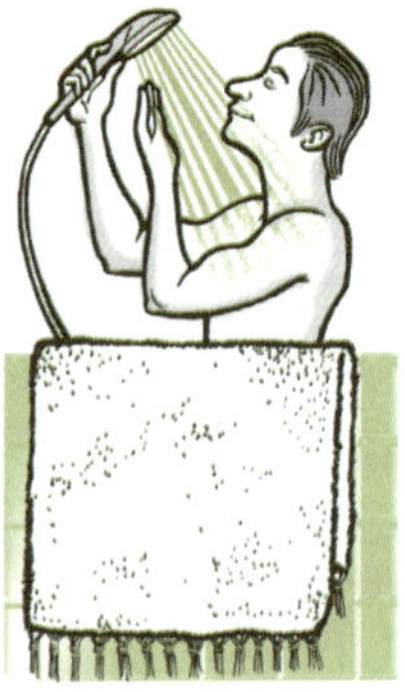

причёсываться / причёсывать кого? (4)
одеваться / одевать кого? (4)
раздеваться / раздевать кого? (4)
умываться / умывать кого? (4)
бриться / брить кого? (4)
мыться / мыть кого? / что? (4)

22 а) Опишите утро человека. Что он делает утром?
(См. глаголы в упр. 21)

б) Расскажите, что вы делаете утром. Спросите своего друга, что он делает утром.

23 а) Прослушайте диалоги. Скажите, где они происходят. Каковы намерения говорящих, что хотят сделать эти люди?

1)
— Здравствуйте, что вы хотите?
— Я хотела бы **постричься**.
— Как вас **постричь**?
— Коротко, я не люблю длинные волосы.
— Хорошо. Я сделаю вам модную короткую причёску.

> стричься — постричься
> стричь — постричь кого? (4)

• Вы пришли в парикмахерскую. Что вы скажете мастеру?

2)
— Ты не знаешь, сегодня тепло?
— Нет, сегодня на улице очень холодно. Тебе нужно тепло **одеться**.
— Хорошо, у меня есть тёплая куртка. Я пойду в этой куртке.

• Узнайте о погоде сегодня и решите, как вы оденетесь.

3)
— Мы опаздываем на поезд! Ты готова?
— Почти, я **умываюсь** и **причёсываюсь**.
— У нас нет времени, ты скоро?
— Да, я сейчас быстро **оденусь**.
— Ну, сколько можно тебя ждать?!
— Я уже готова: **умылась, причесалась, оделась**... Сейчас выхожу.

• Вы опаздываете на урок, поторопите своего друга.

• Вы ещё не готовы, попросите друга подождать. Скажите, что вам надо сделать.

2. Взаимно-возвратные глаголы (3)

Посмотрите, в каких ситуациях употребляются эти глаголы.

Каждое утро друзья встречаются и здороваются.

Сравните!

глагол + -СЯ	⟷	глагол + КОГО? / ЧТО?
Молодые люди **целуются**.		Мама **целует** ребёнка.
целоваться → ← с кем? (5) поцеловаться		целовать → кого? / что? (4) поцеловать

На вокзале люди **встречаются** друг с другом.

встречаться ⟶ с кем? (5)
встретиться

Иван **встречает** друга на вокзале.

встречать ⟶ кого? / что? (4)
встретить

24 Посмотрите на рисунки, сделайте к ним подписи (выберите нужный глагол справа).

ссориться с кем? (5) — **поссориться** с кем? (5)
ссорить кого? (4) с кем? (5) — **поссорить** кого? (4) с кем? (5)

мириться с кем? (5) — **помириться** с кем? (5)
мирить кого? (4) с кем? (5) — **помирить** кого (4) с кем? (5)

обниматься с кем? (5) — **обняться** с кем? (5)
обнимать кого? (4) — **обнять** кого? (4)

встречаться с кем? (5) — **встретиться** с кем? (5)
встречать кого?/ что? (4) — **встретить** кого? / что? (4)

25 Восстановите предложения: выберите глагол справа, поставьте его в нужную форму.

Это известный художник. Я ... с ним на выставке. Нас ... мой друг, который его хорошо знает.	познакомить познакомиться
Вчера моя бабушка приехала к нам в гости. Я ... её на вокзале. Дома она ... со своими детьми и внуками.	встретить встретиться
Мы часто ссоримся с моим другом и не хотим ... . Наши родители всегда ... нас.	мирить мириться
Когда мать и дочь ... , они всегда	встречать встречаться целовать целоваться

26 Прослушайте диалоги. Расскажите, что вы узнали из них. Составьте аналогичные диалоги (используйте выделенные глаголы).

1)
— Что случилось, почему ты такая грустная?
— Утром я **поссорилась** со своим другом.
— Ничего, я думаю, вечером вы уже **помиритесь**.
Вы не можете целый день не разговаривать друг с другом.

• У вашего друга (подруги) плохое настроение. Узнайте, что случилось.

2)

переписываться с кем? (5) НСВ

— Кому ты пишешь?
— Своему другу. Мы познакомились летом.
— Вы встречаетесь?
— Нет, он живёт в другом городе, мы **переписываемся** по Интернету.

• Узнайте у друга, с кем он переписывается или кому он звонит.

3. Глаголы, обозначающие непроизвольное действие (4)

Посмотрите, в каких ситуациях употребляются эти глаголы.

Осторожно, двери закрываются!   Погода меняется.

Сравните!

глагол + -СЯ ⟷ глагол + КОГО? / ЧТО?

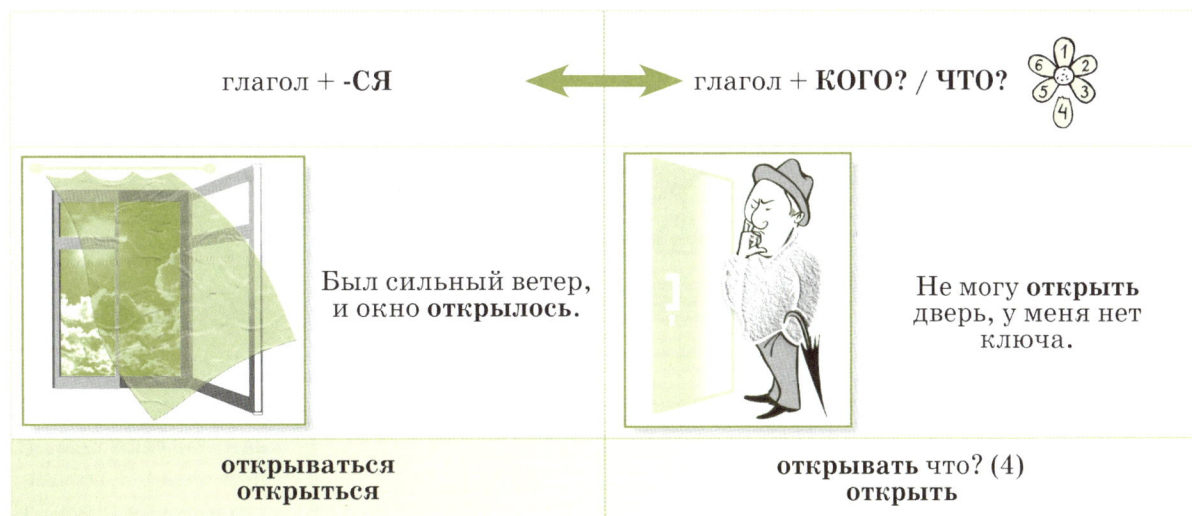

Был сильный ветер, и окно **открылось**.

Не могу **открыть** дверь, у меня нет ключа.

| открываться открыться | **открывать** что? (4) открыть |

27 Восстановите предложения, выберите глагол справа, поставьте его в нужную форму.

Студенты ... книги и начали писать диктант.   закрыть / закрыться

Я встретил своего друга и не узнал его. Он очень ... .   изменить / измениться

Осенью погода часто ... : утром холодно, а днём тепло.   менять / меняться

В этой комнате очень жарко, потому что окно не ... .   открывать / открываться

 ## 4. Глаголы, которые без -ся не употребляются (5)

Мы смотрели очень весёлый фильм и смеялись.

28 Посмотрите на рисунки, сделайте к ним подписи (выберите нужный глагол).

заниматься чем? (5)
ложиться + (спать)
улыбаться кому? (3)
бороться с кем? (5)
прощаться с кем? (5)

29 Прослушайте диалоги. Скажите, что вы узнали из них. Каковы намерения говорящих, что хотят сделать эти люди? Составьте аналогичные диалоги (используйте выделенные глаголы)

1)
— Завтра я **еду** в Минск.
— Ты **полетишь** на самолёте?
— Нет, я поеду на поезде. Я **боюсь** летать, да и билеты стоят дорого.

> **бояться** кого? чего? (2) / что делать?

• Спросите друга, как он собирается поехать на родину.

2)
— Когда тебе можно позвонить?
— Звони вечером, но не поздно, потому что в десять я **ложусь** спать.

• Узнайте у друга, когда ему можно позвонить.

3)
— Сколько лет, сколько зим!
— Да, давно мы не **виделись**.
— А я тебя сразу узнал, ты совсем не **изменился**.

• Что вы скажете, если вы встретили друга, которого давно не видели?

30 Прочитайте русские народные пословицы и поговорки. Как вы понимаете их смысл?

Никогда не ошибается тот, кто ничего не делает.

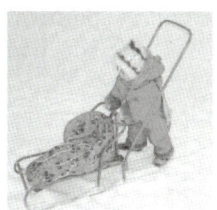

Любишь кататься, люби и саночки возить.

Скоро сказка сказывается, да не скоро дело делается.

 текст

31 В тексте, который вы будете читать, вы встретите новые слова и выражения. Познакомьтесь с ними.

**а) Прочитайте примеры и объяснения.
Постарайтесь понять значение выделенных слов без словаря.**

1. вскакивать — вскочить = очень быстро встать
   - Услышал звонок и вскочил...
   - Вскочил и побежал...

2. хватать — схватить = очень быстро взять что? (4)
      ручку
      книгу
      карандаш
   - Он быстро схватил ручку и записал адрес.

3. делать — сделать машинально = делать, как машина, не думая об этом
   - Он думал о прошлом и машинально рисовал что-то на бумаге.

4. - Он прочитал статью и задумался. = Он прочитал статью и стал думать.

5. спать (НСВ) / засыпать (НСВ) — заснуть (СВ)
   - Он лёг в постель и сразу заснул.

б) Скажите, как вы понимаете эти слова, словосочетания и предложения. В каких ситуациях вы можете употребить их?

1. **от нечего делать** курил (смотрел в окно, рисовал, решил почитать...)
2. **Что это за** книга (новость, проблема...)? = Какая это книга (новость, проблема...)?
3. **хочешь не хочешь, надо** идти (работать, заниматься, служить в армии...)
4. **открыть талант** (способности)
5. **умереть от ужаса** (от смеха, от любви...)

в) Прочитайте пример, закончите предложения. Дайте свои примеры с конструкцией Если бы...

Образец:
Если бы я умел рисовать, я стал бы художником.

> Я не стал художником, потому что я не умел рисовать.

1. Если бы я хорошо играл на гитаре, ...
2. Если бы я умел сочинять стихи, ...
3. Если бы я не приехал в Россию, ...

  **Прочитайте текст по рассказу А.П. Чехова. Скажите, почему он так называется?**

Открытие

Инженер Бахромкин, важный господин, сидел у себя дома за письменным столом и от нечего делать думал о грустном. Сегодня вечером на балу у знакомых он случайно встретился с дамой, в которую лет 20–25 тому назад был влюблён. Раньше это была замечательная красавица, в которую легко было влюбиться. Особенно хорошо Бахромкин помнил её большие глубокие голубые глаза и длинные золотые волосы. Красавица была гордой и неприступной, смотрела строго и редко улыбалась. Но когда она улыбалась, все мужчины обращали на неё внимание. Теперь же это была худая болтливая пожилая женщина с кислыми глазами и жёлтыми зубами...

— Ужасно! — думал Бахромкин и машинально что-то рисовал карандашом на листе бумаги, который лежал перед ним на столе. — Только природа может сделать такое зло человеку. Если бы красавица знала, что с ней будет, в кого она превратится через 20 лет, она умерла бы от ужаса...

Бахромкин долго думал, потом посмотрел на лист бумаги и вскочил.

— Господи! Это что за новости? Я рисовать умею?!

На листе бумаги, на котором он машинально что-то рисовал карандашом, появилась прелестная женская головка. Это была та самая красавица, в которую он был раньше влюблён. Конечно, рисунок был не очень хорошим, но портрет получился похожим.

— Что за новости? — продолжал удивляться Бахромкин. — Я умею рисовать! Пятьдесят два года жил на свете и не думал, что у меня есть таланты, и вдруг, когда жизнь идёт к старости, — благодарю, не ожидал, — талант открылся! Не может быть!

Бахромкин, который не верил в чудеса, схватил карандаш и нарисовал голову старухи около красивой головки... Этот рисунок получился у него так же хорошо, как и первый.

— И это неплохо?! — удивился Бахромкин. — Значит, я художник! Значит, у меня есть талант! Как же я не знал этого раньше? Вот чудо!

Бахромкин очень удивился, что у него есть способности к рисованию. Он удивился бы гораздо меньше, если бы нашёл у себя в старом пальто деньги или стал бы большим начальником. Целый час он сидел за столом и рисовал головы, деревья, пожар, лошадей...

— Очень хорошо! Прекрасно! — восхищался он. — Если бы я немного поучился рисовать, совсем было бы отлично.

Слуга, который принёс ужин в кабинет Бахромкину, помешал ему рисовать дальше и восхищаться своими рисунками. Бахромкин поел и задумался... Он вспомнил, что ни разу в жизни не подумал, что у него есть какой-нибудь талант. В молодости, правда, он много читал, играл в домашнем театре, пел, рисовал декорации. Сейчас он продолжал много читать, любил театр, знал наизусть хорошие стихи, удачно шутил и хорошо говорил.

— А что, — подумал Бахромкин, — может быть, я ещё умею стихи и романы писать? Если бы я открыл свой талант в молодости, я стал бы художником или поэтом? А?

Бахромкин вспомнил случай из детства. Однажды, когда он гулял с матерью, на улице они встретили какого-то бедного, плохо одетого человека. Мать поцеловала ему руку.

— Мама, зачем ты это сделала? — удивился мальчик.

— Это очень известный поэт! — ответила ему мать.

Тогда Бахромкин понял, что многие люди с большим уважением относятся к поэтам, художникам, композиторам.

И теперь Бахромкин стал думать о другой жизни — жизни художника или поэта, которую нельзя сравнить с жизнью простых людей.

— Интересная у них жизнь, небудничная, необычная... Слава, известность. Поэт или художник спит или сидит в ресторане, а в это время люди читают его стихи или смотрят картины. И все знают имена этих поэтов или художников, не знать их невозможно. Да, необыкновенная жизнь. А что, если бы я сейчас был художником? — мечтал Бахромкин. — Как бы я себя чувствовал?

Бахромкин мысленно нарисовал себе картину: вот он, художник или поэт, тёмной ночью возвращается домой. У художников и поэтов не бывает лошадей, поэтому, хочешь не хочешь, надо идти пешком. У него нет квартиры, он живёт в дешёвой гостинице. Он приходит к себе в гостиницу, усталый и голодный. Ему очень хочется есть, но ужина нет. Гостиница плохая, комната маленькая и грязная, постель холодная и жёсткая. В другую гостиницу он не может переехать, потому что нет денег. В конце концов он засыпает в холодной неудобной постели и знает, что у него нет лошадей, нет своего тёплого дома, в среднем ящике стола нет дорогих сигар, а в нижнем ящике — нет чековой книжки.

Картина, которую нарисовал Бахромкин, была ужасной. Бахромкин лёг в свою тёплую мягкую постель и стал засыпать...

— Хорошо, что я в молодости не открыл в себе никакого таланта! У меня сейчас есть всё: хорошая работа, дом, слуги, деньги... — подумал он и заснул.

33 Прочитайте предложения и скажите, соответствуют ли они тексту. Аргументируйте свой ответ.

1. Бахромкин увидел свою старую знакомую. Она совсем не изменилась.
2. Бахромкин подумал, что мог стать хорошим художником, потому что неожиданно нарисовал два портрета.
3. Бахромкин думал, что у художников и поэтов необычная, интересная жизнь.
4. Бахромкину было очень жаль, что в молодости он не открыл в себе никакого таланта.

34 Ответьте на вопросы. Перескажите фрагменты текста.

1. Что помогло инженеру Бахромкину открыть свои способности к рисованию?
2. Какой казалась Бахромкину жизнь художника? Какие плюсы и минусы он видел в этой жизни?
3. Как вы можете описать материальное положение и жизнь Бахромкина? К каким выводам он пришёл и почему?

35

а) Представьте себе, что вы разговариваете с Бахромкиным и он начал рассказывать вам эту историю: — **Вечером я был у знакомых и встретил там женщину...**

Какие вопросы вы зададите Бахромкину, чтобы он рассказал всю эту историю до конца? Составьте диалог с ним.

б) Напишите другу письмо и коротко изложите содержание этого рассказа. Начните так:

> *Дорогой друг!*
> *Ты знаешь, что я люблю читать рассказы Чехова. Мне понравился рассказ, который я прочитал неделю назад. В этом рассказе один инженер неожиданно открыл у себя способности к рисованию...*

36

Составьте возможные словосочетания со словами одного корня. Запишите предложение с одним из словосочетаний.

1. **грустить** (ст / щ)   о ком?   о чём? (6)
   о матери   о доме...
   о том, что...

   грустный — **грустный** человек...
   грустно — **грустно** вспоминать...
   грусть — смотрел с **грустью**...

   • Он **грустил** о том, что лето кончилось.
   • «Мне **грустно**... потому что весело тебе» (М.Ю. Лермонтов).

2. **восхищаться — восхититься** кем?   чем? (5)
   другом   музыкой...

   восхитительный — восхитительный вечер...
   восхищение — говорил с восхищением...

   • Люди всегда **восхищаются** произведениями искусства.

3. **удивляться — удивиться** чему? (3) неожиданному письму...

   удивление — слушал с **удивлением**...
   удивительный — **удивительное** открытие...

   • Люди всегда **удивляются** красоте природы.

4. **сравнивать — сравнить** что? (4) с чем? (5)
   оригинал с копией **сравнительный** — сравнительный анали...
   сравнение чего? (2) с чем? (5)
   оригинала с копией

- **Сравните** свой характер с характером вашего друга.
- **Сравните** свой родной язык с русским языком.

5. **превращаться — превратиться** во что? в кого? (4)

   что? (1) **превращается** во что? (4)   Вода **превращается** в лёд.
   превращение чего? (2) во что? (4)   **превращение** воды в лёд

- Из маленького мальчика он **превратился** в красивого, стройного молодого человека.

37

Образуйте отглагольные существительные и составьте с ними словосочетания.

1. изучить что? (4) природу ▶ изучение чего? (2) природы

2. объяснить...
3. обсудить...
4. сохранить...
5. решить...
6. воспитать...
7. исследовать...
8. сравнить...
9. основать...
10. приготовить...
11. исполнить...

38

Прочитайте словосочетания, сравните их значения в прямом и переносном смысле.

Образец: золотое кольцо — кольцо из золота
золотые часы — часы из золота

НО!
золотой характер — очень хороший характер
золотое сердце — об очень добром, отзывчивом человеке
золотая голова — об очень умном человеке

1. кислый лимон
   кислая капуста
   кислое молоко
   кислые яблоки

   НО! кислая улыбка
   кислое лицо

2. глубокая река
   глубокое озеро

   НО! глубокие глаза
   глубокий ум
   глубокие мысли

39 Составьте все возможные словосочетания.

длинный / короткий	ресторан
болтливый	картина
важный	гостиница
гордый	комната
неудобный	улица
жёсткий / мягкий	женщина
бедный / богатый	дело
тёмный	кровать
пожилой	ночь
седой	день
будничный	старик
грязный / чистый	вопрос
голодный	дом
холодный	человек
дешёвый / дорогой	характер

40 а) Найдите прилагательные, которые соответствуют данным существительным.

трудолюбие	хитрый
ум	глупый
лень	жадный
красота	честный
доброта	уверенный
юность	самостоятельный
хитрость	добрый
глупость	трудолюбивый
жадность	грустный
честность	красивый
грубость	юный
грусть	умный
уверенность	ленивый
самостоятельность	грубый

УРОК 1. ЛЮДЕЙ НЕИНТЕРЕСНЫХ В МИРЕ НЕТ...

б) Составьте словосочетания с данными прилагательными и существительными.

Образец: Я всегда удивлялся **трудолюбию** моего друга.
Он всегда был очень **трудолюбивым** человеком.

Поговорим

41 Ответьте на вопросы, выскажите свою точку зрения. В своих ответах используйте слова из упр. № 40.

1. Какие черты характера человека вам нравятся или не нравятся и почему? (Вы можете начать свой ответ так: «Мне нравятся добрые люди...» или: «Мне нравятся такие черты характера, как доброта...»).
2. Какие черты характера ваших друзей вам нравятся или не нравятся? Есть ли эти качества у вас?
3. Как вы думаете, от чего зависит характер человека? Меняется ли он? Как? Почему?
4. Какую роль играет семья в формировании характера человека?
5. Всегда ли человек знает о своих талантах и способностях?
6. Кто и что может помочь человеку открыть и развить свои способности?

42 Вы получили письмо от своего друга. Прочитайте это письмо и напишите ответ.

> *Дорогой друг!*
> *Недавно я прочитал интересный рассказ о жизни одного человека. Он рано ушёл из родительского дома, так как решил, что семья не играет никакой роли в жизни человека. Каждый человек сам формирует свой характер, открывает свои способности и таланты. Что ты думаешь об этом? Мне это очень интересно. Напиши мне. Ты ведь знаешь мой адрес и e-mail*.*

Теперь вы можете:
1. Рассказать о себе и о своём друге.
2. Описать свой день, рассказать о своём режиме дня.
3. Описать характер человека.
4. Рассказать о его талантах и способностях.

---
* e-mail = [имэ́йл]

Урок 2. В человеке всё должно быть прекрасно

인간은 아름다워야 한다

> *В человеке всё должно быть прекрасно:*
> *и лицо, и одежда, и душа, и мысли.*
>
> *А.П. Чехов*

이과의 길잡이

Тема:

Биография человека, его семья, его интересы и увлечения (продолжение) 사람의 생애, 그의 가족, 관심사와 취미(2)

Грамматика:

Причастия 형동사(1)

I. Действительные (активные) причастия настоящего времени (от глаголов НСВ)
능동형 형동사의 현재시제(불완료상 동사로)

II. Действительные (активные) причастия прошедшего времени (от глаголов НСВ и СВ)
능동형 형동사의 과거시제(불완료상 동사와 완료상 동사로)

Тексты:

Семейные традиции 가족의 전통
В.А. Гиляровский (фрагмент биографии) 길랴롭스끼(전기의 일부)
А. П. Чехов (биография) 체홉(전기)

 회화

Поговорим

1 **Давайте поговорим о ваших друзьях.**
а) Вы хотите знать:

— Есть ли у вашего собеседника хороший друг?
— Когда и как они познакомились?
— Что ему нравится в характере друга?
— Где сейчас его друг, чем он занимается?

б) Вы слушали диалог. Сообщите, что вы узнали о друге одного из собеседников.

2 **а) Вы хотите знать:**

— Чем ваш собеседник любит заниматься в свободное время?
— Какое у него хобби?
— Есть ли у него мечта? Какая?
— Что он собирается делать в будущем?

б) Вы слушали диалог. Сообщите, что вы узнали об одном из собеседников.

3 **а) Вы хотите знать:**

— Как ваш собеседник понимает пословицу «Друзья познаются в беде»?
— Были ли у вашего собеседника трудные ситуации, в которых его друзья помогали ему?
— Помогал ли он кому-нибудь в трудных ситуациях?
— Какие пословицы и поговорки о дружбе, о друзьях есть в родном языке вашего собеседника?

б) Вы слушали диалог. Сообщите, что вы узнали об одном из собеседников.

Новая грамматика

Причастия

> Эти формы глаголов вы встретите при чтении газет, журналов и учебников. В разговорной речи эти формы глаголов не употребляются или употребляются очень редко.

1 Прочитайте объявления.
Скажите, где можно увидеть или услышать их.
Что вы узнали из этих объявлений?

> Студенты, уезжающие на каникулы, могут получить визу в комнате № 9.

> Администрация просит всех студентов, проживающих в общежитии, сдать свои паспорта для регистрации.

> Уважаемые покупатели!
> В нашем магазине вы можете купить говорящего попугая!

2 Прослушайте объявления. Скажите, где можно услышать их.
Что вы узнали из этих объявлений?

> Внимание!
> Поезд отправляется через 5 минут. Провожающих просят выйти из вагона.

> Внимание!
> Совершил посадку самолёт из Пекина. Рейс № 209. Встречающие могут пройти в зал № 2 на первом этаже.

Причастия

— форма глагола, имеющая признаки глагола и прилагательного

Действительные причастия (активные)

1. Настоящего времени — от глаголов НСВ
2. Прошедшего времени — от глаголов НСВ и СВ

Страдательные причастия (пассивные)
Только от переходных глаголов!

1. Настоящего времени — от глаголов НСВ
2. Прошедшего времени — от глаголов СВ

Студент, читающ**ий** / читавш**ий** / прочитавш**ий** книгу...
Студентк**а**, читающ**ая** / читавш**ая** / прочитавш**ая** книгу...
Студент**ы**, читающ**ие** / читавш**ие** / прочитавш**ие** книгу...

3

а) Прочитайте фрагменты биографий известных людей. Расскажите, что вы узнали об этих людях.

б) Объясните, как вы понимаете выделенные слова. На какие вопросы они отвечают? От каких глаголов образованы эти формы?

Ф.И. Тютчев

Русский поэт XIX века Фёдор Иванович Тютчев (1803–1873) был очень талантливым человеком. Это был дипломат, **служивший** в Министерстве иностранных дел России и **защищавший** интересы России за рубежом.

О Тютчеве говорили, что это поэт, **любящий и понимающий** природу, **пишущий** необыкновенно красивые стихи о природе:
...В ней есть душа, в ней есть свобода,
В ней есть любовь, в ней есть язык...

В.В. Набоков

Известный писатель Владимир Владимирович Набоков (1899–1977), **родившийся** в Петербурге и **проживший** всю свою жизнь за границей, писал свои произведения на русском и английском языках. Но стихи Набоков писал только по-русски. «Стихи — это то, что нельзя писать на чужом языке», — говорил писатель.

I. Действительные (активные) причастия настоящего времени (от глаголов НСВ)

4 а) Прочитайте микротекст. Расскажите, что вы узнали.

Леонид Михайлович Рошаль — это известный хирург, главный врач московской детской больницы. Рошаль — это профессор, учёный, **занимающийся** созданием современного детского медицинского центра. Но о себе он говорит, что он просто детский доктор, каждый день **спасающий** своих маленьких пациентов и **помогающий** им стать здоровыми.

Леонида Михайловича Рошаля хорошо знают и в нашей стране, и за рубежом, потому что это доктор, **интересующийся** проблемами здоровья детей во всём мире.

Л.М. Рошаль

б) Обратите внимание на выделенные формы глаголов. Напишите инфинитивы этих глаголов и определите их вид.

Прочитайте примеры в таблице 1.
   а) Назовите инфинитивы глаголов, от которых образованы причастия, и определите их спряжение.

Таблица 1

Мне часто звонит *друг*,	*Какой друг* вам звонит? **живущий** в Калуге. = который живёт в Калуге.
В журнале напечатана *статья*,	*Какая статья* напечатана в журнале? **рассказывающая** о природе. = которая рассказывает о природе.
В группе учатся *студенты*,	*Какие студенты* учатся в группе? **изучающие** русский язык. = которые изучают русский язык.
Патриот — это *человек*,	*Какой это человек?* **любящий** свою родину. = который любит свою родину.
Фирме нужны *переводчики*,	*Какие переводчики* нужны фирме? **говорящие** на английском языке. = которые говорят на английском языке.
Туристы осмотрели *собор*,	*Какой собор* осмотрели туристы? **находящийся** в центре Москвы. = который находится в центре Москвы.

б) Определите род и число причастий. Объясните, от чего они зависят.

УРОК 2. В ЧЕЛОВЕКЕ ВСЁ ДОЛЖНО БЫТЬ ПРЕКРАСНО...

1. Образование действительных причастий настоящего времени

Прочитайте таблицу 2 и скажите, как образуются действительные причастия настоящего времени. От чего зависят их суффиксы?

Таблица 2

жить →	живут →	жив-**ущ**-ий	**I спряжение**
читать →	читают →	чита-**ющ**-ий	-**ущ**-/-**ющ**-
заниматься →	занимаются →	занима-**ющ**-ий-ся	+
			-ий(ся), -ая(ся), -ее(ся), -ие(ся)
любить →	любят →	люб-**ящ**-ий	**II спряжение**
говорить →	говорят →	говор-**ящ**-ий	-**ащ**-/-**ящ**-
находиться →	находятся →	наход-**ящ**-ий-ся	+
			-ий(ся), -ая(ся), -ее(ся), -ие(ся)

 5 Скажите, от каких глаголов образованы данные причастия:

работающий, думающий, строящий, курящий, интересующийся, покупающий, учащийся, создающий, повторяющий, объясняющий, трудящийся, занимающийся, спасающий, отмечающий, защищающий, любящий, служащий, начинающийся

2. Изменение причастий по падежам

Прочитайте предложения с причастными формами в таблице 3. Поставьте полные вопросы к определяемому слову. Скажите, от чего зависит падежная форма причастий.

Таблица 3

какой друг? 1. У меня есть *хороший друг*, *работающий* в университете.	
какого друга? 2. У меня нет *хорошего друга*, *работающего* в университете.	
какому другу? 3. Я позвонил *своему хорошему другу*, *работающему* в университете.	= который работает в университете.
какого друга? 4. Я встретил *своего хорошего друга*, *работающего* в университете.	
с каким другом? 5. Я говорил *со своим хорошим другом*, *работающим* в университете.	
о каком друге? 6. Я расскажу *о своём хорошем друге*, *работающем* в университете.	

 6 Составьте свою таблицу (по образцу таблицы 3). Замените слово **друг** на слова **подруга**, **друзья**. Напишите свои примеры.

3. Место причастного оборота в предложении

7 Прочитайте предложения. Отличаются ли они по содержанию? Чем они отличаются?

1.
- В журнале «Наука и жизнь» напечатана статья, *рассказывающая о природе русского Севера*.
- Статья, *рассказывающая о природе русского Севера*, напечатана в журнале «Наука и жизнь».
- *Рассказывающая о природе русского Севера* статья напечатана в журнале «Наука и жизнь».

2.
- Мой старший брат, *живущий в Калуге*, приехал в Москву на каникулы.
- В Москву на каникулы приехал мой старший брат, *живущий в Калуге*.
- *Живущий в Калуге* старший брат приехал в Москву на каникулы.

8 Объясните, как можно изменить место причастного оборота в предложениях.

1. Студенты, занимающиеся сейчас в библиотеке, завтра будут сдавать экзамен.
2. Выступающая сейчас по телевизору актриса мне очень нравится.
3. Кремль всегда посещают туристы, приезжающие в Москву.

9 Прослушайте сообщения, в которых есть определения профессии или рода занятий человека. Расскажите, что вы узнали.

Образец: Писатель — это человек, пишущий книги.

Писатель — это человек, который пишет книги.

Абитуриент — это молодой человек, поступающий в институт или университет.
Пассажир — это человек, пользующийся транспортом.
Зритель — это человек, смотрящий телепередачу, фильм или спектакль.
Покупатель — это человек, покупающий вещи или продукты в магазине.
Продавец — это человек, продающий товары в магазине.
Строитель — это человек, строящий здания.
Художник — это человек, рисующий картины.
Композитор — это человек, сочиняющий музыку.
Музыкант — это человек, играющий на музыкальных инструментах.
Журналист — это человек, пишущий статьи и берущий интервью у разных людей.
Президент — это человек, управляющий государством.

УРОК 2. В ЧЕЛОВЕКЕ ВСЁ ДОЛЖНО БЫТЬ ПРЕКРАСНО...

10 Восстановите предложения (соедините части А и Б).

а) Задайте вопросы к определяемому слову. Они помогут вам быстрее найти нужную форму причастия.

А **Б**

Я очень хочу встретиться с братом, … живущему на Дальнем Востоке.

На каникулах я поеду к брату, …

Я послал эсэмэску своим друзьям, … живущей на Дальнем Востоке.

Я часто вспоминаю симпатичную девушку, … живущие на Дальнем Востоке.

Я получил письмо от своего друга, …

Мне нравятся люди, … живущим на Дальнем Востоке.

Я прочитал статью о молодой писательнице, …

У меня есть друзья, … живущую на Дальнем Востоке.

живущего на Дальнем Востоке.

Сегодня в газете есть интересная статья о биологах, …

Интересную лекцию прочитали биологи, … изучающие природу морей и океанов.

У меня нет знакомых биологов, …

Студенты должны встретиться с биологами, … изучающими природу морей и океанов.

изучающих природу морей и океанов.

б) Напишите, на какие конструкции можно заменить причастные формы в этих предложениях.

11

Прослушайте начало предложений и определите профессию этих людей. Измените предложения, используя конструкции со словом **который**. Повторите предложения.

Образец: Люди, изучающие жизнь растений и животных, — это... ▶ биологи.

Люди, которые изучают жизнь растений и животных, — это биологи.

Люди, изучающие математику, — это...
Люди, исследующие законы физики, — это...
Люди, изучающие психологию человека, — это...
Люди, изучающие право, — это...
Люди, изучающие исторические события, — это...
Люди, занимающиеся языком и литературой, — это...
Люди, охраняющие природу, — это...
Люди, интересующиеся жизнью на других планетах, — это...

12

а) Быстро прочитайте тексты и дайте им названия.

Очень много для каждого человека значит родной дом, дающий любовь, тепло и поддержку. Можно многое рассказать о семейных традициях, существующих в разных странах.

Для русских семей, в которых часто несколько поколений живут вместе, понятие семейного очага, дома связано с бабушкой. Бабушка — это нежные добрые руки, помогающие всем, это пирожки и варенья, которые она готовит. Бабушка, любящая своих детей и внуков, всегда готова дать им совет в любой ситуации. Бабушка, каждый день решающая с внуками математические задачи, — это эталон терпения. Бабушка — это человек, собирающий всю семью за большим столом, сохраняющий и поддерживающий традиции в семье.

Итальянские семьи, с любовью сохраняющие семейные традиции, считают свой дом святым местом. Итальянцы, имеющие свой собственный дом, предпочитают современную мебель из пластика и металла. Но наряду с этим в доме бережно хранятся старинные вещи, картины и украшения, рассказывающие об истории семьи. Эти вещи передаются по наследству детям и внукам. Родители всегда рассказывают им, как, откуда и почему эти вещи появились в семье, кто был их хозяином. Ещё одна старая традиция — воскресные семейные обеды. На эти обеды собираются все члены семьи — и самые пожилые, и самые маленькие.

Американский дом отличается от европейского. Американцы, работающие с утра до вечера, редко проводят свободное время вместе.

Дети, рано начинающие самостоятельную жизнь, уходят из семьи. В этой ситуации сложно сохранить семейные традиции. Но американцы умеют удивительно дружно отмечать праздники. Например, День благодарения (Thanksgiving day), когда все члены семьи, приезжающие из разных городов, собираются за столом, рассказывают о своих успехах или делятся своими проблемами.

б) Найдите в текстах 14 причастных оборотов и замените их на конструкции со словом **который**.

в) Расскажите о семейных традициях в разных странах.

г) Что вы можете рассказать о семейных традициях в вашей стране и в вашей семье?

II. Действительные (активные) причастия прошедшего времени (от глаголов НСВ и СВ)

В.А. Гиляровский

 13

а) Прочитайте фрагмент биографии В.А. Гиляровского. С кем дружил В.А. Гиляровский?

8 декабря 1853 года в Вологде родился Владимир Алексеевич Гиляровский — человек, **написавший** самые интересные книги о Москве и москвичах.

Гимназист Гиляровский, **отметивший** свой восемнадцатый день рождения, убежал из дома и пошёл путешествовать по России. Кем он только не был! Он был актёром, выступал в цирке, работал на заводе, чинил сапоги, ремонтировал часы...

В 1881 году только что **приехавший** в Москву Гиляровский начал работать в газете. Молодой журналист, **писавший** интересные и правдивые статьи, очень нравился читателям. Он легко общался с людьми, всем помогал, был сильным, смелым и открытым человеком. Антон Павлович Чехов, **друживший** с Гиляровским, не смог описать своего друга, хотя был мастером портрета и очень точно описывал характеры людей. Чехов говорил, что Гиляровский — необычный человек, не похожий на других.

Владимир Алексеевич Гиляровский написал замечательные книги о русских людях, о Москве и о России: «Москва и москвичи», «Москва газетная», «Люди театра» и другие. Эти книги с интересом читаются любителями хорошей литературы и сегодня.

б) Объясните, как вы понимаете выделенные слова. От каких глаголов образованы эти формы? Какой другой конструкцией можно заменить предложения с этими формами глаголов?

Прочитайте примеры в таблице 4. Назовите инфинитивы глаголов, от которых образованы причастия. Определите вид и время этих глаголов.

Таблица 4

Мне понравился *артист*,	*Какой артист* вам понравился? **читавший** стихи на концерте. = который читал стихи на концерте.
Мне написала письмо *подруга*,	*Какая подруга* написала вам письмо? **учившаяся** со мной в одной группе. = которая училась со мной в одной группе.
На вечер пришли *студенты*,	*Какие студенты* пришли на вечер? **окончившие** наш университет. = которые окончили наш университет.

1. Образование действительных причастий прошедшего времени

Прочитайте таблицу 5 и скажите, как образуются действительные причастия прошедшего времени. От чего зависят их суффиксы?

Таблица 5

14 Скажите, от каких глаголов образованы данные причастия:

построивший, купивший, нарисовавший, выучивший, находивший, учивший, приходивший, ушедший, победивший, друживший, учившийся, выросший, сохранивший, отметивший, собиравший, находившийся

15 а) Прочитайте текст о В.А. Гиляровском ещё раз, расскажите, что вы узнали об этом человеке. Как он шёл к своей профессии? О чём он писал свои книги?

б) Расскажите, что заинтересовало вас в биографии этого человека.

 **2. Изменение причастий по падежам**

Прочитайте примеры в таблице 6, поставьте вопросы к определяемому слову. Скажите, от чего зависит падеж причастий. Обратите внимание на конструкцию, которая может заменить причастный оборот.

Таблица 6

1. Это *российский* **спортсмен**, *победивший* на Олимпийских играх.	
2. В газетах было много фотографий *российского* **спортсмена**, *победившего* на Олимпийских играх.	
3. Журналистов пригласили *к российскому* **спортсмену**, *победившему* на Олимпийских играх.	= который победил на Олимпийских играх.
4. Президент поздравил *российского* **спортсмена**, *победившего* на Олимпийских играх.	
5. Журналисты хотели встретиться *с российским* **спортсменом**, *победившим* на Олимпийских играх.	
6. Все газеты писали *о российском* **спортсмене**, *победившем* на Олимпийских играх.	

16 Составьте свою таблицу. Замените в ней слово спортсмен на слово спортсменка, спортсмены. Напишите свои примеры.

17 Прочитайте или прослушайте сообщения. Передайте эту информацию по-другому (замените причастные обороты конструкциями со словом который).

1. Специалист, окончивший Московский университет, вернулся в родной город.
2. Люди, регулярно занимающиеся спортом, редко болеют.
3. Журналист, написавший статью о проблемах отцов и детей, работает в популярном молодёжном журнале.
4. Человек, умеющий правильно распределять своё время, никогда не опаздывает.
5. На выставке можно было увидеть картины, раньше находившиеся в частных коллекциях.
6. Семейным доктором называют врача, лечащего всю семью.
7. Люди, купившие участки на Луне, надеются жить там в будущем.
8. Космонавты, готовящиеся к полётам, мечтают полететь на другие планеты.
9. Родители, любящие своих детей, всегда готовы дать им хороший совет и помочь в трудной ситуации.

18 а) Прочитайте или прослушайте начало предложения и закончите его. Повторите всё предложение.

б) Замените причастные обороты предложениями со словом который. Напишите эти предложения.

Образец:

Мальчик, выросший в далёкой деревне…

Мальчик, выросший в далёкой деревне, приехал учиться в большой город.

Мальчик, который вырос в далёкой деревне, приехал учиться в большой город.

1. Студент, выучивший наизусть много стихов А.С. Пушкина, …
2. Спортсмены, победившие на Олимпийских играх, …
3. Девушка, нёсшая букет цветов, …
4. Молодые люди, всю ночь игравшие на компьютере, …
5. Студенты, хорошо написавшие контрольную работу, …
6. Семья, собравшаяся за столом, …
7. Преподаватель, работавший в Московском университете, …
8. Зрители, посмотревшие новый фильм, …

19  а) Быстро прочитайте текст и дайте ему своё название.

В мае 1901 года А.П. Чехов решил жениться на артистке Ольге Книппер, жившей в Москве и работавшей в Художественном театре.

А.П. Чехов был скромным человеком, не любившим большие и шумные праздники и торжественные поздравления, поэтому он решил устроить необычную свадьбу. Когда он приехал в Москву, он пошёл к своему другу артисту Вишневскому, работавшему в Художественном театре, и попросил его организовать в его доме праздничный обед. На этот обед А.П. Чехов пригласил всех артистов, работавших в Художественном театре, и родственников Ольги Книппер. Вишневский, не знавший причину праздника, сделал так, как просил Чехов.

25 мая все собрались в доме Вишневского. Гости, пришедшие на обед, тоже не знали причину праздника. Все долго ждали Чехова и Ольгу Книппер, но Антон Павлович и Ольга Леонардовна, пригласившие гостей, не пришли. Гости уже начали волноваться и думать, что что-то могло случиться... Как вдруг приехал брат Ольги Книппер и сообщил, что Антон Павлович и Ольга Леонардовна только что поженились и уехали в свадебное путешествие. Гости, услышавшие эту замечательную новость, стали праздновать свадьбу без жениха и невесты. А Антон Павлович Чехов радовался, что всё получилось так, как он хотел.

б) Внимательно прочитайте текст и ответьте на вопросы:

1. Почему эта свадьба была необычной?
2. Почему Чехов и его невеста не пришли на празднование своей свадьбы?
3. Куда уехали Чехов и его жена?

в) Найдите в тексте предложения с причастиями. Замените их предложениями со словом который.

г) Что рассказала бы о своей свадьбе Ольга Книппер-Чехова? Что рассказал бы об этой свадьбе один из гостей?

д) Что написал в письме своему другу один из гостей?

20 В тексте, который вы будете читать, вы встретите новые слова, словосочетания, выражения. Познакомьтесь с ними.

а) Посмотрите значение этих слов и словосочетаний в словаре:

тюрьма — сидеть в тюрьме
камин — горел камин
гастроли — гастроли театра
сюжет — сюжет рассказа

подвиг — совершить подвиг
репетиция — репетиция нового спектакля
премьера — премьера спектакля
туберкулёз — болеть туберкулёзом

нуждаться в чём? (6) — нуждаться в помощи

б) Прочитайте объяснения слов и словосочетаний. Дайте свои примеры и ситуации, в которых можно их использовать.

1. **гонорар** — деньги, которые писатель (артист, художник и т. п.) получает за свою работу

2. **улучшаться — улучшиться** = становиться — стать лучше;
   ухудшаться — ухудшиться = становиться — стать хуже.
   - Погода стала лучше. = Погода улучшилась.
   - Погода стала хуже. = Погода ухудшилась.

3. **свободное от занятий** (от работы, от уроков) **время** = время, когда нет занятий

4. **С детских лет** он знал, что такое труд. = Он трудился уже в детстве.

5. **По вечерам** (по утрам, по средам) она ходит на компьютерные курсы. = Каждый вечер (каждое утро, каждую среду) она ходит на компьютерные курсы.

6. Писатель **поехал** в путешествие за **новыми сюжетами**. = Писатель поехал в путешествие, чтобы найти новые сюжеты для своих рассказов.

7. **гостеприимный** человек — это человек, который любит принимать гостей

8. **сдержать слово** = выполнить обещание = сделать то, что обещал

9. **производить — произвести впечатление** на кого? (4)
   - — Какое впечатление произвёл на вас фильм «Москва слезам не верит»?
     — Очень понравился. Интересный фильм.
     — Да, этот фильм всегда производит на зрителей глубокое впечатление.
   - Когда я увидел Москву своими глазами, этот город произвел на меня огромное впечатление.

10. **устраивать — устроить** что? (4) для кого? (2)
    - Каждый год 1 сентября Московский университет устраивает праздник для студентов-первокурсников.
    - 8 сентября 2004 года московское правительство устроило на Красной площади митинг против международного терроризма.

11. **перепись населения**
    - Чтобы узнать количество людей, живущих в стране, надо провести перепись населения.
    - Последняя перепись населения в России была проведена в 2002 году.

21

а) Прочитайте примеры. Скажите, в каких ситуациях можно использовать эти предлоги для выражения причины?

(+)

благодаря кому? чему? (3)

(−)

из-за кого? чего? (2)

Скажите это по-другому:

Благодаря помощи А.П. Чехова в Мелихове были построены библиотеки и школы.
Из-за болезни А.П. Чехов не смог приехать в Москву на премьеру своей пьесы.

б) Прочитайте примеры. Сравните способы выражения времени в предложениях слева и справа. Закончите предложения справа и приведите свои примеры.

НСВ	СВ
Он рисовал картину **30 минут**. Она переводила статью 2 часа. Они решали задачу 40 минут. Мы строили дом 3 года.	Он нарисовал картину **за 30 минут**. Она... Они... Мы...

22

Прочитайте текст и озаглавьте все части текста.

Антон Павлович Чехов (1860–1904)

I

А.П. Чехов

Семья Чеховых

Антон Павлович Чехов родился 29 января 1860 года на юге России, в Таганроге, в небогатой купеческой семье. Его отец был купцом: он занимался торговлей и имел свой собственный небольшой магазин, или, как тогда называли, лавку. Семья Чеховых была большой и дружной. В семье было шестеро детей: у Антона было 4 брата и сестра. Мать занималась воспитанием детей и домашним хозяйством. Жили небогато. С детских лет Антон знал, что такое труд. В 1868 году он поступил в гимназию, где учились его старшие братья. В свободное от занятий время он вместе с братьями помогал отцу в магазине. Но торговля шла плохо, поэтому в 1876 году вся семья Чеховых уехала в Москву, а Антон остался один в Таганроге, чтобы окончить гимназию. Это были трудные для него годы. Днём он учился в гимназии, а по вечерам давал частные уроки, чтобы заработать себе на жизнь. В 1879 году Антон Чехов окончил гимназию, уехал из Таганрога в Москву и поступил на медицинский факультет Московского университета.

II

Многолюдная шумная Москва произвела большое впечатление на молодого Чехова. Он приехал в Москву, чтобы остаться в ней навсегда. «Я навсегда москвич, — писал Чехов в одном из своих писем. — Тут мой дом и моя карьера». Но путь молодого человека, приехавшего в Москву искать своё место в жизни, был долгим и трудным. Материальное положение семьи Чеховых было тяжёлым: денег не хватало даже на самую скромную жизнь. Чтобы заработать деньги, Чехов начал писать небольшие рассказы и печатать их в юмористических журналах. Так Антон Чехов почти одновременно стал студентом Московского университета и начинающим писателем. Утром он слушал лекции в университете, днём работал в больницах, вечером искал сюжеты для своих рассказов — бывал в разных местах, встречался с разными людьми, — а ночью он писал короткие, но очень смешные рассказы. Работа над рассказами была большой, а гонорары начинающего писателя — маленькими.

1884 год был счастливым для Чехова. В этом году Антон Павлович окончил университет, получил диплом врача. И в этом же году вышла первая книга рассказов Чехова. К молодому писателю пришёл первый успех. Его книги покупали, о нём говорили. Его рассказы печатались в лучших журналах. Он стал самым популярным писателем своего времени. Популярность Чехова росла — росли и его гонорары. Постепенно улучшилось материальное положение семьи Чеховых. Вся семья переехала в новый дом на Садово-Кудринской улице в центре Москвы. Годы жизни в этом доме были очень плодотворными. Здесь Чеховым было написано более ста рассказов и повестей.

III

В 1890 году Антон Павлович Чехов неожиданно принял решение, удивившее его современников: он решил поехать на остров Сахалин. Остров-тюрьма — так люди называли этот далёкий остров, ставший местом каторги и ссылки для преступников и воров, которых ссылали туда из тюрьмы на тяжёлую работу, на каторгу. В то время доехать до Сахалина было нелегко. Из Москвы до Ярославля Чехов ехал на поезде, потом плыл на пароходе до Перми, из Перми до Тюмени опять ехал на поезде. В Сибири железной дороги не было, поэтому дальше Чехову пришлось ехать по разбитым сибирским дорогам на лошадях. Два месяца и двадцать дней Чехов был в пути.

— Зачем он поехал туда? За новыми сюжетами?! За свежими темами?! — удивлялись его современники.

На этот вопрос нельзя ответить одним словом. Писатель оставил свой дом, родных и близких и поехал в трудное и опасное путешествие через всю огромную Россию, потому что он хотел рассказать людям правду об этой далёкой земле, обратить внимание русского общества на тяжёлое положение людей, живущих на Сахалине, помочь этим людям. Сахалин был интересен Чехову как

Чехов на Сахалине

человеку, как писателю, как врачу.

Три месяца и два дня Чехов был на Сахалине. Он провёл первую перепись населения Сахалина. Он ходил в тюрьмы, встречался и говорил со многими людьми, живущими на этом острове. Сотни людей рассказали писателю о себе и своей жизни. Результатом этой работы стала книга «Остров Сахалин», которая была написана Чеховым в 1893 году. Эта книга произвела огромное впечатление на всех прогрессивных людей России. Путешествие на Сахалин стало писательским и патриотическим подвигом Чехова.

IV

Во время поездки на Сахалин здоровье Антона Павловича Чехова ухудшилось. Чехов решил переехать в деревню. Он купил дом в деревне Мелихово под Москвой. Период жизни в Мелихове был очень плодотворным. Здесь Чеховым было создано около пятидесяти произведений — рассказов, повестей, пьес. Здесь были написаны такие известные рассказы, как «Палата № 6», «Ионыч», «Анна на шее», пьесы «Чайка» и «Дядя Ваня».

Здесь, в Мелихове, Чехов был ближе к народу. Вокруг него жили крестьяне, которые нуждались в его помощи. Когда Чехов был дома, над его домом поднимался маленький красный флажок. Это значило, что Антон Павлович дома и к нему можно приходить за советом и медицинской помощью. Каждое утро к дому Чехова приходили люди, нуждавшиеся в медицинской помощи, и доктор Чехов бесплатно лечил их, давал им лекарства. «Никто не уходил от него без лекарств», — вспоминал брат писателя Михаил.

В Мелихове Чехов занимался не только литературой и медициной, но и общественной деятельностью. Благодаря Чехову и его сестре Марии Павловне были созданы народные библиотеки, построены три школы, одна из них в Мелихове. Чехов заботился об учителях, работающих в сельских школах. На свои деньги он покупал книги для школ и библиотек. В 1897 году Антон Павлович участвовал во всероссийской переписи населения.

V

Весной 1897 года Чехов почувствовал себя очень плохо. Врачи посоветовали ему поехать лечиться на юг Франции, в Ниццу. Но лечение не помогло, да и жизнь за границей не нравилась Чехову. Он скучал по родным, друзьям, России. «Работать в чужой стране за чужим столом неудобно», — писал он сестре.

Когда писатель вернулся на родину, врачи посоветовали ему поменять климат. Антону Павловичу очень нравился Южный берег Крыма. «Крымское побережье красиво, уютно и нравится мне больше, чем французская Ривьера, — писал он друзьям. — Я знаю многих больных, которые выздоровели оттого, что жили в Ялте». Чехов купил землю на окраине Ялты и построил там дом. Дом был далеко от моря, но вид, открывавшийся из окон дома, был очень красивым: вся Ялта была как на ладони. Из небольшого окна можно было увидеть корабли, подходившие к берегу. Вокруг дома Чехов посадил сад. В саду было много цветов. Чехов очень любил розы и сам ухаживал за ними.

Дом Чехова в Ялте

Летом к Чехову часто приезжали друзья, в доме было шумно и весело. Здесь, в ялтинском доме, в гостях у Антона Павловича Чехова бывали такие известные в России люди, как писатель Иван Бунин, ставший первым русским писателем — лауреатом Нобелевской премии; известный художник Исаак Левитан, друживший с братом А.П. Чехова Николаем; Константин Станиславский, основавший русскую театральную школу; артисты Московского Художественного театра. Здесь, в Ялте, началась дружба А.П. Чехова с русским писателем Максимом Горьким, часто бывавшим в доме Чеховых. Максим Горький всегда с большим удовольствием вспоминал о гостеприимных хозяевах и о простой, душевной атмосфере в чеховском доме.

А.П. Чехов и актеры МХТ

Зимой в Ялте было пусто и скучно. Чехов часто был дома один. В гостиной горел камин. Чехов ходил по дому, смотрел в окно на море и думал… «Зимы нет, снега нет… нет и жизни». В один из таких дней, в декабре 1899 года, в Ялту к Чехову приехал его друг художник Исаак Левитан. Чехов был очень рад его приезду. Он сказал Левитану, что очень скучает по русской северной природе. Тогда Левитан взял краски, за полчаса нарисовал картину «Лунная ночь» и повесил её в гостиной над камином. На картине была нарисована русская северная природа, которую так любил Чехов.

Картина И. Левитана «Лунная ночь»

VI

А.П. Чехов очень скучал по Москве, по театру, по друзьям. Об этом говорят его письма из Ялты. Полторы тысячи писем было написано Чеховым в ялтинский период жизни. Почти каждый день Чехов писал письма Ольге Книппер — артистке Московского Художественного театра. Они познакомились в театре на репетиции пьесы А.П. Чехова «Чайка». Ольга Книппер, игравшая в пьесе главную роль, очень понравилась Чехову. С тех пор началась их дружба. Они писали друг другу письма и часто встречались. Весной 1900 года Московский Художественный театр приехал на гастроли в Ялту. К сожалению, из-за болезни Чехов не смог приехать в Москву на премьеру своей пьесы «Чайка», и вот теперь театр сам приехал к Чехову. Это было большим событием для Ялты и огромной радостью для Чехова. Пьеса Чехова «Чайка» имела

Антон Павлович и Ольга Леонардовна

огромный успех. Цветы летели на сцену. А после спектакля все артисты и друзья собирались в доме Чехова. Десять дней продолжались гастроли театра, и десять дней в доме Чеховых был праздник — Антон Павлович устраивал обеды и ужины для своих гостей. Когда театр уезжал, писатель обещал написать новую пьесу. И он сдержал своё слово. Пьесу «Три сестры» Чехов писал специально для Художественного театра, а главную роль — для Ольги Книппер.

25 мая 1901 года Антон Павлович Чехов и Ольга Книппер поженились и сразу поехали в свадебное путешествие по Волге. Это было счастливое для Чехова время. Он выглядел энергичным, весёлым, помолодевшим. А потом Ольга Книппер-Чехова вернулась в Москву, а Чехов остался в Ялте и начал работу над новой пьесой для Московского Художественного театра.

Жизнь и творчество Чехова были тесно связаны с театром. В своём письме Ольге он писал: «Я благодарю небо за то, что я попал на чудесный остров, который называется Художественным театром». 29 января 1904 года, в день рождения писателя, в театре была премьера новой пьесы А.П. Чехова «Вишнёвый сад». Актёры Художественного театра, любившие и уважавшие писателя, приготовили для него весёлый праздник. В этот день Антон Павлович услышал много поздравлений и тёплых слов, получил много дорогих подарков.

VII

В мае 1904 года здоровье Антона Павловича Чехова резко ухудшилось. У Чехова был туберкулёз. Как врач он понимал опасность этой болезни. Он помогал больным, приезжавшим в Ялту со всех концов России, лечил их бесплатно. Он собрал деньги для строительства в Ялте санатория для больных туберкулёзом. Чехов всегда думал о других. Он знал о своей болезни, о своём скором конце, но не любил говорить об этом, потому что не хотел волновать своих родных и близких.

В июне 1904 года по совету врачей Антон Павлович Чехов вместе со своей женой поехал на европейский курорт Баденвейлер, находящийся на границе Германии и Швейцарии. Чехов чувствовал себя плохо. Он почти не выходил из своего номера, сидел на балконе, редко гулял. В письме матери он писал: «Здоровье моё поправляется, и через неделю буду совсем здоров». За несколько часов до смерти он придумал смешную историю и рассказал её жене. А ночью впервые в жизни он попросил позвать врача. Когда пришёл врач, Антон Павлович сообщил ему, что умирает. А потом он улыбнулся и сказал: «Давно я не пил шампанского», взял бокал, спокойно выпил шампанское, лёг, а через несколько минут его не стало. Так 2 июля 1904 года в возрасте 44 лет в расцвете таланта ушёл из жизни русский писатель Антон Павлович Чехов.

23 а) Напишите пункты плана в соответствии с событиями в тексте.

1. Свадьба Чехова. Связь творчества А.П. Чехова с театром.
2. Поездка на Сахалин.
3. Ухудшение здоровья. Смерть.
4. Детство, семья.
5. Жизнь и работа в деревне Мелихово.
6. Учёба в Московском университете. Первые рассказы.
7. Переезд в Крым. Жизнь в Ялте.

б) Соответствуют ли ваши названия частей этим пунктам плана?

24 В какие части текста можно вставить прочитанные вами фрагменты из биографии Чехова? См. упр. № 19, урок 1; упр. № 19, урок 2.

25 Дайте развёрнутые ответы на вопросы по тексту.
(Можете использовать нужные фрагменты из текста.)

1. Что вы узнали о семье Чехова?
2. Когда Чехов начал писать и почему?
3. Какой год был для Чехова счастливым и почему?
4. Какое событие в жизни Чехова удивило его родных и друзей?
5. Что делал Чехов на острове Сахалине?
6. Чем занимался Чехов, когда жил в Мелихове?
7. Почему Чехов переехал жить в Крым?
8. Как складывалась жизнь Чехова в Ялте?
9. Как и когда Чехов познакомился с Ольгой Книппер?
10. Как Чехов относился к Московскому Художественному театру?
11. Где и когда умер Чехов?

26 Скажите это по-другому.

1. Антон Чехов **принял решение** поступить в медицинский институт и стать врачом.
2. **По утрам** Антон Чехов слушал лекции в университете, а **по ночам** работал над своими рассказами.
3. А.П. Чехову **пришлось** много работать, чтобы **улучшить материальное положение** семьи.
4. В Сибири не было железной дороги, поэтому Чехову **пришлось** ехать на лошадях.
5. После поездки на остров Сахалин здоровье А.П. Чехова **ухудшилось**.
6. Больные приходили к доктору Чехову **за медицинской помощью и лекарствами**.
7. Пьеса А.П. Чехова «Чайка» **произвела** на зрителей большое **впечатление**.
8. В день рождения А.П. Чехова актёры Художественного театра **приготовили** для него весёлый праздник.

27 Найдите правильное значение следующих словосочетаний.

1. Пришёл за помощью
   а) пришёл, чтобы помочь
   б) пришёл, чтобы получить помощь
   в) пришёл, чтобы предложить помощь

2. Ухаживать за цветами
   а) заботиться о цветах
   б) собирать цветы
   в) дарить цветы

3. Устроил обед
   а) приготовил обед
   б) съел обед
   в) организовал обед

4. Скучаю по друзьям
   а) провожу время с друзьями
   б) встречаюсь с друзьями
   в) вспоминаю друзей и думаю о них

5. Нуждался в помощи
   а) хотел помочь
   б) просил помочь
   в) ему нужна была помощь

6. Найти своё место в жизни
   а) найти жильё (дом, квартиру)
   б) найти своё призвание (любимое дело)
   в) найти хорошую работу

7. Не хватало денег
   а) было очень мало денег
   б) было очень много денег
   в) совсем не было денег

28 Дайте свои ситуации, в которых можно использовать следующие выражения.

1. произвести сильное впечатление
2. искать (найти) своё место в жизни
3. это было трудное (счастливое) время
4. к сожалению, не хватало денег (времени)

29 Прочитайте слова и поставьте к ним вопросы. Найдите корень (общую часть родственных слов). С каждым словом составьте словосочетание.

Образец:

что делать?	что?	кто?	какой?
торговать	**торг**овля	**торг**овец	**торг**овый

торговать чем? (5) — торговать хлебом, овощами...
торговля — хорошая торговля, торговля хлебом...
торговец — торговец молоком, цветами...
торговый — торговый центр, торговая фирма...

1. скучать, скучный, скучно
2. болеть, больной, болезнь
3. гость, гостиница, гостеприимный

30 Составьте все возможные словосочетания.

Образец: праздник понравился, устроить праздник...

праздник	создать
фильм	устроить
пьеса	организовать
картина	отметить
театр	произвести впечатление
свадьба	понравиться
	иметь успех

 회화

Поговорим

31 Корреспондент газеты «Моя семья» встретился с известными в России людьми и задал им несколько вопросов. Прочитайте интервью и скажите, какие темы они обсуждали.

— *Вас называют идеальной семейной парой. Вы с этим согласны?*
— Не совсем, идеальных семей не бывает. У нас нормальная дружная семья.
— *Вы всё время вместе. Не устаёте друг от друга?*
— Да, у нас общие профессиональные интересы: кино, театр, телевидение. Мы стараемся советоваться, поддерживать друг друга и помогать друг другу. Нам хорошо вместе.
— *Как вы познакомились?*
— Мы познакомились на съёмках фильма, когда нам было по 14 лет, влюбились друг в друга и решили пожениться. Но родители посоветовали нам сначала окончить школу, поступить в институт, а уж потом создавать семью. Мы поженились, когда нам исполнилось 18 лет. Мы вместе уже 20 лет, у нас две прекрасные дочери.
— *Ваши дочери тоже будут актрисами?*
— Ну, старшая дочь, ей 18 лет, хочет стать модельером-дизайнером. А младшая ещё не выбрала будущую профессию — ей 5 лет. Когда вырастет, решит сама.
— *Почему вы живёте за городом?*
— У нас есть хорошая квартира в Москве, но 6 лет назад мы купили в деревне старый дом с садом и теперь живём здесь. Места хватает и для нашей собаки Геши. А в выходные дни к нам в гости приезжают бабушки, дедушки и знакомые.

Екатерина и Александр Стриженовы — актёры театра и кино, ведущие телепрограммы «Доброе утро»

а) Правильные ли выводы сделал человек, слушавший этот диалог?

1. Семья Стриженовых — идеальная семья.
2. Екатерина и Александр Стриженовы познакомились, когда им было 15 лет.
3. Они хотят, чтобы их дети стали артистами.
4. Им нравится жить за городом.

б) Расскажите, что напишет в статье о семье Стриженовых корреспондент газеты «Моя семья».

в) Напишите свою статью (30–50 слов). Вы можете добавить свою информацию.

— *Вы удачливый бизнесмен. Наверное, работа является главным делом в вашей жизни?*
— Да, это так. У меня большая фабрика по производству мясных продуктов. Конечно, моя работа занимает много времени. Но главное для меня — это семья.
— *У вас большая семья?*
— Да, у меня очень большая дружная семья: жена и шесть детей. Две старшие дочери — студентки экономического факультета МГУ, а младшие сыновья и дочери учатся в школе.
— *Вы человек небедный — миллионер. Чем занимается ваша жена, она домохозяйка?*
— Нет, моя жена тоже много работает, у неё своё дело: она певица, часто ездит на гастроли.
— *А кто же занимается воспитанием детей?*
— Вместе с нами живут наши родители, которые и помогают нам воспитывать детей.
— *У вас действительно большая семья, а где вы живёте?*
— Мы живём недалеко от Москвы в большом доме, который я построил сам.
— *Вы часто собираетесь дома всей семьёй?*
— В нашей семье существует традиция: на все праздники и дни рождения мы собираемся вместе, накрываем стол и рассказываем друг другу новости. Мы с женой считаем, что общаться в кругу семьи очень важно и нужно как для детей, так и для родителей.

Российский предприниматель Николай Агурбаш и его жена

а) Правильные ли выводы сделал человек, слушавший этот диалог?

1. У Николая Агурбаша небольшая семья.
2. Его жена — домохозяйка. Она занимается воспитанием детей.

3. Николай Агурбаш — очень богатый человек.
4. Дети Николая помогают ему на фабрике.
5. В семье Николая Агурбаша существует хорошая традиция собираться вместе на праздники.

б) Расскажите, что напишет в статье о семье Николая Агурбаша корреспондент газеты «Моя семья».

в) Напишите свою статью (30—50 слов). Вы можете добавить свою информацию.

— *Любовь Константиновна, вы очень занятой человек, а вы не хотите отдохнуть от работы, посидеть дома, заняться домашним хозяйством?*
— Нет, я люблю свою работу, работа для меня очень много значит.
— *А как же вы отдыхаете? Где вы берёте силы?*
— Семья, любовь, природа, музыка дают мне силы и энергию. Я очень люблю общаться с родными, друзьями и даже с соседями. Встречаться с друзьями в ресторане мне не нравится. Обычно мы с мужем сами ходим в гости или приглашаем гостей домой. Ведь это русская традиция — отмечать праздники дома, накрывать хороший стол и приглашать близких друзей.
— *А кто у вас готовит?*
— Мы с мужем очень любим готовить и всегда готовим вместе.
— *А какое ваше фирменное блюдо?*
— Наше фирменное блюдо — рыба. Но рецепт я вам не дам, это наш секрет.
— *А какие ещё семейные традиции у вас есть?*
— Совместный семейный отдых, поездки на Волгу. Я родилась на Волге, и каждый год мы вместе с мужем ездим туда отдыхать.

Любовь Слиска — депутат Государственной думы Российской Федерации

3

а) Правильные ли выводы сделал человек, слушавший этот диалог?

1. Депутат Государственной Думы Любовь Слиска никогда не отдыхает.
2. Она всегда хотела быть домохозяйкой.
3. В её семье есть хорошие традиции.

б) Расскажите, что напишет в статье о Любови Слиске корреспондент газеты «Моя семья».

в) Напишите свою статью (30—50 слов). Вы можете добавить свою информацию.

32 Обсудите со своими друзьями следующие проблемы. Скажите, отличается ли ваше мнение от мнения ваших собеседников.

1. Как вы понимаете выражение «идеальная семья»?
2. Как вы думаете, в каком возрасте молодые люди могут создавать семью?
3. Как вы считаете, где лучше жить: в городе или в деревне, в квартире или в собственном доме?
4. Как вы думаете, родители и взрослые дети должны жить вместе или отдельно?
5. Как по-вашему, женщина должна работать или она должна заниматься только домашним хозяйством и воспитанием детей?
6. Как вы считаете, зачем нужны семейные традиции? Какие традиции есть в вашей семье?

33 Расскажите о человеке, которого вы считаете интересным и который оказал влияние на вашу жизнь.

— Кто он? Чем он занимается?
— Как он нашёл своё призвание, своё место в жизни?
— Почему вы считаете этого человека интересным?
— Какие факты его биографии вас заинтересовали?
— Какие черты характера этого человека вам нравятся?
— Как он повлиял на вашу жизнь?

34 Ваш друг написал вам письмо, которое заканчивается так:

> ...До свидания, дорогой друг! Я рассказал тебе об этом человеке, потому что он сыграл большую роль в моей жизни. Напиши мне об интересном человеке, которого ты встретил в жизни.

Напишите ответ своему другу.

Теперь вы можете:

1. Рассказать о семье и проблемах, которые возникают в семье.
2. Рассказать о том, как семья проводит свободное время.
3. Написать биографию интересного человека (писателя, художника, учёного, спортсмена).

Урок 3. Науки юношей питают

학문은 젊은이를 키운다

Науки юношей питают,
Отраду старым подают,
В счастливой жизни украшают,
В несчастный случай берегут.

М.В. Ломоносов, 1747 г.

이과의 길잡이

Тема:

Система образования, учёба, наука, работа
교육 제도와 학업, 학문, 직업(1)

Грамматика:

Причастия (продолжение) 형동사(2)

I. Страдательные (пассивные) причастия настоящего времени (от глаголов НСВ)
피동(수동) 형동사의 현재 시제(불완료상 동사로)

II. Страдательные (пассивные) причастия прошедшего времени (от глаголов СВ)
피동(수동) 형동사의 과거 시제(완료상 동사로)

III. Краткая форма страдательных причастий 피동 형동사의 단어미형

Тексты:

Система образования в России 러시아어 교육 시스템
В.М. Шукшин (биография) 슉쉰(전기)
Экзамен (по рассказу В.М. Шукшина) 시험(슉쉰의 단편 소설 요약)

 회화

Поговорим

1 Давайте поговорим о школе.

а) Вы хотите знать:

— В какой школе учился ваш собеседник: в государственной или в частной?
— Когда он поступил в школу и когда окончил её?
— Сколько классов он окончил?
— Когда начинались и кончались занятия?
— Что он делал в свободное от занятий время?

б) Вы слушали диалог. Сообщите, что вы узнали об одном из собеседников.

2 **а) Вы хотите знать:**

— Какие предметы ваш собеседник изучал в школе?
— Какие предметы он особенно любил в школе?
— Почему он любил эти предметы?
— Какие экзамены он сдавал?
— Как он учился?

б) Вы слушали диалог. Сообщите, что вы узнали об одном из собеседников.

3 **а) Вы хотите знать:**

— Кем мечтал стать ваш собеседник, когда учился в школе?
— Какую профессию посоветовали ему выбрать родители? Почему?
— Кем он решил стать?
— Куда он поступил после школы?
— Что он изучает сейчас?

б) Вы слушали диалог. Сообщите, что вы узнали об одном из собеседников.

Новая грамматика

Причастия

1 а) Прочитайте объявления. Скажите, где можно прочитать их. Что вы узнали из этих объявлений?

> **!** Эти формы вы встретите при чтении газет, журналов и учебников. В разговорной речи эти формы не употребляются или употребляются очень редко.

> Дорогие друзья!
> Приглашаем вас на выпускной вечер, организованный студентами филологического факультета.

> Уважаемые студенты!
> В конце года просим вас сдать учебники и книги, взятые в нашей библиотеке.

> Вы ищете работу?
> Читайте наш журнал!
> Информация, размещённая в нашем журнале, поможет вам быстро найти хорошую работу.

> Уважаемые читатели!
> Сказки, рассказы и стихи, любимые вами и вашими детьми, можно купить в нашем книжном магазине.

б) Прочитайте названия газетных статей. Как вы думаете, о чём рассказывают эти статьи?

Новые звёзды, открытые астрономами

В новой библиотеке, построенной к 250-летию (к двухсотпятидесятилетию) МГУ...

Научные открытия, сделанные в XX веке

Необыкновенная история, рассказанная известным писателем

Причастия

— форма глагола, имеющая признаки глагола и прилагательного

Действительные причастия (активные)
1. Настоящего времени — от глаголов НСВ
2. Прошедшего времени — от глаголов НСВ и СВ

Страдательные причастия (пассивные)
Только от переходных глаголов!
1. Настоящего времени — от глаголов НСВ
2. Прошедшего времени — от глаголов СВ

изуча**ем**ый язык	изуче**нн**ый язык
чита**ем**ая книга	прочита**нн**ая книга
обсужда**ем**ые проблемы	решё**нн**ые задачи

 Сопоставление действительных и страдательных причастий

Посмотрите таблицу 1 и прочитайте примеры.

а) Сравните действительные и страдательные формы причастий и скажите, от каких глаголов они образованы.

б) Чем отличаются предложения со словом *который* от конструкций с активными и пассивными причастиями?

Таблица 1

Действительные причастия (активные)	Страдательные причастия (пассивные)		
Настоящее время			
Студент (1), **читающий** книгу (4), сидит в аудитории. = Студент, который (1) читает книгу (4), сидит в аудитории.	Книга (1), **читаемая** студентом (5), очень интересная. = Книга, которую (4) читает студент (1), очень интересная.	НСВ	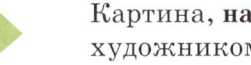
Прошедшее время			
Студент, **читавший** книгу, сидел в библиотеке. = Студент, который читал книгу, сидел в библиотеке.	———	НСВ	
Студент, **прочитавший** книгу, узнал много интересного. = Студент, который прочитал книгу, узнал много интересного.	Книга (1), **прочитанная** студентом (5), была очень интересной. = Книга, которую (4) прочитал студент (1), была очень интересной.	СВ	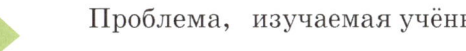

Художник, **нарисовавший** картину, жил в Сибири. ▶ Картина, **нарисованная** сибирским художником, находится в музее.

Пассажир, **забывший** вещи в метро, вернулся за ними. ▶ Вещи, **забытые** пассажирами, передали в камеру хранения.

Учёный, изуча**ющий** проблему, ... ▶ Проблема, изучаемая учёным, ...
изуча**вший**
изучи**вший**   изученная учёным, ...

I. Страдательные (пассивные) причастия настоящего времени (от глаголов НСВ)

2 Прочитайте сообщение. Скажите, что вы узнали. Обратите внимание на выделенные слова. Скажите, от каких глаголов образованы новые формы.

Недавно журнал «ГЕО» написал об интересном эксперименте, **проводимом** в Норвегии. Сотовые телефоны, **используемые** в этой стране, теперь имеют новую функцию. Владельцы телефонов могут смотреть по телефону телепередачи — спортивные программы и видеоклипы. Но самое приятное, что программы, **показываемые** во время эксперимента, бесплатные. Телекомпания не будет брать за эту услугу деньги.

Прочитайте примеры в таблице 2.

а) Назовите инфинитив и определите вид глаголов, от которых образованы причастия.

б) Какие две конструкции могут заменить новую форму? Чем они отличаются?

Таблица 2

Студентам очень нравится язык,	Какой язык нравится студентам? **изучаемый** ими в университете. = который они изучают в университете. = который изучается ими в университете.
Студентов интересует тема,	Какая тема интересует студентов? **обсуждаемая** ими на лекции. = которую они обсуждают на лекции. = которая обсуждается ими на лекции.
Я буду участвовать в телепрограмме,	В какой телепрограмме ты будешь участвовать? **создаваемой** молодым режиссёром. = которую создаёт молодой режиссёр. = которая создаётся молодым режиссёром.
Детям и взрослым нравится шоколад,	Какой шоколад нравится детям и взрослым? **производимый** в России. = который производят в России. = который производится в России.

1. Образование страдательных причастий настоящего времени

Прочитайте примеры и скажите, от чего зависят суффикс причастия и его окончание.

Глаголы НСВ	I спряжение
изучать ⟶ изуча-**ем** ⟶ изуча-**ем**-ый читать ⟶ чита-**ем** ⟶ чита-**ем**-ый обсуждать ⟶ обсужда-**ем** ⟶ обсужда-**ем**-ый	-**ем**- + -ый, -ая, -ое, -ые читаемый текст читаемая книга читаемое письмо читаемые книги
	II спряжение
переводить ⟶ перевод-**им** ⟶ перевод-**им**-ый производить ⟶ производ-**им** ⟶ производ-**им**-ый любить ⟶ люб-**им** ⟶ люб-**им**-ый	-**им**- + -ый, -ая, -ое, -ые производимый товар производимая техника производимые машины

3 Прослушайте словосочетания с причастиями. Назовите глаголы, от которых образованы причастия. Измените эти словосочетания по образцу и напишите их.

Образец: неизменяемое слово ▶ изменять(ся)
▼
слово, которое не изменяется
слово, которое не изменяют

быстро решаемая задача, часто повторяемая людьми пословица, проводимый в школе экзамен, управляемый компьютером полёт, избираемый народом президент, создаваемая художником картина, производимые на заводе часы, охраняемая коллекция картин, не переводимое на русский язык слово, незабываемые встречи, хранимые в музее вещи, проверяемый учителем диктант, изменяемая часть слова, исследуемая учёными проблема

 ## 2. Изменение причастий по падежам

Прочитайте предложения с причастными формами в таблице 3. Поставьте полные вопросы к определяемому слову. Скажите, от чего зависит падеж причастий.

Таблица 3

какой язык? 1. Студентам нравится иностранный **язык**, *изучаемый ими в университете*.	
словарём какого языка? 2. Студенты пользуются словарём иностранного **языка**, *изучаемого ими в университете*.	= который они изучают в университете.
учебник по какому языку? 3. Студенты купили учебник **по** иностранному **языку**, *изучаемому ими в университете*.	
какой язык? 4. Студенты уже неплохо знают иностранный **язык**, *изучаемый ими в университете*.	= который изучается ими в университете.
каким языком? 5. Студенты много занимаются иностранным **языком**, *изучаемым ими в университете*.	
на каком языке? 6. Студенты читают газеты и журналы **на** иностранном **языке**, *изучаемом ими в университете*.	

4 Составьте свою таблицу. Замените слово язык на слово языки.

5 Прочитайте сообщения, передайте эту информацию по-другому (используйте конструкции со словом который).

1. На праздник, организуемый Московским университетом, придут все студенты и преподаватели.
2. Мне часто приходится исправлять статьи, переводимые моим братом с русского языка на английский.
3. Письма и сообщения, посылаемые по электронной почте, приходят очень быстро.
4. Материал, повторяемый несколько раз по частям, запоминается лучше.
5. Причастие — это глагольная форма, или форма, образуемая от глагола.
6. Мобильные телефоны, производимые фирмой «Нокиа», пользуются большой популярностью.
7. Из всех языков, изучаемых в университете, студенты часто выбирают английский язык.
8. Космический корабль, управляемый космонавтом, стартует с космодрома Байконур.
9. Из всех проблем, обсуждаемых на конференции, самой важной является проблема экологии (сохранения природы).
10. На ежегодной ярмарке в Москве можно познакомиться с литературой, издаваемой российскими и иностранными издательствами.

II. Страдательные (пассивные) причастия прошедшего времени (от глаголов СВ)

6 Прочитайте сообщения. Скажите, что вы узнали. Обратите внимание на выделенные слова. Скажите, от каких глаголов они образованы. Определите вид этих глаголов.

В 2003 году российский физик В.Л. Гинзбург получил Нобелевскую премию за научное открытие, **связанное** с медициной. Это открытие, **сделанное** учёным, помогает людям сохранить здоровье и продлить жизнь.

Известно, что в нашей Солнечной системе 9 планет. Возможно, что в ближайшем будущем астероид, **открытый** в 2003 году американскими астрономами и **названный** Седна, будет считаться десятой планетой Солнечной системы.

В 2004 году в Интернете появился новый сайт, **созданный** учёными-филологами из Москвы и Новосибирска. Статьи, **размещённые** на этом сайте, рассказывают о литературе и языках народов мира.

Прочитайте примеры в таблице 4. На какой вопрос отвечают выделенные слова? Какие две конструкции могут заменить новую форму? Чем они отличаются?

Таблица 4

Неделю назад я получил письмо,	**написанное** моим братом. = которое написал мой брат. = которое было написано моим братом.
На выставке можно увидеть сувениры,	**сделанные** школьниками. = которые сделали школьники. = которые сделаны школьниками.
Экскурсовод рассказал о картине,	**нарисованной** русским художником XIX века. = которую нарисовал русский художник XIX века. = которая была нарисована русским художником XIX века.
Мой друг живёт в доме,	**построенном** его отцом много лет назад. = который построил его отец много лет назад. = который был построен его отцом много лет назад.
Мне нравится матрёшка,	**купленная** моей подругой на Арбате. = которую купила моя подруга на Арбате. = которая куплена моей подругой на Арбате.

1. Образование страдательных причастий прошедшего времени

Прочитайте примеры в таблице 5 и скажите, как образуются причастия. От чего зависят суффикс и окончание страдательные причастия прошедшего времени?

Таблица 5

глаголы СВ	I спряжение
написать → написа-л → написа-**нн**-ый сделать → сдела-л → сдела-**нн**-ый прочитать → прочита-л → прочита-**нн**-ый	**-нн-** + -ый, -ая, -ое, -ые написанный роман написанная книга написанное упражнение написанные письма
	II спряжение
построить → построи-л → постро-**енн**-ый изучить → изучи-л → изуч-**енн**-ый купить → купи-л → купл-**енн**-ый	**-енн-** + -ый, -ая, -ое, -ые построенный дом построенная школа построенное здание построенные дома
	I спряжение
забыть → забы-л → забы-**т**-ый открыть → откры-л → откры-**т**-ый закрыть → закры-л → закры-**т**-ый взять → взя-л → взя-**т**-ый	**-т-** + -ый, -ая, -ое, -ые забытый ключ забытая тетрадь забытое письмо забытые вещи

7 Скажите, от каких глаголов образованы причастия. Какие глаголы вы посмотрите в словаре?

изученный, разработанный, исследованный, разрешённый, изменённый, полученный, открытый, изданный, образованный, закрытый, созданный, приглашённый, связанный, приготовленный, посвящённый, исполненный, основанный, взятый, посланный, переведённый, забытый, убитый, вымытый, напечатанный, соединённый, законченный, проданный, оставленный, одетый, непонятый

8 Прослушайте словосочетания с причастиями. Назовите глаголы, от которых образованы причастия. Измените эти словосочетания по образцу.

Образец: книга, прочитанная студентом книга, которую прочитал студент

вещи, забытые пассажирами / проблема, ещё не изученная учёными / вещества, исследуемые химиками / задача, не решённая студентом / ключ, забытый подругой / обед, приготовленный в столовой / золото, найденное в Сибири / вечер, организованный студентами / открытие, сделанное физиками / часы, отремонтированные мастером / книга, подаренная другом / планета, открытая астрономами / работа, выполненная студентами

 ## 2. Изменение причастий по падежам

Прочитайте примеры в таблице 6. Поставьте полные вопросы к определяемому слову. Скажите, от чего зависит падеж причастий.

Таблица 6

какое здание? 1. Мне нравится **здание** МГУ, *построенное на Воробьёвых горах*.	
около какого здания? 2. Студенты сфотографировались **около здания** МГУ, *построенного на Воробьёвых горах*.	
по какому зданию? 3. Мы долго ходили **по зданию** МГУ, *построенному на Воробьёвых горах*.	= которое построили на Воробьёвых горах.
какое здание? 4. Я видел **здание** МГУ, *построенное на Воробьёвых горах*.	
рядом с каким зданием? 5. Памятник М.В. Ломоносову находится **рядом со зданием** МГУ, *построенным на Воробьёвых горах*.	
в каком здании? 6. Музей находится **в здании** МГУ, *построенном на Воробьёвых горах*.	

9 Составьте свою таблицу. Замените слово **здание** на слово **библиотека**.

3. Место причастного оборота в предложении

10 Прочитайте предложения. Скажите, отличаются ли они по содержанию. Чем они отличаются?

- На выставке можно увидеть сувениры, *сделанные школьниками*.
- Сувениры, *сделанные школьниками*, можно увидеть на выставке.
- *Сделанные школьниками* сувениры можно увидеть на выставке.

11 Скажите, как можно изменить место причастного оборота в предложениях.

1. Подготовленные студентами доклады можно послушать на семинаре.
2. Посланные на Марс аппараты сообщили на Землю много интересной информации об этой планете.

12 а) Восстановите предложения (соедините части А и Б). Поставьте вопросы к выделенным словам.

А

1. На подготовительные **курсы**, ..., приглашаются школьники 9–11-х классов.

2. На подготовительных **курсах**, ..., изучаются история, литература и иностранные языки.

3. Подготовительные **курсы**, ..., находятся в здании университета.

4. Мой друг заинтересовался **курсами**, ...

5. По телевизору была реклама **курсов**, ...

6. Подготовительным **курсам**, ..., требуются опытные преподаватели.

Б

организованным историческим факультетом

организованными историческим факультетом

организованных историческим факультетом

организованные историческим факультетом

б) Напишите, какие конструкции могут заменить причастные формы в этих предложениях.

13 а) Прочитайте сообщения. Передайте эти сообщения по-другому (используйте конструкции со словом который).

1. Новая песня, спетая известным певцом, стала популярной.
2. Студенты должны сдать учебники, взятые в библиотеке.
3. В торговом центре, построенном на Манежной площади, можно не только сделать покупки, но и хорошо отдохнуть.
4. Лекарства, купленные в аптеке, нельзя вернуть или обменять.
5. На концерте, организованном студентами, было очень весело и интересно.
6. В библиотеке МГУ есть много старинных книг, изданных в XIX веке.
7. Книгу японского писателя Мураками, переведённую на русский язык, можно купить в магазине на Арбате.
8. Вчера я получил посылку, отправленную моими родителями неделю назад.

б) Запишите эти предложения.

14 а) Прочитайте сообщения. Передайте эту информацию по-другому (используйте конструкции со словом который).

1. Первая российская грамматика, составленная М.В. Ломоносовым, сыграла большую роль в развитии русского языка.
2. Проект создания Московского университета, разработанный М.В. Ломоносовым, был подписан 25 января 1755 года.
3. В Московском университете работали профессора, приглашённые из-за границы, а также российские преподаватели.
4. Высотное здание МГУ на Воробьёвых горах, построенное в 1953 году, стало символом Москвы.
5. Перед зданием новой библиотеки МГУ, построенным совсем недавно, находится памятник графу Ивану Ивановичу Шувалову (1727–1797), собравшему большую коллекцию книг для библиотеки университета.
6. Многие драгоценные камни, созданные учёными в лабораториях, не отличаются от природных.
7. Информация, полученная в космосе, имеет большое значение для развития науки.
8. Теория о строении Солнечной системы, созданная Николаем Коперником, изменила представление людей о Вселенной.

б) Скажите, какая информация вас заинтересовала и почему.

15 а) Быстро прочитайте текст и скажите, сколько железа содержится в крови человека.

> В XIX веке французский учёный Мери сделал одно очень важное открытие: он нашёл железо в крови человека. Люди, не связанные с медициной, были очень удивлены этим открытием учёного. Кто-то даже предложил делать медали из железа, полученного из крови знаменитых людей. А один студент-химик решил подарить своей любимой девушке кольцо, сделанное из железа, полученного из его собственной крови.
>
> Юноша начал проводить эксперименты. Он брал свою кровь и химическим путём получал из неё железо. Очень скоро юноша умер от малокровия. К сожалению, молодой человек не знал, что железа, полученного из его крови, не хватит, чтобы сделать кольцо для любимой, так как в крови человека содержится только 3–4 грамма железа.

б) **Ответьте на вопросы:**

1. Какое открытие сделал французский учёный Мери?
2. Какой эксперимент проводил студент-химик?
3. Почему этот эксперимент был неудачным?

в) **Найдите в тексте предложения с причастиями и передайте эту информацию по-другому. Запишите эти предложения.**

16 а) Прочитайте сообщения и скажите, чем отличаются причастия в этих сообщениях.
б) Напишите эти сообщения без причастий.

1) В тексте рассказывается о М.В. Ломоносове, основавшем Московский университет.
Университет, основанный М.В. Ломоносовым, носит его имя.

2) В предисловии к первой «Российской грамматике», созданной М.В. Ломоносовым, говорится о богатстве и красоте русского языка.
М.В. Ломоносов, создавший первую «Российскую грамматику», был не только учёным-филологом, но и поэтом.

3) Старое здание Московского университета, построенное архитектором М.Ф. Казаковым, сгорело во время войны 1812 года.
Русский архитектор М.Ф. Казаков, построивший старое здание Московского университета, организовал в Москве архитектурную школу.

4) Меценаты Демидовы, подарившие Московскому университету монеты, книги, картины, построили более 50 (пятидесяти) заводов в России.
Монеты, картины, книги, подаренные меценатами Демидовыми, хранились в Музее истории Московского университета.

5) Профессор Н.Н. Поповский, прочитавший в университете первую лекцию на русском языке, был учеником М.В. Ломоносова.
Лекция, прочитанная профессором Н.Н. Поповским, была очень интересной.

 III. Краткая форма страдательных причастий

Прочитайте примеры в таблице 7 и сравните полную и краткую формы причастий. Какую роль в предложении играют эти формы?

Таблица 7

Краткая форма ⟷	Полная форма
Сравните:	

S   P
Книга **написана** известным писателем.
S   P
Книга **написана**.
S   P
Книга **была переведена** на русский язык.
	S какая?
	Книга, *написанная* известным
	                    P
	писателем, появилась в магазинах.
	S какая?
	Книга, *написанная*....
	S какая?
	Книга, *переведённая* на русский язык,
	           P
	пользуется популярностью.

Роман написа**н**. Книга написа**на**. Письмо написа**но**. Стихи написа**ны**.	...*написанный* роман... ...*написанная* книга... ...*написанное* письмо... ...*написанные* стихи...
Что вы знаете об этом романе? Что вам известно об этом романе? — Роман был переведён на многие языки. — Роман был создан Л.Н. Толстым.	Какой роман вам нравится? — Мне нравится роман «Анна Каренина», написанный Л.Н. Толстым в 1877 году.

17 Прочитайте сообщения, сравните их. Задайте вопросы к причастным формам в этих предложениях
(выделите S и P в каждом предложении).

1. Здание Московского университета, построенное на Воробьёвых горах, стало символом Москвы. Здание Московского университета на Воробьёвых горах было построено в 1953 году.

2. Эти стихи переведены на русский язык.
Студенты читали стихи, переведённые на русский язык совсем недавно.

3. В университете открыт новый факультет.
Много студентов учится на факультете биоинженерии и биоинформатики, открытом в прошлом году.

4. Абитуриент хорошо сдал вступительные экзамены и был принят в институт.
Ректор беседовал со студентами, принятыми в институт.

5. Уравнение, не решённое студентом, было очень трудным.
Задача решена правильно.

6. В университете был организован день открытых дверей.
День открытых дверей, организованный в университете, прошёл очень хорошо.

7. 24 октября 1857 года в Англии была организована первая футбольная команда.
В первой футбольной команде, организованной в Англии, играли студенты Оксфордского университета.

18 Как можно распространить информацию этих предложений? Напишите свои варианты.

Образец:
Книга **прочитана**.
Книга **прочитана** моим другом.
• Недавно эта интересная книга была прочитана моим другом.
• Скоро эта интересная книга будет прочитана моим другом.

Книга, прочитанная...
• Книга, прочитанная моим другом, была очень интересная.
• Книга, прочитанная моим другом, продаётся в магазине.

Журнал забыт (кем? когда? где?).
Дом построен (кем? когда? где?).
Статья переведена (кем? на какой язык? когда?).
Подарок куплен (кем? когда? кому? где?).
Письмо получено (кем? от кого? когда?).
Рассказы написаны (кем? когда? где?).

Журнал, забытый...
Дом, построенный...
Статья, переведённая...
Подарок, купленный...
Письмо, полученное...
Рассказы, написанные...

19

а) **Прочитайте сообщения и скажите по-другому** (используйте конструкции со словом **который**).

б) **Напишите эти сообщения.**

1. Уравнения, решаемые сейчас студентом, очень трудные.
2. Уже много лет существует газета, издаваемая Московским университетом.
3. Студенты пришли на праздничный вечер, организованный институтом.
4. Мне нравятся короткие рассказы, написанные А.П. Чеховым.
5. У меня много сувениров, подаренных друзьями.
6. Я люблю музыку, исполняемую джазовым оркестром.
7. На новом факультете международных отношений, открытом в МГУ в 2003 году, работают хорошие специалисты.
8. Книга, забытая студентом, осталась в аудитории.
9. В Москве есть старинные здания, охраняемые государством.

Текст

20

В тексте, который вы будете читать, вы встретите новые слова и выражения. Познакомьтесь с ними.

а) Прочитайте примеры и объяснения. Постарайтесь понять значение выделенных слов без словаря.

1. **финансы** = деньги
   финансировать кого? что? (4) науку, образование, культуру...
   • Государство **финансирует** образование. = Государство даёт деньги на образование.
   • Образование **финансируется** государством.

2. **посещать — посетить** кого? что? (4)
   • В Москве мы **посетили** Литературный музей. = Мы ходили в Литературный музей. = Мы были в Литературном музее.

3. **уделять — уделить внимание** кому? чему? (3)
   • На уроках русского языка преподаватель **уделяет** большое **внимание** фонетике = много занимается со студентами фонетикой.
   • В этой статье автор **уделяет** большое **внимание** проблемам экологии. = много говорит о проблемах экологии.

4. **интеллектуальное развитие** ребёнка = умственное развитие ребёнка

5. школа **с углублённым изучением** предметов, например математики = школа, в которой серьёзно и глубоко изучают какие-либо предметы, например математику.

6. **вступительный экзамен** = экзамен, который сдают абитуриенты, чтобы поступить в высшее учебное заведение (вуз)

7. **выпускной экзамен** = экзамен, который сдают студенты в конце обучения, чтобы получить документ об образовании — диплом

8. **срок** обучения = время учёбы

9. **реформа** = изменение системы
   политическая реформа, экономическая реформа, реформа системы образования

10. **проводить — провести** что? (4) **эксперимент (опыт)** = сделать научный эксперимент.

11. **сторонники ≠ противники** чего? (2) эксперимента, реформы, учения
    - сторонники = люди, которые согласны проводить эксперимент (за эксперимент)
    - противники = люди, которые не согласны проводить эксперимент (против эксперимента)

12. **включать — включить** что? (4)
    - Высшее образование в России **включает** несколько уровней = имеет несколько уровней = состоит из нескольких уровней.

21 Познакомьтесь с системой образования в России.

Система образования в России

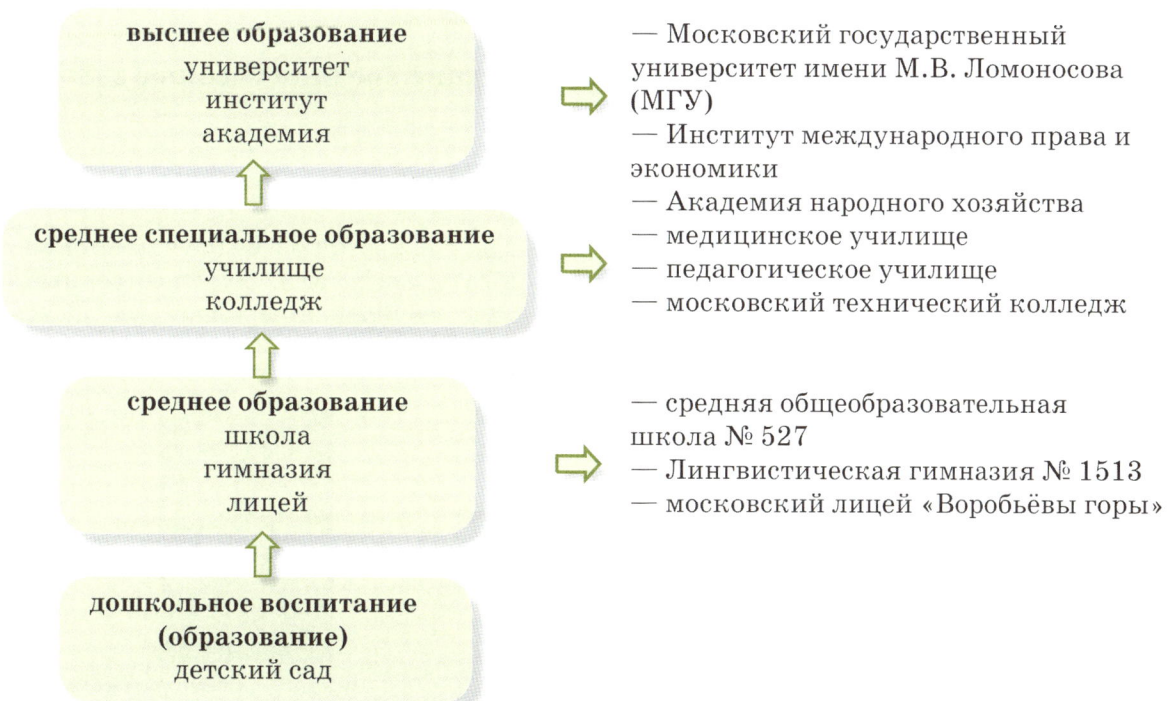

1. а) Прочитайте текст и скажите, какую роль играет детский сад в воспитании детей.

В российской системе образования существует два типа учебных заведений: государственные (то есть финансируемые государством) и негосударственные (не финансируемые государством), поэтому существуют две формы обучения: бесплатная и платная.

Дошкольное воспитание

До поступления в школу ребёнок получает домашнее воспитание. А если родители заняты на работе, ребёнка отдают в детский сад. Детские сады в России бывают государственными и частными.

В детском саду дети проводят целый день. Педагоги занимаются не только их воспитанием, но и подготовкой к школе: учат читать, писать, считать. В детском саду дети рисуют, поют, танцуют, занимаются спортом.

Один из лучших детских садов в Москве — «Колибри». Помимо общей образовательной программы с трёх лет дети начинают изучать иностранный язык.

Большое внимание уделяется не только интеллектуальному развитию ребёнка, но и физическому воспитанию. Два раза в неделю дети посещают бассейн. Дети, подготовленные в детском саду, лучше адаптируются к школе: меньше болеют и хорошо учатся.

б) Ответьте на вопросы:
1. Что вы узнали о дошкольном воспитании в России?
2. Есть ли детские сады в вашей стране? Какие? Какие дети их посещают?

2. а) Прочитайте текст и скажите, какие средние учебные заведения существуют в России.

Школа

В 6–7 лет ребёнок поступает в школу — начинается важный период в его жизни. Четыре года ребёнок учится в начальной школе, затем семь лет — в средней школе, где он изучает общеобразовательные предметы: русский язык, литературу, историю, математику, физику, химию, биологию, географию, информатику, иностранный язык. А также занимается спортом, музыкой, рисованием. Это обязательная программа для всех российских школ.

Кроме общеобразовательных школ существуют школы с углублённым изучением предметов. Например, есть школы, где с первого класса изучаются иностранные языки; есть художественные школы, где больше времени уделяется живописи, рисунку; есть математические,

«Первый раз в первый класс»

экономические и экологические школы, где несколько предметов изучается по более сложной программе.

Старшеклассники, которые ставят перед собой серьёзные цели, поступают в гимназии и лицеи. Основная задача гимназий и лицеев — воспитать разносторонне развитого человека, дать ему хороший старт в жизни.

В гимназию можно поступать с пятого класса. Для этого необходимо сдать три или четыре экзамена. В лицей принимаются только школьники старших классов. Чтобы поступить в лицей, надо сдать четыре экзамена. Лицеи и гимназии могут быть гуманитарными или естественнонаучными. Например, лицей «Воробьёвы горы» — один из самых популярных естественнонаучных лицеев в Москве. В этом лицее более серьёзно и глубоко изучают физику, математику, информатику, астрономию, экономику. А в московской гуманитарной лингвистической гимназии № 1513 особое внимание уделяется истории, философии, литературе и иностранным языкам. Знания, полученные учащимися в гимназиях и лицеях, дают им больше возможностей для поступления в институты и университеты.

В 11 классе в конце учебного года учащиеся всех школ, лицеев и гимназий сдают выпускные экзамены по всем предметам и получают документ о среднем образовании, который называется «аттестат».

«Школьные годы чудесные...
Как они быстро летят...»

Годы, проведённые в школе, человек помнит всю жизнь, потому что школьные годы — это не только учёба, домашние задания и экзамены, но и школьные традиции и праздники, первый звонок и выпускной вечер, школьная дружба и первая любовь.

б) Ответьте на вопросы:

1. Какой документ получают выпускники российских средних учебных заведений?
2. Какие школы есть в вашей стране? Как туда поступить? Сколько лет там учатся?

3. а) Прочитайте текст и скажите, что даёт человеку среднее специальное образование.

Среднее специальное образование

После окончания школы молодой человек должен решить, кем стать и куда пойти учиться. Российская система образования предлагает большой выбор учебных заведений, где можно продолжить своё образование и получить профессию. Молодые люди могут пойти учиться в средние специальные учебные заведения, например в медицинское, художественное, педагогическое, техническое училище и другие. Обучение там продолжается 2–4 года в зависимости от выбранной специальности. После окончания медицинского училища можно работать медсестрой (медбратом), после окончания педагогического училища — воспитателем в детском саду.

Одним из лучших художественных училищ является Палехское художественное училище, которое находится в посёлке Палех Ивановской области. Почему именно там? Потому что в посёлке Палех ещё в XIX веке работали народные мастера. Произведения искусства, создаваемые ими, можно увидеть в российских музеях. Чтобы продолжить традиции народных мастеров, в 1926 году в Палехе открылось художественное училище. В этом училище преподаются рисунок и живопись, анатомия и история искусства.

б) Ответьте на вопросы:
1. Что вы узнали о среднем специальном образовании в России?
2. Где можно получить среднее специальное образование в вашей стране?

4. а) Прочитайте текст и скажите, какие формы обучения существуют в вузах России.

Высшее образование

Высшее образование в России можно получить в университетах, институтах и академиях. В 1996 году был принят закон об образовании, в котором говорится, что высшее образование в России включает несколько уровней:
- бакалавр — обучение 4 года;
- специалист — обучение 5 лет;
- магистр — обучение 6 лет.

В высшее учебное заведение (вуз) может поступить любой человек, имеющий аттестат о среднем образовании и сдавший вступительные экзамены.

Сейчас почти во всех вузах работают подготовительные курсы, которые помогают абитуриентам подготовиться к сдаче вступительных экзаменов.

Поступить в престижный вуз совсем не просто, так как существует большой конкурс. Например, в МГУ в 2005 году конкурс на факультет иностранных языков был 17 человек на место, конкурс на факультет наук о материалах — 13 человек на место, а конкурс на факультет биоинженерии и биоинформатики — 10 человек на место.

Если молодой человек сдал экзамены, но не прошёл по конкурсу, то есть получил недостаточное колличество баллов, он может подать документы на коммерческое (платное) отделение. Но в этом случае студент не будет получать стипендию и сам должен будет платить за своё обучение.

В российских вузах существуют различные формы обучения:
- дневная форма обучения (очная), когда занятия проводятся каждый день в первой половине дня (с 9:00 до 17:00);
- вечерняя форма обучения, которая

даёт возможность студентам работать и учиться, так как занятия проводятся во второй половине дня (с 17:00 до 22:00);
- заочная форма обучения, когда студенты не присутствуют на лекциях и семинарах, они занимаются самостоятельно по программам и материалам, полученным в вузе. Два раза в год студенты-заочники должны сдавать сессию. Перед экзаменами желающие могут получить консультации преподавателей.

б) Ответьте на вопросы:
1. Что нужно, чтобы поступить в вуз в России?
2. Какие уровни включает высшее образование в России?
3. Какие уровни включает высшее образование в вашей стране?

5. а) Прочитайте текст и скажите, какую возможность ЕГЭ даёт выпускникам школ.

Единый государственный экзамен (ЕГЭ)

Уже несколько лет в России идёт реформа системы образования. С 2001 года в российских школах проводится эксперимент: ученик вместо традиционных выпускных (устных и письменных) экзаменов сдаёт единый государственный экзамен — ЕГЭ.

ЕГЭ — это письменные тесты по всем предметам. Если ученик сдаёт единый государственный экзамен, ему не нужно сдавать вступительные экзамены в вуз. Бывший ученик, а теперь абитуриент может послать заявление и результаты ЕГЭ в один или несколько выбранных им вузов. Задача этого эксперимента — помочь всем молодым людям, живущим далеко от учебных центров, поступить в престижные вузы Москвы, Петербурга и других больших городов.

Этот эксперимент имеет своих сторонников и противников. Например, МГУ пока не участвует в этом эксперименте, то есть не принимает от абитуриентов результаты единого государственного экзамена. МГУ проводит обычные вступительные экзамены на все свои факультеты.

б) Ответьте на вопросы:
1. Что такое ЕГЭ?
2. Как поступить в вуз в вашей стране?

23 Какие ещё вопросы вы хотите задать, чтобы больше узнать о системе образования в России?

24 а) Начертите схему системы образования в вашей стране, сравните её с российской.
б) Расскажите о системе образования в вашей стране.

25 Вы хотите продолжить своё образование в одном из вузов России.
а) Познакомьтесь с рекламой Московского государственного университета.

Московский государственный университет имени М.В. Ломоносова

День открытых дверей
пройдёт 28 марта 2006 года в 12:00 в Актовом зале Главного здания на Воробьёвых горах.

Приглашаются абитуриенты на встречу с ректором МГУ, деканами факультетов, преподавателями.

Вы узнаете:
- об истории Московского университета,
- о новых программах,
- о вступительных экзаменах.

Вы сможете получить информацию:
- о каждом факультете,
- о специальностях,
- о сроках обучения,
- о правилах приёма на дневное, вечернее и заочное отделения,
- о стоимости обучения,
- об общежитии,
- о медицинском страховании.

Вы сможете задать интересующие вас вопросы.

Факультеты МГУ
- Механико-математический факультет
- Факультет вычислительной математики и кибернетики
- Физический факультет
- Химический факультет
- Биологический факультет
- Факультет биоинженерии и биоинформатики
- Факультет почвоведения
- Геологический факультет
- Географический факультет
- Факультет наук о материалах
- Факультет фундаментальной медицины
- Исторический факультет
- Филологический факультет
- Философский факультет
- Экономический факультет
- Высшая школа бизнеса
- Юридический факультет
- Факультет журналистики
- Факультет психологии
- Институт стран Азии и Африки
- Социологический факультет
- Факультет иностранных языков
- Факультет государственного управления
- Факультет искусств
- Факультет мировой политики
- Факультет педагогического образования
- Факультет дополнительного образования
- Факультет военного обучения
- Кафедра физического воспитания и спорта
- Институт переподготовки и повышения квалификации преподавателей гуманитарных и социальных наук
- Центр переподготовки научно-педагогических кадров

б) Вы просмотрели рекламу. Скажите, что такое «день открытых дверей». Что вы узнали о дне открытых дверей в МГУ?

26 Вас заинтересовала эта реклама. Вы хотите учиться в МГУ. Скажите, на какой факультет вы хотите поступить.

Какую информацию вы хотите получить? Задайте интересующие вас вопросы. Чтобы задать вопросы, используйте следующие слова и словосочетания:

– документы, подать документы
– подготовительные курсы
– сдать вступительные экзамены
– конкурс (сколько человек на место)
– платить за обучение
– получать стипендию
– сроки обучения

27 Напишите письмо в университет (институт), в который вы хотите поступить. Сообщите сведения о себе:

— Кто вы?
— Сколько вам лет?
— Откуда вы?
— Какое у вас образование? Что вы закончили?
— На какой факультет вы хотите поступить? Почему?

28 Ваш друг попросил вас написать ему письмо и рассказать, как поступить в МГУ. Напишите ему, что вы узнали.

29 Ваш друг хочет поступить на факультет биоинженерии и биоинформатики МГУ. Вы прочитали в газете рекламу этого факультета.

а) Передайте (расскажите) другу всю информацию, которую вы получили из рекламы.

Добро пожаловать на факультет биоинженерии и биоинформатики Московского государственного университета!

На факультете *биоинженерии и биоинформатики* проводится обучение по новой специальности — биоинженерия и биоинформатика.

Срок обучения — 5 лет.

Форма обучения — очная, дневная.

Приём документов — с 20 июня по 1 июля включительно.

Абитуриенты должны сдать в приёмную комиссию следующие необходимые документы:
- заявление о приёме на имя ректора МГУ, написанное абитуриентом;
- документ о среднем образовании с оценками;
- шесть фотографий размером 3х4 (матовые);
- медицинскую справку о состоянии здоровья;
- по желанию абитуриент представляет характеристики, грамоты и рекомендации.

Вступительные экзамены:
1. Математика (письменно) — 10 баллов
2. Химия (письменно) — 10 баллов
3. Биология (письменно) или физика (письменно) по выбору — 10 баллов
4. Русский язык и литература (сочинение) — 5 баллов

Абитуриенты, успешно сдавшие экзамены и прошедшие по конкурсу, будут зачислены на I курс.
Абитуриенты, успешно сдавшие экзамены, но не прошедшие по конкурсу, могут быть зачислены на обучение на контрактной основе (платно).
Всем поступившим иногородним студентам предоставляется общежитие.

б) Напишите письмо другу в другой город и сообщите, что вы узнали об этом факультете.

30  В тексте, который вы будете читать, вы встретите новые слова и выражения. Познакомьтесь с ними. Прочитайте примеры и объяснения. Постарайтесь понять значение выделенных слов без словаря.

1. **кормить — прокормить** кого? (4)
   прокормить семью = заработать деньги на жизнь, материально обеспечить семью

2. **гимнастёрка** = военная форменная одежда, рубашка

3. **приёмная комиссия института** = работники института, которые принимают документы у абитуриентов

4. **присутствовать ≠ отсутствовать** где?
   • Ректор **присутствовал** на собрании. = Ректор был на собрании.
   • Ректор **отсутствовал** на собрании. = Ректор не был на собрании.

5. **мёрзнуть — замёрзнуть**
   • В доме было очень холодно, поэтому люди **замёрзли**.
   • Зимой вода в реке **замёрзла** и превратилась в лёд.

31 **а)** Прочитайте текст об известном писателе Василии Макаровиче Шукшине. Скажите, когда был напечатан его первый рассказ.

Василий Макарович Шукшин (1929–1974) — известный писатель, актёр, режиссёр — родился и вырос в крестьянской семье в селе Сростки на Алтае. Окончил школу, поступил учиться в техникум, но закончить его он так и не смог. Время было тяжёлое — послевоенное. Чтобы прокормить семью, ему пришлось бросить учёбу и пойти работать. Работал на заводе, на электростанции, на строительстве моста. Потом служил в армии — на Черноморском флоте.

В.М. Шукшин

После службы в армии В.М. Шукшин вернулся на родину, в родное село на Алтае. Это был 1953 год. Грамотных людей в селе было мало. В сельских школах не хватало учителей. В.М. Шукшин пошёл работать в школу. Он работал директором школы и одновременно преподавал русский язык и литературу в пятых — седьмых классах. В.М. Шукшин любил литературу и сам начал писать небольшие рассказы. Он писал обо всём, что видел вокруг себя. Однако он понимал, что ему самому надо ещё много учиться, чтобы найти своё призвание и своё место в жизни.

В.М. Шукшин решил поехать в Москву и поступить в институт. Он сказал о своём решении матери. Мать поняла сына и помогла ему. Так как денег в семье не было, мать продала корову. Полученные деньги она отдала сыну, чтобы он мог поехать в столицу и продолжить там своё образование. Так летом 1954 года В.М. Шукшин оказался в Москве.

Деревенский парень в гимнастёрке, оставшейся у него после службы в армии, и в сапогах пришёл во Всероссийский государственный институт кинематографии (ВГИК). С собой он принёс большую толстую тетрадь, в которой были написаны его собственные рассказы. В приёмной комиссии института работали молодые девушки. В.М. Шукшин отдал им свои документы и большую толстую тетрадь с рассказами. Так как тетрадь была очень толстая, а почерк у В.М. Шукшина был очень мелкий, девушки не стали читать написанные им рассказы. Однако, чтобы не обидеть уже немолодого абитуриента, девушки сказали ему, что у него очень красивое и выразительное лицо, и посоветовали ему поступать на актёрский факультет. В.М. Шукшин ещё не знал, на какой факультет он хочет поступать. От других абитуриентов он узнал, что в этом институте есть факультет, который готовит будущих режиссёров, то есть людей, снимающих фильмы. Тогда он решил поступать на режиссёрский факультет.

Начались экзамены. На экзамене по русской литературе присутствовал известный российский кинорежиссёр и педагог Михаил Ромм. Василий Шукшин взял билет и прочитал: *Лев Толстой. Роман «Война и мир»*.

— Ну, рассказывайте, — сказал Ромм.
— Я это не читал, — ответил Шукшин.
— Как? Почему? — удивился Ромм.
— Очень толстая книга, не было времени прочитать.
— Как вам не стыдно, молодой человек! Какой же вы директор школы, вы просто некультурный человек. Нет, вы не можете быть режиссёром. Директор школы не читал Толстого! Стыдно!

— А вы знаете, что такое директор сельской школы? — закричал В.М. Шукшин. — Нет, вы не знаете, что директор школы должен сначала эту школу отремонтировать, потом сделать так, чтобы в этой школе было тепло и светло, чтобы дети в школе не мёрзли, чтобы в классе были столы и стулья и чтобы у каждого ребёнка лежал на столе учебник. И всё это надо сделать вовремя. А знаете вы, какая машина у директора школы — с хвостом и на четырёх ногах! Когда уж тут книжки читать!

Педагоги — члены экзаменационной комиссии не хотели принимать В.М. Шукшина на режиссёрский факультет. Но Михаил Ромм сказал, что только очень талантливый и сильный человек может всегда говорить только то, что думает. Михаил Ромм поставил Шукшину пятёрку и принял его на свой курс на режиссёрский факультет. Спорить с известным режиссёром никто не стал. Так Василий Шукшин стал студентом.

Всю свою жизнь Василий Шукшин считал Михаила Ромма своим учителем. Михаил Ромм сыграл большую роль в жизни В.М. Шукшина. Он поверил в талант В.М. Шукшина и не ошибся. Василий Шукшин стал замечательным актёром и режиссёром. Он создал много хороших фильмов. Одной из лучших режиссёрских работ Шукшина был фильм «Калина красная» (1974), получивший огромное количество наград и премий на международных кинофестивалях. В этом фильме В.М. Шукшин играл главного героя.

Когда Михаил Ромм прочитал рассказы В.М. Шукшина, он посоветовал ему послать их в разные газеты и журналы Москвы. Ромм был уверен, что рассказы В.М. Шукшина обязательно напечатают. И он был прав. В 1958 году был напечатан первый рассказ Шукшина. А в 60-е годы его рассказы печатались во всех крупных журналах страны. Василий Шукшин стал известным писателем.

б) Ответьте на вопросы:

1. Когда и где родился и вырос В.М. Шукшин?
2. Какое образование он получил?
3. Как он нашёл своё призвание?
4. Какие люди сыграли важную роль в его жизни?

в) Какие ещё вопросы по биографии В.М. Шукшина вы хотели бы задать?

32 а) Расскажите, как Василий Шукшин сдавал вступительный экзамен в институт.

б) Напишите письмо, которое Василий Шукшин послал своей матери, когда поступил во ВГИК. Начните, например, так:

Дорогая мама! Я поступил...

33 Коротко расскажите биографию В.М. Шукшина.

34  В рассказе, который вы будете читать, вы встретите новые слова и выражения. Познакомьтесь с ними. Прочитайте примеры и объяснения. Постарайтесь понять значения выделенных слов без словаря.

1. **стыдно** — Ему было **стыдно**. — Ему было **стыдно**, потому что он не читал известный роман. Ему было **стыдно**, потому что он опоздал на экзамен.

2. **строгий** — **строгий** преподаватель
   строго — Он **строго** посмотрел на студента.
   строгость — Ему было стыдно за свою **строгость**.

3. **иметь право** + инфинитив глагола
   • Каждый человек **имеет право** учиться, работать, отдыхать...

4. **готов (-а, -ы)** + инфинитив глагола
   готов отвечать = подготовился и может отвечать
   не готов отвечать = не подготовился и не может отвечать

5. **успеть** + инфинитив глагола
   • Он **не успел прочитать** роман. = Он не прочитал роман, потому что у него не было времени.

6. **злой** ≠ **добрый** — **злой** человек ≠ добрый человек
   злиться = быть злым

7. **плен** — попасть **в плен**, быть **в плену**, бежать **из плена**
   пленный = человек, попавший **в плен**
   • Во время войны он **попал в плен** к врагу.

35 Прочитайте текст по рассказу В.М. Шукшина. Какую оценку получил студент на экзамене по литературе?

Экзамен

— Почему опоздали? — строго спросил профессор.

— Знаете... извините, пожалуйста, я прямо с работы... был очень занят... — ответил студент — высокий парень с простым хорошим лицом. Он стоял в дверях аудитории и не решался войти. Глаза у парня были правдивые и неглупые.

— Берите билет, — сказал профессор. — Назовите номер билета.

— Семнадцать.

— Что там? Какой там вопрос?

— Первый вопрос — «Слово о полку Игореве»*.

— Хороший билет. Вам повезло. — Профессор улыбнулся. Ему стало немного стыдно за свою строгость. — Идите готовьтесь.

Студент взял ручку, лист бумаги и сел за стол. Профессор смотрел на него и думал о таких студентах, как этот парень. Студенты заочного отделения — взрослые люди. Они очень заняты, потому что работают и учатся. Работа занимает у них много сил и времени, а на учёбу времени не хватает. Профессор считал, что студенты должны всё своё время отдавать только учёбе, поэтому он был против заочного обучения. Он даже написал об этом статью в газету, но её не напечатали, а профессору сказали, что каждый человек в любом возрасте имеет право продолжать своё образование.

Профессор подошёл к окну и стал смотреть на улицу. Было уже темно. Горели фонари. Люди ехали с работы домой.

— Ну, вы готовы отвечать? — спросил профессор. — Я вас слушаю.

Студент молчал. Билет, который был в его руках, чуть-чуть дрожал.

«Волнуется, — подумал профессор. — Ничего, пусть волнуется».

— «Слово о полку Игореве» — это великое произведение, — начал студент. — Это произведение было написано... было создано неизвестным автором в конце двенадцатого века. Автор хотел показать... хотел рассказать, что... враги хотели захватить Русь... князь Игорь боролся с врагами. В общем, когда враги напали на Русь... — Студент сам понимал, что рассказывает плохо, неинтересно. Ему было стыдно. Он покраснел и замолчал.

Профессор внимательно и сердито посмотрел в глаза студенту. «Не читал. Да, не читал. Вот вам — результат заочного обучения!» — подумал он.

— Вы читали «Слово о полку Игореве»? — громко и строго спросил профессор.

— Нет, не читал.

— Как вам не стыдно?! Вы, русский человек, не читали величайшее национальное произведение! Как это может быть? — спросил профессор и стал ждать ответа.

— Извините, профессор. Не успел. У меня было очень много работы.

— Меня меньше всего интересует ваша работа. Меня интересует ваша учёба. Очень интересует! — Профессор чувствовал, что он начинает ненавидеть этого студента. — Вы сами пошли учиться?

Студент поднял на профессора грустные глаза.

— Конечно, сам.

— Вы хотите учиться?

— Конечно, хочу.

— Так учитесь! Или вы думали, что учиться — легко? Нет, молодой человек, учёба — это большой труд. Так трудитесь!

---

* «Слово о полку Игореве» — памятник древнерусской литературы, созданный неизвестным автором в конце XII века. «Слово» рассказывает о неудачном походе князя Игоря против врагов. Во время похода князь Игорь попал в плен. К счастью, ему удалось бежать из плена. Автор призывает всех русских князей объединиться и вместе защищать русскую землю от врагов.

— А если не хотите трудиться — так уходите из института.

— Не надо так говорить, — тихо сказал студент и опустил голову.

— Хорошо, я не буду. Но меня интересует: вам стыдно или нет?

— Стыдно.

Некоторое время они молчали. Профессор ходил около доски.

Студент сидел неподвижно, смотрел в билет... Минута была глупая и тяжёлая.

— Профессор, спросите ещё что-нибудь. Я же готовился к экзамену.

— В каком веке создано «Слово о полку Игореве»? — сердито спросил профессор.

— В двенадцатом. В конце.

— Верно. Что случилось с князем Игорем?

— Князь Игорь попал в плен.

— Правильно! Князь Игорь попал в плен. Ну а дальше?.. Рассказывайте дальше... Как это случилось? Почему он попал в плен? Как чувствовал себя в плену князь Игорь? — почти закричал профессор. Он злился на студента и в то же время сочувствовал ему.

— Профессор, поставьте мне двойку, — решительно сказал студент и встал.

Профессор немного успокоился. Парень ему нравился.

— Поставьте мне двойку.

— Как чувствовал себя в плену князь Игорь?! Как чувствует себя человек в плену? Неужели даже этого вы не понимаете?!

Студент посмотрел на старика ясными серыми глазами.

— Понимаю, — тихо и спокойно сказал он.

— Что вы понимаете?

— Я всё понимаю, профессор, я сам был в плену.

— То есть как были в плену? Где?

— У немцев. Во время войны...

— Вы воевали?

— Да.

— Долго?

— Три месяца.

Студент смотрел на профессора, профессор — на студента. Оба были сердиты.

— Садитесь, почему вы стоите, — сказал профессор. — Вы бежали из плена?

— Да. — Студент сел.

— Как бежали? Расскажите.

— Ночью.

— Один бежал?

— Нет, нас было семь человек.

— Вы все семеро дошли живыми?

— Все.

— Расскажите всё, — приказал профессор. — Учитесь говорить, молодой человек! Ведь это тоже надо. Как бежали? Как чувствовали себя? Это ведь страшно и тяжело — попасть в плен? Как вы попали в плен? Мне всё это очень интересно. Очень. Это поможет мне лучше понять «Слово».

— Это долго рассказывать, профессор.

— Страшно было?

— Страшно.

— Да, да. Я понимаю, — Профессору почему-то этот ответ очень понравился. — Вам сколько лет было?

— Восемнадцать.

— А зовут вас как?

— Николай.

— О чём вы там говорили между собой?

— Где? — студент поднял голову.

— В плену.

— Ни о чём. О чём там говорить?

— Это правильно! Правильно, что молчали, — профессор внимательно посмотрел на студента и подумал, что автор «Слова о полку Игореве» был таким же, как этот молодой парень. Сильным, честным, открытым.

После этого они долго молчали. Надо было вернуться к «Слову о полку Игореве», не прочитанному студентом.

— Это хорошо, солдат. Это хорошо, что вы всё понимаете. «Слово», конечно, надо прочитать. И не один раз. Я вам подарю книжку... у меня как раз есть с собой... — Профессор достал из портфеля книгу «Слово о полку Игореве», подумал, посмотрел на студента, улыбнулся, что-то быстро написал на обложке книги и дал её студенту. — Не читайте сейчас. Дома прочитаете.

— Давайте зачётку, — сказал преподаватель. Он поставил оценку, закрыл зачётку и вернул её студенту. Сухо сказал: — До свидания.

Студент вышел из аудитории. Зачётку он держал в руке — боялся посмотреть в неё. Ему было стыдно. Он боялся, что профессор поставил ему «хорошо» или, что ещё тяжелее, — «отлично». «Лучше бы он поставил "удовлетворительно", и то хватит», — думал он.

В коридоре он быстро открыл зачётку... некоторое время смотрел в неё. Потом тихо засмеялся и пошёл. В зачётке стояло: «плохо».

На улице он вспомнил про книгу. Открыл её и прочитал слова, написанные профессором:

«Учись, солдат. Это тоже нелёгкое дело. Проф. Григорьев».

Студент посмотрел на окна института, и ему показалось, что в одном из них он увидел профессора.

Профессор действительно стоял у окна. Смотрел на улицу и думал.

36 а) Расскажите, что вы узнали из рассказа о студенте (его имя, возраст, внешность, характер, занятия). Что вы думаете об этом человеке и о его жизни? Почему вы так думаете?

б) Расскажите, что вы узнали о профессоре (его имя, возраст, внешность, характер, его отношение к своей работе и к людям). Как относится профессор к заочному обучению и почему? Какое у вас сложилось мнение об этом человеке? Почему?

37 Ответьте на вопросы:

1. Как об этом экзамене расскажет профессор?
2. Как об этом экзамене расскажет дома студент?
3. Как вы думаете, какие факты своей биографии отразил в рассказе «Экзамен» В.М. Шукшин?
4. Понравился ли вам этот рассказ? Почему?

38 Коротко передайте содержание рассказа «Экзамен» (15–20 предложений).

 회화

Поговорим

39 Расскажите:

а) Как вы сдавали экзамены в школе?
Какой экзамен был самым трудным? Почему?

б) Как вы выбирали свою будущую профессию?
Как вы шли к своему призванию?
Почему вы выбрали эту профессию?
Кто повлиял на ваш выбор?
Кто помог вам выбрать профессию?
Какую помощь вам оказывали родители?

в) Какие книги вы любите читать?
Всегда ли у вас есть время, чтобы читать книги?
Чем вы предпочитаете заниматься в свободное время?

Теперь вы можете:

1. Рассказать о системе образования в России.
2. Рассказать о системе образования в вашей стране.
3. Рассказать о том, как вы сдавали экзамен.
4. Рассказать о том, как вы выбирали профессию.

Урок 4

Воробьёвы горы, московский университет!
참새언덕이여, 모스크바 대학이여!

*Он помнит всё: и стройки, и пожары.
Он помнит, как открытия рождались
В его стенах, чтобы горел науки свет.
Он помнит всё: от поражений до побед...
Московский университет!!!*

*Но всё равно он вечно будет молод!
И даже через двести с лишним лет
Звучит как песня — Воробьёвы Горы...
Московский университет!!!*

이과의 길잡이

Тема:
Система образования, учёба, наука, работа
교육제도와 학업, 학문, 직업(2)

Грамматика:
Имя прилагательное 형용사
I. Степени сравнения прилагательных и наречий 형용사와 부사의 비교급
II. Полная и краткая форма прилагательных
형동사의 장어미형과 단어미형
Выражение определительных отношений в простом и сложном предложениях
단문과 복문에서 형용사의 한정적 용법

Тексты:
О языке 언어에 관해
Конкурс 경연 대회
Татьянин день 따찌야나의 날
2005 год — 250 лет МГУ 2005년도는 모스크바 대학 250주년입니다
Читаем газеты и журналы 신문과 잡지를 읽읍시다!

Поговорим

1 **а) Просмотрите рекламу и найдите интересующую вас информацию.**

- Вы хотите давать уроки своего родного языка. Узнайте, где это можно сделать и на каких условиях.
- Вы хотите участвовать в интернет-олимпиаде. Узнайте, когда она будет, кто может в ней участвовать.
- Вас интересует работа летом. Узнайте, по какому телефону вам нужно позвонить.

Интернет-олимпиада по химии

Химический факультет МГУ имени М.В. Ломоносова приглашает студентов 1–5-х курсов, аспирантов, молодых учёных-химиков принять участие в интернет-олимпиаде по химии.
- Олимпиада состоится 10 февраля 2006 года.
- Время выполнения заданий — 5 часов.
- Победители олимпиады получат ценные призы: компьютеры, сканеры, цифровые фотоаппараты.

Студенческий клуб весёлых и находчивых (КВН)

Московский Дворец молодёжи (МДМ) приглашает всех студентов на КВН.
- В игре будут участвовать команды Московского государственного университета, Санкт-Петербургского государственного университета, Воронежского государственного университета и Российского университета дружбы народов.
- Игра состоится 22 апреля в субботу в 18 часов.
- У нас будет весело: шутки, музыка, танцы.
- В перерыве — бесплатный буфет: кока-кола, бутерброды, попкорн.

Билеты продаются в кассе МДМ по адресу: Комсомольский проспект, д. 28, станция метро «Фрунзенская».

Работа для студентов

Лингвистическая гимназия приглашает студентов-иностранцев (носителей языка) для проведения практических занятий по иностранному языку (английский, французский, китайский, арабский) в 5–6-х классах.
- Занятия проводятся 2 раза в неделю по 2 часа в удобное для вас время.
- Гимназия гарантирует оплату и бесплатный проезд.
- Желающим получить работу в гимназии необходимо:
    — иметь паспорт и студенческий билет,
    — пройти собеседование с директором гимназии.

Наш адрес: Москва, ул. Школьная, д. 4.

Агентство по трудоустройству предлагает работу студентам

Обращаться с 9:00 до 19:00 по телефону: 720-59-48.

б) Спросите своего друга, какая реклама его заинтересовала и почему. Сообщите о том, что вы узнали, своей группе.

2 а) Вам нужна работа. Вы пришли в агентство по трудоустройству студентов. Вам задали несколько вопросов, ответьте на них:

— Работали ли вы раньше?
— Почему вы стали работать?
— Где вы работали?
— Какие у вас были обязанности? Что вы делали?
— Сколько дней в неделю вы работали? Сколько часов в день?
— Какая у вас была зарплата?
— Вам нравилась ваша работа? Почему?
— Где вы хотели бы работать после окончания университета? Почему?

б) Скажите, что вы узнали о человеке, отвечавшем на эти вопросы.

в) Расскажите о себе: где вы хотите работать, что вы умеете делать, что вы хотите делать?

г) Узнайте в беседе с представителем агентства, какую работу вы можете получить (задайте все интересующие вас вопросы).

Новая грамматика

Имя прилагательное
I. Степени сравнения прилагательных и наречий

1 Прочитайте сообщения. Как вы понимаете эти сообщения и выделенные слова?

М.В. Ломоносов писал, что в университете тот студент **лучше и умнее**, который больше научился.

Московский университет имени М.В. Ломоносова считается **старейшим** российским университетом.

Уже много лет Татьянин день — это **самый любимый** праздник российских студентов.

Чем больше иностранных языков знает человек, тем **легче** и **быстрее** он изучает каждый следующий иностранный язык.

1. Образование степеней сравнения прилагательных и наречий

Сравните

Какая это компьютерная программа? (Чем новая программа отличается от старой?)	Как работает новая компьютерная программа?
Эта новая компьютерная программа **быстрее, лучше, эффективнее**, чем старая.	Эта новая компьютерная программа работает **быстрее, лучше, эффективнее**, чем старая.
Какая это компьютерная программа? Эта программа | **быстрее лучше эффективнее**	Как работает эта программа? Она работает | **быстрее лучше эффективнее**

Прочитайте примеры в таблице 1.

а) Скажите, какие степени сравнения есть у прилагательных и наречий.

Таблица 1

		Сравнительная степень	Превосходная степень
Какой?	важный	более / менее важный	важн**ейш**ий самый важный
	▶ важн**ее** -ее		
Как?	важно	более / менее важно	
Какой?	богатый	более / менее богатый	богат**ейш**ий самый богатый
	▶ (после ж, ш, щ, ч) богач**е** -е		
Как?	богато	более / менее богато	

б) Образуйте сравнительную степень от следующих прилагательных.
интересный, умный, трудный, красивый, стройный, тяжёлый, длинный, медленный, современный

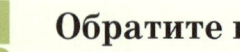 **Обратите внимание!**

хороший — лучше — наилучший, самый лучший, самый хороший
хорошо — лучше

плохой — хуже — наихудший, самый худший, самый плохой
плохо — хуже

маленький — меньше — наименьший, самый маленький
мало — меньше

большой — больше — наибольший, самый большой
много — больше

тонкий — тоньше (к/ш) =/ толстый — толще (ст/щ)
редкий — реже (дк/ж) =/ частый — чаще (ст/щ)
дорогой — дороже (г/ж) =/ дешёвый — дешевле (в/вл)
простой — проще (ст/щ) =/ сложный — сложнее
лёгкий — легче (к/ч) =/ трудный — труднее
близкий — ближе (зк/ж) =/ далёкий — дальше (к/ш)
короткий — короче (тк/ч) = длинный — длиннее
яркий — ярче (к/ч)

2 Сравните эти рисунки. Подберите нужные характеристики. Кто больше!

 **2. Употребление степеней сравнения прилагательных и наречий**

Зимой в России ночь (1) длиннее, **чем** день (1).
Зимой в России ночь (1) длиннее дня (2).

кто? / что? (1) больше / меньше, **чем** кто? / что? (1)
=
кто? / что? (1) больше / меньше кого? / чего? (2)

3 Прочитайте сообщения, скажите по-другому.

Образец:

Планета Земля больше, чем Венера. ▶ Планета Земля больше Венеры.

Планета Венера меньше, чем Земля. ▶ Планета Венера меньше Земли.

1. Зимой в России день короче, чем ночь.
2. Луна меньше, чем Земля.
3. Алмаз твёрже, чем стекло. (твёрдый ≠ мягкий)
4. Дерево мягче, чем металл.
5. Масло легче, чем вода. (лёгкий ≠ тяжёлый)
6. Золото дороже, чем серебро.
7. Мёд полезнее, чем сахар. (полезный ≠ вредный)
8. Апельсин слаще, чем лимон. (сладкий ≠ кислый)
9. Самолёт быстрее, чем поезд.

4 Сравните:

— воздух в городе и в деревне (грязный ≠ чистый)
— климат на севере и на юге
— погоду летом и зимой
— разные виды транспорта (самолёт, поезд, автобус, такси...)

5 Отгадайте загадки.

Что слаще мёда, глубже колодца, дороже золота?　(нос)
Что на свете всего быстрее?　(ьлсым)

6 Прослушайте русские народные пословицы. Объясните, как вы их понимаете.

Старый друг лучше новых двух.

В гостях хорошо, а дома лучше.

Ум хорошо, а два лучше.

Лучше один раз увидеть, чем сто раз услышать.

Тише едешь — дальше будешь.

Рыба ищет, где глубже, а человек — где лучше.

 읽을 거리

Это интересно узнать!

7 Посмотрите на рисунки и ответьте на вопросы:

— Какое животное может пить реже всех?
— Какое животное на Земле движется медленнее всех?
— Какие птицы летают быстрее всех?
— Какое животное спит больше всех?
— Какая птица бегает быстрее всех?

черепаха

утки и гуси

страус

медведь

верблюд

3. Употребление степеней сравнения прилагательных и наречий в конструкции чем..., тем... в сложном предложении

Чем больше вы занимаетесь спортом, **тем** лучше вы себя чувствуете.
Чем больше человек знает, **тем** интереснее разговаривать с ним.
Чем лучше человек знает язык, **тем** легче и быстрее он переводит.

Чем больше / меньше + глагол, **тем** лучше / хуже + глагол

8 а) Восстановите предложения (соедините части А и Б).

А

1. Чем больше вы читаете, ...
2. Чем больше информации вы получаете, ...
3. Чем современнее компьютер, ...
4. Чем больше вы будете заниматься, ...
5. Чем меньше человек гуляет и спит, ...
6. Чем легче задача, ...
7. Чем труднее задача, ...
8. Чем больше иностранных языков знает человек, ...

Б

тем он эффективнее.

тем хуже он себя чувствует.

тем легче и быстрее он изучает каждый следующий иностранный язык.

тем лучше вы сдадите экзамены.

тем больше вы узнаёте нового.

тем сложнее её запомнить.

тем проще её решить.

тем интереснее её решать.

б) Скажите, как вы сейчас говорите (пишете, читаете, понимаете) по-русски — лучше (хуже...), чем раньше?

пишу лучше, красивее, правильнее, грамотнее
читаю быстрее, правильнее, громче, тише
говорю быстрее, медленнее, правильнее, лучше, больше

9 Прочитайте информацию, скажите по-другому.

Образец:

Озеро Байкал — *глубочайшее* озеро в мире.
▼
Озеро Байкал — *самое глубокое* озеро в мире.

1. Вода в озере Байкал чистейшая в мире.
2. Эверест — это высочайшая вершина в мире, её высота 8846 метров.
3. Столица Мексики Мехико является крупнейшим городом мира.
4. Китайский язык является одним из древнейших письменных языков.

5. В Италии находится старейший театр в мире, который называется «Олимпико».
6. Храм Василия Блаженного на Красной площади можно назвать красивейшим храмом Москвы.

10  Вы будете читать текст. Познакомьтесь с новыми словами. Прочитайте объяснения, постарайтесь понять без словаря значения новых слов, поставьте к ним вопросы.

1. **басня** = короткий рассказ или стихотворение о человеческих недостатках, в котором геро́ями являются животные
2. **баснописец** = человек, который пишет басни
3. **раб** = человек, принадлежащий хозяину и не имеющий никаких прав

11 а) Прочитайте текст и скажите, какие значения имеет слово **язык**.

Имя Эзопа известно во всём мире. Эзоп — древнегреческий баснописец и мыслитель, живший в VI веке до нашей эры. Эзоп был рабом. Однажды хозяин пригласил к себе гостей и приказал Эзопу приготовить на обед самое лучшее, что есть на свете. Эзоп пошёл на рынок, купил язык и приготовил его. Когда пришли гости, Эзоп подал на стол приготовленное им блюдо. Хозяин спросил, почему Эзоп приготовил только язык. Эзоп ответил: «Ты приказал мне купить и приготовить самое лучшее, что есть на свете. А что может быть на свете лучше языка? С помощью языка люди изучают науки, получают знания, строят города, общаются друг с другом, решают разные проблемы, приветствуют друг друга, объясняются в любви. Нет на свете ничего лучше, нужнее, важнее, красивее и сильнее языка...» Ответ понравился хозяину.

В другой раз хозяин пригласил гостей и приказал Эзопу приготовить на обед самое худшее, что есть на свете. Эзоп опять пошёл на рынок, купил язык и приготовил его. Хозяин очень удивился. Тогда Эзоп объяснил хозяину: «Ты приказал мне приготовить самое худшее. А что на свете может быть хуже языка? Язык может начать войну, сделать людей врагами, он может убить, предать, обидеть, обмануть; он приказывает разрушать города и даже целые государства, он несёт в нашу жизнь горе и зло. Нет на свете ничего хуже, страшнее, хитрее и злее языка». И этот ответ тоже понравился хозяину.

б) **Ответьте на вопросы:**

1. Кто такой Эзоп? Что вы узнали о нём?
2. Что хозяин попросил его приготовить на обед в первый раз?
3. Что приготовил Эзоп и почему? Как он объяснил свой поступок?
4. Какое задание получил Эзоп от хозяина во второй раз?
5. Что приготовил Эзоп во второй раз и почему? Как он объяснил свой поступок?
6. Согласны ли вы с Эзопом? Аргументируйте свой ответ.

в) **Кратко сформулируйте выводы из этого текста.** (Как можно охарактеризовать язык, на котором говорят люди?)

12  а) Прочитайте текст. Скажите, сколько победителей было в конкурсе и что они сделали с премией.

Конкурс

1 марта 2003 года на центральном телевидении началась новая научно-популярная программа, автором и ведущим которой был известный журналист Александр Гордон. На эту программу были приглашены известные российские учёные (всего 191 человек), которые должны были рассказать телезрителям свою теорию устройства мира: как устроен наш мир, как человек узнаёт мир, как возникла жизнь на Земле.

В начале передачи Александр Гордон объявил, что учёный, который сможет лучше и интереснее всех объяснить устройство мира, получит приз — 100 килограммов чистого золота или один миллион евро. Эта сумма больше, чем Нобелевская премия.

Передачу Александра Гордона показывали по телевизору в ночное время. И хотя это было очень поздно, зрители не ложились спать, ждали эту передачу и с удовольствием смотрели её, так как учёные, приходившие на передачу, рассказывали много интересного. Например, есть ли жизнь на других планетах, почему цивилизации рождаются и умирают, какую роль в развитии цивилизации играет язык, зачем рыбам в океане нужны яркие краски, есть ли интеллект у муравьёв и многое другое... Выступил 191 учёный — прошла 191 передача.

Когда передачи закончились, все учёные, принявшие участие в этой программе, все телезрители и даже сам ведущий с волнением ждали, кто же будет лучшим, кто победит и получит приз — 1 миллион евро?! Самым интересным было то, что победителя конкурса выбирали сами участники. Каждый из участников получил 191 балл и полную свободу. Он мог взять эти баллы себе или отдать другому учёному — тому, кого он считает лучшим. Потом независимая группа должна была подсчитать все голоса и объявить победителя.

И вот 1 марта 2004 года все учёные — участники программы собрались в большом красивом зале, зрители сидели дома перед своими телевизорами.

Все волновались и ждали... До самых последних минут никто не знал, кто стал победителем. И вот, наконец, в зал принесли конверт с результатами конкурса. Александр Гордон открыл конверт и объявил: «Победил Дмитрий Сергеевич Чернавский, один из ведущих в мире специалистов по теоретической биофизике». На сцену вышел очень энергичный, живой, весёлый человек. Зал начал аплодировать российскому учёному. Это была заслуженная и справедливая победа.

Когда ведущий программы Александр Гордон предложил учёному выбрать приз — 100 килограммов золота или один миллион евро, — Дмитрий Сергеевич Чернавский выбрал один миллион евро. Зал опять начал аплодировать. Гордон передал учёному конверт с чеком на один миллион евро и спросил учёного, что он собирается делать с такой большой суммой. На этот вопрос Чернавский спокойно ответил, что он благодарит своих коллег, которые выбрали его, но он не считает себя лучшим российским учёным и поэтому он поделит миллион евро на всех, кто принимал участие в конкурсе. «И это будет справедливо!» — сказал Дмитрий Сергеевич.

Несколько минут в зале была тишина, а потом все встали и долго аплодировали большому учёному и настоящему человеку.

**Дмитрий Сергеевич Чернавский
(краткая биографическая справка)**

- Родился 24 февраля 1926 года в Москве. В 1949 году окончил инженерно-физический факультет Московского механического института.
- В 29 лет защитил кандидатскую диссертацию.
- В 38 лет стал доктором физико-математических наук.
- Область его научных интересов — биофизика. В этой области профессором Д.С. Чернавским было сделано много научных открытий.
- С 1975 года работал над проблемой происхождения жизни на Земле.
- В настоящее время профессор Д.С. Чернавский работает над проблемами биоинформатики и биоэнергетики.
- Профессором Д.С. Чернавским подготовлено свыше 15 кандидатов и 5 докторов наук; опубликовано более 150 научных работ.

б) Скажите, что вы узнали о телевизионной научно-популярной программе Александра Гордона.

— Кто принимал участие в этой программе?
— Какие вопросы обсуждались в этой программе?
— Как зрители приняли эту программу?
— Каковы были условия конкурса?
— Кто выбирал победителя конкурса?
— Какой приз получил победитель?

А. Гордон

в) Скажите, что вы узнали о победителе конкурса. Запишите эту информацию.

— Какой он учёный?
— Каковы его научные интересы?
— Какой он человек?

г) Напишите краткое содержание текста (7–10 фраз).
(Выберите из каждого абзаца 1–2 самых важных предложения.)

II. Полная и краткая форма прилагательных

> **!** *В литературе для описания человека или предмета часто используются краткие формы прилагательного.*

Дика, печальна, молчалива,
Как лань лесная боязлива,
Она в семье своей родной
Казалась девочкой чужой.
              А.С. Пушкин. «Евгений Онегин»

Прочитайте примеры в таблице 2.
Скажите, чем отличается полная форма прилагательных от краткой формы.

Таблица 2

полная форма	⟷ краткая форма
красив**ый** город	Город красив. (каков?) Город был красив. (каков?) Город будет красив. (каков?)
красив**ая** девушка красив**ое** озеро красив**ые** цветы	Девушка была красив**а**. (какова?) Озеро было красив**о**. (каково?) Цветы были красив**ы**. (каковы?) Цветы будут красив**ы**. (каковы?)

Сравните
роль полного и краткого прилагательного в предложении

S P Москва — очень *красивый* город.	S P Вечером этот город очень **красив**.
P S Мне нравится эта *красивая* девушка.	S На фотографии девушка **была** очень P **красива**.
P В комнату вошла *высокая, стройная,* *красивая* девушка. S (Какая девушка вошла в комнату?)	S P Девушка **была высока, стройна, красива**. (Что можно сказать об этой девушке?)

13 Посмотрите на рисунки, найдите подходящие подписи к ним. О ком или о чём можно так сказать?

чиста, прозрачна, холодна

молод, красив, умён, богат

вкусен, полезен, ароматен

молода, красива, стройна, хороша собой

высок, строен, здоров, весел

14 а) Посмотрите, как употребляется краткая форма прилагательных в предложениях.
На какие вопросы отвечают эти предложения?

Эта страна **богата** (чем? 5) нефтью и газом.
Этот учёный **известен** всему миру (чем? 5) своим открытием.
Приз, который получил победитель, **был равен** (чему? 3) миллиону евро.
Преподаватель **был доволен** (чем? 5) ответами своих студентов.

богат = беден чем? (5)
известен кому? (3) / чем? (5)
доволен кем? / чем? (5)
равен чему? (3)

б) Дайте свои примеры.

15  **а) Прочитайте текст и скажите, каким напитком угощает ректор университета гостей в Татьянин день.**

Татьянин день

Уже много лет Татьянин день является праздником всех студентов в России. Какова история этого праздника? По церковному календарю 25 января — это День святой Татьяны. Именно в этот день, 25 января 1755 года, русская императрица Елизавета Петровна подписала указ о создании Московского университета. Так родился знаменитый праздник московского студенчества — Татьянин день. А святая Татьяна, в честь которой в здании Университета на Моховой улице была построена церковь, стала считаться покровительницей Московского университета и всех российских студентов.

С тех пор праздновать Татьянин день стали каждый год. В этот день в университете проходило торжественное собрание, на котором присутствовали все профессора и студенты. На собрании выступал ректор, лучшие студенты университета получали награды. После собрания был торжественный обед, на котором профессора сидели за одним столом со студентами. На столах были разные блюда, пиво, вино. В этот день все пили, ели, веселились. После обеда начинались гуляния, которые продолжались всю ночь. Это были очень весёлые гуляния, так как в это время кончалась сессия и начинались студенческие каникулы, поэтому студенты были уже свободны от занятий, веселы и беззаботны.

Известный московский журналист В. Гиляровский писал, что никогда московские улицы не были так шумны и веселы, как в этот день. Это действительно был шумный и очень весёлый праздник. А выпускник Московского университета А.П. Чехов в одном из своих рассказов писал, что в Татьянин день «студенты веселились так, что выпили всё, кроме Москвы-реки, и то благодаря тому, что она замёрзла».

И в наши дни сохранилась традиция праздновать Татьянин день. Каждый год 25 января в Московском университете бывает большой праздник, который проходит весело и интересно. В Татьянин день в Московском университете традиционно исполняется гимн Университета, бывает праздничный концерт, студенческий КВН (Клуб весёлых и находчивых) и, конечно, шумная молодёжная дискотека, на которой собираются студенты со всех факультетов МГУ, чтобы пообщаться и повеселиться.

На праздник приезжают уважаемые гости, которые поздравляют профессоров и студентов университета. Ректор Московского университета принимает поздравления, награждает лучших преподавателей и студентов, а потом сам угощает всех специальным праздничным напитком, приготовленным из мёда. Этот напиток называется «медовуха». Традиция пить медовуху в Татьянин день появилась 10 лет назад, этот напиток «экологически чист, недорог, вкусен и очень полезен для студентов».

б) Прочитайте текст ещё раз и ответьте на вопросы:

1. Какова история праздника Татьянин день?
2. Как отмечали этот праздник раньше?
3. Как празднуют Татьянин день сейчас?

в) Напишите небольшое письмо домой (или другу) о том, что вы узнали о празднике российских студентов.

16  **а) Прочитайте текст и скажите, какую роль сыграла песня «Татьянин день» в жизни композитора.**

♥ ТАТЬЯНА + СЕРГЕЙ = ЛЮБОВЬ ♥

25 января 1975 года, как раз в Татьянин день, по радио впервые была исполнена песня, ставшая студенческим гимном:

Была земля белым-бела, мела метель,
Татьянин день, Татьянин день, Татьянин день.
А для меня цвела весна, звенел апрель,
Татьянин день, Татьянин день, Татьянин день…

История создания этой песни очень интересна. Песня «Татьянин день» была написана Юрием Саульским тогда, когда он ещё не был известным композитором, а был просто студентом Московской консерватории, игравшим по вечерам в молодёжном кафе, чтобы немного заработать.

Однажды во время зимних каникул в дом к Саульскому неожиданно пришёл его друг Сергей, молодой поэт, который писал песни. Его глаза горели от счастья, он улыбался и всё время повторял странные слова: «Татьянин день, Татьянин день, Татьянин день»…

— Что случилось? — спросил его Саульский.

— Я влюбился. Её зовут Татьяна. Я хочу подарить ей песню. Есть песни про Катюшу, про Светлану, про Марину, а про Татьяну нет… Юра, давай напишем песню и посвятим её всем Татьянам!

Через несколько дней поэт принёс композитору свои новые стихи. Саульский прочитал:

Был белый снег, шёл первый день каникул,
Целый день вдвоём бродили мы с тобой.
И было всё вокруг торжественно и тихо,
И белый-белый снег над белою землёй…

Стихи понравились композитору, и он написал музыку. Так родилась песня «Татьянин день», посвящённая всем Татьянам. Конечно, это была песня о любви. В конце песни были такие слова: «Татьяна плюс Сергей равняется любовь».

Песня очень быстро стала популярной в России. Её пели по радио, по телевизору, на концертах. Композитор Юрий Саульский получил море писем от Татьян, благодаривших его за песню. Ему писали: «Откуда вы знаете историю нашей любви? Мы познакомились с Сергеем в Татьянин день…»; «Меня зовут Татьяна. Благодаря вашей песне я поняла, что выйду замуж только за Сергея…»; «У меня ещё нет друга, но я буду искать Сергея, потому что меня зовут Татьяна…» Одна молодая мама написала: «У меня родилась дочка. Хотела назвать её Катей, но услышала вашу песню и назвала её Татьяной».

Песня «Татьянин день» сыграла большую роль и в жизни самого композитора. Во-первых, песня принесла ему славу. А во-вторых…

Однажды его попросили написать статью для одного журнала. Когда композитор принёс свою статью в редакцию, он увидел молодую девушку-редактора. Она улыбнулась ему и сказала, что её зовут Татьяна. Он посмотрел в её большие прекрасные глаза и сразу понял, что влюбился. Это была любовь с первого взгляда. Через два дня они решили пожениться, и вот уже 25 лет они вместе.

б) Прочитайте текст ещё раз и ответьте на вопросы:

1. Кому посвящена песня «Татьянин день»?
2. Почему девушки писали письма композитору Ю. Саульскому? О чём они рассказывали ему в своих письмах?
3. О чём эта песня? Понравилась ли она вам? Почему?

в) Расскажите историю создания песни.

Выражение определительных отношений в простом и сложном предложениях

I. Выражение определительных отношений в простом предложении
Какой?   Какая?   Какое?   Какие?

Посмотрите таблицу 3, прочитайте примеры и поставьте вопросы к определениям. Составьте аналогичную таблицу со своими примерами.

Таблица 3

— прилагательные — местоимения — порядковые числительные — причастия действительные / страдательные	*современная* наука *вся* группа, *каждый* человек *первый*, *второй* курс *любящие* родители *написанное* письмо
сущ. (2) из с + (2) без для 	библиотека *университета*, факультет *генетики* упражнение *из учебника*, фото *из альбома* девушка *с картины*, книга *с выставки* книга *без картинок*, стихи *без перевода* альбом *для фотографий*, книга *для чтения*
сущ. (3) по + (3) 	памятник *А.С. Пушкину*, подарок *другу* учебники *по русскому языку*, книга *по искусству*
с + (5) 	статья *с фотографиями*, стихи *с переводом*, девушка *с голубыми глазами*, человек *с бородой*, человек *с сильным характером*
в на + (6) о 	книга *в мягкой обложке*, торт *в большой коробке* девушки *на фотографии*, книга *на русском языке* стихотворение *о любви*, сообщение *о погоде*
сущ. + инфинитив глагола	традиция *собираться* всей семьёй, привычка *курить* трубку, предложение *поехать* на море

17 Составьте свои предложения со словосочетаниями из таблицы и задайте вопросы.

Образец: библиотека университета

— В какой библиотеке тебе нравится заниматься?
— Мне нравится заниматься в библиотеке университета.

18 Прослушайте диалоги. Скажите, что вы узнали.

1. — Куда ты будешь поступать?
   — Конечно, в МГУ.
   — На какой факультет?
   — На факультет иностранных языков, буду переводчиком. А ты на какой?
   — А я на факультет фундаментальной медицины, хочу стать врачом.

   Узнайте у вашего собеседника, куда он хочет поступать, и ответьте на его вопросы.

2. — Что вы хотите?
   — Мне нужны учебники.
   — Какие учебники?
   — Учебники по русскому языку и по математике.

   Вам нужно взять в библиотеке учебники. Попросите библиотекаря дать их вам.

3. — Вам помочь?
   — Я хотел бы купить компьютер.
   — Какой?
   — Компьютер с большим монитором.

   Вы в магазине. Поговорите с продавцом о том, что вы хотите купить.

4. — Извините, вы не знаете, какой памятник находится перед Главным зданием МГУ?
   — Это памятник основателю Московского университета Ломоносову.

   Узнайте у прохожего о незнакомом памятнике, здании в городе.

5. — Скажи, какую статью вы читали на уроке?
   — Статью об изучении космоса.
   — Трудная статья?
   — Трудная, но интересная.

   Узнайте у собеседника, какую книгу (газету, роман) он читает.

19 а) Посмотрите, как можно описать предмет.

— Какие книги тебе нравятся?
— Мне нравятся
  - все книги
  - любые книги
  - разные книги
  - книги русских писателей
  - интересные книги
  - книги без иллюстраций
  - книги из букинистического магазина
  - книги в твёрдой обложке
  - книги для детей
  - книги по искусству
  - книги о природе
  - книги на русском языке
  - книги с автографами авторов
  - книги, написанные современными писателями

б) Какая книга нравится вам?

в) Подберите определения к данным существительным:
журнал, статья, стихотворение, фильмы.

г) Спросите у друзей, какие журналы, статьи, стихи, фильмы им нравятся.

20 Восстановите предложения (используйте слова справа).

1. Чтобы поступить в МГУ, ... абитуриент должен сдать вступительные экзамены.

2. В МГУ 23 факультета. Вы можете выбрать ... факультет.

3. В 2003 году ... большой конкурс в МГУ был на факультете иностранных языков.

4. ... год весной ... университеты и институты Москвы проводят дни открытых дверей.

5. Библиотека работает ... день, кроме воскресенья. Вы можете получить книги в ... удобное для вас время.

6. ... иностранные студенты МГУ имеют право на льготный проезд в общественном транспорте.

II. Выражение определительных отношений в сложном предложении

Прочитайте сообщения и закончите вопросы к выделенным конструкциям.

1. *Какая деревня … ?*
Маленькая деревня, **откуда (= из которой) Михаил Ломоносов ушёл учиться в Москву**, находилась на Севере, на берегу Белого моря.

2. *Какой университет … ?*
Университет, **куда (= в который) поехал Ломоносов, чтобы продолжить своё образование**, находился в немецком городе Марбурге.

3. *Какой город … ?*
Город Ораниенбаум, **где (= в котором) в 1753 году М.В. Ломоносов основал фабрику по производству цветного стекла**, переименовали в город Ломоносов в 1948 году.

4. *В какое время … ?*
В то время, **когда (= в которое) Михаил Ломоносов жил и учился в Германии**, он познакомился со своей будущей женой.

5. *Какая лаборатория … ?*
Первая химическая лаборатория, **которую создал М.В. Ломоносов**, начала работать в Петербурге в Российской академии наук.

Расскажите, что вы узнали о М.В. Ломоносове.

21 Прочитайте информацию.
а) Замените выделенные конструкции (используйте союзы где, когда, куда, откуда).

1. Центр международного образования МГУ — это факультет, *на который поступают учиться студенты из разных стран мира.*
2. Ректор МГУ предлагает создать во всех вузах России бесплатные подготовительные курсы, *на которых будут учиться молодые люди после службы в армии.*
3. В 2004 году Московский университет выделил 1000 мест, *на которые поступили без экзаменов школьники — победители региональных олимпиад по разным предметам.*

4. В Московском университете очень много научных лабораторий, *в которых студенты, аспиранты и преподаватели проводят химические, физические, биологические и медицинские эксперименты.*
5. День открытых дверей в МГУ — это день, *в который молодые люди могут получить всю информацию о факультетах, об учёбе и об условиях поступления в университет.*
6. МГУ — один из российских вузов, *в котором не учитывают результаты единого государственного экзамена.*
7. Главное здание Московского университета находится на Воробьёвых горах, *с которых открывается прекрасный вид на Москву.*
8. Сессия — это время, *в которое все студенты сдают экзамены.*
9. После поступления в школу дети 3–4 года учатся в начальной школе, *из которой потом переходят в среднюю школу.*

б) Замените выделенные конструкции предложениями со словом который.

1. В 1894 году художник В.М. Васнецов построил в Москве в Троицком переулке дом, *где жил со своей семьёй.*
2. В начале XX века российский предприниматель Г.Г. Елисеев открыл в Москве, в Петербурге и в Киеве свои знаменитые фирменные магазины, *где можно было купить любые продукты.*
3. Город, *откуда* приехала семья А.П. Чехова, находится на юге России.
4. Около дома А.П. Чехова был сад, *где было много цветов.*
5. В ялтинском доме А.П.Чехова, *где он жил со своей семьёй и куда часто приезжали его друзья*, сейчас находится музей писателя.

 22

В тексте, который вы будете читать, вы встретите новые слова и словосочетания. Познакомьтесь с ними. Прочитайте примеры и объяснения.
Постарайтесь понять значения выделенных слов без словаря.

1. Русская императрица Елизавета Петровна познакомилась с проектом университета и **одобрила** его (= согласилась с ним).
2. Открытие университета **состоялось** (= было) 7 мая 1755 года.
3. Латинский язык был **общепризнанным** (= единым) языком науки. Этот язык признавали и использовали все учёные. Сейчас он используется в науке, например в медицине.
4. С XVI века до 1861 года в России были **крепостные крестьяне**. У них не было никаких гражданских прав. Их покупали и продавали, как рабов. В 1861 году была реформа, и крепостные крестьяне получили свободу.
5. **рукопись** = текст, написанный от руки
   старинные рукописи, древние русские рукописи, рукописи Чехова.
6. **общедоступный** = публичный, то есть доступный каждому человеку, открытый для всех
   • Университетская библиотека более ста лет была единственной **общедоступной** библиотекой в Москве.

7. **архив** = место, где хранятся старые, старинные документы, рукописи, письма
архив университета, архив музея, архив писателя.
8. **оказывать — оказать помощь** = помогать — помочь
 • Граф Иван Иванович Шувалов **оказал** Ломоносову большую помощь в создании Московского университета.
 • Русские промышленники Демидовы **оказывали** большую материальную помощь Московскому университету со дня его основания.
9. **стоимость** = цена

23 Прочитайте текст и скажите, сколько факультетов было в Московском университете в год открытия и сколько факультетов работает в нём сейчас.

2005 год — 250 лет МГУ

Московский университет, сыгравший большую роль в развитии российской науки и культуры, по праву считается старейшим российским университетом. Он был основан в 1755 году первым русским академиком, выдающимся учёным-энциклопедистом Михаилом Васильевичем Ломоносовым (1711–1765).

Родившийся и выросший в крестьянской семье, прошедший нелёгкий путь от простого крестьянского мальчика до первого русского академика, Михаил Васильевич Ломоносов посвятил всю свою жизнь развитию науки, культуры и образования в России. В 1754 году Ломоносовым был разработан проект создания первого университета. Русская императрица Елизавета Петровна, дочь Петра I, познакомилась с этим проектом и одобрила его. 25 января 1755 года, в День святой Татьяны по церковному календарю, императрицей был подписан указ о создании Московского университета. С тех пор в России появилась традиция 25 января в Татьянин день праздновать День студентов.

Официальное торжественное открытие Университета состоялось 7 мая 1755 года. На открытие Университета приехала сама императрица Елизавета Петровна, а также граф И.И. Шувалов, помогавший Ломоносову в создании Университета, и другие важные гости. С тех пор каждый год в мае в Университете проходят научные конференции, которые называются «Ломоносовские чтения». На этих чтениях выступают с докладами и научными сообщениями очень известные, а также молодые учёные.

Первоначально Московский университет был расположен в здании, находящемся на Красной площади, на том месте, где сейчас находится Исторический музей. По проекту, сделанному М.В. Ломоносовым, в Университете были созданы 3 факультета: философский, юридический и медицинский. Учебная программа для Университета также была написана М.В. Ломоносовым. В Университете работали профессора, приглашённые императрицей Елизаветой Петровной из-за границы, а также молодые русские учёные — ученики Ломоносова.

Сначала лекции в Университете читались на латинском языке, так как латинский язык считался общепризнанным языком науки. М.В. Ломоносов боролся за то, чтобы лекции в Университете читались на русском языке. В предисловии к созданной им «Российской грамматике» он писал, что римский император Карл Пятый, знавший много языков, говорил, что на испанском языке можно говорить с Богом, на французском — с другом, на немецком — с врагом, на итальянском — с женщиной, но если бы он знал русский, он бы понял, что на русском языке можно говорить со всеми, потому что в русском языке есть «великолепие испанского, живость французского, крепость немецкого, нежность итальянского, богатство и краткость греческого и латинского». Споры о том, можно ли преподавать в Университете на русском языке, продолжались около десяти лет. И лишь в 1767 году новая императрица Екатерина Великая разрешила читать лекции в Университете на русском языке.

Московский университет со дня основания был демократическим университетом. Здесь могли учиться все молодые люди, кроме крепостных крестьян. М.В. Ломоносов писал, что в Университете тот студент лучше, кто больше научился, а чей он сын — это не важно. Самых способных студентов посылали учиться за границу, чтобы там они могли продолжить своё образование.

В 1756 году в центре Москвы на Моховой улице появилось новое здание Московского университета, в котором были открыты университетская библиотека, типография и книжная лавка. В университетской типографии издавалась первая в стране неправительственная газета «Московские ведомости», а университетская библиотека более ста лет была единственной общедоступной библиотекой в Москве. К сожалению, во время войны 1812 года, когда армия Наполеона вошла в Москву и в столице начались пожары, это здание сгорело. Погибли и библиотека, и архив, и типография...

После войны 1812 года Московский университет строился и создавался заново. Восстановление Университета стало делом всей страны, всего народа. Люди дарили Университету деньги, книги, старинные рукописи, научные коллекции и приборы. Многие профессора отдавали Университету свои личные богатейшие библиотеки, собранные ими за долгие годы работы в Университете. В короткое время для университетской библиотеки было собрано 7,5 (семь с половиной) тысяч книг. И уже через год, 1 сентября 1813 года, в Университете начались занятия.

Огромную материальную помощь Московскому университету оказывали меценаты — богатые люди, помогавшие развитию науки и искусства. Среди них были русские заводчики Демидовы, владевшие металлургическими заводами на Урале, крупнейшие русские купцы и промышленники Строгановы. Демидовы подарили Московскому университету богатейшую коллекцию минералов, состоящую из 6 тысяч предметов, редкую коллекцию монет, медалей, картин, книг стоимостью 300 тысяч золотых рублей и многое другое. Демидовы помогали не только Университету, но и студентам. Они организовали шесть Демидовских стипендий для студентов из небогатых семей. Они посылали Университету деньги на его строительство и восстановление.

С каждым годом количество студентов, обучающихся в Московском университете, росло. Если в начале XIX века в Университете училось более 500 (пятисот) студентов, то в конце XIX века — 1500 (полторы тысячи) студентов. В первой половине XX века только на дневном отделении училось 5 тысяч студентов.

В 1948 году началось строительство нового здания Московского университета на Воробьёвых горах. Строительство шло очень быстро. В 1953 году был построен целый комплекс университетских зданий, в которых 1 сентября начались учебные занятия, и 13 тысяч студентов вошли в новые аудитории. Здание Московского университета на Воробьёвых горах стало символом Москвы.

Перед Главным зданием Московского университета поставили памятник М.В. Ломоносову — человеку, основавшему этот университет, человеку, который, по словам А.С. Пушкина, «сам был первым нашим университетом». В 1940 году Московскому университету было присвоено имя Михаила Васильевича Ломоносова.

Московский университет начинался с 3 (трёх) факультетов, на которых учились 30 студентов. С развитием науки в МГУ открывались новые и новые факультеты, например, факультет наук о материалах, факультет биоинженерии и биоинформатики, факультет фундаментальной медицины и другие. В связи с открытием факультета фундаментальной медицины был построен новый медицинский центр, в котором студенты и аспиранты факультета фундаментальной медицины занимаются научной и практической работой.

В январе 2005 (две тысячи пятого) года МГУ отметил 250 лет со дня основания. К этому юбилею на Воробьёвых горах построено новое современное здание библиотеки, площадь которой 65 тысяч квадратных метров. В библиотеке хранится 9 миллионов книг. Библиотека МГУ, являющаяся одной из богатейших научных библиотек страны, постоянно пополняется новой научной литературой.

В настоящее время Московский университет является одним из крупнейших центров образования, науки и культуры. В МГУ 29 факультетов, на которых учатся около 40 (сорока) тысяч студентов и аспирантов. На факультетах работают более 8 (восьми) тысяч профессоров и преподавателей, среди которых 300 академиков Российской академии наук. Можно сказать, что сегодня МГУ — это старейший и главный вуз страны. Учиться в МГУ престижно. Диплом Московского университета признаётся во всех странах мира.

24 а) Быстро найдите в тексте ответы на эти вопросы:

1. Когда и кем был основан Московский университет?
2. Почему 25 января в России празднуют День студентов?
3. Что такое «Ломоносовские чтения»? Почему они проходят в мае?
4. Как называется книга по русскому языку, написанная М.В. Ломоносовым?
5. Что говорил М.В. Ломоносов о русском языке?

б) Продолжите список вопросов, ответы на которые ваш собеседник найдёт в тексте.

25 Чтобы ответить на следующие вопросы, выберите в тексте нужную информацию и кратко запишите её.

1. Какую роль сыграл М.В. Ломоносов в создании Московского университета?
2. Где находилось первое здание Московского университета, когда и где были построены другие здания?
3. Кто и на каком языке читал лекции в Московском университете?
4. Почему можно сказать, что Московский университет всегда был демократическим университетом?
5. Как восстанавливался Московский университет после войны 1812 года?
6. Какую помощь оказывали Московскому университету меценаты?
7. Что представляет собой Московский университет сейчас?

26

М.В. Ломоносов говорил, что в русском языке есть

«**великолепие** испанского, **живость** французского, **крепость** немецкого, **нежность** итальянского, **богатство** и **краткость** греческого и латинского».

Назовите прилагательные, от которых образованы выделенные существительные.

27

а) Прочитайте текст и скажите, за какое открытие российский физик В.Л. Гинзбург получил Нобелевскую премию.

Выпускники Московского университета

В разное время в Московском университете учились и работали интересные, талантливые и одарённые люди, ставшие учёными с мировым именем, нобелевскими лауреатами, известными политиками, писателями, специалистами. Среди них известные русские писатели И.С. Тургенев и А.П. Чехов; поэт Ф.И. Тютчев; известный во всём мире художник В.В. Кандинский; философ и мыслитель В.С. Соловьёв; отец русской физиологии И.М. Сеченов, изучавший деятельность головного мозга; выдающийся физик, один из основателей современной электротехники А.Г. Столетов; первый и последний президент СССР М.С. Горбачёв, закончивший юридический факультет МГУ и получивший в 1990 году Нобелевскую премию мира; экс-чемпион мира по шахматам А.Е. Карпов и многие другие.

Московский университет гордится своими учёными, сделавшими важные для человечества открытия и получившими Нобелевскую премию. Из 11 (одиннадцати) российских физиков, получивших Нобелевскую премию, 8 — выпускники или преподаватели Московского университета. Весь мир знает их имена. Это академики И.М. Франк, И.Е. Тамм, Л.Д. Ландау, А.Д. Сахаров, А.М. Прохоров, П.Л. Капица, А.А. Абрикосов, В.Л. Гинзбург.

Нобелевскую премию по физике за 2003 год получил один из крупнейших физиков России Виталий Лазаревич Гинзбург, окончивший физический факультет Московского университета. В.Л. Гинзбург работал в разных областях теоретической физики. Нобелевскую премию он получил за открытие, связанное с медициной. Благодаря открытию Гинзбурга был создан томограф — медицинский аппарат, помогающий врачам поставить правильный диагноз больному. По данным Нобелевского комитета, только в прошлом году с помощью томографов в мире было обследовано более 60 (шестидесяти) миллионов человек. Благодаря томографу врачи спасли десятки тысяч больных людей. Таким образом, открытие, сделанное российским физиком В.Л. Гинзбургом, помогает людям сохранить здоровье и продлить жизнь.

б) Прочитайте текст ещё раз и ответьте на вопросы:

1. О каких известных выпускниках Московского университета вы узнали?
2. О ком вы знали, читали, слышали раньше?
3. Что вы узнали о физике В.Л. Гинзбурге и его открытии?

в) Найдите в тексте причастные обороты и замените их конструкциями со словом **который**.

 읽을 거리

Читаем газеты и журналы

28

а) Прочитайте только названия статей из журналов и скажите, какую статью нужно прочитать, чтобы ответить на вопросы:

1. Какое значение имело слово «школа» раньше?
2. Как помочь нашей памяти хорошо работать?
3. Как можно изучать иностранные языки?

б) Прочитайте научно-популярные статьи и ответьте на вопросы после текста (при необходимости можно пользоваться словарём).

Школа

Слово «школа», присутствующее почти во всех языках мира, происходит от греческого слова skhole. Первоначально это слово значило «проводить свободное время, быть праздным, то есть ничего не делать или делать что-то медленно, заниматься чем-то во время досуга».

Существует теория, по которой школы сначала создавались не для обучения. В них собирались люди, которые не могли работать, то есть старики и дети. В школах старики и дети проводили весь день с утра до вечера, чтобы не мешать работать трудоспособным людям.

Журнал «Наука и жизнь»

Ответьте на вопросы:

1. Зачем создавались первые школы?
2. Что такое школа сейчас и какой она была раньше, много веков назад?

Как стать полиглотом

Слово полиглот происходит от греческого слова polyglottos, что значит «многоязычный». Следовательно, полиглот — это человек, владеющий многими иностранными языками. Много — это сколько? Сами полиглоты считают, что кроме родного языка нужно в совершенстве знать не менее четырёх языков, то есть абсолютно свободно, без акцента говорить на этих языках, точно переводить звучащую речь и письменные тексты, грамотно писать. Вы думаете, что это невозможно?

Полиглоты уверены, что неспособных к языкам людей нет. Они считают, что любой человек, имеющий средние способности, в течение жизни может освоить 5–6 иностранных языков. А чтобы добиться хороших результатов, человек должен иметь сильную волю, огромное желание знать язык и самое главное — не бояться сделать ошибку и не стесняться говорить.

Евгений Михайлович Чернявский — полиглот, он знает 38 иностранных языков. Шесть из них он знает очень хорошо. Люди, для которых эти языки родные, думают, что Чернявский — их соотечественник. Е.М. Чернявский — филолог, он работал с одиннадцатью языками как переводчик-синхронист и преподавал эти языки в вузах. Он переводил научную литературу и художественные произведения с двадцати восьми языков. Удивительно то, что Чернявский изучал эти языки самостоятельно, в свободное от работы время. Он говорит, что у него нет ни особого таланта, ни особых способностей, ни феноменальной памяти. Просто ему было интересно изучать иностранные языки. Евгений Михайлович любит повторять слова: «Человек проживает столько жизней, сколько знает языков».

Когда Чернявский учил языки, он разработал рекомендации, как стать полиглотом. Его советы очень просты:

1. Занимайтесь регулярно. Лучше заниматься полчаса каждый день, чем семь часов один раз в неделю.

2. Всегда имейте с собой тетрадь, где записаны слова, тексты, есть таблицы.

3. Практика — это будущий успех. Чаще говорите на изучаемом языке.

4. Читайте больше, даже если плохо понимаете текст.

5. Всегда используйте свободное время, например, учите языки во время поездки в транспорте, прогулки и т. д.

Сергей Григорьевич Халипов — тоже филолог, преподаватель Санкт-Петербургского университета. Он знает 44 языка. Сергей Григорьевич считает, что он хорошо знает восемь языков, ещё на десяти языках говорит, на остальных двадцати шести читает, пишет, переводит. Халипов уверен, что важно не количество языков, а знание законов языка, его связи с другими языками. У него есть своя система изучения языка: сначала научиться правильно произносить звуки, затем узнать и понять основные правила грамматики, выучить некоторое количество слов. И самое важное — больше говорить на изучаемом языке.

Ответьте на вопросы:

1. Кто такие полиглоты?
2. Как вы понимаете выражение: «Человек проживает столько жизней, сколько знает языков»?

Какие ещё вопросы вы хотите задать для уточнения информации из текста?

Память

В памяти каждого человека хранятся его опыт, семейные и культурные традиции. Мы часто жалуемся на память и думаем, что забываем важные вещи. Но на самом деле это не так. Информация, полученная человеком, никогда не исчезает из памяти, она остаётся в разных частях мозга. Наша память работает, как компьютерный жёсткий диск: чтобы запомнить новую информацию, нужно освободить для неё место. Но не стереть старую информацию, а сохранить её в другом месте, чтобы в нужный момент получить её снова.

Под микроскопом наша память похожа на карту автомобильных дорог большого государства. Миллиарды нервных клеток, связанные между собой и всем нашим организмом, образуют эту карту. Движение на этой карте не останавливается никогда, даже когда мы спим.

Каждый день мы получаем огромное количество информации, знакомимся с новыми людьми, делаем несколько дел одновременно. В этой ситуации мы можем забыть даты, можем забыть о важной встрече, часто не можем вспомнить слово или имя хорошо знакомого нам человека.

Вот несколько советов, которые помогут вашей памяти работать хорошо.

Соедините предмет и действие, которое вы делаете автоматически!

Мы часто забываем о том, что должны сделать, и ещё чаще — когда мы это должны сделать. Например, утром вам надо послать важное письмо. Положите конверт рядом с ключами, без которых вы не сможете выйти из дома. А вечером вам надо обязательно выпить лекарство. Положите это лекарство около кровати, где вы спите.

Соедините событие и эмоции!

Если вы спросите своего друга, что он делал на занятиях месяц назад, он ничего не вспомнит. А если вы спросите, что он делал в тот день, когда уезжал на родину, или в день перед экзаменами, его рассказ будет более точным и ярким.

Не повторяйте весь материал сразу!

Перед экзаменами студенты часто делают ошибку: они хотят прочитать и запомнить весь материал сразу. Это неправильно. Чтобы запомнить большое количество информации, разделите её на части и повторяйте по частям. Потом повторите всю информацию один или два раза перед экзаменом — результат будет намного лучше.

Записывайте информацию подробно!

Чтобы вспомнить, надо записать. Никогда не пишите только номер телефона, потому что завтра вы забудете, чей это номер, что вы хотели сделать и кому позвонить. Если вы записываете номер телефона, обязательно напишите рядом имя человека и вопрос, который вы хотите решить. Это действие сэкономит вам много времени.

Журнал «Гео Фокус»

Ответьте на вопросы:

1. Что хранится в памяти каждого человека?
2. Как работает наша память? Отдыхает ли она?
3. Почему человек часто забывает о важных вещах?
4. Какие советы учёных могут помочь нашей памяти работать?
5. Какой совет вы хотите использовать?
6. Что помогает вам запоминать информацию? Дайте свои советы.

в) **Скажите, какая статья вас заинтересовала и почему.**

 Продолжите ряд антонимичных словосочетаний.

громкий голос — тихий голос
трудный экзамен —
мягкий хлеб —
тяжёлый портфель —
сладкое яблоко —
мелкое озеро —

чистая вода —
полезный продукт —
длинные волосы —
близкий родственник —
современный костюм —
тяжёлый характер —

30

Восстановите предложения, выбрав нужные глаголы и поставив их в правильную форму.

1. Преподаватель ... студентов не опаздывать на лекции.
2. Студенты вышли на демонстрацию и ... увеличить им стипендию.
3. Ректор ... запретить курение в здании МГУ.
4. Студенты ... преподавателя провести дополнительную консультацию перед экзаменом.
5. Преподаватель ... студентам принять участие в научной конференции.
6. Студенты — члены организации «Green Peace» ... сохранить парк около университета.
7. Администрация университета ... лучшим студентам поехать на практику в страны Европы и Америки.

попросить
потребовать
приказать
предложить

1. На дне открытых дверей в МГУ ... ректор, деканы факультетов и профессора университета.
2. Ректор Московского университета ... первокурсников, поступивших в МГУ.
3. 25 января во всех высших учебных заведениях страны ... День студентов.
4. Каждый год на празднике в МГУ ... студенты, профессора и гости университета.
5. Ректор университета ... студентов с праздником и угощает всех специальным напитком — медовухой.
6. После торжественной части и дискотеки студенты по традиции идут гулять на Воробьёвы горы, где продолжают ... День студентов.
7. Мой друг ... на празднике студентов, так как в январе он находился на практике в США.

присутствовать
отсутствовать
поздравлять
праздновать

31

а) Составьте все возможные словосочетания.

давать	сообщение, привет, файл,
создавать	совет, информацию, традиции,
передавать	книги, произведения, деньги,
издавать	записку, указ, опыт

б) Восстановите предложения, выбрав нужные глаголы.

1. Ты едешь в Москву? Зайди в университет, ... привет нашим преподавателям.
2. Пожалуйста, ... сообщение директору туристической фирмы.
3. Художники, скульпторы, композиторы ... произведения искусства.
4. Учебники, которые ... издательство «Златоуст», продаются не только в России, но и за рубежом.
5. Из поколения в поколение люди ... культурные, семейные и бытовые традиции своего народа.
6. Русская императрица Елизавета Петровна, дочь Петра I, ... указ о создании Московского университета.
7. Легко ... советы, но трудно их выполнять.

давать
дать

создавать
создать

8. В университетской типографии ... первую в стране неправительственную газету «Московские ведомости».
9. Ведущий телепрограммы ... победителю конкурса конверт с чеком на один миллион евро.

передавать
передать

издавать
издать

회 화

Поговорим

32 Вы узнали об истории Московского университета. А какие университеты есть в вашей стране (в вашем городе)? Расскажите об одном из них. Используйте план.

1. Как называется ваш университет?
2. Где он находится?
3. Когда и кем он был основан?
4. Чьё имя носит ваш университет и почему?
5. Кто сыграл большую роль в его создании и развитии?
6. Сколько факультетов было в вашем университете раньше и сколько факультетов есть в нём сейчас? Какие это факультеты?
7. Кто мог учиться в этом университете раньше и кто учится в нём сейчас?
8. Учатся ли в вашем университете иностранные студенты?
9. Какие известные люди учились или работали в этом университете? Что вы о них знаете?
10. Какие традиции и праздники есть в вашем университете?
11. Сколько лет вашему университету?
12. Что представляет собой ваш университет сейчас? (Территория, здания, факультеты, библиотеки, научные кабинеты; количество профессоров и студентов.)

33 Вы хотите участвовать в студенческой конференции.
а) Прочитайте рекламу. Скажите, что вы узнали. Что вам нужно сделать?

Московский государственный университет имени М.В. Ломоносова

С 12 по 15 апреля 2006 года в Московском университете будет проходить Международная конференция студентов, аспирантов и молодых учёных «Ломоносов — 2006». Для участия в конференции приглашаются студенты, аспиранты, молодые учёные российских и иностранных университетов и институтов.

• Желающим принять участие в конференции необходимо:
1) заполнить анкету,
2) прислать тезисы доклада.

• Рабочие языки конференции — русский и английский.
• Общежитие для участников конференции бесплатное. Проезд и питание за свой счёт.
• Тезисы докладов будут изданы.
Все документы вы можете прислать по электронной или обычной почте до 15 марта 2006 года.

Адрес оргкомитета:
Россия, 119899, Москва, Воробьёвы горы, Главное здание МГУ, сектор А, комната 1021.

б) Заполните анкету.

АНКЕТА

ФИО:	
Страна:	
Место учёбы или работы:	
Тема доклада:	
Язык:	
Общежитие/Гостиница:	
Дата:	Подпись:

в) Ваш друг тоже хочет принять участие в конференции. Напишите своему другу письмо и сообщите, что ему нужно для этого сделать.

34 Ваш друг предлагает вам поговорить о том, как лучше изучать иностранный язык. Прочитайте вопросы и обсудите эту проблему. Узнайте мнение собеседника и выскажите своё мнение.

1. Как вы учите иностранный язык?
2. Что вы делаете, когда вы изучаете языки?
3. Когда вы учите язык, что вам делать легко, а что — трудно? Постарайтесь объяснить почему.
4. Как вы учите слова, правила грамматики?
5. Когда вы учите новую грамматику, вы предпочитаете сначала увидеть правило, а потом прочитать примеры или наоборот — сначала прочитать примеры, а потом выучить новую грамматику?
6. Вы предпочитаете формулировать новое грамматическое правило самостоятельно, на основе примеров, или вам нужно, чтобы правило сформулировал преподаватель?
7. Как вы используете рисунки, фотографии и картинки в тексте? Помогают ли они вам понять текст?
8. Когда вы лучше запоминаете материал — когда вы его видите или когда вы его слышите?
9. Многие люди уверены, что им проще изучать иностранный язык, когда они придумывают свои собственные примеры на грамматическое правило, пишут свои собственные тексты. Что вы об этом думаете? Что важно для вас?
10. Как вы выполняете домашние задания?
11. Как вы думаете, вы изучаете русский язык так же, как вы изучали другие языки?

> **Теперь вы можете:**
>
> 1. Рассказать о Московском университете.
> 2. Рассказать об одном из университетов или институтов вашей страны.
> 3. Рассказать о том, как вы изучаете иностранный язык.

Урок 5

Покажите мне Москву, москвичи! Покажите мне её без прикрас!

모스크바 시민들이여, 내게 모스크바를 보여주십시오!
내게 모스크바를 있는 그대로 보여주십시오!

*Покажите мне Москву, я прошу.
Может, воздухом её задышу.
Покажите мне Москву без гостей,
Купола и полумрак площадей.*

*Потому что верю сотням людей,
Рассказавшим о Москве без затей.
Потому что среди слухов пустых
Есть Арбат и есть Донской монастырь.*

*Покажите мне Москву, москвичи,
Покажите мне её без прикрас.
Мы пройдём по ней, и мы помолчим,
Потому что слов не будет у нас...*

Александр Розенбаум

이과의 길잡이

Тема:
Город, экскурсия по городу, городской транспорт, ориентация в городе
도시, 도시탐방, 교통수단, 도시에서 길 찾기

Грамматика:
Глаголы движения 운동동사
  I. Глаголы движения без приставок
    접두사가 없는 운동동사
  II. Глаголы движения с приставками (I группа)
    접두사가 있는 운동동사(1식 변화)

Тексты:
Виды транспорта в разных странах мира
세계 다양한 나라의 교통수단 형태
Ворота города 도시의 문
Москва не город, а целый мир (экскурсия по Москве) 모스크바는 도시가 아니라 온전한 세계다(모스크바 탐방)
Случай из жизни 삶 속에서 마주치는 상황
Читаем газеты и журналы 신문과 잡지를 읽읍시다!

회화   Поговорим

1

Давайте поговорим о городе, откуда приехал ваш собеседник.
а) Вы хотите знать:

— В каком городе сейчас живёт семья вашего собеседника?
— В каком городе он родился и вырос?
— Где находится его родной город?
— Какой это город?
— Каково население этого города?
— Бывают ли туристы в этом городе? Почему?

б) Вы слушали диалог. Сообщите, что вы узнали о городе одного из собеседников.

2

а) Вы хотите знать:

— Какой транспорт есть в городе, из которого приехал ваш собеседник?
— Какой вид транспорта в этом городе люди считают самым удобным?
— Какие интересные места, красивые здания, памятники есть в этом городе?
— Что показывают туристам в этом городе?
— Что ваш собеседник советует вам посмотреть в его городе?
— Есть ли у него любимые места в городе?

б) Вы слушали диалог. Сообщите, что вы узнали о городе одного из собеседников.

3

а) Вы хотите знать:

— Где работают люди в городе, где жил ваш собеседник?
— Какие заводы, фабрики есть в этом городе?
— Где можно отдохнуть в этом городе?
— Куда люди чаще всего ходят после работы, в выходные дни?
— Что вашему собеседнику нравится и что не нравится в его родном городе?

б) Вы слушали диалог. Сообщите, что вы узнали о городе одного из собеседников.

Глаголы движения
I. Глаголы движения без приставок

1  **а)** Прочитайте текст и скажите, какие виды транспорта есть в разных странах мира.

С давних времён люди не только ходили пешком, но и ездили на лошадях, на слонах и верблюдах, плавали на деревянных плотах и лодках и всегда мечтали летать, как птицы. В наше время люди ездят на автомобилях и поездах, плавают на кораблях и пароходах, летают на самолётах. Современный человек не может жить без транспорта, особенно городской житель.

Жители разных городов пользуются разными видами транспорта. Например, на улицах Пекина и Ханоя можно увидеть море велосипедов. Это студенты, школьники и служащие едут на работу и учёбу. Велосипед — самый популярный вид транспорта в этих городах. Жители Венеции ездят на работу и в гости друг к другу на лодках (гондолах). Для туристов гондолы — это экзотика, а для венецианцев — это просто городской транспорт, средство передвижения по городу. Жители Толедо — бывшей столицы Испании — ходят пешком, так как улицы этого города очень узкие. Они заполнены магазинами, сувенирными киосками, историческими памятниками и многочисленными туристами. Ездить по улицам этого города на транспорте просто невозможно. В Японии многие люди ездят на скоростных поездах, которые движутся со скоростью 300 км/час. Билет на такой поезд стоит недёшево, но, как говорится, время дороже денег.

Москвичи по-прежнему ездят на метро и гордятся им. Ежедневно тысячи людей пользуются этим видом транспорта. В последнее время многие москвичи предпочитают ездить на своих автомобилях. Однако большое количество автомобилей на дорогах Москвы создаёт пробки. В часы пик автомобилисты могут простоять в пробке 2–3 часа, поэтому часто москвичи из всех видов транспорта выбирают трамвай. Трамвай едет по своему маршруту медленно, но верно. Как говорят русские, *тише едешь — дальше будешь*.

б) Скажите, какие виды транспорта есть в вашем городе. Какой вид транспорта предпочитаете вы? На чём вы ездите в Москве (или в городе, где вы живёте сейчас)?

Посмотрите таблицу 1.
а) Объясните, почему в русском языке есть две группы глаголов движения.
б) Вы уже знаете эти глаголы. Дайте свои ситуации, в которых можно использовать эти глаголы.

Таблица 1. Глаголы движения без приставок

I группа НСВ		II группа НСВ
идти 1. Антон **идёт** в университет. 2. Антон **шёл** в университет и думал об экзаменах.	куда? (4) откуда? (2)	**ходить** Каждый день Антон **ходит** (ходил) в университет.
ехать 1. Сейчас друзья **едут** за город. 2. Друзья **ехали** за город и весело разговаривали.		**ездить** Каждое воскресенье друзья **ездят** (ездили) за город.
бежать 1. Спортсмен **бежит** к финишу. 2. Спортсмен **бежал** к финишу и думал о победе.		**бегать** 1. Каждое утро он **бегает** (бегал) за газетами в киоск. 2. Футболисты **бегают** (бегали) по полю.

лететь →		летать ⇄
1. Иван **летит** на конференцию в Лондон. 2. Иван **летел** на конференцию в Лондон и в самолёте читал свой доклад.		1. Иван часто **летает** (**летал**) на международные конференции. 2. Перед дождём птицы **летают** (**летали**) низко.
плыть →		плавать
1. Лодка **плывёт** к берегу. 2. Дул сильный ветер, и лодка быстро **плыла** к берегу.		1. Два раза в неделю студенты **плавают** (**плавали**) в бассейне. 2. Дети с удовольствием **плавали** в реке.

Посмотрите таблицу 2.

а) Скажите, чем отличаются эти глаголы от глаголов в таблице 1. (Сравните вопросы после глаголов в таблицах 1 и 2.)

Таблица 2. Переходные глаголы движения без приставок

I группа НСВ		II группа НСВ
нести →	КОГО?/ ЧТО? (4) куда? (4) откуда? (2)	носить ⇄
1. Антон **несёт** книги в университет. 2. Антон идёт (шёл) в университет и **несёт** (**нёс**) портфель с книгами.		Каждый день Антон ходит (ходил) в университет и **носит** (**носил**) на занятия учебники и тетради.
везти →		возить ⇄
1. Семья **везёт** на машине вещи на дачу. 2. Семья едет (ехала) на дачу на машине и **везёт** (**везла**) туда вещи.		Автобусы ездят (ездили) по городу и **возят** (**возили**) пассажиров.
вести →		водить ⇄
1. Папа **ведёт** ребёнка в зоопарк. 2. Папа **ведёт** (**вёл**) ребёнка в зоопарк и разговаривает (разговаривал) с ним.		1. Каждый день мама **водит** (**водила**) ребёнка в детский сад. 2. Экскурсовод **водит** (**водил**) туристов по городу.

Обратите внимание!
Эти глаголы часто употребляются вместе.

идёт и несёт — шёл и нёс   идёт и ведёт — шёл и вёл   идёт и везёт — шёл и вёз   едет и везёт — ехал и вёз

нести I (НСВ)	носить II (НСВ)	везти I (НСВ)	возить II (НСВ)	вести I (НСВ)	водить II (НСВ)
я несу	я ношу (с/ш)	я везу	я вожу (з/ж)	я веду (ст/д)	я вожу (ж/д)
ты несёшь	ты носишь	ты везёшь	ты возишь	ты ведёшь	ты водишь
они несут	они носят	они везут	они возят	они ведут	они водят
нёс, несла, несли	носил (-а, -и)	вёз, везла, везли	возил (-а, -и)	вёл, вела, вели	водил (-а, -и)
Неси(те)!	Носи(те)!	Вези(те)!	Вози(те)!	Веди(те)!	Води(те)!

б) Дайте свои ситуации, в которых можно использовать эти глаголы (рисунки могут помочь вам).

2 Восстановите диалоги (используйте глаголы справа).

1.
— Покажите ваш багаж! Что вы ...?
— Я ... свои личные вещи и сувениры для друзей.

— Кем работает твой брат?
— Он водитель. Раньше он работал на грузовой машине и ... продукты, а сейчас работает на такси и ... пассажиров.

везти
возить

2.
— У тебя есть маленькая сестра. Кто обычно ... её в детский сад?
— Её всегда ... бабушка, потому что она на пенсии и у неё много свободного времени. А иногда я ... её.

— Купите мне собаку!
— А кто будет ... её гулять?
— Я буду. Все мои друзья вечером ... гулять своих собак.

вести
водить

3.
— Помоги мне ... рюкзак!
— Какой тяжёлый! Что ты там всегда ...?
— Учебники, тетради, словарь. У меня каждый день много занятий.

нести
носить

— Смотри, дождь начинается! А у меня нет зонта.
— Почему ты никогда не ... с собой зонт?
— Обычно я ... его, но сегодня забыла.

Значения бесприставочных глаголов движения

Понятны ли вам ситуации, в которых употребляются эти глаголы движения (I и II группы)? Какие вопросы вы зададите, если захотите уточнить информацию?

Глаголы I группы (идти, ехать...)

1. Движение в одном направлении →	
в настоящем времени	в прошедшем времени
1) Сергей идёт. Сергей едет. Сергей бежит. Сергей идёт (едет, бежит) в институт.	— — — — —
2) Сергей (быстро) идёт в институт. Сергей идёт в институт (10 минут). Сергей идёт и думает об экзаменах. Когда Сергей идёт в институт, он думает об экзаменах.	! шёл + дополнительная информация Сергей быстро шёл в институт. Сергей шёл в институт 10 минут. Сергей шёл и думал об экзаменах. Когда Сергей шёл в институт, он думал об экзаменах. Когда Сергей шёл в институт, он встретил своего друга.
3) Поезд идёт со скоростью 60 км/час. Самолёт летит со скоростью 800 км/час. Автомобиль едет со скоростью 100 км/час.	Поезд шёл со скоростью 60 км/час. Самолёт летел со скоростью 800 км/час. Автомобиль ехал со скоростью 100 км/час.
2. Повторяющееся движение в одном направлении → →	
Каждое утро студенты едут / ехали в университет. Утром дети идут / шли в школу, а днём возвращаются / возвращались домой.	
3. Намерение (планы на будущее) только в настоящем времени!	
Сегодня вечером мы идём в театр (= хотим пойти, решили пойти, собираемся пойти). В среду мои друзья летят в Европу (= хотят полететь, решили полететь, собираются полететь).	———

Глаголы II группы (ходить, ездить...)

1. Однократное движение «туда и обратно»	
в настоящем времени	в прошедшем времени
——————	Вчера друзья ходили на концерт (= были на концерте). Летом Олег ездил на море (= был на море).
2. Повторяющееся движение «туда и обратно»	
Каждую субботу друзья ездят / ездили за город.	
3. Движение в разных направлениях	
Дети бегают / бегали по парку.	
4. Умение. Способность	
Ребёнок уже ходит (= умеет ходить). Ребёнок был маленький и ещё не ходил (= не умел ходить). Люди ходят, птицы летают, а рыбы плавают.	
5. Общее название движения	
Антон любит ходить пешком и ездить на машине, но не любит летать на самолёте.	

3 а) **Восстановите диалоги** (выберите нужный глагол).

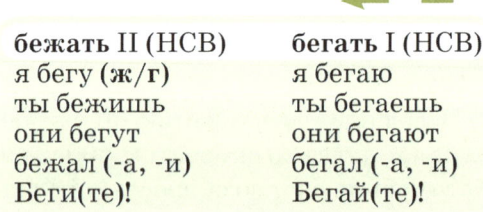

бежать II (НСВ)	бегать I (НСВ)
я бегу (ж/г)	я бегаю
ты бежишь	ты бегаешь
они бегут	они бегают
бежал (-а, -и)	бегал (-а, -и)
Беги(те)!	Бегай(те)!

1. — Куда ты так спешишь?
   — Извини, я ... на экзамен, опаздываю.

***

— В последнее время я стал плохо себя чувствовать.
— Советую тебе каждое утро минут 30 ... в парке. Это очень полезно. Я уже год ... каждый день и чувствую себя прекрасно.
— Ты прав. Мой врач тоже говорит: «Если вы ... каждый день 20–30 минут, вы будете лучше чувствовать себя».

бежать
бегать

***

— Спектакль начинается в 19:00. Пойдём быстрее, мы можем опоздать в театр!
— Не спеши, не ... так быстро. У нас ещё есть время.

лететь II (НСВ)	**летать** I (НСВ)
я лечу (т/ч)	я летаю
ты летишь	ты летаешь
они летят	они летают
летел (-а, -и)	летал (-а, -и)
Лети(те)!	Летай(те)!

2. — Привет! Что ты делаешь в аэропорту?
   — Я ... отдыхать в Грецию. А ты куда ... ?
   — Что ты, я никуда не ..., я не люблю ... ! Я встречаю здесь по-другу. Она сейчас ... из Парижа. Она часто ... туда, потому что там живут её родители.

лететь
летать

***

— Куда вы ... ?
— Я ... в Берлин.
— На рейс в Берлин выход № 5.

плыть II (НСВ)	**плавать** I (НСВ)
я плыву	я плаваю
ты плывёшь	ты плаваешь
он плывёт	они плавают
плыл (-а, -и)	плавал (-а, -и)
Плыви(те)!	Плавай(те)!

3. — Как ты хорошо ... ! Где ты научился ... ?
   — Я родился и вырос на Чёрном море и с детства люблю ... . А ты любишь ... ?
   — Очень люблю. Зимой я обычно ... в бассейне, а летом — за городом в реке.

плыть
плавать

— Посмотри, какой большой теплоход ... к берегу! Ты не видишь, как он называется?
— По-моему, это «Максим Горький». В прошлом году я ... на этом теплоходе. Когда мы ... в Казань, я познакомился с Таней.

б) **Опишите данные выше ситуации.**

Образец:

Я спросил друга, куда он так спешит.
Друг ответил мне, что он бежит на экзамен, потому что опаздывает.

4 а) **Посмотрите на рисунки и сделайте к ним подписи** (используйте глаголы нести, вести, везти).

Образец:

Девушка идёт и несёт фрукты.

_____   _____   _____

_____   _____   _____

_____   _____   _____
_____   _____   _____

_____
_____

**б) Составьте небольшие рассказы по этим рисункам
(2–3 предложения). Подробно опишите ситуацию.**

  Текст

5 В тексте, который вы будете читать, вы встретите новые слова. Познакомьтесь с ними. Прочитайте примеры и объяснения. Постарайтесь понять значения выделенных слов без словаря.

1. **украшать — украсить** что? (4) чем? (5) = делать — сделать красивым (красивее)
   украшать новогоднюю ёлку игрушками / **украсить** комнату цветами
   - Богатые люди **украшали** свои гостиные картинами, скульптурами, вазами.
   - Гостиные **украшались** картинами, скульптурами, вазами.

2. **привычное место** = известное, знакомое место, куда люди постоянно ходят, куда они привыкли приходить, где они часто бывают
   - Городской вокзал был **привычным местом** для жителей этого города.

3. **источник:**
   а) вода (жидкость), вытекающая из земли, например: **источник минеральной воды, источник нефти**;
   б) начало чего-то; место, где что-то начинается, например: солнце — **источник света**, вокзал — **источник новостей**, книга — **источник знаний**.

4. **конкурировать (НСВ)** с кем? с чем? (5) = соревноваться, стараться быть первым, лучшим
   - Новые скоростные поезда, которые ездят со скоростью 200 и более километров в час, уже сейчас успешно **конкурируют** с автомобилями и самолётами.
   - Автомобили из Европы **конкурируют** с автомобилями из Азии и Америки.

6 а) Быстро прочитайте текст и скажите, как изменилось отношение людей к вокзалам.

Ворота города

Вокзал — это первое, что видит человек, приехавший в незнакомый город. Вокзал — это первое впечатление от города, а иногда и самое сильное.

В 1830 году в Англии в городе Манчестер около железной дороги был построен маленький домик. Это был первый в мире вокзал.

на вокзалах было приятно и удобно, как дома: уютные комнаты, где можно подождать поезд, поесть, почитать книгу. Так на вокзалах появились залы ожидания, кафе и даже библиотеки. Вокзалы украшались картинами и скульптурами, как гостиные в богатых домах.

Ливерпульский вокзал в Манчестере (XIX век)

Вокзал в Павловске (XIX век)

В XIX веке вокзалы были символом технического прогресса, а поезд был элитным видом транспорта, на котором ездили только самые богатые люди. Они хотели, чтобы

В начале XX века ситуация изменилась. Поезд превратился в обычное, доступное каждому человеку средство передвижения. На поездах стали ездить не только богатые но и самые простые люди. Отношение к вокзалам тоже изменилось. Около вокзалов появились небольшие дешёвые гостиницы, магазины, кафе, места, где можно встретиться. Вокзал стал важным местом для людей, приезжающих в незнакомый город. А для местных жителей вокзал был, с одной стороны, привычным местом, а с другой стороны — источником новостей. Поезда привозили почту и свежие газеты, журналисты встречали на вокзалах известных людей. Приехавшие в город политики прямо на вокзале проводили митинги.

В середине XX века техника быстро развивалась, самыми популярными средствами передвижения стали автомобили и самолёты. Теперь поезд превратился в самый дешёвый вид транспорта, поэтому строить дорогие вокзалы стало невыгодно.

В наше время популярность железных дорог снова растёт, вокзалы снова являются важной частью нашей жизни. Новые современные поезда ездят со скоростью 200 и более километров в час, поэтому они легко могут конкурировать с автомобилями и самолётами. Сейчас для человека главное — скорость; люди хотят вовремя уехать и быстро доехать до нужного места.

По статистике каждый россиянин ездит на поезде примерно девять раз в год. На вокзалах люди бывают чаще, чем в цирке или в кино. Но старые вокзалы уже не могут принять большое количество пассажиров, поэтому необходимо их перестраивать или строить дополнительные здания. Так как старые вокзалы, как правило, находятся в центре города, это создаёт проблемы.

В российском городе Самаре эту проблему решили. В 2001 году в Самаре открыли новое здание вокзала, которое официально считается самым высоким в Европе, его высота 93 метра. В этом здании одновременно могут находиться 7300 пассажиров (в старом — 400), которые чувствуют себя очень комфортно, так как приезжающие и отъезжающие пассажиры не встречаются. В этом современном вокзальном комплексе есть не только гостиница, залы ожидания, билетные кассы, магазины, рестораны, кафе, парикмахерские, но и зимний сад с фонтаном. На башне вокзала есть смотровая площадка, откуда виден весь город.

Прощание или встреча?

Вокзал в Самаре

Отъезд — особенный, странный момент. На перроне люди легко переходят от смеха к слезам. Может быть, поэтому так легко сказать перед расставанием самые важные слова. А обдумать их можно будет в дороге.

Двое тихо говорили.
Расставались и корили:
— Ты такая...
— Ты такой!..
— Ты плохая...
— Ты плохой!..
— Уезжаю в Ленинград...
— Как я рада.
— Как я рад!!
Дело было на вокзале.
Дело было этим летом.
Всё решили. Всё сказали.
Были куплены билеты.
Но когда...
Двенадцать двадцать.
Бьёт звонок. Один. Другой.
Надо было расставаться.
— До-ро-гая!..
— Дорогой...
— Я такая!
— Я такой!
— Я плохая!
— Я плохой!
— Я не еду в Ленинград.
— Как я рада.
— Как я рад!!

Иосиф Уткин

б) Найдите в тексте ответы на вопросы:

1. Почему можно сказать, что вокзал — это ворота города?
2. Где и когда появился первый в мире вокзал?
3. Какими были первые вокзалы в XIX веке? Как изменилась ситуация в XX веке?
4. Какую роль стали играть вокзалы для местных жителей в начале XX века?
5. Какой транспорт стал самым популярным в середине XX века?
6. Какими должны быть вокзалы сегодня? Что вы об этом думаете?
7. Что вы узнали о новом вокзале в городе Самаре?
8. Понравились ли вам стихи И. Уткина? О какой ситуации они рассказывают?

в) Выберите из пункта б) вопросы, которые помогут вам составить план текста.

г) Напишите краткий конспект текста на тему «История развития вокзалов».

7 а) Прочитайте текст и скажите, что вы узнали о московских вокзалах.

В Москве 9 железнодорожных вокзалов, которые соединяют столицу с разными городами и странами. Все вокзалы были построены в XIX веке. Здания вокзалов являются историческими и архитектурными памятниками, созданными замечательными русскими архитекторами.

Старейший в Москве вокзал — Ленинградский вокзал. Он был построен в 1856 году. Раньше этот вокзал назывался Николаевским — в честь русского царя Николая I, во время царствования которого он был построен. Ленинградский вокзал находится в центре Москвы на Комсомольской площади. Эту площадь люди называют площадью Трёх вокзалов, так как на ней расположены три вокзала: Ленинградский, Ярославский и Казанский.

Ленинградский вокзал связывает Москву с Петербургом и другими северными городами.

Самый крупный в Москве вокзал — это Курский вокзал. Отсюда поезда уходят на юг и на восток.

Почти каждый вокзал столицы связан с каким-нибудь важным историческим событием. Летом 1941 года, когда началась Великая Отечественная война, на Белорусском вокзале провожали солдат, уезжавших на фронт. А летом 1945 года, после окончания войны, на этом вок-

Московские вокзалы

Ленинградский
Ярославский
Казанский
Киевский
Белорусский
Курский
Павелецкий
Савёловский
Рижский

Казанский вокзал

зале встречали победителей, возвращавшихся из Берлина.

Все московские вокзалы удобны и современны. Здесь есть большие залы ожидания, камеры хранения багажа, комнаты матери и ребёнка, почта, парикмахерские, кафе, рестораны и магазины.

Сейчас здания московских вокзалов отреставрированы и имеют свой первоначальный вид.

Киевский вокзал

б) Расскажите о вокзалах в вашем городе.

8 Прослушайте объявления, которые можно услышать на вокзале. Скажите, что вы узнали, и ответьте на вопросы.

1. Уважаемые пассажиры! Поезд № 23 Москва — Киев отправляется с пятого пути в 17:00.
— С какого пути отправляется поезд в Киев?
— Когда вы должны быть на вокзале, если вы едете в Киев?

2. Уважаемые пассажиры! Поезд № 35 Архангельск — Москва прибывает в 11:20 на второй путь.
— Где и когда вы будете встречать друга, который приезжает из Архангельска?

3. Уважаемые пассажиры! Билетные кассы нашего вокзала находятся на втором этаже.
— Где можно купить билеты в Петербург?

9 Прослушайте диалоги. Опишите ситуации, в которых можно услышать такие диалоги.

— Извините, вы не знаете, поезд из Ростова уже пришёл?
— Да, только что, на второй путь.

— Вам нужно такси?
— Нет, спасибо, меня встречают.

— Скажите, пожалуйста, когда прибывает поезд из Саратова?
— В 10:32, на первый путь.
— Спасибо.

— Извините, с какого пути уходит поезд в Петербург?
— С третьего. Бегите быстрее, а то опоздаете! Поезд отправляется через 5 минут.

II. Глаголы движения с приставками (I группа)

10 а) Прочитайте текст и покажите рисунки, которые соответствуют ситуациям в тексте.

В субботу Игорь решил **поехать** в торговый центр, чтобы купить новый компьютер. Игорь **вышел** из дома и **пошёл** на остановку автобуса. Он **подошёл** к остановке и стал ждать автобуса. Через 5 минут автобус **подъехал** к остановке. Игорь **вошёл** в автобус. Он **проехал** три остановки и **вышел** из автобуса. Молодой человек **дошёл** до торгового центра и **вошёл** в магазин. Игорь **прошёл** один зал, но там продавалась только бытовая техника: стиральные машины и холодильники. Потом он **прошёл** второй зал, но и там не было компьютеров. Наконец Игорь нашёл зал, где продавались компьютеры и другая аудио- и видеотехника.

Он **обошёл** весь зал и посмотрел все модели компьютеров. Затем он **подошёл** к продавцу, чтобы посоветоваться, какой компьютер лучше. Продавец помог Игорю выбрать современный домашний компьютер и сказал, что магазин может доставить покупку ему домой. Игорь **отошёл** от продавца, **подошёл** к кассе, заплатил деньги, назвал свой адрес и **ушёл** из магазина. Когда Игорь **шёл** по улице, он увидел небольшое кафе. У него было немного свободного времени, поэтому он **зашёл** в кафе и выпил кофе. Игорь **вышел** из кафе, **перешёл** улицу, сел в автобус и **поехал** домой. Он **приехал** домой и стал ждать, когда **привезут** компьютер. В 7 часов вечера из магазина **привезли** большую коробку с компьютером. Служащие магазина **внесли** компьютер в квартиру и поставили его в комнату.

вышел из дома	
подошёл к остановке	
подъехал к остановке	
вошёл в автобус	
проехал три остановки	
вышел из автобуса	
дошёл до магазина	
вошёл в магазин	
прошёл один зал, другой	
обошёл зал	
подошёл к продавцу	
отошёл от продавца	
подошёл к кассе	
ушёл из магазина	
когда шёл, увидел	
зашёл в кафе	
вышел из кафе	
перешёл (через) улицу	
поехал домой	
приехал домой	
привезли компьютер	
внесли компьютер	

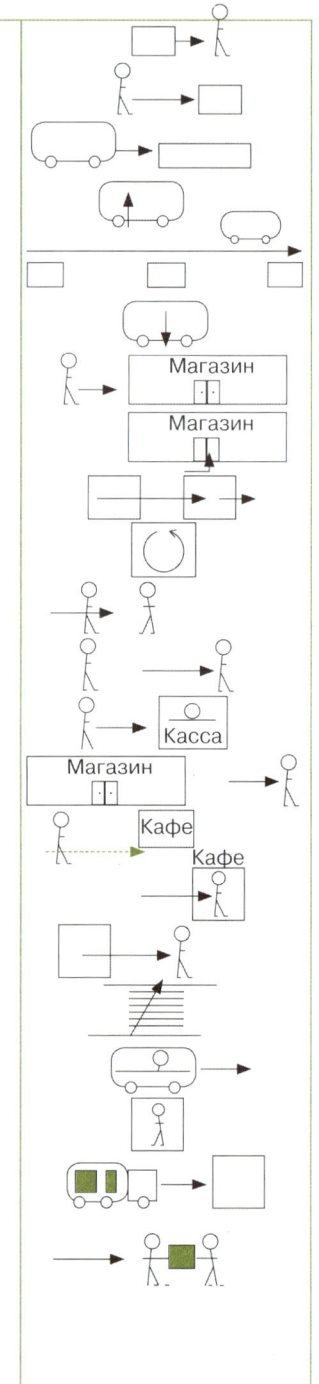

б) Воспроизведите содержание текста по рисункам (используйте словосочетания с глаголами движения).

в) В какую часть текста можно вставить эти диалоги?

— Скажите, пожалуйста, ваш магазин может доставить покупку ко мне домой?
— Да, конечно.
— А сколько это стоит?
— Если вы купите у нас компьютер, мы привезём вам его бесплатно.
— А когда вы сможете его привезти?
— Сегодня вечером, часов в семь.
— Спасибо, я буду ждать.

***

— Пожалуйста, проходите, садитесь! Столик у окна свободен.
— Спасибо.
— Что вы хотите? Что вам принести?
— Чёрный кофе с сахаром.
— Хорошо, сейчас принесу.

г) Утром в воскресенье Игорю позвонила мама и спросила его, что он делал в субботу. Скажите, что ответил ей Игорь.

д) Напишите письмо, которое Игорь написал своему старшему брату. Письмо должно начинаться так:

*Дорогой Михаил!
Я купил себе прекрасный компьютер. Это было...*

Посмотрите таблицу 3. Скажите, как изменяются виды глаголов движения с приставками I и II группы.

Таблица 3. Глаголы движения с приставками

Глаголы I группы с приставками (идти, ехать...)	Глаголы II группы с приставками (ходить, ездить...)
НСВ + приставка ► СВ	НСВ + приставка ► НСВ
идти ► прийти, уйти, дойти...	ходить ► приходить, уходить, доходить...
ехать ► приехать, уехать, доехать...	ездить ► приезжать, уезжать, доезжать...
бежать ► прибежать, убежать, добежать...	бегать ► прибегать, убегать, добегать...
лететь ► прилететь, улететь, долететь...	летать ► прилетать, улетать, долетать...
плыть ► приплыть, уплыть, доплыть...	плавать ► приплывать, уплывать, доплывать...
нести ► принести, унести, донести...	носить ► приносить, уносить, доносить...
везти ► привезти, увезти, довезти...	возить ► привозить, увозить, довозить...
вести ► привести, увести, довести...	водить ► приводить, уводить, доводить...

11. Объясните эти ситуации. Почему употребляются разные виды глаголов движения?

— Виктор дома?
— Да, он уже пришёл. Он всегда приходит с работы в семь часов.

— Врач принимает?
— Нет, он уже ушёл. В среду он всегда уходит раньше.

— Где ваша зачётка?
— Извините, я забыл её дома и не принёс сегодня.
— Но вы должны всегда приносить зачётку на экзамен.

— Ваня ещё в школе?
— Нет, его увёл старший брат.
— Он ничего не сказал мне, обычно я увожу Ваню домой.

Посмотрите таблицу 4.
а) Прочитайте примеры и скажите, в какой ситуации можно употребить эти глаголы с приставками.

Образец:

Я вошёл в аудиторию и увидел своих друзей.
Мы въехали в город поздно вечером.

Таблица 4. Значение и употребление глаголов движения с приставками (I группа)

Схемы	Приставки	Глаголы I группы (СВ)	Предлоги	Примеры
	в- (во-)	войти / въехать	в	вошёл в аудиторию въехал в город
	вы-	выйти / выехать	на	вышла из комнаты выехали из дома в 9 часов
	по-	пойти / поехать	из	пойду в магазин за хлебом поехал за город
	при-	прийти / приехать	с	пришли в гости к Ире приехали из Воронежа на поезде
	у-	уйти / уехать	к	ушёл на работу / с работы уехала на родину к родителям уехали за границу
	за-	зайти / заехать	за	зайду к подруге за книгой заехали в магазин ненадолго

	Приставка	Глагол	Предлог	Пример
→☐	под- (подо-)	подойти / подъехать	к	**Подойдите к** доске! **подъехал к** театру **подошёл к** врачу
☐→	от- (ото-)	отойти / отъехать	от	**Отойдите от** двери! **отъехал от** остановки
→☐	до-	дойти / доехать	до	**дошёл до** метро **доехал до** Москвы за 2 часа
1) ⌒•→ 2) ⟲• 3) ✳	об- (обо-)	обойти / объехать	вокруг	1) **обошёл** дерево 2) **обошёл вокруг** здания 3) **объехал** весь город
1) ☐→ 2) →☐→ 3) ⊢—⊣	про-	пройти / проехать	мимо по через	1) **проехали мимо** магазина **проехал** свою остановку 2) **прошли по** дороге **через** парк 3) **прошёл** 10 км
1) ╱ 2) ☐→☐	пере-	перейти / переехать	через по в / на	1) **перешли через** улицу **по** переходу / **перешли** улицу 2) **переехали на** другую квартиру
✳→•←✳	с-(со-)...-ся(сь)	сойти(сь) / съехать(ся)	в / на из / с к	**съехались в** гости к другу **съехались на** конференцию **из** разных городов и стран
✳•✳	раз-(разо-)...-ся(сь)	разойтись / разъехаться	в / на из / с по	**разошлись в** разные стороны **разошлись со** стадиона **разошлись по** аудиториям **разъехались на** каникулы **по** домам

б) Составьте свою таблицу с глаголами I группы: **лететь**, **бежать**, **нести**. Выберите приставки, которые вы часто употребляете. Обратите внимание на связь приставок с определёнными предлогами.

Обратите внимание!

отойти / отъехать недалеко от чего? кого? (2)	отнести / отвезти / отвести что? кого? (4) куда? откуда? к кому?
Молодой человек **отошёл недалеко от** киоска, сел на скамейку и начал читать газету. Девушка **отошла недалеко от** дома и вспомнила, что забыла ключи. Машина **отъехала недалеко от** остановки и остановилась.	В конце учебного года студент **отнёс книги в** библиотеку. = **вернул книги в** библиотеку. Мы **отвезли вещи из** дома **на** вокзал. = Сейчас вещей нет дома. Они на вокзале. = Мы привезли вещи на вокзал. Мама **отвела ребёнка в** детский сад. = Сейчас ребёнка нет дома. Он в детском саду. = Мама привела его в детский сад.

12 Посмотрите на рисунки и подберите к ним подписи.

Спортсмен прибежал первым.
Он улетел, но обещал вернуться.
Спутник облетел Землю.
Иван приехал из Африки и привёз сувениры.
Машина проехала мимо и не остановилась.
Пришёл почтальон и принёс телеграмму.
Носильщик довёз вещи до поезда.

13

Восстановите предложения и запишите их.

а) Выберите нужный глагол движения справа, поставьте его в нужную форму. Объясните ваш выбор.

1. Вечером моя подруга … ко мне за учебником.
2. Мы … через улицу по подземному переходу.
3. Скажите, пожалуйста, как … до аэропорта?
4. Туристы … к памятнику и сфотографировались.
5. Автобус … от остановки.
6. Наша машина … по площади мимо здания Большого театра.
7. Туристы … вокруг собора и вернулись в автобус.
8. Бабушка вошла в комнату и … большой торт.
9. У нас новоселье. Сегодня мы … на новую квартиру.
10. К сожалению, вы опоздали. Ваш самолёт только что ….

переехать
проехать
улететь
обойти
перейти
зайти
доехать
внести
отойти
подойти

б) Выберите нужный предлог.

1. У нас кончился хлеб, надо зайти в магазин … хлебом.
2. Мой друг приехал … Китая полгода назад.

| 1. А) за Б) с В) в | 2. А) от Б) из В) до |

3. Антона нет дома. Он ушёл … занятия.
4. Самолёт вылетел … Москвы в 17:00.

| 3. А) к Б) на В) в | 4. А) из Б) в В) до |

5. Приходите сегодня вечером … мне в гости!
6. Я никогда не был на этой улице, поэтому прошёл … нужного мне дома.

| 5. А) по Б) на В) к | 6. А) через Б) мимо В) по |

7. Студенты из разных вузов Москвы съехались … студенческую конференцию.
8. Летом студенты разъехались на каникулы … домам.

| 7. А) на Б) к В) в | 8. А) до Б) в В) по |

9. Довезите меня, пожалуйста, … вокзала.
10. Подожди меня, мне надо зайти в библиотеку … учебниками.

| 9. А) на Б) до В) к | 10. А) к Б) с В) за |

11. Пожалуйста, отойди … меня, ты мне мешаешь заниматься.
12. Я подошёл ближе … картине, чтобы лучше рассмотреть её.

| 11. А) до Б) от В) мимо | 12. А) около Б) до В) к |

14 Восстановите предложения, выберите правильный вариант.

1. В январе в Москву ... с визитом президент Белоруссии.
   А) приедет
   Б) доедет
   В) переедет

2. Спортсмены ... на соревнованиях 20 км.
   А) прибежали
   Б) пробежали
   В) убежали

3. Моя подруга закончила Московский университет и ... работать в родной город.
   А) уехала
   Б) заехала
   В) проехала

4. Завтра мой отец будет свободен, поэтому он ... меня в университет на машине.
   А) перевезёт
   Б) увезёт
   В) отвезёт

5. В субботу мы с друзьями целый вечер будем отдыхать: сначала мы ... в кино, а потом — на дискотеку.
   А) войдём
   Б) пойдём
   В) выйдем

6. Волга — большая и широкая река. В некоторых местах её невозможно ... .
   А) переплыть
   Б) доплыть
   В) подплыть

7. Ира ... к газетному киоску и купила свежий номер журнала «Вокруг света».
   А) отошла
   Б) подошла
   В) обошла

8. Первый космонавт мира Ю. Гагарин один раз ... Землю на космическом корабле «Восток».
   А) пролетел
   Б) облетел
   В) полетел

15 а) Восстановите диалоги. Вставьте подходящие по смыслу глаголы движения (возможны варианты).

— Я вижу, что сегодня нет Джона. Почему он сегодня не ... на занятия?
— Вчера Джон ... на родину и ... через неделю.

— У нас кончился мел. Томас, в перерыве ... в комнату № 7, возьмите там мел и ... в аудиторию.
— Хорошо, ...

— Можно мне ... домой?
— Можно. А что случилось?
— Я плохо себя чувствую.

— Извините, я опоздал, можно ...?
— Пожалуйста, ...

— Пожалуйста, ... от окна! Вы можете простудиться.

— Пожалуйста, ... к карте и покажите вашу страну и ваш родной город.

— Завтра у вас будет работа по переводу. Пожалуйста, ... свои словари.

— Извините, можно ...? Мне нужно позвонить.

— Джон, после занятий соберите, пожалуйста, все книги и ... их в библиотеку.

— На следующем уроке мы будем смотреть фильм. Нам нужно ... в другую аудиторию.

б) Опишите ситуации, в которых можно услышать эти диалоги и высказывания.

16 **а) Прослушайте диалоги. Скажите, где они происходят.**
б) Выполните задания к каждому диалогу и составьте аналогичные диалоги. (Используйте выделенные глаголы).

— Извините, вы **выходите** на следующей остановке?
— Нет.
— Разрешите **пройти**!
— Пожалуйста.

Что вы скажете, если в транспорте много людей, а вам нужно выйти на следующей остановке?

— Извините, вы не знаете, следующая остановка — «Цирк»?
— Нет, вы уже **проехали** эту остановку.
— Что же мне делать?
— Сейчас надо **выйти, перейти** на другую сторону улицы и **проехать** одну остановку назад.
— Большое спасибо за помощь!

Объясните человеку, который проехал свою остановку, что ему надо сделать.

— Извините, мне нужна станция «Театральная». Когда мне нужно **выйти**?
— Нужно **проехать** ещё три остановки.
— Спасибо.

Уточните, когда вам нужно выйти, если вы не знаете, где находитесь (вам нужны станция метро, кинотеатр, общежитие, клуб).

17 Что вы скажете в этих ситуациях? (Используйте глаголы движения.)

1. Вы встретили подругу на вокзале. У неё тяжёлый чемодан. Предложите ей свою помощь.
2. Вашему другу нужно срочно ехать в аэропорт. У вас есть машина. Предложите ему свою помощь.
3. Вы пришли в кафе и хотите выпить кофе. Что вы скажете официанту?
4. Ваши друзья едут отдыхать в Испанию. Вы хотите, чтобы они купили вам сувениры. Попросите их об этом.
5. Пригласите своих друзей в гости.
6. Ваш друг живёт в другом городе. Пригласите его к себе в гости на каникулы.
7. Вы не знаете, где находится метро. Спросите об этом человека на улице.

18

Мы приглашаем Вас на экскурсию по Москве. Рассказ экскурсовода состоит из пяти частей. С каждой частью нужно работать поэтапно, выполняя задания а), б), в).

а) Восстановите фрагменты текста (вставьте глаголы движения в нужной форме). Запишите их.

б) Прослушайте рассказ экскурсовода и запишите самую интересную для вас информацию.

в) Прочитайте рассказ экскурсовода, уточните и дополните ту информацию, которую вы записали. Какую информацию вы пропустили?

Москва не город, а целый мир

1. Рано утром туристический автобус ... к гостинице «Националь». Туристы ... из гостиницы и сели в автобус. Ровно в 10 часов автобус ... от гостиницы, началась экскурсия по Москве. Сначала автобус ... по Тверской улице. Туристы ... до Тверской площади, ... из автобуса, и экскурсовод рассказал им о главной улице столицы.

выйти
доехать
отъехать
подъехать
поехать

Тверская улица — главная улица Москвы. Она начинается от Манежной площади и идёт до Триумфальной площади. В XVII веке эта улица соединяла Москву с торговым городом Тверь, поэтому улицу назвали Тверская. Люди говорили: «Город Тверь — в Москву дверь». Тверская улица всегда была самой красивой в Москве. Здесь строили красивые дома, гостиницы, дорогие магазины и рестораны. На Тверской улице находится здание, в котором работает московское правительство. Напротив этого здания — памятник основателю Москвы Юрию Долгорукому. Князь Юрий Долгорукий на могучем коне показывает рукой место, где будет строиться город.

Памятник Юрию Долгорукому

Первая информация о Москве была найдена в старинных документах XII века. 1147 год считается годом основания Москвы, потому что в этом году князь Юрий Долгорукий послал письмо, или, как тогда говорили, грамоту, своему другу и родственнику князю Святославу. В этом письме он пригласил его приехать в Москву: «Приди ко мне, брате, в Москов!» Так название «Москва» впервые встретилось в старинных документах (летописях).

Но есть и другая версия, по которой Москва существовала уже в XI веке. Во время строительства новых зданий на территории Кремля были найдены старинные предметы XI века. Поэтому можно считать, что Москве уже тысяча лет.

2. *Туристы ... к памятнику Юрию Долгорукому и сфотографировались. Затем экскурсия продолжилась. Туристы ... пешком по старым московским улицам и ... до Театральной площади. Экскурсовод рассказал им об этой площади.*

войти
дойти
подойти
пройти

Большой театр

В конце XVIII века Театральная площадь называлась Петровской, потому что находилась в начале улицы Петровка. Потом эта площадь называлась Цветочной, потому что там всегда можно было купить самые лучшие цветы в Москве. На этой площади находился первый театр в Москве. В начале 20-х годов XIX века на этой площади были построены два больших красивых здания. Это были здания Большого и Малого театров. С этого времени площадь стала называться Театральной. В 1921 году на Театральной площади был открыт первый в России театр для детей. Сейчас здесь находятся четыре театра: Большой, Малый, Молодёжный и Детский. Большой театр — один из самых известных в мире. Здесь можно послушать оперу или посмотреть балет. Малый театр — это драматический театр. Перед зданием Малого театра стоит памятник русскому писателю А.Н. Островскому, который написал много интересных пьес. Эти пьесы и сейчас с большим успехом идут на сцене Малого театра.

В центре Театральной площади находится небольшой сквер с красивым фонтаном. У фонтана люди назначают свидания, встречаются, отдыхают.

Памятник А.Н. Островскому

3. Затем автобусная экскурсия продолжилась. Туристы сели в автобус и ... дальше по Тверской улице. Они ... мимо Пушкинской площади, мимо памятника Пушкину, ... до Триумфальной площади и ... на Садовое кольцо. По Садовому кольцу туристы ... вокруг исторического центра Москвы и познакомились с другими достопримечательностями столицы.

Туристы ... по набережной Москвы-реки и ... к кондитерской фабрике «Красный Октябрь». Они ... всю фабрику, посмотрели, как делают конфеты, попробовали шоколад. Затем туристы ... в музей фабрики, и экскурсовод рассказал им об истории этой фабрики.

выехать
доехать
зайти
обойти
объехать
подъехать
поехать
проехать

Москва — это не только исторический, культурный, научный, но и промышленный центр. Одно из старейших предприятий столицы — кондитерская фабрика «Красный Октябрь». Продукцию, которую выпускает эта фабрика, знает и любит вся Россия. Это знаменитые конфеты, пряники, шоколад, печенье, фрукты в шоколаде и другие сладости.

Фабрика «Красный Октябрь» представляет собой современное промышленное предприятие с новейшим оборудованием и современными технологиями. Гордостью фабрики является не только её сладкая продукция, но и музей, в котором собраны исторические документы, фотографии, рекламы, рассказывающие об истории фабрики.

Кондитерская фабрика была основана в 1867 году. Основателем фабрики был немец Эйнем, приехавший в Россию, чтобы начать своё дело. Он был хорошим предпринимателем, хорошо организовал производство, широко использовал рекламу, поэтому дела на фабрике шли очень хорошо. Продукция фабрики имела большой успех. Много раз эта шоколадная фабрика получала призы и награды. В 1869 году она получила золотую медаль и право использовать герб России на своей продукции, на Всемирной выставке в Париже получила высокую награду — Гран-при.

Хозяин фабрики думал не только о производстве, но и о своих рабочих. Он построил общежитие и столовую для рабочих, школу для детей. Люди, работавшие на его фабрике 25 лет, получали пенсию.

После революции 1917 года фабрика «Эйнемъ» стала государственным предприятием и стала называться «Красный Октябрь». Филиалы этой фабрики находятся в разных городах России, продукция фабрики по-прежнему пользуется огромным успехом.

4. *Когда экскурсия по кондитерской фабрике закончилась, туристы ... на улицу. Там их уже ждал автобус. Они ... в автобус и ... по набережной Москвы-реки. Когда туристы ... , из окна автобуса они увидели памятник Петру I, храм Христа Спасителя и Большой Каменный мост. Через 15 минут автобус ... до Лаврушинского переулка и ... к зданию Государственной Третьяковской галереи. Туристы ... из автобуса и ... на экскурсию. Вот что они узнали.*

войти
выйти
доехать
ехать
подъехать
поехать
пойти

Государственная Третьяковская галерея

Государственная Третьяковская галерея — один из крупнейших музеев мира. Тысячи людей ежедневно приезжают в Москву, в тихий Лаврушинский переулок, чтобы увидеть собранные здесь картины лучших русских художников.

Основателем галереи был русский купец Павел Михайлович Третьяков (1832–1898), для которого создание первой национальной картинной галереи в Москве стало делом всей жизни. П.М. Третьяков начал собирать свою коллекцию картин в 1856 году, когда ему было 24 года. Он очень любил живопись, был знаком со всеми известными художниками, ездил на их выставки, чтобы купить лучшие картины для своей коллекции.

В московском купеческом клубе рассказывали такую историю. Однажды русский царь Александр III приехал на выставку московских художников. Он шёл по выставочному залу и подошёл к картине, которая ему понравилась. На картине была табличка: «Продано господину П.М. Третьякову». Александр III отошёл от этой картины, прошёл по залу и подошёл к другой картине. На ней тоже была табличка: «Продано господину П.М. Третьякову». Недовольный царь спросил: «Что это у вас все лучшие картины московским купцом куплены? А что купить мне, бедному петербуржцу?»

Коллекция картин в доме Павла Михайловича Третьякова становилась всё больше и больше. Картины были везде: в комнатах, в коридорах, в зале и в кабинете. И тогда

В. Васнецов. «Алёнушка»

Павел Михайлович решил построить рядом со своим домом в Лаврушинском переулке новое красивое здание для своей коллекции. В 1874 году здание было построено. «Здесь будет художественная галерея!» — сказал Третьяков и сам начал переносить туда свои картины.

В. Суриков. «Боярыня Морозова»

В 1892 году Павел Михайлович Третьяков передал в дар городу Москве это здание и свою коллекцию. Его коллекция включала 1287 картин, 518 рисунков и 9 скульптур. 15 августа 1893 года состоялось торжественное открытие Третьяковской галереи. Сам Александр III с семьёй приехал посмотреть картинную галерею Третьякова. Император первым пожал коллекционеру руку и поблагодарил его за дар, сделанный Москве. Потом они пили кофе. Сначала кофе разливала хозяйка дома, потом — сама императрица. После кофе пошли по галерее. Александр III подошёл к картине Василия Сурикова «Боярыня Морозова» и спросил, можно ли купить эту картину. Третьяков ответил: «Она уже не моя. Она принадлежит городу, а вместе с ним — России!» Александр III низко поклонился Павлу Михайловичу.

И.Е. Репин. «Александр III»

За создание первой национальной картинной галереи, которая показала всему миру русскую школу живописи, Павел Михайлович Третьяков получил звание *Почётного гражданина города Москвы*.

Очень скоро Третьяковская галерея стала самым популярным местом в Москве. Здесь можно было увидеть важных государственных людей, богатых и знатных дам, известных и молодых начинающих художников, студентов, влюблённых, часто приходивших сюда на свидания, особенно зимой, когда на улице было холодно. Московские свахи устраивали здесь смотрины для будущих женихов и невест. Вход в галерею был бесплатный. Для людей небогатых это была единственная возможность познакомиться с настоящими произведениями искусства.

Сейчас Государственная Третьяковская галерея является одним из наиболее любимых и посещаемых музеев столицы. Коллекция Третьяковской галереи насчитывает более 100 (ста) тысяч экспонатов. Это картины, рисунки, иконы, скульптуры и другие произведения искусства. В залах картинной галереи можно познакомиться с древнерусской живописью, а также с живописью XVII–XX веков; увидеть своими глазами картины таких мастеров, как Андрей Рублёв, Илья Репин, Исаак Левитан, Василий Суриков, Виктор Васнецов...

5. *Экскурсия по Третьяковской галерее была очень интересной. Туристы ... из одного зала в другой и узнавали много нового. Экскурсия продолжалась три часа, но за это время туристы не смогли ... всю галерею. Они решили ... сюда ещё раз.*

Вечером туристы ... на Поклонную гору. Вот что рассказал им экскурсовод.

обойти
переходить
поехать
приехать

Одним из самых интересных мест столицы является Поклонная гора, которая находится на западе Москвы.

Много лет назад путешественники, приходившие или приезжавшие в город, останавливались на Поклонной горе, чтобы посмотреть панораму города и в знак уважения поклониться ему.

Именно на этом месте, на Поклонной горе, 9 мая 1995 года был открыт мемориальный комплекс в честь победы советского народа над фашизмом в Великой Отечественной войне 1941–1945 годов. На территории этого комплекса находятся:

- Центральный музей Великой Отечественной войны, где собраны подлинные документы, фотографии, вещи, оружие того времени;
- монумент Свободы с фигурой богини победы Ники. Высота памятника — 141 метр 80 сантиметров. Это не случайно, так как война продолжалась 1418 дней;

- парк Победы, в котором находится выставка под открытым небом. На этой выставке собраны военная техника и вооружение времён Великой Отечественной войны;
- православный храм, мечеть и синагога, построенные в честь воинов — православных, мусульман и евреев, погибших во время войны. Россия всегда была многонациональной страной. Поклонная гора стала местом, которое объединяет людей разных национальностей и религий.

Парк Победы на Поклонной горе — это любимое место отдыха москвичей. В праздники и будни люди гуляют в парке, любуются фонтанами, катаются на роликах, смотрят выступления артистов. Особенно много людей приходит сюда 9 мая — в День Победы. Здесь встречаются ветераны Великой Отечественной войны, чтобы отметить этот праздник.

Монумент Свободы

г) В каком месте в Москве вы хотели бы побывать и почему?

д) Какие вопросы вы хотели бы задать экскурсоводу, если бы вы были на экскурсии?

19 а) Соберите весь материал по экскурсии и составьте план этой экскурсии.

Начните так: 1. Тверская улица.
1) Почему эта улица называется Тверская?
2) ....

б) Задайте вопросы своим друзьям об интересных местах в Москве.

в) Что вы расскажете другу, который не был на экскурсии? Что вы посоветуете ему посмотреть и почему?

20 Ваш друг прислал вам письмо:

Дорогой друг!
В апреле я приеду в Москву. У меня будет только два свободных дня. Напиши мне, куда мы можем пойти и что посмотреть.

Напишите ему ответ.

21 Напишите домой письмо об экскурсии. Расскажите, где вы были, что посмотрели, что узнали.

22 а) Составьте план экскурсии по вашему городу.
б) Проведите экскурсию по вашему городу, расскажите о нём.
в) Вы присутствуете на этой экскурсии. Задайте вопросы экскурсоводу.

Текст

23 а) В тексте, который вы будете читать, вы встретите новые слова. Познакомьтесь с ними. Прочитайте примеры и объяснения. Постарайтесь понять значения выделенных слов без словаря.

1. **беда** = неприятная ситуация, горе
   • У меня **беда**: я потерял ключ и не могу войти в квартиру.

2. **доставать — достать** что? (4) = получить, найти, купить с большим трудом что-либо
   достать билет на поезд, **достать** номер в гостинице, **достать** билет в театр
   • Сейчас в молодёжном театре идёт новый модный спектакль. В кассе театра билетов нет, потому что все билеты уже куплены. Мой друг-актёр **достал** мне один билет на завтра.

3. **обманывать — обмануть** кого? (4) = говорить (сказать) неправду
   • Люди всегда будут верить тебе, если ты не будешь обманывать.

4. **брать (взять) слово** с кого? (2) ≠ **давать (дать) слово** кому? (3)
   Мой друг **взял с меня слово**, что я приду к нему в гости. = Мой друг попросил меня прийти к нему в гости, я обещал ему, что приду. **Я дал слово** (=пообещал) другу, что приду к нему в гости.

5. **прятаться — спрятаться** от кого? от чего? (2)
   • Дети играли. Они **прятались** от бабушки под столом. = Дети не хотели, чтобы бабушка их видела.
   • Пошёл дождь. Люди **спрятались** от дождя под зонтиками.

6. **путёвка** = документ на отдых в доме отдыха или санатории
   • Я купил **путёвку** в санаторий в Сочи на Чёрном море.

7. **плацкартное место** — недорогое спальное место в общем вагоне поезда
- Дайте билет в **плацкартный вагон**.
- Два **плацкартных билета**, пожалуйста.

8. круг   квадрат   <u>линия</u>

24

а) Прочитайте текст и скажите, сколько билетов знакомые принесли Посиделкину.

Случай из жизни

Вот какой неприятный случай произошёл с Посиделкиным. Беда произошла не потому, что Посиделкин был глуп. Нет, скорее, он был умён. Произошло то, что уже бывало в истории народов и отдельных людей — горе от ума. Речь идёт о поездке по железной дороге.

13 сентября Посиделкин должен был уехать из Москвы, чтобы через два дня приехать в город Ейск на Азовское море. Всё было хорошо: путёвка, отпуск, семейные дела. Но вот — железная дорога: до отъезда оставалось только два месяца, а билета ещё не было.

— Пора серьёзно подумать о билетах, нужно что-то делать, чтобы достать билет, — решил Посиделкин. — В железнодорожные кассы я не пойду. И на вокзал я не пойду. Там невозможно купить билеты. Там всегда очень много народа и большие очереди. Нет, нет, билет надо искать по-другому.

Два месяца Посиделкин «искал» билеты.

— Если вы меня любите, — говорил Посиделкин каждому своему знакомому, — достаньте мне билет в Ейск. Плацкартное место, чтобы я мог лежать.

— А стоять не хотите? — шутили знакомые.

— Это не шутки, — говорил Посиделкин, — мне надо ехать в Ейск, отдыхать, купаться, а вы... Не забудьте. На 13 сентября. Наверное, у вас есть знакомые, которые всё могут. Да нет! Вы не просто обещайте — запишите о моей просьбе в книжечку. Если вы меня любите!

Но все эти действия не успокаивали Посиделкина. Ему казалось, что все люди 13 сентября должны ехать в Ейск. В каждом человеке он видел будущего пассажира.

— Плохо, плохо, — думал Посиделкин, — как достать билет? Мне нужна система, схема, план.

Целый вечер Посиделкин составлял и писал схемы. На бумаге были нарисованы круги, квадраты, линии, цифры и фамилии. По этой схеме можно было узнать о жизни и работе сотни людей: кто они такие, где они живут, где работают, куда ходят, какой у них характер, какие у них проблемы, с кем они дружат, кого любят и кого не любят. Кроме того, в этом документе были какие-то странные записи:

Брунелевский. Конечно, может.
Мальцев. Хочет, но не может.
Никифоров. Может, но не хочет.
Бумагин. Не хочет и не может.

Все эти схемы и записи нужны были для того, чтобы купить один плацкартный билет в Ейск.

— Кто-нибудь поможет, — мечтал Посиделкин, — главное не давать этим людям ни минуты отдыха. А то все обещают, а потом ничего не делают.

Чем ближе подходил день отъезда, тем

решительнее действовал Посиделкин. Каждый день он ходил к своим знакомым на работу, ездил за ними на лифтах, бегал за ними по улицам. Люди не хотели с ним встречаться, прятались, но он продолжал звонить им на работу и домой.

— Можно Мальцева? Кто его спрашивает? Скажите — Лена... Это Мальцев? Нет, это не Лена. Это я, Посиделкин. Вы мне обещали билет, в Ейск, плацкартный. У вас нет времени? Тогда я заеду за вами на такси. Не нужно? А вы действительно меня не обманываете? Ну, простите, пожалуйста.

Если Посиделкин видел на другой стороне улицы нужного ему человека, он перебегал через дорогу между машинами, несмотря на опасность. Когда милиционер вёл его в отделение милиции, Посиделкин просил его достать ему билет и брал с него слово, что он найдёт ему билет.

— Вы милиция, вы всё можете, — говорил он милиционеру. В этот день фамилия милиционера появлялась в страшной схеме Посиделкина.

Когда до отъезда оставалась неделя, к Посиделкину пришёл совершенно неизвестный человек и принёс ему билет в Ейск. Посиделкин был счастлив. Он обнял и поцеловал этого человека, но так и не вспомнил, кто это. Вспомнить всех, кого он просил о билете, было невозможно. В тот же день приехал курьер от Мальцева и привёз ещё один билет в Ейск. Посиделкин поблагодарил курьера, отдал ему деньги, но начал волноваться: у него было уже два билета.

— Надо будет один билет продать на вокзале, — решил Посиделкин.

Напрасно, напрасно Посиделкин не верил в людей. Его система начала прекрасно работать. Каждый день люди приносили билеты. В последний день перед отъездом у Посиделкина было 38 билетов. Он отдал за эти билеты все деньги, которые получил на отпуск, и ещё 67 копеек. А люди всё приходили и приходили и приносили билеты. Посиделкин прятался, но его находили. Количество билетов увеличилось: их стало 44.

13 сентября Посиделкин приехал на вокзал. До отхода поезда оставался один час. Посиделкин ходил по перрону и тихим голосом просил прохожих:

— Купите билетик в Ейск! Очень хорошее место: море, солнце! Не пожалеете!

Но покупателей не было. Никто не покупал билеты на вокзале. Все отлично знали, что на вокзале и в кассе билеты купить невозможно, надо просить знакомых.

Покупателей не было, но на вокзал приехали Брунелевский, Никифоров и Бумагин. Они привезли ещё три билета.

Ехать в поезде Посиделкину было скучно. В вагоне он ехал один.

Всё это произошло не потому, что Посиделкин был глуп. Нет, скорее, он был умён. Просто у него были очень серьёзные и добросовестные знакомые, которые всегда старались выполнить то, что обещали. А хорошее правило — покупать билеты в кассе — было забыто.

По рассказу И. Ильфа и Е. Петрова «Бронированное место»

б) Предложите своё название текста.
в) Ответьте на вопросы:

1. Куда собрался поехать Посиделкин?
2. Какая у него возникла проблема?
3. Почему он не стал покупать билеты в кассе?
4. Как он решил искать билет?
5. Какой странный документ составил Посиделкин?
6. Как он просил своих знакомых о помощи?
7. Сколько билетов было у Посиделкина, когда до отъезда оставалась неделя? Кто привёз эти билеты?

8. Сколько билетов у него было в последний день?
9. Что Посиделкин сделал с лишними билетами?
10. Почему ему было скучно ехать в вагоне?
11. Как вы думаете, Посиделкин — умный или глупый человек? Что думает об этом автор рассказа?
12. Могла ли подобная история произойти с вами?

25 а) Как эту историю расскажет сам Посиделкин?
б) Как её расскажет один из его знакомых?

26 Старый друг прислал Посиделкину письмо, которое заканчивалось так:

> ...Я хочу поехать отдыхать на море. Я уже решил, куда я поеду и когда. Но вот беда, у меня ещё нет билета. Я знаю, что ты недавно отдыхал на Азовском море. Как ты купил билет? Посоветуй, что мне надо сделать.
>
> Твой друг Пётр».

Напишите письмо, которое Посиделкин мог написать своему другу Петру.

27 Объясните, как вы понимаете следующие выражения и словосочетания, в какой ситуации вы можете использовать их.

горе от ума
взять слово ≠ дать слово
добросовестный человек
верить в людей

28 **а)** Прочитайте сложные слова и скажите, из каких двух слов они состоят.

Образец: кинофестиваль ▶ кино, фестиваль

б) Объясните значения следующих словосочетаний со сложными словами.

международный кинофестиваль, гостеприимный дом, добросовестный человек, древнерусская икона, кругосветное путешествие, общеобразовательная программа, послевоенное время, многолюдные улицы

в) В каких ситуациях вы можете использовать эти словосочетания? Составьте предложения с ними.

29 **а)** Назовите глаголы, от которых образованы данные существительные.

вход, выход, отъезд, приезд, переход, переезд, полёт, вылет

отправление, прибытие, создание, развитие, превращение, представление, соединение, отношение

б) Продолжите ряд словосочетаний.

вход в метро, выход на улицу...
отправление поезда, прибытие на вокзал...

30 Составьте все возможные словосочетания.

создавать
проводить
выпускать
устраивать
развивать

реформу, праздник, промышленность, науку, митинг, экзамен, продукцию, время, газету, проект, интеллект

31

а) Восстановите предложения. Выберите подходящий по смыслу глагол и поставьте его в нужную форму.

1. Первые вокзалы ... в Москве в XIX веке.
2. В середине XX века техника ... очень быстро.
3. Многие московские магазины ... в популярные культурно-развлекательные центры.
4. Первые интернет-кафе ... в Москве в конце XX века.
5. Совсем недавно мобильный телефон был редкостью, а сегодня почти все люди ... мобильными телефонами.
6. Частная коллекция картин господина П.М. Третьякова ... в Государственную Третьяковскую галерею.
7. Результаты последнего социологического опроса говорят, что москвичи по-прежнему предпочитают ... метро.

пользоваться
появиться
превратиться
развиваться

б) Восстановите текст. Выберите подходящий по смыслу глагол и поставьте его в нужную форму.

Москвичи очень ... театр. Им ... ходить в театр и в будни, и в праздники. В Москве очень много хороших театров. У каждого москвича есть свой любимый театр. Те, кто ... оперу или балет, ... Большой театр. Те, кто ... драму или комедию, ... Малый театр. Некоторые спектакли идут в Малом театре уже много лет и всегда ... у зрителей. Ну а те москвичи, которые ... посмеяться и пошутить, ... театр Эстрады. Здесь всегда аншлаг.

любить
нравиться
предпочитать
иметь успех

Читаем газеты и журналы

32

Прочитайте названия статей из московских газет. Как вы думаете, о чём рассказывается в этих статьях?

1. а) Прочитайте статью (в случае необходимости можно пользоваться словарём) **и скажите, какие старинные вещи собраны в музее истории города Москвы и его филиалах.**

Музей истории города Москвы

Музей истории города Москвы — один из старейших московских музеев, основанный ещё в 1896 году. Недавно в музее прошла выставка «Москва Гиляровского». Авторы экспозиции показали особенности жизни и быта москвичей конца XIX — начала XX века. Здесь можно было увидеть и комнату в гостинице, и магазин, и аптеку, и фотоателье, и почту XIX века. Посетители выставки могли попасть в прошлое, познакомиться с традициями и обычаями старой Москвы.

Музей имеет несколько филиалов. В филиале музея на Манежной площади собраны монеты, украшения, посуда,  а также другие старинные вещи, найденные в историческом центре Москвы во время строительства Торгового комплекса на Манежной площади.

б) Ответьте на вопросы:

1. Когда был основан музей?
2. Что можно было увидеть на выставке «Москва Гиляровского»?

в) Кратко передайте содержание статьи (3–4 предложения).

2. а) Прочитайте статью (в случае необходимости можно пользоваться словарём) **и скажите, почему сейчас в Москве намного меньше рек и озёр, чем раньше.**

Московские речки

Очень давно на территории Москвы существовало более 140 (ста сорока) речек и почти 400 небольших водоёмов — озёр и прудов. Город рос, и многие из этих водоёмов были уничтожены или спрятаны в трубы. Сейчас правительство столицы готовит специальную программу сохранения и восстановления маленьких московских речек. Конечно, это очень дорогой проект (необходимо 12 миллиардов рублей), и рассчитан он на 6 лет.

б) На какие вопросы может ответить человек, прочитавший эту статью?

3. а) Прочитайте статью (в случае необходимости можно пользоваться словарём) и скажите, сколько автомобилей смогут одновременно проезжать по четвёртому кольцу.

Четвёртое транспортное кольцо — «Четвёрка»

В Москве, как в каждой крупной столице, существуют проблемы с транспортом. В часы пик на улицах Москвы образуются огромные пробки. Правительство столицы пытается решить эту проблему: построено уже три транспортных кольца. А в 2005 году в Москве началось строительство четвёртого транспортного кольца (61 км). Первые 16 км уже есть. Кольцо будет иметь по четыре полосы движения в каждую сторону. По «Четвёрке» смогут одновременно проезжать 5,5 тысяч автомобилей. На кольце не будет светофоров, поэтому скорость движения автомобилей может быть 80–100 км/час.

б) Какие вопросы вы зададите, чтобы уточнить информацию?
в) Кратко передайте содержание статьи (2–3 предложения).

4. а) Прочитайте статью (в случае необходимости можно пользоваться словарём) и скажите, какие фильмы можно будет посмотреть в кинотеатре.

Новый комплекс на Кутузовском

На Кутузовском проспекте, на территории парка Победы, скоро появится развлекательный комплекс. Строительство этого комплекса должно закончиться в 2009 году. Его наиболее интересной частью станет самый большой в Европе океанариум, который построят на глубине 10 метров. В развлекательном комплексе также будет кинотеатр, в котором будут демонстрировать только научно-популярные фильмы, «подводный» ресторан и гостиница.

б) Ответьте на вопросы:

1. Когда и где появится новый развлекательный комплекс?
2. Какая часть комплекса будет самой интересной?
3. Как можно будет отдохнуть в новом развлекательном комплексе?

в) Кратко передайте содержание статьи (2–3 предложения).

33 Вы прочитали несколько статей.
Скажите, какая информация вас заинтересовала и почему.

 회 화

Поговорим

34 1. а) Прослушайте диалог и скажите, о чём договорились Егор и Максим.

Два друга — Егор и Максим — на выходные собрались поехать в Ярославль. Там они решили остановиться в какой-нибудь гостинице, 2–3 дня погулять по городу и посмотреть его достопримечательности.

Егор. Алло, привет, Макс! Это Егор. Как дела?
Максим. Всё отлично! Мы едем завтра?
Егор. Да, конечно.
Максим. Нам надо договориться, где мы встретимся и когда.
Егор. Встречаемся в семь часов утра на Ярославском вокзале около билетных касс.
Максим. Я никогда не был на Ярославском вокзале. Какое это метро?
Егор. Это станция метро «Комсомольская».
Максим. Знаю, знаю, площадь Трёх вокзалов.
Егор. Точно! Не опаздывай, нам ещё нужно купить билеты.
Максим. Хорошо, завтра в семь утра на Ярославском около билетных касс. Пока!

б) Ответьте на вопросы:

1. Куда и на какое время решили поехать друзья?
2. Где они решили встретиться?
3. Что им нужно было сделать на вокзале?

в) Договоритесь с друзьями поехать в Петербург. Уточните, где, на каком вокзале вы встречаетесь и когда.

2. а) Прослушайте диалог и скажите, почему Максим опоздал на встречу.

Егор. Где ты был? Я жду тебя уже целый час!
Максим. Извини, пожалуйста, я всё перепутал, заблудился. Я ведь говорил тебе, что плохо здесь ориентируюсь. Я доехал на метро до станции «Комсомольская», не посмотрел на указатели и вышел к Казанскому вокзалу.
Егор. Но мы договорились встретиться на Ярославском.
Максим. Я знаю, к сожалению, я не прочитал название вокзала, вошёл внутрь и стал тебя искать.
Егор. Меня там не было, я ждал тебя здесь.
Максим. Я обошёл здание вокзала много раз, но не нашёл тебя.
Егор. Надо было позвонить.
Максим. Я звонил тебе, но не дозвонился. Наконец, я понял, что ошибся, и побежал на другой вокзал.
Егор. Хорошо, что пришёл. Лучше поздно, чем никогда.

Егор. Пойдём! Нам нужно купить билеты.
Максим. А вдруг в кассе нет билетов? Что мы будем делать?
Егор. Этого не может быть! Пойдём быстрее.

б) Ответьте на вопросы:

1. С какого вокзала отправляются поезда в Ярославль?
2. Почему обязательно нужно читать указатели в метро?

в) Вы опоздали на встречу. Объясните другу, почему вы опоздали. Расскажите, что с вами случилось.

г) Как вы понимаете выражение Лучше поздно, чем никогда?

3. а) Прослушайте диалог и скажите, кто объяснил друзьям, где находится гостиница.

Егор. Ну что, вот мы и в Ярославле. Доехали отлично! Будем искать гостиницу.
Максим. Извините, пожалуйста, вы не знаете, где здесь гостиница «Волга»?
Прохожий. Здесь совсем недалеко.
Максим. А как до неё добраться?
Прохожий. Вам надо перейти площадь, там конечная остановка автобуса № 20. Сядете в автобус, проедете три остановки, выйдете, прямо перед вами будет небольшая гостиница.
Егор. Спасибо за помощь!
Максим. А вдруг в гостинице нет мест? Что мы будем делать, Егор? Ведь в Ярославле всегда много туристов.
Егор. Сейчас зима, не сезон, туристов немного. Я думаю, места в гостинице есть.

б) Ответьте на вопросы:

1. Как друзья добрались до гостиницы?
2. Почему они решили, что в гостинице есть места?

в) Вы приехали в незнакомый город. Узнайте у прохожего, где находится гостиница и как туда добраться.

г) Объясните человеку, приехавшему в ваш город, как доехать до гостиницы.

4. а) Прослушайте диалог и скажите, на какое время друзья сняли номер в гостинице. Почему?

Егор. Добрый день! У вас есть места?
Администратор. Вам повезло! Зимой в нашем городе немного туристов, поэтому у нас есть места.
Максим. Нам нужен двухместный номер со всеми удобствами на три дня.
Администратор. Пожалуйста, у нас есть двухместные номера со всеми удобствами. Номер стоит 1800 рублей в сутки.
Максим. Как дорого! А у вас нет номера подешевле?
Администратор. К сожалению, нет. Все недорогие номера заняты.
Егор. Ничего, мы возьмём этот номер, но на два дня. Как, Максим, ты согласен?
Максим. Это выход! Я согласен.
Администратор. Заполните, пожалуйста, эти анкеты и дайте мне ваши паспорта.

Егор. Скажите, пожалуйста, как от вашей гостиницы доехать до центра города?
Администратор. Это недалеко, несколько остановок на автобусе. Вы выйдете из гостиницы и пойдёте налево, пройдёте два дома, там будет остановка. Все автобусы идут в центр.
Егор. Спасибо!

б) Ответьте на вопросы:

1. Как изменились планы друзей и почему?
2. Какой номер сняли друзья?
3. Как добраться от гостиницы до центра города?

в) Вы приехали в гостиницу. Объясните администратору, какой номер вы хотите снять.

Теперь вы можете:

1. Договориться о встрече.
2. Узнать, как добраться до нужного вам места.
3. Объяснить, как добраться до места или объекта.
4. Купить билеты на поезд.
5. Снять номер в гостинице.

Урок 6

**Москва – звонят колокола!
Москва – златые купола!**

모스크바에는 종소리가 울린다!
모스크바에는 황금빛 성당 지붕이 있다!

*Москва — звонят колокола!
Москва — златые купола!
Москва — по золоту икон
Проходит летопись времён.*

*Я смотрю с Воробьёвых высот
На ночное созвездье огней.
Пусть Москве уже за 800,
Мы вовек не состаримся с ней!*

Олег Газманов

이과의 길잡이

Тема:
Город, городские достопримечательности, жизнь в городе 도시, 도시의 유원지, 도시에서의 삶

Грамматика:
Глаголы движения 운동동사(2)

I. Сопоставление видов у глаголов движения с приставками 접두사가 있는 운동동사의 상 비교

II. Глаголы движения с приставками (II группа) 접두사가 있는 운동동사(2식 변화)

III. Переносные значения глаголов движения 운동동사의 전이된 의미들

Выражение пространственных отношений в простом и сложном предложениях
단문, 복문에서의 장소 표현

Тексты:
Как попасть в театр без билета 티켓 없이 극장에 들어가는 법
Московский Кремль 모스크바의 끄레믈린
Новая квартира 새 아파트
Читаем газеты и журналы 신문과 잡지를 읽읍시다!

회 화

Поговорим

1 Давайте поговорим о городе, в котором сейчас живёт ваш собеседник.

а) Вы хотите знать:

— Как называется этот город?
— Где находится этот город?
— Какой это город?
— Каково население этого города?
— Где работают жители этого города?
— Где и как они отдыхают?

б) Вы прослушали диалог. Сообщите, что вы узнали о городе, где живёт один из ваших собеседников.

2 а) Вы хотите знать:

— Какие достопримечательности есть в городе, где живёт ваш собеседник?
— Что могут посмотреть туристы в этом городе?
— Где уже был ваш собеседник? Что видел?
— Где ещё он хотел бы побывать? Что он хотел бы посмотреть?
— Что ему нравится в этом городе? Что не нравится?

б) Вы прослушали диалог. Сообщите, что вы узнали о городе, где живёт один из ваших собеседников.

3 а) Вы хотите знать:

— Какие достопримечательности этого города он хотел бы показать туристам?
— Что он мог бы показать туристам?
— Что он мог бы рассказать туристам об истории этого города?
— Какие нерешённые проблемы есть в этом городе?
— Как решают или хотят решить эти проблемы?

б) Вы прослушали диалог. Сообщите, что вы узнали о городе, где живёт один из ваших собеседников.

 # Новая грамматика

Глаголы движения

 ### I. Сопоставление видов у глаголов движения с приставками

Посмотрите таблицу 1 и объясните ситуации употребления глаголов движения НСВ и СВ с приставками.

Таблица 1

глаголы НСВ (от глаголов **ходить, ездить**...)	глаголы СВ (от глаголов **идти, ехать**...)
1. Вчера к нам **приходил** представитель экономического факультета и рассказывал студентам о своём факультете (= он был у нас, сейчас его там нет).	Сегодня к нам **пришёл** декан географического факультета, сейчас он разговаривает со студентами (= он сейчас у нас).
Туристы **приезжали** в Москву на неделю, а потом поехали в Петербург (= они были в Москве, сейчас их там нет, они в Петербурге).	Туристы **приехали** в Москву и начали осматривать город (= они сейчас в Москве на экскурсии).
2. Михаил **подходил** к дому и искал ключи от своей квартиры.	Когда Михаил **подошёл** к своему дому, он нашёл ключи от своей квартиры.
В квартире был ремонт, и мы **переносили** книги из одной комнаты в другую.	Мы **перенесли** книги, но не смогли **перенести** шкаф, он слишком тяжёлый.
3. Каждый день Антон **приходил** на занятия в 10 часов утра.	Сегодня Антон опоздал, он **пришёл** на занятия в 10:30.
Люди всегда **переходят** улицу по пешеходному переходу на зелёный свет.	Сергей нарушил правила и **перешёл** улицу на красный свет светофора.
Летом мы часто **приезжали** на море и жили там 2–3 недели.	Мы **приехали** на море и сразу **побежали** купаться.

1 Посмотрите на рисунки, прочитайте подписи к ним. Объясните ситуации употребления глаголов движения НСВ и СВ с приставками.

Когда туристы **переходили** мост, они увидели лодку.

Туристы **перешли** мост и **вошли** в лес.

В дождливую погоду, когда я **выходил** из дома, я всегда брал с собой зонт.

Я **вышел** из дома и открыл зонт.

Когда я **входил** в квартиру, там было темно.

Я **вошёл** в квартиру и включил свет.

Мы **проходили** через парк и видели там белку.

Мы **прошли** через парк, **вышли** на улицу и увидели здание кинотеатра.

Когда бабушка **приходила** к нам в гости, она всегда **приносила** подарки.

Утром к нам **пришёл** почтальон и **принёс** телеграмму.

Когда машина **подъезжала** к Москве, её остановил милиционер.

Машина **подъехала** к магазину и остановилась.

II. Глаголы движения с приставками (II группа — ходить, ездить...)

Посмотрите таблицу 2.
а) Прочитайте примеры и скажите, в какой ситуации можно употребить эти глаголы с приставками.

Образец: Антон пригласил гостей: «Входите в дом, пожалуйста, раздевайтесь!»

Таблица 2. Значение и употребление глаголов движения с приставками (II группа)

Схемы	Приставки	Глаголы II группы (НСВ)	Предлоги	Примеры
	в- (во-)	входить / въезжать	в	Входите, пожалуйста, в дом! Въезжайте в гараж!
	вы-	выходить / выезжать	на из	выхожу из дома рано утром выезжаем из дома в 9 часов Машина выезжала из гаража.
	при-	приходить / приезжать	с	Приходите в гости! Приезжайте на новоселье!
	у-	уходить / уезжать	к	ухожу к подруге уезжал на море уезжали за границу / за город
	за-	заходить / заезжать	за	заходил за книгой заезжал к другу на дачу заезжал в магазин
	под- (подо-)	подходить / подъезжать	к	подхожу к остановке подъезжали к станции
	от- (ото-)	отходить / отъезжать	от	поезд отходит от перрона машина отъезжала от гаража
	до-	доходить / доезжать	до	доезжаем до деревни доходили пешком до озера

	приставка	глагол	предлог	пример
1) ⤴•→ 2) ⟳ 3) ✕	об- (обо-)	обходить / объезжать	вокруг	1) **об**хожу памятник 2) **объ**езжаю **вокруг** города 3) **об**ходим все театры
1) □→ 2) →□→ 3) ├─→┤	про-	проходить / проезжать	мимо по через	1) **про**езжаем **мимо** Кремля 2) **про**ходим **по** мосту **через** реку 3) **про**езжали 500 км в день
1) ↗ 2) □→□	пере-	переходить / переезжать	через по в / на	1) **пере**хожу **через** улицу **по** переходу 2) **пере**езжаем **в** Москву
↘↙↗↖ (к центру)	с-...-ся(сь)	сходить(ся) / съезжать(ся)	в / на из / с к, за	**с**ходятся **на** площади **на** митинг **съ**езжались **на** конференцию **съ**езжались **к** друзьям **на** свадьбу
↑↓←→ (от центра)	рас-...-ся(сь) раз-...-ся(сь)	расходиться / разъезжаться	в / на из / с по	**рас**ходятся **по** аудиториям **разъ**езжаются **из** театра **по** домам

б) Составьте свою таблицу с глаголами II группы: летать, бегать, носить. Выберите приставки, которые вы часто употребляете.

 Обратите внимание!

ПО- + I группа глаголов движения (СВ): пойти, поехать, полететь, побежать, поплыть… — начало движения в одном направлении.	ПО- + II группа глаголов движения (СВ): походить, поездить, полетать, побегать, поплавать… — движение в разных направлениях, ограниченное по времени (= немного).
Школьники сдали выпускные экзамены и **пошли** гулять по Москве. Друзья встретились около метро и **поехали** в парк Победы. Тренер дал старт, и спортсмены **побежали**.	Перед поездкой Татьяна **походила** по магазинам и купила летнюю одежду. Мне очень хочется **поездить** по миру и посмотреть разные страны. У меня есть мечта — **полетать** на воздушном шаре.

2 Восстановите предложения. Выберите правильный вариант.
(Как изменится ситуация, если заменить глаголы НСВ глаголами СВ с той же приставкой?)

1. Каждый день в Москву ... тысячи туристов.
   А) приезжают
   Б) доезжают
   В) подъезжают

2. Мой самолёт ... из Москвы в три часа дня.
   А) облетает
   Б) вылетает
   В) долетает

3. Сейчас в Москве строят много современных жилых домов. Москвичи с удовольствием ... в новые квартиры.
   А) переезжают
   Б) объезжают
   В) выезжают

4. В метро пассажиров постоянно предупреждают, что ... к краю платформы очень опасно.
   А) заходить
   Б) приходить
   В) подходить

5. Когда мне нужно купить хлеб, по дороге с работы я ... в магазин около нашего дома.
   А) ухожу
   Б) захожу
   В) перехожу

6. Концерт кончился, но зрители ещё долго не ... из зрительного зала. Они стояли и аплодировали артистам.
   А) расходились
   Б) сходились
   В) входили

7. Моя подруга не любит опаздывать. Когда нам надо ехать на занятия, она ... из дома на полчаса раньше меня.
   А) приходит
   Б) отходит
   В) выходит

8. В музее туристы ... из одного зала в другой и смотрели картины русских художников.
   А) обходили
   Б) переходили
   В) подходили

9. Раньше, когда мой друг жил со мной в одном доме, я каждый вечер ... к нему в гости.
   А) заходил
   Б) входил
   В) уходил

10. Когда мы летели из Иркутска в Москву, мы ... над озером Байкал.
    А) долетали
    Б) подлетали
    В) пролетали

11. Начался сильный дождь, и дети, которые играли во дворе, ... по домам.
    А) сбежались
    Б) разбежались
    В) прибежали

3. Восстановите предложения. Выберите глагол (справа) и поставьте его в нужную форму. В каких ситуациях возможны варианты? Напишите предложения.

1. Завтра ко мне в гости ... друзья, и мы отметим мой день рождения.
2. Раньше мои школьные друзья ... ко мне очень часто, а сейчас ... редко.
3. Вчера вечером ко мне ... друг, которого я давно не видел. Когда он ..., я очень обрадовался.

приходить
прийти

1. Сейчас мы живём в новой квартире, в которую мы ... совсем недавно.
2. Мой отец был строителем, поэтому наша семья часто ... из одного города в другой.
3. Мой брат раньше жил на Севере, потом он ... в Москву и живёт здесь уже два 2 года.

переезжать
переехать

1. Обычно самолёт из Новосибирска ... в Москву в 19:30.
2. А вчера из-за плохой погоды самолёт опоздал и ... на два часа позже.
3. В аэропорту болельщики встретили футбольную команду, которая ... из Португалии.

прилетать
прилететь

1. После работы я обычно ... в книжный магазин на Тверской улице.
2. Я увидел в витрине магазина новую книгу моего любимого писателя и ..., чтобы купить её.
3. На следующей неделе я обязательно ... туда ещё раз, чтобы купить книгу об истории Москвы.

заходить
зайти

1. Когда моя сестра ... на работу, она часто забывает взять ключи. Потом она звонит мне, чтобы я ... ей ключи.
2. Мой друг заболел, поэтому рано ... с занятий.
3. Когда будешь ... домой, позвони мне, пожалуйста. Я ... тебе книгу, которую давно хотел отдать.

уходить
уйти
приносить
принести

4. Восстановите предложения. Выберите глагол НСВ или СВ и поставьте его в нужную форму. Напишите предложения.

1. В конце учебного года студенты должны собрать все учебники и ... их в библиотеку.

относить
отнести

2. Утром мой брат ушёл из дома раньше меня и случайно ... мои перчатки. | уносить / унести

3. В кафе мы заказали чай и пирожные, а официант ошибся и ... нам кофе и мороженое. | приносить / принести

4. Каждый день отец едет на работу на машине и ... детей до школы. | довозить / довезти

5. Друзья помогли мне ... вещи в новое общежитие. | перевозить / перевезти

6. На новогодний праздник в МГУ приходят студенты и ... своих друзей из других институтов. | приводить / привести

7. Когда я буду ехать из университета, я заеду к тебе и ... твою книгу. | завозить / завезти

5 Прослушайте объявления. Скажите, где вы можете их услышать или увидеть.

— Наш поезд отходит через 5 минут. Провожающих просят выйти из вагона.

— Отойдите от края платформы, поезд отправляется!

— Уважаемые пешеходы! Переходите улицу только на зелёный свет светофора.

— Начинается посадка на рейс Москва — Париж. Пассажиров просят пройти в зал № 5, выход 10.

— Уважаемые пассажиры! Поезд дальше не идёт, просьба освободить вагоны.

— Уважаемые пассажиры! Наш полёт проходит на высоте 10 000 метров, сейчас мы пролетаем город Харьков.

— Уважаемые пассажиры! Не стойте у дверей, проходите в центр салона.

— Уважаемые пассажиры! Стойте справа, проходите слева. Бежать по эскалатору запрещается.

— Студентов, не получивших студенческие билеты, просят зайти в деканат.

— Желающие купить билеты на поезд до Петербурга могут подойти к кассе № 2.

текст

6 **а)** Прочитайте текст и скажите, какой способ попасть в театр без билета вам понравился больше.

Как попасть в театр без билета

Вы приехали в Москву. Вы очень хотите культурно провести вечер и попасть в один из знаменитых московских театров. Но билета у вас нет. Как тут быть? Как попасть в театр без билета? Наш путеводитель поможет вам решить именно эту задачу. Мы даём вам два способа, которые зависят от вашего характера и условий каждого театра.

Способ № 1 — для Большого театра

Вы едете в Большой театр, подходите к главному входу, смотрите вокруг и ждёте.

Когда вы видите группу людей, которая уже входит внутрь, вы быстро проходите вместе с ними. Дальше всё просто. Вы поднимаетесь по лестнице на балкон, находите свободное место, запоминаете его номер и спокойно спускаетесь в фойе. Там вы находитесь до начала спектакля. Когда вы слышите первые звуки музыки, вы быстро добегаете до вашего балкона. Затем вы спрашиваете служащую театра задыхающимся голосом (задыхаться нужно обязательно):

— Балкон, десятое место — здесь?

Служащая важно отвечает:

— Здесь.

— Уф, слава богу! — говорите вы радостно. — Вы не поверите, я весь театр обегал... Программа есть? А бинокль?

Вы покупаете программу, платите за бинокль и говорите:

— Ну, покажите мне, пожалуйста, это десятое место!

Она показывает вам десятое место и уходит. Но если вдруг служащая попросит вас показать билет, вы должны очень громко сказать:

— Билет у моего друга, он всегда приходит раньше меня... Он сидит где-то здесь... Сергей, покажи мой билет! (Конечно, никакого Сергея нет и быть не может.)

— Ш-ш-ш! Тише, пожалуйста. Вы мешаете слушать! — начинают волноваться другие зрители.

— Входите, входите быстрее, — говорит шёпотом служащая и отходит от вас.

В этот момент вы, наконец, входите в зрительный зал и садитесь на «своё» десятое место.

Способ № 2 — для цирка

Когда вы будете выходить из дома, вам нужно будет взять с собой небольшое домашнее животное: собачку, белую крысу, кошку, птичку.

С этим домашним животным вы едете в цирк. Вы доезжаете до цирка, подходите к контролёру и говорите ему:

— Это не ваша? Я проходил мимо цирка и вдруг увидел, что она бегает (прыгает, летает) по улице... Ну, думаю, конечно, из цирка убежала. Я сказал ей: «Иди сюда, маленькая!» Взял её и принёс к вам. Как пройти к директору цирка?

Контролёр, восхищённый вашей добротой, рассказывает вам, как пройти к директору. Вы на минуту заходите в фойе и отпускаете домашнее животное на все четыре стороны. Затем вы входите в зал, где уже звучат аплодисменты, смех зрителей и весёлая музыка.

По рассказу В. Ардова «Девять способов безбилетного проникновения в зрительный зал»

б) Какой способ выберете вы? Расскажите, что вы сделаете.

в) Вчера ваш знакомый был в театре. Билета у него не было. Что он рассказал вам о том, как он попал в театр?

III. Переносные значения глаголов движения

7 Посмотрите на рисунки и подписи к ним. Дайте свои примеры с этими словосочетаниями.

Эти часы всегда идут правильно.

часы идут	поезд идёт	спектакль идёт
время идёт	автобус идёт	фильм идёт
годы идут	трамвай идёт	занятия идут

В Петербурге часто идут дожди.

идёт дождь
идёт снег

— Ты сегодня такая красивая! Тебе так идёт новая причёска!

причёска идёт кому? (3)
платье идёт
костюм идёт

Ему повезло! Он выиграл миллион рублей.

кому? (3) везёт / не везёт
           повезло / не повезло

Он ведёт себя хорошо. / Он ведёт себя плохо.

вести себя   как?
             хорошо / плохо

Антон хорошо водит машину. Он никогда не разговаривает по телефону, когда ведёт машину.

вести урок, занятие, спор, разговор, дискуссию, исследования
вести / водить машину

Джеймс Бонд всегда носит большую шляпу и тёмные очки.

носить имя, фамилию
носить очки, одежду, джинсы, бороду, усы, причёску

8. Восстановите предложения и замените их (выберите подходящий по смыслу глагол и поставьте его в нужную форму).

1. Концертный зал в центре Москвы ... имя композитора П.И. Чайковского.
2. Посмотри в окно, ... первый снег.
3. Преподаватели школ и вузов ... дискуссию о едином государственном экзамене.
4. Наш преподаватель математики ... усы и бороду.
5. Моя подруга вышла замуж, теперь она ... фамилию мужа.
6. Сейчас во многих московских театрах ... пьеса А.П. Чехова «Чайка».
7. Если у вас плохое зрение, вам нужно ... очки.
8. Мне не ... . Я всегда опаздываю на последний автобус, который ... до моего дома.
9. Возьми зонт, на улице ... дождь!
10. Я люблю ездить с отцом по городу, потому что он очень хорошо и спокойно ... машину.
11. Ещё вчера ты был маленьким мальчиком, а сегодня уже студент. Как быстро ... время!

идти
носить
вести
везти

9. а) Что вы скажете в этих ситуациях?

1. Ваша подруга пришла сегодня в новом платье. Она очень красивая.
2. Вы узнали, что ваши родители купили вам машину.
3. На экзамене ваш друг получил билет, в котором очень сложные вопросы.
4. Сегодня ваш друг должен обязательно взять зонт. Почему?
5. Ваша подруга плохо видит.
6. Вам нравится ездить с другом на машине. Почему?

б) Что вы спросите в этих ситуациях?

1. Вы хотите узнать маршрут трамвая (автобуса, троллейбуса).
2. Вы не знаете, сколько времени продолжается спектакль (балет, экскурсия).
3. Вы не знаете, где можно посмотреть новый фильм (пьесу «Три сестры»).
4. Вы хотите узнать, какой фильм сегодня будут показывать в кинотеатре.
5. Вы хотите узнать, умеет ли ваш друг ездить на машине.

Выражение пространственных отношений в простом и сложном предложениях

I. Выражение пространственных отношений в простом предложении

10 Посмотрите фотографии и прочитайте подписи к ним.

Торговый центр «Охотный ряд» на Манежной площади

Центральный выставочный зал (Манеж)

Исторический музей

Памятник герою Великой Отечественной войны маршалу Г.К. Жукову

Александровский сад

Центральная государственная библиотека

Памятник Ф.М. Достоевскому

Гостиница «Националь»

Здание МГУ на Моховой улице

Посмотрите таблицу 3, прочитайте текст. Скажите, где находится Манежная площадь. Почему она так называется? Задайте вопросы, чтобы уточнить, где находится тот или иной объект.

Таблица 3. Обозначение места (находиться где?)

1. здесь тут — там наверху — внизу слева — справа		Перед вами Манежная площадь*. Она находится в центре Москвы, **рядом** с Красной площадью. **Здесь**, на Манежной площади, построили торговый комплекс «Охотный ряд». **Наверху** — большая площадка, скамейки, фонтаны, фонари. **Тут** можно гулять, отдыхать, фотографировать. **Внизу** — магазины, рестораны, кафе. **Там** можно делать покупки, пить кофе, ужинать... **Слева от** Манежной площади находятся Исторический музей и Александровский сад. **Справа** — гостиница «Националь» и старое здание Московского университета. В центре Манежной площади, **напротив** торгового комплекса «Охотный ряд», находится Центральный выставочный зал, или Манеж. **Недалеко от** Манежной площади находится Центральная государственная библиотека — самая большая в стране. **Около** здания библиотеки — памятник русскому писателю Ф.М. Достоевскому. **У** памятника лежат живые цветы. А **вокруг** памятника всегда много студентов, так как **рядом** — библиотека и Московский университет. **Между** Манежной площадью и Красной площадью находится Исторический музей. **Перед** Историческим музеем стоит памятник герою Великой Отечественной войны маршалу Г.К. Жукову. **За** Историческим музеем расположена Красная площадь. Во время строительства **на** Манежной площади глубоко **под** землёй были найдены старинные вещи, монеты, которые сейчас можно увидеть **в** Историческом музее. В праздничные дни **над** Манежной площадью гремит салют.
2. слева от справа от недалеко от напротив около у вокруг	+ чего? (2)	
3. рядом с чем? (5) между чем и чем? (5) перед за над под	+ чем? (5)	
4. в на	+ где? (6)	

---

* Манежная площадь. Эту площадь стали называть так потому, что в 1817 году здесь был построен Манеж — здание, в котором ездили верхом на лошадях, проводили военные учения. Известный русский писатель Лев Николаевич Толстой в молодости учился здесь ездить верхом на лошади, а в старости — на велосипеде. Потом в этом здании стали проводить разные выставки. Здесь были выставки цветов, птиц, животных... В 1957 году здесь открыли Центральный выставочный зал, но люди по-прежнему называют это здание Манежем. Попасть в Манеж на выставку было нелегко. Там всегда было много народа. И в наше время выставки в Манеже очень популярны.

11 а) Посмотрите на план-карту Манежной площади и найдите известные вам объекты.

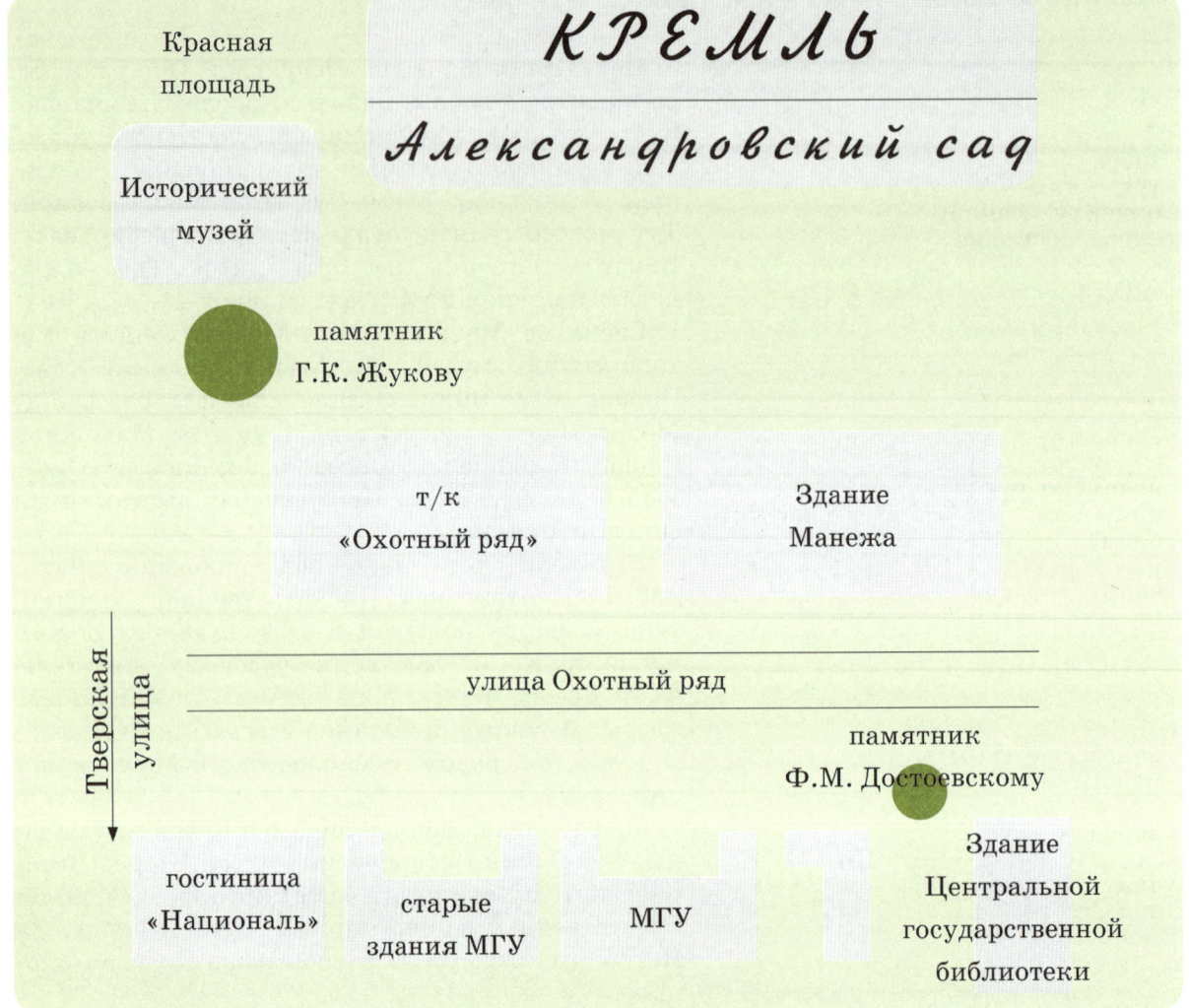

б) Ваш друг хочет поехать в центр Москвы. Объясните ему, где находятся Манеж, Исторический музей и т. д. (Используйте материал таблицы 3.)

в) Спросите, где находятся интересующие вас достопримечательности (в городе, где вы живёте) и как туда доехать.

12 Прочитайте рекламное объявление и скажите, на какие вопросы может ответить человек, получивший эту информацию.

Приглашаем всех желающих посетить Московский Кремль!

Кремль открыт ежедневно с 10 до 17 часов, кроме четверга. Четверг — выходной день. Чтобы посетить Кремль, надо купить билет в кассе. Кассы находятся в Александровском саду. Покупать билет надо в тот день, когда вы хотите пойти на экскурсию, так как на билете стоит дата. Вход в Кремль находится рядом с кассами. В Кремль входят через Троицкие ворота, а в Оружейную палату — через Боровицкие ворота. Московский Кремль ежегодно посещают около пяти миллионов человек.

Для граждан России билет в Кремль стоит 70 рублей. Учащиеся, пенсионеры и военнослужащие имеют льготы. Для них билет стоит 30 рублей. Для детей старше 10 лет — 30 рублей. Для детей до 10 лет билет бесплатный. Стоимость билета в Кремль для иностранных граждан — 250 рублей.

Если вы купили билет в Кремль, вы можете посетить соборы — Успенский, Архангельский, Благовещенский, — выставочный зал под колокольней Ивана Великого и другие достопримечательности. В билете указаны все объекты, которые вы можете посетить во время экскурсии по Кремлю. И не забудьте, что при входе в храм мужчины должны снять шапки, а у женщин на голове должен быть платок.

Если вы вошли в храм или музей и хотите фотографировать внутри, то вы должны заплатить 50 рублей и получить специальный значок, который даёт вам право фотографировать.

Если вы хотите посетить ещё и Оружейную палату, то ваш билет будет дороже на 100 рублей, а льготный билет — на 30 рублей, то есть для граждан России — 170 рублей, для иностранных граждан — 350 рублей, льготный билет — 60 рублей. Оружейная палата работает ежедневно, сеансы в 10:00, 12:00, 14:30, и 16:30. Фотографировать в Оружейной палате нельзя.

Вся территория Кремля строго охраняется, так как Московский Кремль — это не только государственный музей, но и место работы российского президента. Поэтому советуем вам не брать с собой на экскурсию большие вещи. Сумки, портфели и другие вещи надо сдавать в камеру хранения.

Получить дополнительную информацию о работе Кремля можно по телефону 202-37-76. Заказать экскурсию в Кремль можно по телефону 203-03-49.

Текст

13 В статье, которую вы будете читать, вы встретите новые слова. Познакомьтесь с ними. Прочитайте примеры и объяснения. Постарайтесь понять значения выделенных слов без словаря. Если возникнут трудности, посмотрите значения этих слов в словаре.

1. **холм** = высокое место (на **холме** = на высоком месте)
2. **колокольня** = высокая башня, на которой установлены **колокола**
3. **живописец** = художник
4. **венчаться на царство** = получать официальный статус царя; становиться царём
5. **в старину** = в старые времена, очень давно
6. **торговать с рук** = заниматься мелкой торговлей на улице, на рынке (не в магазине)
7. **рыть — вырыть** что? (4) ров, яму
8. **охранять** кого? что? (4) царя, людей, Москву, Кремль, родину, границу

14 Вы собираетесь на экскурсию в Московский Кремль. Перед экскурсией прочитайте краткую информацию о Кремле, посмотрите фотографии и скажите, что вас заинтересовало, что вы хотите посмотреть.

Московский Кремль расположен в центре столицы — на высоком холме над Москвой-рекой. Старинные вещи и монеты, найденные глубоко под землёй на территории Московского Кремля, говорят о том, что Москва существует почти тысячу лет.

Московский Кремль был построен как крепость, защищавшая жителей города от врагов. В конце XV века, когда Москва стала столицей Русского централизованного государства, вокруг Кремля была построена высокая каменная стена и двадцать башен из красного кирпича. Около стены вырыли глубокий длинный ров и пустили туда воду из Москвы-реки, чтобы враги не могли близко подойти к Кремлёвской стене. Попасть в Кремль можно было только по мостам, которые вели через ров к воротам Кремля, но эти мосты строго охранялись и днём и ночью.

Кремль защищали не только от врагов, но и от пожаров. Деревянные дома, построенные рядом с Кремлём, часто горели, поэтому Великий князь московский Иван III (XV век) запретил строить деревянные дома рядом с Кремлём и приказал освободить землю вокруг Кремля. Так перед восточной Кремлёвской стеной образовалась большая площадь. На этой площади царь разрешил торговать с рук, поэтому люди стали называть эту площадь Торг. Это было первое название главной московской площади, которая теперь называется Красной.

Сейчас Московский Кремль представляет собой уникальный архитектурный ансамбль, состоящий из знаменитых памятников истории, культуры и искусства России. На территории Кремля находятся площади и скверы, парадные дворцы и старинные соборы.

Если вы посмотрите на Московский Кремль со стороны Москвы-реки, с Большого Каменного моста, вы увидите над Кремлём золотые купола соборов и поймёте, почему Москву называют златоглавой.

Главная площадь Кремля — это Соборная площадь. Она названа так потому, что на этой площади находятся три собора: Успенский собор, Благовещенский собор и Архангельский собор.

Успенский собор (XV век)

Центральное место на Соборной площади занимает Успенский собор. Это очень большой и богатый собор. В этом соборе все русские цари венчались на царство; здесь читались важные государственные указы, праздновались военные победы.

Недалеко от Успенского собора находится Благовещенский собор, который был домашней церковью царской семьи. Сюда приходили цари и все члены царской семьи, чтобы побыть наедине с Богом, помолиться. Благовещенский собор украшен иконами известного русского живописца Андрея Рублёва.

Благовещенский собор (XV век)

Напротив Благовещенского собора находится торжественный и строгий Архангельский собор. Этот собор очень красив внутри. В этом соборе хоронили царей, поэтому собор называют усыпальницей русских царей. В соборе 46 гробниц, в том числе и гробницы Ивана III (третьего) и Ивана IV (четвёртого) Грозного.

На Соборной площади рядом с Архангельским собором стоит колокольня «Иван Великий». На колокольне 21 колокол, самый крупный колокол весит 64 тонны. Несколько веков назад колокольня была самым высоким зданием Москвы (высота колокольни 81 метр). В ясную погоду с колокольни «Иван Великий» можно было увидеть всю Москву в радиусе 25 километров. Когда начинались пожары или

Архангельский собор (XVI век)

Колокольня «Иван Великий»
(XVI век)

Царь-колокол
(XVIII век)
(вес 200 тонн;
высота 6 метров)

Царь-пушка
(XVI век)
(вес 40 тонн;
длина 5 метров;
вес ядра 1 тонна)

Оружейная палата (XIX век)

враги подходили к Москве, звонили колокола, и колокольный звон был слышен над всей Москвой.

Рядом с колокольней «Иван Великий» стоит Царь-колокол — произведение искусства XVIII века, — сделанный русскими мастерами. Это самый большой в мире колокол, но, к сожалению, он никогда не звонил. Вот его история. Он был сделан в 1735 году русскими мастерами — отцом и сыном Мотормными. Во время сильного пожара 1737 года колокол находился в мастерской. От высокой температуры он сильно нагрелся. Когда пожар тушили холодной водой, от колокола откололся большой кусок. Отремонтировать колокол было невозможно. Он долго лежал в мастерской. И только через 100 лет (в 1836 году) его поставили на территории Кремля рядом с колокольней «Иван Великий». Так и стоит Царь-колокол, а около него лежит большой кусок весом 11,5 (одиннадцать с половиной) тонн.

Недалеко от колокола стоит другой исторический памятник — Царь-пушка. Это самая большая пушка в мире. Её сделал русский мастер для защиты Кремля. Но пушка эта никогда не участвовала в военных сражениях и никогда не стреляла. Рядом с пушкой лежат ядра, каждое ядро весит одну тонну.

Если вы войдёте в Кремль через Боровицкие ворота, то сразу за воротами слева вы увидите красивое здание. Это Оружейная палата — один из старейших музеев нашей страны. Сначала это было место, где хранили оружие (отсюда и название — Оружейная). Потом здесь начали хранить ювелирные украшения, золотые и серебряные вещи, драгоценные камни, дорогую одежду царской семьи, а также подарки, которые иностранные послы дарили русским царям. Сейчас в музее собрано около 4 (четырёх) тысяч экспонатов. В Оружейной палате находится самый большой в мире золотой самородок, найденный на Урале. Вес его более 36 (тридцати шести) килограммов.

Рядом с Оружейной палатой находится Большой Кремлёвский дворец.

На территории Кремля далёкое прошлое соединяется с настоящим. Рядом с древними соборами находится Государственный Кремлёвский дворец, построенный в 1961 году. Здесь же, в Кремле, находится старинное здание, в котором сейчас располагается резиденция президента России. Над резиденцией президента — российский государственный флаг.

Большой Кремлёвский дворец

Вокруг Московского Кремля идёт высокая Кремлёвская стена (её длина 2 километра 235 метров). Стены Кремля украшают двадцать башен. Самая красивая из них — Спасская башня. Её высота 71 метр. Это главная башня Кремля. В старину, когда люди шли в Кремль, они снимали перед ней шапки. На Спасской башне установлены самые главные часы государства — Кремлёвские куранты, которые показывают точное время и бьют каждые 15 минут.

Время идёт вперёд. Меняется наша жизнь. А Спасская башня была и остаётся символом Кремля, символом Москвы, символом всей России.

Спасская башня (XV век)

15 а) Прочитайте статью ещё раз и найдите в тексте ответы на эти вопросы:

1. Сколько лет Москве?
2. Когда Москва стала столицей Русского централизованного государства?
3. Как называлась Красная площадь раньше?
4. Почему главная площадь Кремля называется Соборной площадью?
5. Какое здание в старину было самым высоким в Москве?
6. Сколько колоколов на колокольне «Иван Великий»?
7. Почему Царь-колокол никогда не звонил, а Царь-пушка никогда не стреляла?
8. Почему один из старейших музеев Кремля называется Оружейной палатой?
9. Какова длина Кремлёвской стены и сколько на ней башен?
10. Как называется самая главная башня Кремля?

б) Что вы узнали об истории Московского Кремля?

в) Какую дополнительную информацию вы хотели бы получить? Задайте вопросы экскурсоводу.

16 Посмотрите план-карту Московского Кремля и найдите все обозначенные объекты.

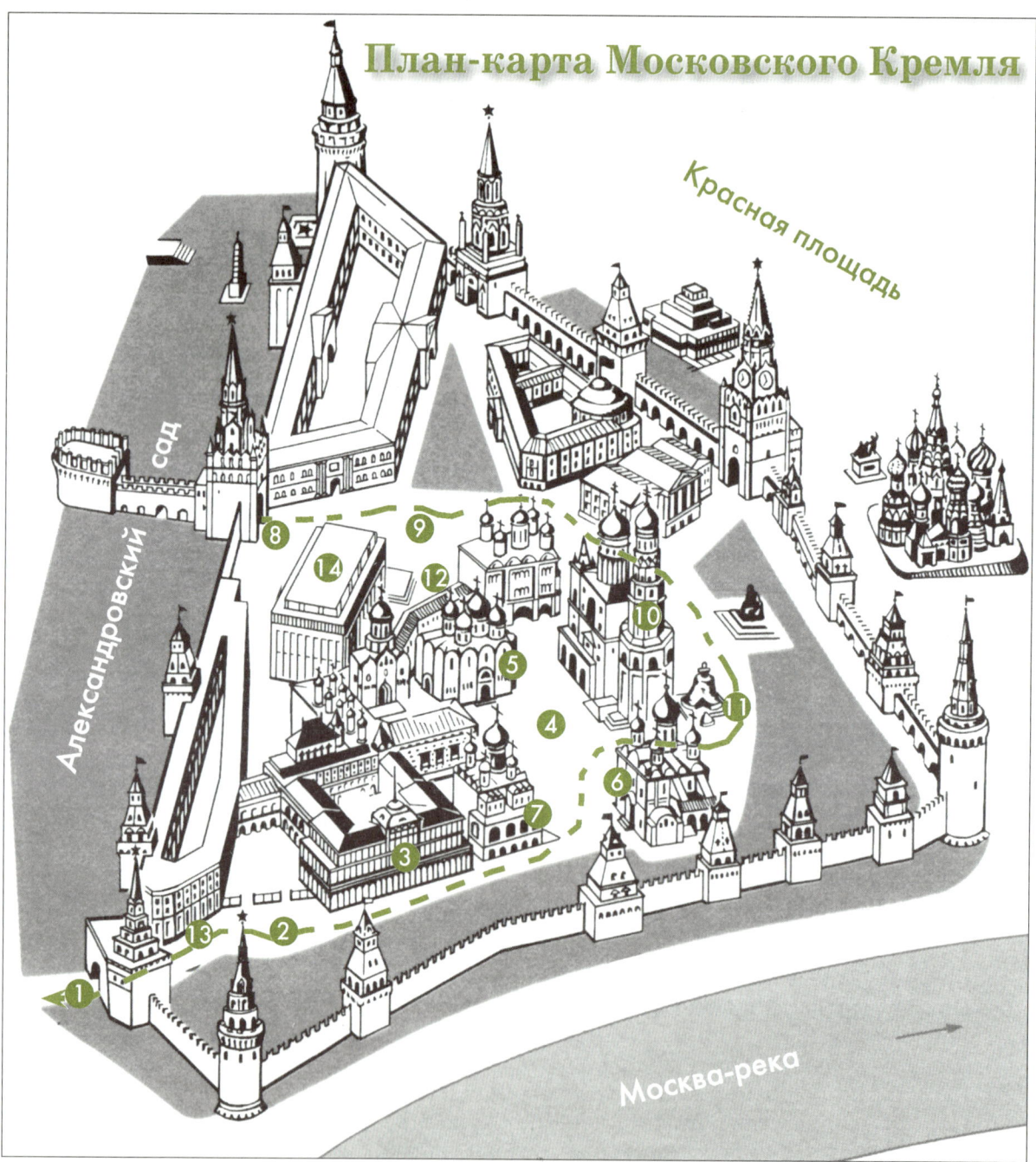

1. Боровицкие ворота
2. Дворцовая площадь
3. Большой Кремлёвский дворец
4. Соборная площадь
5. Успенский собор
6. Архангельский собор
7. Благовещенский собор
8. Троицкие ворота
9. Сенатская площадь
10. Колокольня «Иван Великий»
11. Царь-колокол
12. Царь-пушка
13. Оружейная палата
14. Государственный Кремлёвский дворец

Посмотрите таблицу 4.
а) Прочитайте текст и покажите на карте маршрут экскурсии по Кремлю.

Таблица 4. Обозначение направления движения (идти — ехать куда? откуда?)

туда — сюда оттуда — отсюда направо — налево вверх — вниз прямо		В воскресенье студенты **ходили на** экскурсию в Кремль. Они **вошли на** территорию Кремля **через** Боровицкие ворота, **прошли по** Дворцовой площади **мимо** Большого Кремлёвского дворца, повернули **налево** и **дошли до** Соборной площади. Затем студенты **прошли по** Соборной площади и **подошли к** Успенскому собору, осмотрели его, а потом **отошли от** этого собора и **обошли** всю Соборную площадь. Во время экскурсии студенты узнали много интересного об истории Московского Кремля.
до мимо из / с	+ чего? (2)	
к	+ чему? (3)	
в (во) на через	+ что? (4)	

Движение по поверхности (где?), движение по разным объектам

по	+ чему? (3)	Весь день мы **гуляли по** Москве: **ходили по** музеям и выставкам, **плавали** на пароходе **по** Москве-реке, **катались** на машине **по** московским улицам.

б) Найдите на карте маршрут № 2, обозначенный стрелками, пройдите по этому маршруту и расскажите своему другу об этой экскурсии.

(Объекты: Троицкие ворота, Сенатская площадь, Соборная площадь, колокольня «Иван Великий», Царь-колокол, Большой Кремлёвский дворец, Оружейная палата, Боровицкие ворота.) **Начните так: Мы вошли в Московский Кремль через Троицкие ворота...**

17 Напишите письмо своему другу и расскажите ему, что интересного вы узнали о Московском Кремле (что вы увидели в Московском Кремле во время экскурсии).

18 Какие исторические памятники есть в вашем городе, в вашей стране? Расскажите о них.

II. Выражение пространственных отношений в сложном предложении

— **Где** вы любите заниматься?
— Я люблю заниматься **там, где** мне никто не мешает.

— **Где** ты нашёл свою книгу?
— Я нашёл её **там, куда** вчера положил.

— **Где** работает твоя сестра?
— Она снова работает **там, откуда** ушла несколько лет назад.

— **Куда** поехал твой друг?
— Он поехал отдыхать **туда, куда** его пригласили.

— **Откуда** приехали эти туристы?
— Они приехали **оттуда, где** никогда не бывает зимы.

Где...?		Куда...?		Откуда...?	
...там,	где... куда... откуда...	...туда,	где... куда... откуда...	...оттуда,	где... куда... откуда...

19 Прослушайте сообщения и скажите, на какие вопросы они отвечают.

1. Я пойду туда, где мне никто не будет мешать.
2. Я открыл книгу там, где мы закончили читать.
3. Мой друг часто бывает там, откуда я приехал.
4. Мне позвонили оттуда, где я раньше учился.
5. Я хочу побывать там, где никогда ещё не был.
6. Завтра мы встретимся там, где договорились.
7. Мои друзья едут туда, куда едут все туристы.
8. Врач пришёл туда, где его ждал больной.
9. Молодые люди познакомились там, где вместе отдыхали.
10. Моя подруга ушла оттуда, где ей было неинтересно работать.

Текст

20 В тексте, который вы будете читать, вы встретите новые слова. Познакомьтесь с ними. Прочитайте примеры и объяснения. Постарайтесь понять значение выделенных слов без словаря.

1. **занимать — занять** что? (4) у кого? (2)
   занять деньги у друга = взять деньги на определённое время, а потом отдать (вернуть) эти деньги
2. **подниматься — подняться** = движение вверх
   • Мы вошли в лифт и **поднялись** на пятый этаж.
   спускаться — спуститься = движение вниз
   • Мы вышли из квартиры и **спустились** на первый этаж пешком.
3. **переставать — перестать** что делать?
   Он **перестал учить** иностранный язык. = Сейчас он не учит иностранный язык, а раньше учил.
   Они **перестали бегать** по утрам. = Раньше они бегали по утрам, а сейчас не бегают.
4. **притворяться — притвориться** = делать — сделать вид, обманывать — обмануть
   Он **притворился**, что спит. (= На самом деле он не спал.)
   Она **притворилась**, что ей было весело. (= На самом деле, ей было скучно).
   • Женщина **притворно** улыбнулась, но ей было невесело.
5. **оформлять — оформить** что? (4) паспорт, визу, документы
   • Если вы хотите поехать за границу, вам нужно **оформить** документы.
   • Вы можете **оформить** и получить визу в посольстве.

21 а) Прочитайте текст и скажите, какой неприятный сюрприз ждал молодых людей в новой квартире.

Новая квартира

Маша и Витя, молодая семья москвичей без детей и животных, не имели своей квартиры. Они снимали квартиру, потому что не хотели жить с родителями. Но всем известно, что снять квартиру на долгое время очень трудно, поэтому Маша и Витя часто переезжали из одной квартиры в другую. Наконец, молодая семья, уставшая от бездомной жизни, решила купить собственную отдельную квартиру. Эта задача тоже была нелёгкой, так как у молодых людей было мало денег. Этих денег не хватало, чтобы купить квартиру. Тогда они пошли занимать деньги у родителей, родственников и друзей. В результате Маша и Витя собрали сумму, которой должно было хватить на маленькую однокомнатную квартиру в строящемся доме на окраине Москвы.

Каждый день молодые люди уходили с работы пораньше и ехали смотреть новостройки, чтобы выбрать дом, в котором они купят квартиру. Они приезжали туда, где строили новый дом, подходили к будущему дому, обходили вокруг него, представляли себе, какой вид будет из окна, думали, сколько времени они будут добираться до работы. Маша даже бегала в детские сады, которые находились вокруг, чтобы узнать, куда будет ходить их будущий ребёнок. Наконец дом был найден. Он был практически готов: в нём уже были окна и двери с замками. Женщина, работающая в квартирном агентстве, ходила вместе с Машей и Витей и с удовольствием показывала им дом.

— Прекрасный вариант, — говорила женщина-агент, — всего 15 минут на транспорте или 30 минут пешком до метро, лучше вы не найдёте. Рядом будет парк, и строятся подземные гаражи — всё для вас.

Их будущая квартира находилась на девятом этаже, но лифт в новом доме ещё не работал, поэтому они пошли на девятый этаж пешком. Когда молодые люди прошли 3–4 этажа, они так устали подниматься пешком, что перестали считать этажи. Они просто шли за агентом.

— Ну вот, пришли, смотрите, — сказала агент и открыла дверь квартиры. Молодожёны вошли. Маша сразу подошла к окну. Вид из окна ей очень понравился: парк, часть улицы, школа и небольшой стадион.

Витя в это время обошёл квартиру: зашёл на кухню, потом прошёл в комнату, вышел на балкон, постоял, посмотрел и вернулся в квартиру.

— Всё подходит, будем покупать, — устало сказал он.

— Ну, вот и хорошо! — ответила женщина-агент.

Они вышли из квартиры и стали спускаться вниз. Путь назад был намного короче и легче. Маша бежала по лестнице и считала этажи.

— Шесть! — радостно кричала Маша.
— Семь! Восемь? — удивлённо сказала она, когда увидела дверь на улицу.
— Девять! — поправил её муж.
— Нет, восемь! Я хорошо умею считать, в школе у меня была пятёрка по математике.

— Мы что, были на восьмом этаже? — спросил Витя.

— Не может быть! — притворно удивилась женщина-агент и с ужасом посмотрела вверх. — Ну что, пойдём обратно?

Маша и Витя посмотрели друг на друга.

— Я бы поднялась ещё раз, — сказала Маша.

— Если хотите, конечно, мы можем пойти, но это необязательно, — быстро сказала женщина-агент, — ваша квартира точно такая же, как та квартира, которую мы сейчас посмотрели. Они же находятся друг под другом!

— Знаешь что, иди одна, — сказал Витя жене, отвернулся и закурил.

Маша поняла, что её ждёт семейная ссора. Но лучше недолгая семейная ссора, чем жизнь в плохой квартире. Маша пошла назад к лестнице. Агент медленно пошла за ней. Теперь Маша сама считала этажи. Наконец, они дошли до девятого этажа. Женщина-агент долго искала ключ в своей сумке.

Ключ легко вошёл в замок, но дверь не открывалась.

— Ничего не понимаю, — сказала агент, — почему дверь не открывается? Это ваш ключ, от вашей квартиры, я точно знаю!

— Что будем делать? — спросила Маша.

— Можем пойти вниз поискать строителей, они нам помогут открыть дверь, — предложила агент. — Но я вам уже говорила, что все квартиры одинаковые. Вы там ничего нового не увидите. Комната, кухня, балкон — всё такое же. Поверьте моему опыту!

Маша подумала, что она больше не может ходить вверх-вниз по лестнице, потом представила лицо мужа, ожидавшего её на улице, и решила, что искать строителей она не пойдёт.

Через неделю молодые люди заплатили деньги, оформили документы и получили ключи от новой квартиры. Маша и Витя приехали в новый дом, поднялись на лиф-

те на девятый этаж и вошли в свою квартиру. Квартира действительно была такая же, как на восьмом этаже.

— Надо же, не обманули! — сказала Маша и пошла смотреть кухню. Витя решил покурить.

— Только не в квартире! — закричала Маша. — Иди на лестницу или на балкон!

Витя выбрал балкон. Он важно вышел на свой первый в жизни балкон и вдохнул холодный московский воздух.

— Какая красота! Как хорошо жить в своей квартире! — радостно сказал Витя. Он представил себе, что летом они покрасят балкон белой краской, посадят цветы и поставят маленький столик и два кресла. Их замечательный балкон, откуда открывается прекрасный вид, превратится в симпатичное французское летнее кафе.

— Вечером мы будем сидеть за столиком, пить чай и разговаривать. Я смогу спокойно читать газету и курить, — мечтал Витя. — А через год, может быть, рядом с нами будет стоять коляска, где будет спать наш сын. Мы никогда не будем ставить на наш балкон старую мебель, коробки с вещами и лыжи. У нас здесь всегда будет чисто и красиво. Боже мой, как хорошо!

В этот прекрасный миг Витя услышал звонок в дверь и пошёл открывать. За дверью стоял высокий незнакомый мужчина.

— Виктор Петрович Морозов? — строго спросил незнакомый мужчина.

— Да, это я, — ответил Витя.

— Здравствуйте, моя фамилия Кошкин, я пожарный инспектор. Давайте осмотрим ваш балкон!

Они вместе вышли на балкон. Только теперь Витя заметил большую зелёную лестницу и огромный люк.

— Я пожарный инспектор, — ещё раз повторил мужчина, — ваша квартира единственная в этом доме, где на балконе есть пожарная лестница и люк. Поэтому, если случится пожар, все жильцы с верхних этажей, с десятого и одиннадцатого, будут проходить через вашу квартиру на ваш балкон и через люк спускаться вниз. Поэтому я даю вам правила, как пользоваться балконом. Запомните, вы должны обязательно выполнять эти правила! Вот, пожалуйста, возьмите и распишитесь!

Витя расписался. Пожарный инспектор ушёл. Супруги начали читать правила:

1. Балкон должен быть покрашен в зелёный цвет.
2. Балкон должен быть абсолютно пустым: нельзя ставить на балкон цветы, столик, кресла, коляску.
3. На балконе нельзя пить чай, курить и читать газеты.

б) Какие вопросы о новой квартире друзья задали Маше и Вите?

в) Прочитайте вопросы по содержанию текста и найдите те вопросы, которые ещё не обсуждались. Ответьте на них.

1. Где жила молодая семья? Почему они часто переезжали?
2. Почему молодые люди стали занимать деньги?
3. Как они выбирали новую квартиру?
4. Куда обратились Маша и Витя, чтобы купить квартиру?
5. Какую квартиру они выбрали? На каком этаже?
6. Какую квартиру, на каком этаже показала им женщина-агент и почему?
7. Почему молодые люди поверили агенту и согласились купить квартиру?
8. О чём мечтал Витя в новой квартире на новом балконе?
9. С какой целью пришёл пожарный инспектор? Что он сообщил молодым людям?
10. Как вы думаете, что сделают Маша и Витя в этой ситуации?

г) Скажите, что бы вы сделали в подобной ситуации. Почему надо быть очень внимательным при покупке новой квартиры?

22
а) Как эту историю расскажут Маша, Витя, друзья Маши и Вити?
б) Придумайте своё окончание этой истории.

23
Какое письмо Маша написала своей подруге в Петербург? Оно начиналось так:

Дорогая Лена!
Недавно мы купили новую квартиру. Я хочу рассказать тебе об этом...

Напишите это письмо.

24
Посмотрите на планы двух районов. Сравните их. Скажите, что где находится. Как вы думаете, какой район выбрали Маша и Витя? Объясните почему.

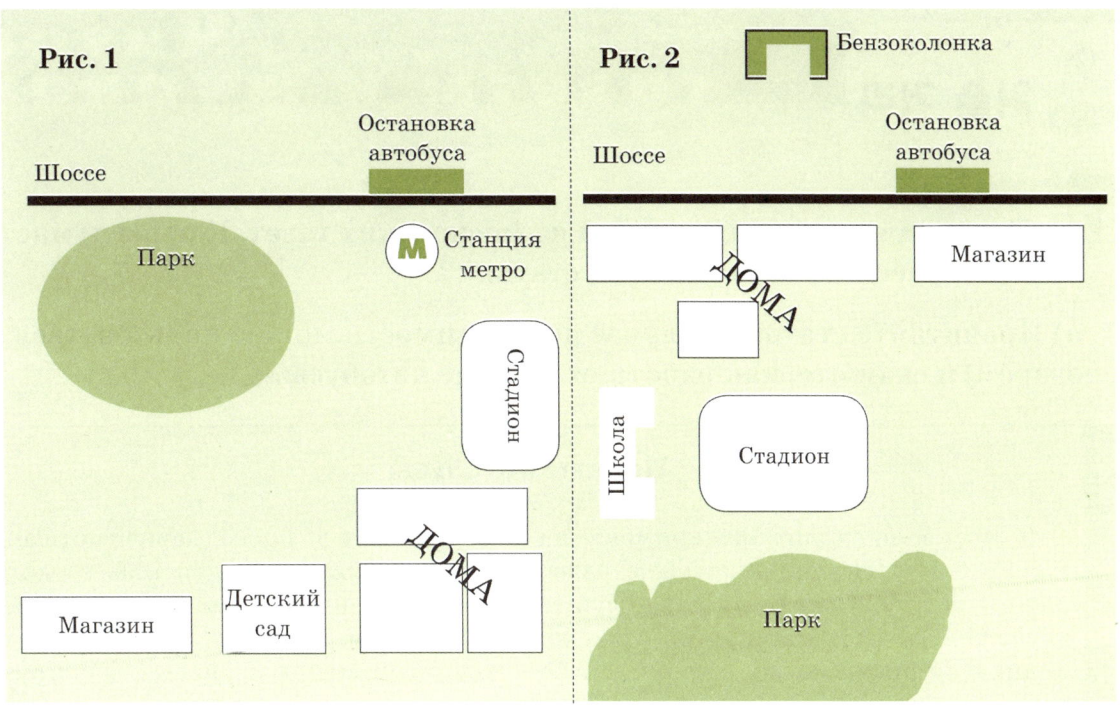

25

а) Маша и Витя переехали в новую квартиру. Они купили мебель: диван-кровать, два кресла, журнальный столик, книжные полки, шкаф, письменный стол и стул, а также другие вещи: компьютер, телевизор, настольную лампу, занавески, вазу, картину и книги. **Помогите им поставить в комнату мебель и другие вещи.**

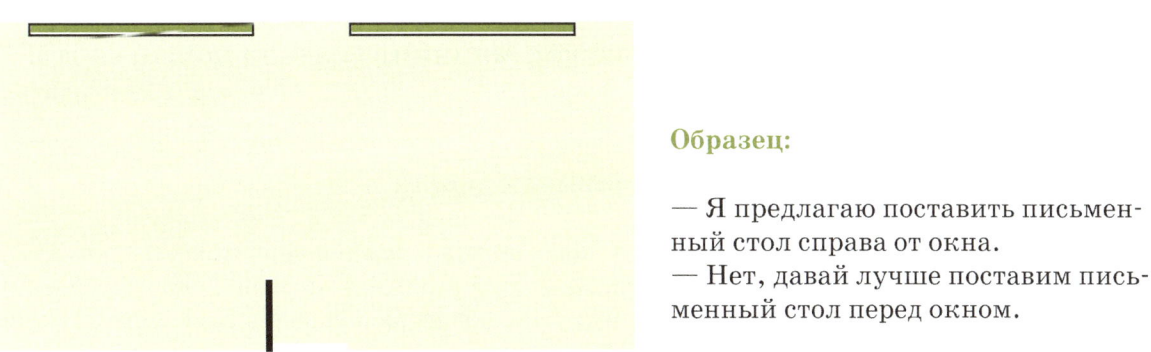

Образец:

— Я предлагаю поставить письменный стол справа от окна.
— Нет, давай лучше поставим письменный стол перед окном.

б) Нарисуйте свою комнату или квартиру. Скажите, где что стоит, лежит, висит.

26

Вы учитесь в университете и живёте в общежитии. Расскажите другу, что вы видите из окна своей комнаты (используйте материалы таблиц 3 и 4).

Читаем газеты и журналы

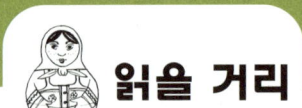 읽을 거리

27 Прочитайте названия статей из московских газет. Как вы думаете, о чём рассказывается в этих статьях?

1. а) Прочитайте статью (в случае необходимости можно пользоваться словарём) и скажите, как работают ночные автобусы.

Ночные автобусы

В Москве проходит эксперимент: начали работать автобусы, которые развозят ночных пассажиров. Сейчас существует только пять маршрутов, совпадающих с линиями метро. Автобусы работают с часу ночи до половины шестого утра. Плата за проезд зависит от дальности поездки. Этот эксперимент должен показать, нужны ли ночные автобусы москвичам. Если пассажиров будет много, будут открыты новые маршруты в разных районах Москвы.

б) Ответьте на вопросы:

1. При каком условии будут открыты новые ночные маршруты?
2. От чего зависит плата за проезд в новых автобусах?

в) Кратко передайте содержание статьи (2–3 предложения).

2. а) Прочитайте статью (в случае необходимости можно пользоваться словарём) и скажите, зачем московская милиция создала новый сайт в Интернете.

О потерянных вещах

Если вы потеряли какую-нибудь вещь на улицах Москвы или в транспорте, теперь вы можете сообщить об этом в милицию через Интернет. На новом сайте городской милиции (www.petrovka38.ru) появилась специальная анкета (форма), которую нужно заполнить и отослать. В этой анкете вы должны указать своё имя и фамилию, указать вещь, которую потеряли, и место, где это могло произойти. Ответ из милиции также придёт на ваш электронный адрес.

б) Какие вопросы вы зададите, чтобы уточнить информацию?

3. а) Прочитайте статью (в случае необходимости можно пользоваться словарём) и скажите, могут ли студенты и преподаватели МГУ заниматься в читальных залах библиотеки.

Библиотека МГУ выходит в Интернет

В сентябре 2005 года в Интернете появился каталог всех книг (изданий), хранящихся в библиотеке Московского университета. Раньше на сайте библиотеки можно было найти список книг, изданных только за последние 15 лет. Теперь здесь есть всё — 3,5 миллиона названий. В Интернете можно познакомиться с любыми старинными и редкими книгами, имеющимися в университетском книгохранилище. И, конечно, никто не собирается закрывать читальные залы библиотеки. Они будут работать по-прежнему.

б) Ответьте на вопросы:

1. Какую информацию можно было получить на сайте библиотеки Московского университета раньше?
2. С какими книгами можно познакомиться в Интернете сейчас?

в) Кратко передайте содержание статьи (2–3 предложения).

4. а) Прочитайте статью (в случае необходимости можно пользоваться словарём) **и скажите, при каких условиях вы можете участвовать в настоящем воздушном путешествии.**

Полетать на воздушном шаре

В Москве летать на воздушных шарах запрещено, на самолётах и вертолётах тоже. Но иногда, в праздники, на открытых площадках, например, на смотровой площадке на Воробьёвых горах, можно подняться в воздух на воздушном шаре. К сожалению, шар привязан, он поднимается только на определённую высоту, но не летит. Почувствовать свободный полёт невозможно.

Но сейчас многие туристические фирмы организуют полёты на воздушных шарах не в городе, а в Подмосковье. Если не идёт дождь или снег и нет сильного ветра, вы можете участвовать в настоящем воздушном путешествии. Вы пролетите как птица над деревнями, лесами и полями.

Все пилоты воздушных шаров имеют документы, которые разрешают им работать на воздушных шарах. В полёте вам гарантируют безопасность.

Вам обязательно понравится летать выше облаков. Вы никогда не забудете этот полёт и этот экстремальный отдых.

б) На какие вопросы может ответить человек, прочитавший эту статью?
в) Кратко передайте содержание этой статьи (3–4 предложения).
г) Ответьте на вопросы:

1. Любите ли вы экстремальный отдых? Какой?
2. Куда вы хотели бы пойти, что посмотреть, где отдохнуть и почему?

28 Вы прочитали несколько статей. Скажите, какая информация вас заинтересовала и почему. Напишите другу письмо, коротко изложите проблему, о которой рассказывается в статье, и посоветуйте ему прочитать её. Выразите своё личное отношение к этой проблеме.

Поговорим

29

1. а) Прослушайте диалог и скажите, что сделал Джон Мур в среду. Куда он позвонил и зачем?

Группа «Машина Времени»

Джон. Алло, здравствуйте, это концертный зал «Россия»?
Администратор. Да, это концертный зал. Слушаю вас, что вы хотите?
Джон. Скажите, пожалуйста, что у вас будет в субботу?
Администратор. В пятницу, субботу и воскресенье у нас будет выступать популярная группа «Машина Времени».
Джон. Скажите, когда начало концерта?
Администратор. Концерт, как обычно, начинается в 19:00.
Джон. Можно заказать три билета?
Администратор. На какой день вы хотите?
Джон. На субботу. Я хочу три билета на субботу.
Администратор. Сейчас посмотрю... На субботу билеты есть. Где вы хотите сидеть? Есть места в партере и на балконе.
Джон. А сколько стоит билет в партер?
Администратор. Билет в партер стоит 1000 рублей.
Джон. О, это очень дорого. А на балкон?
Администратор. На балкон — 500 рублей.
Джон. Отлично, три билета на балкон. А можно в первый ряд?
Администратор. Да, пожалуйста, три билета на субботу, балкон, первый ряд, середина, места 14, 15 и 16. Назовите ваши имя и фамилию.
Джон. Джон Мур. Когда я могу получить билеты?
Администратор. Вы должны приехать в кассу концертного зала «Россия» в субботу в 18:00 и купить ваши билеты.
Джон. Спасибо. До свидания.

б) Ответьте на вопросы:

1. Когда начинается концерт в концертном зале «Россия?
2. Сколько стоит один билет?
3. Когда Джон должен купить билеты?

в) Вы хотите посмотреть новый фильм. Вам нужно заказать билеты. Позвоните в кинотеатр «Пушкинский» и закажите билеты.

2. а) Прослушайте диалог и скажите, кто, куда и почему пригласил своих друзей.

Джон. Привет, ребята! Вы помните, что у меня в субботу день рождения?
Майкл. Конечно, помним, Джон!
Джон. Я хочу пригласить вас в концертный зал «Россия». В субботу там будет выступать группа «Машина Времени». Я уже заказал билеты.
Николь. Отлично, я слышала, что это хорошая группа.
Майкл. А я давно хотел побывать в «России», с удовольствием пойду.
Джон. Тогда давайте встретимся в субботу у входа в концертный зал.
Николь. Во сколько?
Джон. Концерт начинается в семь часов, предлагаю встретиться пораньше, в половине седьмого. Я думаю, что там есть буфет: посидим, выпьем кофе или соку. Не опаздывайте!
Майкл. Договорились!

б) Ответьте на вопросы:
1. Где и когда договорились встретиться друзья?
2. Куда они решили зайти перед концертом?

в) Позвоните своим друзьям, пригласите их в театр (в кино, в музей, на концерт) и договоритесь о встрече.

3. а) Прослушайте диалог и скажите, где была Николь в субботу утром.

Николь. Здравствуйте, я хотела бы постричься, покрасить волосы и сделать причёску.
Мастер. Проходите, пожалуйста, садитесь в кресло. Как вас постричь?
Николь. Я хочу сделать модную причёску, потому что я сегодня иду с друзьями на концерт.
Мастер. Хорошо, я думаю, короткая стрижка вам пойдёт. А какой цвет волос вы хотите?
Николь. Самый модный в этом сезоне.
Мастер. Хорошо, я поняла.

Мастер. Ну как, вам нравится ваша новая причёска?
Николь. Да, очень. По-моему, эта причёска и этот рыжий цвет мне очень идут. Сколько я вам должна?
Мастер. С вас 1200 рублей.
Николь. Вот деньги. Большое спасибо!
Мастер. Пожалуйста! Приходите ещё.

б) Ответьте на вопросы:
1. Какую причёску сделала Николь?
2. Почему Николь посоветовала подруге тоже пойти в эту парикмахерскую?

в) Вы пришли в парикмахерскую. Объясните мастеру, что вы хотите сделать.

4. а) Прослушайте диалог. Как вы думаете, на чём Николь поедет в концертный зал?

Николь. Извините, вы не знаете, как доехать отсюда до концертного зала «Россия»?
Прохожий (1). Извините, я не знаю.
Николь. Простите, а вы не скажете, как мне добраться до «России»?
Прохожий (2). До «России» идёт пятый троллейбус, но он едет очень долго. Я советую вам поехать на метро.
Николь: А где здесь метро?
Прохожий (2). Идите налево по улице. Минут через пять будет станция метро «Ленинский проспект». Доедете до станции «Китай-город» и минут десять пройдёте пешком до «России».
Николь: А надо делать пересадку?
Прохожий (2). Нет, это прямая линия.
Прохожий (3). Девушка! Лучше поезжайте на маршрутке, доедете прямо до концертного зала.
Николь. Спасибо за помощь!

б) Ответьте на вопросы:
1. На каком транспорте Николь могла доехать до «России»?
2. Какой маршрут самый быстрый и удобный?

в) Вы не знаете, как добраться до нужного вам объекта (театра, музея, стадиона, парка, гостиницы). Узнайте это у прохожего.

г) Посоветуйте прохожему, как лучше добраться до нужного ему места.

5. а) Прослушайте диалог и скажите, куда пришёл Майкл и почему.

Майкл. Здравствуйте, мне надо почистить брюки, только очень срочно. Это можно сделать?
Работник химчистки. Да, конечно, пройдите в другой зал, срочная химчистка там.

Работник химчистки. Что случилось с вашими брюками?
Майкл. Утром я попал под сильный дождь, и брюки стали очень грязными, а я сегодня вечером собираюсь пойти на концерт. Вы можете мне помочь?
Работник химчистки. Давайте ваши брюки. Мы их почистим, будут как новые.
Майкл. Сколько я вам должен?
Работник химчистки. 80 рублей.
Майкл. Пожалуйста. А когда они будут готовы?
Работник химчистки. Зайдите через час.
Майкл. Спасибо!

б) Ответьте на вопросы:
1. Что случилось с Майклом утром?
2. Куда он собирается идти вечером?
3. Сколько времени чистили брюки Майкла?

в) Вы пришли в химчистку и принесли свои вещи. Объясните, что вы хотите.

6. а) Прослушайте диалог и скажите, зачем Джон пришёл в магазин.

Продавец. Здравствуйте, проходите, пожалуйста! Что вы хотите купить?
Джон. Мне нужен хороший галстук. Я сегодня иду с друзьями на концерт, а у меня нет галстука.
Продавец. Хорошо, я вам с удовольствием помогу выбрать красивый галстук. Посмотрите, вот этот синий галстук очень модный. Вам нравится?
Джон. Да, очень. Сколько он стоит?
Продавец. 600 рублей.
Джон. Отлично, я беру этот галстук.
Продавец. Но этот галстук не идёт к вашей рубашке. Я советую вам купить другую рубашку, голубую. Примерьте, пожалуйста!

Джон. Ну как? Мне идёт?
Продавец. Вам очень идут и рубашка, и галстук.
Джон. А сколько это будет стоить?
Продавец. Галстук — 600 рублей, рубашка — 850 рублей. Но у нас есть специальное предложение: если вы купите рубашку и костюм, то галстук вы получите бесплатно, в подарок.
Джон. Покажите костюм!

б) Ответьте на вопросы:
1. Почему продавец посоветовал Джону купить голубую рубашку?
2. При каком условии Джон может получить галстук бесплатно?
3. Как вы думаете, Джон купит костюм?

в) Вы пришли в магазин. Объясните продавцу, что вы хотите.

7. а) Прослушайте диалог и скажите, было ли у друзей время, чтобы выпить кофе.

Майкл. Привет, Джон! Ты уже здесь! Надеюсь, я не опоздал?
Джон. Нет, ты как всегда вовремя, Майкл.
Майкл. Я боялся опоздать, потому что был в химчистке.
Джон. А что случилось?
Майкл. Утром я попал под дождь и испачкал брюки, пришлось зайти в химчистку. А что, Николь ещё не пришла?
Джон. Пока нет, надеюсь, скоро придёт. А который час?
Майкл. Уже без пятнадцати семь.
Джон. А вот и Николь! Какая красивая!
Николь. Спасибо! Извините, что опоздала, ходила в парикмахерскую.
Джон. У тебя новая причёска! Тебе очень идёт!
Николь. А тебе очень идёт твой новый костюм!
Джон. Да, я сегодня купил костюм и рубашку, а галстук мне подарили.
Майкл. Ну что, времени больше нет, пора идти на концерт.
Николь. А кофе?
Джон. А кофе мы выпьем в перерыв.

б) Ответьте на вопросы:

1. Кто из друзей пришёл на встречу первым?
2. Почему Николь опоздала?
3. Какой комплимент Джон сделал Николь?

**в) Вы немного опоздали на встречу (в гости, на урок...).
Что вы скажете в этой ситуации?**

> **Теперь вы можете:**
>
> 1. Заказать билеты в кино или в театр.
> 2. Сделать причёску, постричься.
> 3. Почистить вещи в химчистке.
> 4. Узнать (спросить, объяснить), как доехать, как добраться до нужного вам места.
> 5. Описать место, где находится тот или иной объект в городе.

а) Как вы думаете, как эту историю расскажет каждый из друзей?
б) Расскажите эту историю (используйте глаголы движения).

Урок 7. Зову тебя Россиею...

너를 러시아라 부른다.

*Гляжу в озёра синие,
В полях ромашки рву,
Зову тебя Россиею,
Единственной зову.*

*Не знаю счастья большего,
Чем жить одной судьбой,
Грустить с тобой, земля моя,
И праздновать с тобой.*

Л. Афанасьев

이과의 길잡이

Тема:

Россия (общие сведения, история, география)
러시아(일반적인 정보, 역사, 지리)

Грамматика:

I. Числительные 수사
II. Деепричастия 부동사
III. Выражение меры и степени в сложном предложении 복문에서의 양과 정도의 표현

Тексты:

Россия (общие сведения, государственное устройство, история, население, языки, природа) 러시아(일반적인 정보, 국가조직, 역사, 인구, 언어, 자연)
Урал 우랄
Чудо природы 자연의 기적
С женой поссорился (по рассказу А.П. Чехова) 아내와 다퉜다(체홉의 단편소설 요약)
П.П. Бажов (фрагменты биографии) 바조프(전기의 일부)
Каменный цветок (по сказке П.П. Бажова) 돌로 된 꽃(바조프의 단편소설 요약)

 회 화

Поговорим

1 **Давайте поговорим о стране, откуда приехал ваш собеседник.**
   а) Вы хотите знать:

— Какая страна — родина вашего собеседника?
— В какой стране живёт сейчас его семья?
— Где находится эта страна?
— Как называется столица этой страны?
— На каком языке говорят люди в этой стране?
— Как называется денежная единица этой страны?

   б) Вы слушали диалог. Скажите, что вы узнали о стране одного из собеседников.

2 **а) Вы хотите знать:**

— Какова природа страны, в которой живёт / жил ваш собеседник?
   Есть ли там леса, моря, реки, озёра, горы?
— Какой климат в этой стране?
— Какие времена года (сезоны) в этой стране?
— Где любят отдыхать жители этой страны в разное время года?

   б) Вы слушали диалог. Скажите, что вы узнали о стране одного из собеседников.

3 **а) Вы хотите знать:**

— Какая отрасль экономики активно развивается в этой стране: промышленность, сельское хозяйство, туризм…?
— Где работают жители этой страны?
— Какая промышленность есть в этой стране?
— Что вывозит страна?
— Как развивается сельское хозяйство? Что выращивается в этой стране?
— Куда приглашают туристов?

   б) Вы лушали диалог. Скажите, что вы узнали о стране одного из собеседников.

РОССИЯ

1 Посмотрите на карту и скажите, где находится Российская Федерация (Россия). Покажите её на карте. Что вам известно о её территории и населении?

2  Прочитайте текст и скажите, сколько республик входит в состав Российской Федерации.

Общие сведения о России

Российская Федерация, или Россия, — одно из самых больших государств мира. Она занимает площадь 17,1 (семнадцать целых одну десятую) миллиона квадратных километров. Российская Федерация расположена на материке Евразия: она занимает восточную часть Европы и северную часть Азии. Население России составляет 145,3 (сто сорок пять целых три десятых) миллиона человек. В составе Российской Федерации 89 субъектов федерации, из них 21 (двадцать одна) равноправная республика, например: Республика Алтай, Республика Татарстан, Республика Саха (Якутия), Республика Карелия… Столица России — город Москва. Государственный язык — русский. Денежная единица — рубль.

Новая грамматика
I. Числительные

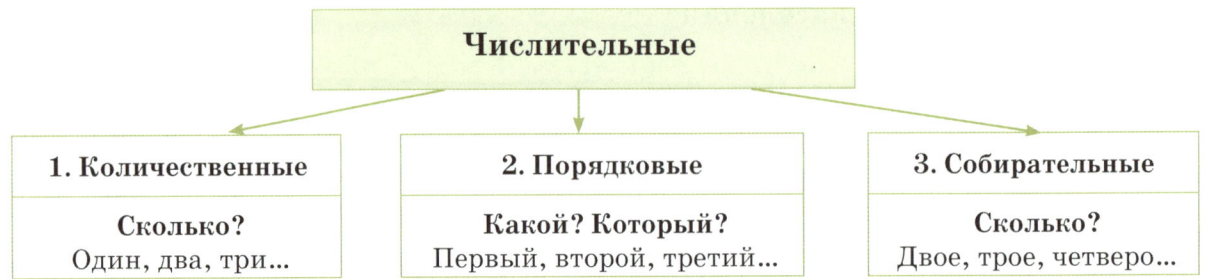

 **1. Количественные числительные сколько?**

Склонение числительных один (одно) — одна, два — две

Прочитайте примеры в таблице 1-А.
а) Сравните изменения числительного **один** и указательного местоимения **этот**.

Таблица 1-А

	И. п.	пришёл **один** человек.	прошёл **один** день
	Р. п.	не было **одного** человека	не хватило **одного** дня
	Д. п.	позвонил **одному** человеку	рад **одному** дню
	В. п.	видел **одного** человека	работал **один** день
	Т. п.	встретился с **одним** человеком	недоволен **одним** днём
	П. п.	рассказал об **одном** человеке	думал об **одном** дне

б) Составьте аналогичную таблицу со словосочетаниями: **один иностранец, один студент, один преподаватель, один год.**

Прочитайте примеры в таблице 1-Б.
а) Сравните изменения числительного **одна** и указательного местоимения **эта**.

Таблица 1-Б

И. п.	одна	выступала **одна** актриса	прошла **одна** минута
В. п.	одну	видели **одну** актрису	подождите **одну** минуту
Р. п.		не было **одной** актрисы	не хватило **одной** минуты
Д. п.	одной	позвонили **одной** актрисе	разговор равен **одной** минуте
Т. п.		поговорили с **одной** актрисой	живу **одной** минутой
П. п.	в одной	думали об **одной** актрисе	**в одной** минуте 60 секунд

б) Составьте аналогичную таблицу со словосочетаниями **одна неделя**, **одна иностранка**, **одна студентка**.

> **Обратите внимание!**
> **одни** очки, брюки, сутки — мн. ч.
> *Он жил в гостинице **одни** сутки.*
> *Купил **одни** перчатки и два шарфа.*

Прочитайте примеры в таблице 2.
а) Сравните изменения числительных **два** и **две** с одушевлёнными и неодушевлёнными существительными.

Таблица 2

И. п.		пришли **два** студента / **две** студентки	прошло **два** дня / **две** минуты
Р. п.		не было **двух** студентов / студенток	не было **двух** дней / минут
Д. п.		написал письмо **двум** студентам / студенткам	время равно **двум** дням / минутам
В. п.		ждал **двух** студентов / студенток	ждал **два** дня / **две** минуты
Т. п.		познакомился с **двумя** студентами / студентками	уедет **двумя** днями / минутами позже
П. п.		рассказал о **двух** студентах / студентках	рассказал о **двух** днях / минутах

б) Составьте аналогичные таблицы с числительными **три** (**трёх**, **трём**, **тремя**, **о трёх**) и **четыре** (**четырёх**, **четырём**, **четырьмя**, **о четырёх**).

Прочитайте примеры в таблице 3.
Этот справочный материал поможет вам при чтении текстов.

Таблица 3

$^1/_2$ — одна вторая = половина 0,5 — ноль целых пять десятых	$1\,^1/_2$ — одна целая одна вторая = полтора полтора месяца полторы недели 1,5 — одна целая пять десятых
0,5 % = полпроцента 0,5 м = полметра 0,5 км = полкилометра 0,5 кг = полкилограмма (= полкило) 30 минут = полчаса 6 месяцев = полгода	1,5 % = полтора процента 1,5 м = полтора метра 1,5 км = полтора километра 1,5 кг = полтора килограмма 1 час 30 минут = полтора часа 1 год 6 месяцев = полтора года 1,5 страницы = полторы страницы
больше / более **меньше / менее** + чего? (2) **около**	Он прошёл **более двух** километров. Студент занимался **менее трёх** часов. Население района составляет **около тысячи** человек.

Склонение числительных 5–20, 30, 50–80
(числительные на -дцать и -десят)

а) Прочитайте примеры в таблице 4 и скажите, как изменяются числительные, сколько форм изменения они имеют.

Обратите внимание!

Числительные, оканчивающиеся на **-Ь** (5–20, 30), изменяются, как существительное **площадь**.

Таблица 4

И. п. = В. п.	-Ь / -☐	пять (5) тридцать (30) пятьдесят ☐ (50) семьдесят ☐ (70) восемьдесят ☐ (80)
Р. п. = Д. п. = П. п.	-И	пяти тридцати пятидесяти семидесяти восьмидесяти
Т. п.	-ЬЮ	пятью тридцатью пятьюдесятью семьюдесятью восьмьюдесятью

б) Составьте свою таблицу с другими числительными (**10, 12, 15, 19**).

> **! Обратите внимание!**
>
> В составных количественных числительных изменяются обе части числительных:
>
> Вес чемодана **двадцать шесть** килограммов.
> У нас есть ещё **пятьдесят пять** минут.
> Сейчас в зале **шестьдесят девять** студентов.
>
> Вес чемодана равен **двадцати шести** килограммам.
> Нам не хватило **пятидесяти пяти** минут.
> В зале нет **шестидесяти девяти** студентов.

3 Прочитайте примеры в части **А** и составьте аналогичные сообщения (используйте материал из **Б**).

А

1. Магазин работает ежедневно **с девяти** часов утра **до восьми** часов вечера.

2. Туристы побывали на экскурсии **в пяти** городах России.

3. Расстояние между городами равно **пятидесяти семи** километрам.

4. На экскурсии я был вместе **с шестью** туристами.

5. Роман был издан **на пятидесяти** языках мира.

Б

Банк ⟶ с 10:00 до 19:00
Почта ⟶ с 8:00 до 20:00
Библиотека ⟶ с 9:30 до 16:00

Туристы ⟶ 7, 9, 11, 20

Расстояние ⟶ 38, 65, 89, 76

Туристы ⟶ 15, 27, 30, 58

Язык ⟶ 25, 66, 70, 80

Склонение числительных 40, 90, 100

Прочитайте примеры в таблице 5 и скажите, как изменяются числительные 40, 90, 100, сколько форм изменения они имеют.

Таблица 5

И. п. = В. п.		сорок, девяносто, сто	Прошло **сорок** минут Ему уже **сто** лет
Р. п. = Д. п. = Т. п. = П. п.		-а	сорок**а**, девяност**а**, ст**а**	Не хватило **сорока** минут Скорость равна **ста** километрам в час

4 Прочитайте примеры в части А и составьте аналогичные сообщения (используйте материал из Б).

А

1. Эта машина может развивать скорость **до ста сорока** километров в час.

2. Это здание было построено **около ста** лет назад.

3. Прямой угол равен **девяноста** градусам.

4. В этой книге собраны фотографии **сорока** российских космонавтов.

Б

Поезд	→	190 км/ч
Велосипед	→	40 км/ч
Машина	→	100 км/ч

Музей	→	90, 40, 140
Стадион	→	40, 140

Высота дома	→	90 метров, 40, 190
Длина стола	→	100 сантиметров, 140
Вес ручки	→	40 граммов

40, 90 спортсменов
140, 100 учёных

5 а) Прочитайте текст и скажите, какие органы власти существуют в Российской Федерации (РФ).

Государственное устройство России

Российская Федерация является президентской республикой. Это значит, что главой государства является Президент, который избирается всеми гражданами страны на 4 года. Президентом РФ может быть избран любой гражданин РФ не моложе 35 лет, если он постоянно проживает в России не менее 10 лет.

Государственная власть в России делится на три ветви. Это законодательная, исполнительная и судебная власти.

Что такое законодательная власть? Чем она занимается? Законодательная власть в России осуществляется Федеральным Собранием (парламентом). Федеральное Собрание состоит из Совета Федерации и Государственной Думы. Парламент разрабатывает и принимает государственные законы.

Что такое исполнительная власть? Как она работает? Исполнительная власть в России осуществляется Правительством Российской Федерации. Правительство РФ выполняет законы, принятые Президентом и парламентом.

Что такое судебная власть? Это власть, которая контролирует выполнение законов всеми организациями и гражданами страны. Главный суд называется Верховным Судом.

б) Найдите в тексте ответы на вопросы:

1. Кто может быть президентом России?
2. Чем занимаются законодательная, исполнительная и судебная власти?

Склонение числительных 200, 300, 400, 500–900

а) Прочитайте примеры в таблице 6 и скажите, как изменяются числительные. Допишите изменения числительных 600 и 700.

Таблица 6

И. п.	двести	От Москвы до Калуги — **двести** километров. **Двести** студентов поступили в университет.
В. п.	(600, 700)	Старое здание университета **на двести** лет старше нового здания.
Р. п.	двухсот	Расстояние между домами составляет около **двухсот** метров. На лекцию пришло около **двухсот** студентов.
Д. п.	двумстам	Вес полученного вещества был равен **двумстам** граммам. Дипломы выданы **двумстам** студентам.
Т. п.	с двумястами	Нужно смешать сто граммов сахара **с двумястами** граммами воды.
П. п.	о двухстах	В этой книге можно прочитать **о двухстах** самых известных художниках мира.

б) Составьте свою таблицу с числительными 300, 400, 500–900.

2. Порядковые числительные КАКОЙ? КОТОРЫЙ?

Прочитайте примеры в таблице 7-А и 7-Б.

а) Скажите, как изменяются порядковые числительные.

Таблица 7-А

И. п.	первый	**Первый** космическ**ий** полёт сыграл большую роль в развитии космонавтики.
Р. п.	первого	После **первого** космическ**ого** полёта весь мир узнал имя российского космонавта.
Д. п.	первому	Много фильмов и книг посвящено **первому** космическ**ому** полёту.
В. п.	первый	12 апреля 1961 года Ю.А. Гагарин совершил **первый** космическ**ий** полёт.
Т. п.	первым	Весь мир с волнением следил за **первым** космическ**им** полётом.
П. п.	о первом	**О первом** космическ**ом** полёте написано много книг.

б) Составьте аналогичную таблицу со словосочетаниями первый школьный экзамен, второй теннисный чемпионат.

Эльбрус

Таблица 7-Б

	И. п.	первая	**Первая** научн**ая** экспедиция на Эльбрус была организована в 1829 году.
	В. п.	первую	**Первую** научн**ую** экспедицию на Эльбрус организовал Петербургский университет.
	Р. п.		В состав **первой** научн**ой** экспедиции на Эльбрус вошли российские учёные.
	Д. п.	первой	К **первой** научн**ой** экспедиции на Эльбрус готовились 3 года.
	Т. п.		**Первой** научн**ой** экспедицией на Эльбрус интересовались учёные всего мира.
	П. п.	о первой	Информацию **о первой** научн**ой** экспедиции на Эльбрус можно получить в Интернете.

в) Составьте аналогичную таблицу со словосочетаниями вторая математическая олимпиада, третья олимпийская команда.

 Обратите внимание!

В составных порядковых числительных изменяется только **последняя часть**.

Это **семьдесят первая** квартира.
(квартира № 71)

Мы пришли **в семьдесят первую** квартиру.
Он живёт **в семьдесят первой** квартире.
В этом доме **нет семьдесят первой** квартиры.

Пришёл **двадцать пятый** автобус.
(автобус № 25)

Обычно я езжу **на двадцать пятом** автобусе.
Утром долго **не было двадцать пятого** автобуса.
Контролёр подошёл **к двадцать пятому** автобусу.

6

Восстановите фрагмент статьи из московской газеты (используйте словосочетание **первый российский Диснейленд**). **Прочитайте текст и скажите, что вы узнали.**

З.К. Церетели

В конце января 2005 года в Москве начали строить … . Известный во всём мире художник и скульптор Зураб Церетели принял участие в строительстве … .

В своём интервью он сообщил, что … не будет копией американского Диснейленда, как во Франции или Японии, так как в России есть свои сказки и свои герои. Поэтому он сам будет участвовать в создании декораций и скульптур для … . В конце интервью он поздравил всех детей с … . Информацию о … можно получить в Интернете. ∎

3. Собирательные числительные СКОЛЬКО?

У русского писателя П.П. Бажова, писавшего сказки, было **семеро** детей. Они были первыми слушателями его сказок.

В семье Чеховых было **шестеро** детей: **пятеро** сыновей и **одна** дочь. Все дети Чеховых были очень талантливы.

Сравните!

Количественные числительные	Собирательные числительные
два, три, четыре + Р. п. ед. ч. студента, студентки пять, шесть, семь + Р. п. мн. ч. студентов, студенток	двое, трое, четверо, пятеро, шестеро, семеро + Р. п. мн. ч. студентов, студенток

 7 Прочитайте текст и скажите, что вы узнали о Марии Елисеевой.

Мария Елисеева — художница. У неё есть всё: большой красивый дом, четверо детей, любящий муж и интересная работа. Она может путешествовать, заниматься семьёй и творчеством. Кроме того, она много времени посвящает детям из детского дома, для которых она стала второй мамой. Каждый день, и в праздники, и в будни, в её доме гостят двое-трое ребят из детского дома. Для них её дом стал родным домом.

8 а) Прочитайте русские пословицы и поговорки и скажите, как вы их поняли.
В каких ситуациях мы так говорим?

Один ум хорошо, а два — лучше.

Один за всех, все за одного.

Один в поле не воин.

Первый блин всегда комом.

Старый друг лучше новых двух.

Обещанного три года ждут.

Семь раз отмерь, один раз отрежь.

Семеро одного не ждут.

б) Есть ли в вашем языке подобные поговорки?

9  а) Прочитайте текст и скажите, кто и когда стал первым русским императором.

Из истории России

Иван III (1440–1505)

Пётр I (1672–1725)

В середине XV века московский князь Иван III решил объединить вокруг Москвы соседние земли, чтобы сделать Московское государство сильнее. К Москве присоединились Ярославль, Новгород, Ростов, Тверь. И в конце XV века Русь (это старинное название России) начала существовать как единое государство, столицей которого была Москва. А князь Иван III в 1489 году стал официально называться Великим князем всея (всей) Руси и государем. Государственным гербом стал двуглавый орёл. Об этом нам рассказывают старинные документы (летописи), сохранившиеся до нашего времени.

В 1497 году по приказу Ивана III был создан первый общерусский Судебник — книга, в которой были собраны все законы единого русского государства. В это же время появился новый вариант названия страны — Россия (долгое время использовались оба названия — Россия и Русь).

Одним из важнейших этапов в истории России было время, когда царём стал Пётр I. Его правление продолжалось с 1689 по 1725 год. Благодаря деятельности Петра I Россия стала одной из самых сильных европейских стран: были построены заводы и фабрики, были созданы регулярная армия и морской флот, было открыто много учебных заведений, создана российская Академия наук. В 1703 году Пётр I построил новый город на реке Неве и основал там новую столицу — Санкт-Петербург. В 1721 году Россия стала Российской империей, а первым российским императором стал Пётр I.

б) Ответьте на вопросы:
1. Когда, в каком веке Россия стала единым государством?
2. Как официально стали называть князя Ивана III?
3. Что сделал Пётр I для России?
4. Когда Россия стала империей?

в) Какие ещё вопросы может задать человек, чтобы уточнить содержание текста или узнать дополнительную информацию об истории России?

10  **а) Прочитайте название текста и скажите, о чём рассказывается в этом тексте.**

Население России. Языки

Как вы уже знаете, население России составляет 145,3 миллиона человек. Больше всего людей — 73 % — живёт в городах. Интересно, что в начале XX века в городах жило только 25 % населения.

Средняя продолжительность жизни мужчин в России — 58 лет, женщин — 72 года.

В Российской Федерации живёт 160 народов, которые говорят на 120 языках. Большая часть населения страны (83 %) — русские, поэтому государственным языком на всей территории России является русский язык.

Каждая республика, которая входит в состав РФ, имеет свой государственный язык (наряду с русским). Эти языки имеют письменность и преподаются в школах и в вузах. На этих языках издаются книги, газеты и журналы, идут радио- и телепередачи.

В России живут также малочисленные народы — менее 1 миллиона человек. Таких народов в России около 30, например эвенки, чукчи, ненцы, дагестанцы. Некоторые языки этих народов имеют письменность, некоторые получили письменность совсем недавно, например дагестанский язык. Некоторые языки до сих пор являются бесписьменными. А есть языки, которые учёные называют исчезающими языками. Например, в республике Бурятия живут сойоты, их всего 2000 человек. Эта малочисленная народность полностью утратила (забыла) свой язык и теперь говорит на бурятском и русском языках.

б) Ответьте на вопрос:
Какие языки учёные называют исчезающими?

в) На какие вопросы вы получили ответы, когда прочитали этот текст?

  а) Прочитайте текст и скажите, как называется самая высокая гора в России. Где она находится?

Природа России
(рельеф, полезные ископаемые, реки, моря, озёра, климат)

Рельеф

Природа России очень красива и разнообразна. В России есть всё: леса и поля, горы и равнины, реки, моря и озёра. Большая часть территории России — это равнины, самые большие в мире. Русская, или Восточно-Европейская, равнина находится в европейской части страны, Западно-Сибирская равнина и Средне-Сибирское плоскогорье — в Сибири. Самые высокие горы в России — Кавказские горы. Самая высокая точка страны — гора

Эльбрус, её высота 5642 метра. Летом на Кавказе всегда много альпинистов и любителей горного туризма, а зимой — любителей покататься на горных лыжах. Естественной границей между Европой и Азией являются Уральские горы, которые тянутся с севера на юг на 2000 километров. Природа Урала так красива, что туристы приезжают сюда со всех концов России и зимой, и летом.

б) Какую новую информацию о России вы получили из этого текста? Узнайте об этом у своего друга, который тоже прочитал этот текст.

12  **а)** Прочитайте текст и скажите, где в России добывают нефть и газ.

Полезные ископаемые

Россия — одна из самых богатых стран мира по запасам полезных ископаемых. В России находится 70–75 % общемировых запасов газа и алмазов, 40 % никеля (Ni), 30 % угля и железных руд, 10 % урана (U). В настоящее время в России нашли более 20 000 месторождений полезных ископаемых, 40 % из них уже освоены (работают). Самые богатые запасы нефти и газа находятся в Западной Сибири, меди (Cu) и платины (Pt) — на Урале, поваренной соли — в Поволжье, алмазов — в Якутии. Практически все российские алмазы добывают в Якутии. Алмазы используются в промышленности, кроме того, из них делают ювелирные украшения. Часть камней Россия продаёт. Самый активный покупатель российских алмазов — Европа.

б) На какие вопросы можно получить ответы, прочитав этот текст?

13  **а)** Прочитайте текст и скажите, какой музей есть в городе Екатеринбурге. Что производит особое впечатление на туристов, путешествующих по Уралу?

Урал

Урал — один из красивейших и богатейших районов России. Природа Урала богата и разнообразна. Здесь есть леса, степи, горы, реки и озёра. Уральские горы — самые древние горы на Земле. Это целая горная страна, которая занимает площадь почти 4000 квадратных километров.

Урал — это множество полезных ископаемых. На Урале добывают нефть, газ, уголь, железо (Fe), медь (Cu), золото (Au), серебро (Ag) и платину (Pt). Благодаря большому количеству полезных ископаемых Урал стал одним из

крупнейших промышленных районов России.

Золото начали добывать на Урале ещё в I веке до нашей эры. С тех пор здесь было открыто много месторождений золота. Именно здесь, на Урале, в 1842 году был найден самый крупный в мире золотой самородок — «Большой треугольник», вес которого 36 килограммов. Этот самородок можно увидеть в Оружейной палате в Кремле.

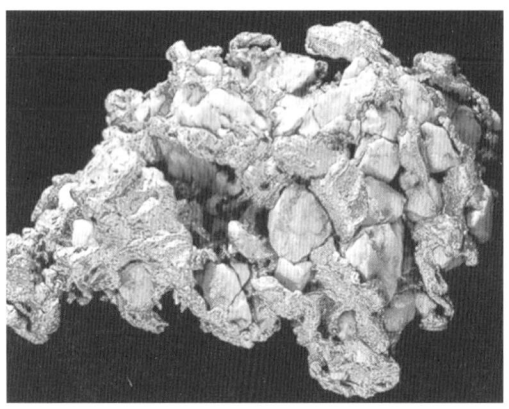

Золотой самородок

На Урале добывается самый высококачественный графит, который используется в атомной энергетике. Очень ценным полезным ископаемым Урала является белая глина, из которой делают фарфор. Фарфоровая посуда популярна во всём мире.

Урал известен не только своими полезными ископаемыми, но и своими драгоценными и полудрагоценными камнями, которые называются самоцветами. Горы Урала — это природный музей уральских самоцветов, среди которых встречаются рубины, алмазы, изумруды, малахит, нефрит и другие драгоценные и полудрагоценные камни.

Здесь, на Урале, лучшие уральские мастера создавали ювелирные изделия для царского двора. В городе Екатеринбурге в музее, который называется «Золотая кладовая», собрана богатейшая коллекция изделий из золота и драгоценных камней. Здесь можно увидеть ювелирные украшения, предметы искусства — вазы, шкатулки, картины, — сделанные уральскими мастерами.

Люди сочинили много сказок, песен и легенд о красоте и богатстве уральской природы, об уральских самоцветах и о талантливых мастерах, которые делали из камня прекрасные вещи. Вот почему путешественники, учёные, исследователи и предприниматели всегда интересовались Уралом и хотели здесь побывать.

Сегодня Урал стал не только важнейшим промышленным центром страны, но и местом для отдыха и путешествий. Особое впечатление на путешественников и туристов производят богатые леса Урала, красивые горные озёра с голубой водой, быстрые горные реки, а также замечательные изделия уральских мастеров из драгоценных и полудрагоценных камней.

б) Какая информация из текста вас заинтересовала? Почему?
в) Почему на Урал всегда приезжает много туристов?
г) Кратко охарактеризуйте Урал как один из районов России.

14 Прочитайте текст и скажите, сколько рек, озёр и морей находится на территории России.

Реки, озёра, моря

На территории России протекает более 2,5 миллионов рек. 90 % рек — это малые реки, так как они имеют длину менее 100 километров. 47 рек имеют длину более 1000 километров. Наиболее крупные и многоводные реки находятся в Сибири. Самая крупная река — это Обь, а самая длинная река — Лена (4400 километров). Большинство рек России, например Волга, Дон и др., — равнинные реки со спокойным плавным течением. Такие реки удобны для судоходства. А реки, которые начинаются в горах, например Енисей или Амур, очень быстрые. На этих реках построены ГЭС (гидроэлектростанции). Почти все реки, кроме самых южных, зимой замерзают и покрываются льдом.

На реках Восточной Сибири толщина льда достигает 1,5–2 (полутора — двух) метров.

В России более 2 миллионов озёр. Самое большое и глубокое озеро в России и в мире — это озеро Байкал. Озеро находится в Сибири, его глубина 1640 метров. Вода в Байкале пресная. А есть озёра с солёной водой — Эльтон и Баскунчак. Они находятся в Нижнем Поволжье. На озере Баскунчак добывают поваренную соль.

Озеро Эльтон

Территорию России омывают 12 морей и одно море-озеро (Каспийское море). Эти моря имеют выход к трём мировым океанам.

Моря, которые относятся к бассейну Атлантического океана	Моря, которые относятся к бассейну Северного Ледовитого океана	Моря, которые относятся к бассейну Тихого океана
Балтийское море Чёрное море Азовское море	Белое море Баренцево море Карское море море Лаптевых Восточно-Сибирское море Чукотское море	Берингово море Охотское море Японское море

15  **а) Прочитайте текст и скажите, какую легенду о Байкале вы узнали.**

Чудо природы

Байкал

Я с детства мечтал о Байкале,
И вот — я увидел Байкал...
Я множество разных историй
И песен тогда вспоминал.
Про это озёрное море,
Про этот священный Байкал.

Игорь Северянин

В Восточной Сибири находится уникальное озеро Байкал. Природа спрятала Байкал подальше от людей — в самый центр Сибири. Байкалу уже 25 миллионов лет. Возможно, что это озеро самое древнее на нашей планете. Обычно в таком возрасте озеро считается старым, а Байкал молод, он не стареет. Научные исследования последних лет показали, что Байкал является зарождающимся океаном. Об этом говорит тот факт, что размеры озера увеличиваются каждый год. Учёные считают, что Байкал не исчезнет с лица Земли, как исчезли и исчезают многие озёра.

Байкал — это самое глубокое озеро на земном шаре. Его глубина 1640 метров. Объём воды в Байкале 23 тысячи кубических километров. Это составляет 22 % мировых запасов пресной воды и 90 % питьевой воды России. Примерно такой же объём воды содержится в пяти Великих озёрах США вместе взятых. Люди часто называют Байкал морем. Даже в песне поётся: «Славное море — священный Байкал». 336 больших и малых рек в течение многих лет несут в Байкал свои воды, и только одна река вытекает из Байкала — Ангара. Она несёт свои воды в другую большую сибирскую реку, которая называется Енисей.

Вода в Байкале уникальна и удивительна, как и сам Байкал. Это чистая, прозрачная, богатая кислородом, неповторимая по качеству пресная вода. В тихую погоду с лодки можно увидеть дно озера на глубине 40 метров. Такая высокая прозрачность объясняется тем, что байкальская вода самоочищается благодаря деятельности живых организмов, находящихся в ней. «Уникальная фабрика чистой воды» — так люди называют это озеро. В давние времена вода из Байкала считалась лечебной, с её помощью лечили людей.

Байкал очень красив и богат. В водах Байкала 1000 видов растений и 2500 видов животных, среди них 58 видов рыб. Известно, что 60 % всех растений и животных, встречающихся в озере, нельзя увидеть больше нигде в мире. На Байкале 22 острова. Самый большой из них — остров Ольхон. Берега и острова Байкала красивы в любое время года. Весной и летом в горах ещё лежит снег, а на побережье цветут цветы — маки, эдельвейсы... Летом зеленеет тайга. В лесу много ягод, грибов, вкусных и полезных орехов. Осенью на берегах Байкала все самые яркие краски природы: зелёные, жёлтые, красные... Зимой Байкал покрыт чистым, прозрачным льдом. Через лёд можно увидеть, как в озере плавают рыбы. Богатая природа — деревья и цветы, животные и птицы — всё это окружает и охраняет живую воду Байкала.

Люди, живущие на Байкале, считают Байкал священным, многие относятся к нему не как к озеру, а как к живому, разумному и мудрому существу. С Байкалом связано очень много сказок и легенд. Одна из них — легенда об Ангаре. У могучего и сильного Байкала была единственная дочь — красавица Ангара. Байкал очень любил свою дочь и берёг её. Но красавица Ангара полюбила Енисея и решила убежать к нему. Когда Байкал узнал об этом, он очень рассердился и бросил огромный камень вслед убегающей дочери. Но он не смог остановить Ангару. Она убежала к любимому Енисею. И с тех пор уже тысячи лет Ангара несёт свои воды к Енисею. А камень, брошенный Байкалом, так и стоит в том месте, где Ангара вытекает из Байкала.

б) На какие вопросы может ответить человек, прочитавший этот текст? Запишите эти вопросы. Подведите итоги: скажите, кто написал больше вопросов, и попросите собеседника ответить на эти вопросы.

в) Скажите, какая информация вас заинтересовала.

16 **а)** Найдите фрагменты текста, которые дополняют и расширяют информацию данных кратких сообщений.

— «Уникальная фабрика чистой воды» — так люди называют озеро Байкал.
— Байкал — это самое древнее озеро на нашей планете.
— С Байкалом связано очень много сказок и легенд.
— Байкал — это самое глубокое озеро на земном шаре.
— Природа Байкала богата и разнообразна.

б) Составьте план этого текста. Для составления плана используйте краткие сообщения из пункта а).

17 Напишите краткую энциклопедическую статью об озере Байкал.

18 Расскажите о реках, озёрах, морях в вашей стране. Какие легенды и сказки вы о них знаете?

19 а) Прочитайте текст и скажите, что такое полярный день и полярная ночь.

Климат России

Так как Россия занимает огромную территорию, её климат очень разнообразен. На Севере очень длинная суровая зима и короткое прохладное лето, потому что на климат северной части России влияет холодный Северный Ледовитый океан. На Севере существуют такие природные явления, как полярный день и полярная ночь. Полярная ночь — это время, когда зимой солнце не поднимается над горизонтом и нет солнечного света. Полярная ночь продолжается от 23 до 176 дней. Полярный день — это время, когда солнце не опускается за горизонт и светит постоянно. Полярный день продолжается от 40 до 189 дней.

На европейской части России есть 4 сезона: зима, весна, лето и осень. Зимой температура воздуха может меняться от 0° до −20°, а летом — от +15° до +25°. Весной и осенью часто идут дожди.

На Юге России приятный мягкий климат с тёплой зимой и жарким летом. Именно поэтому на Юге находятся многочисленные курорты. Самым популярным местом является город Сочи, где каждый год отдыхают тысячи россиян.

б) Кратко охарактеризуйте климат России. Сравните его с климатом своей страны.

20 Восстановите предложения, выберите нужные слова справа.

1. Западная Сибирь … площадь около 3 миллионов кв. км.
2. Урал … естественной границей между Европой и Азией.
3. Население России … 145,3 миллиона человек.
4. Русская равнина … в европейской части территории России.
5. 21 республика … Российской Федерации.
6. Европа условно … на Западную и Восточную.
7. Зимой на большинстве рек России … лёд, его толщина … 1,5–2 метров.
8. На территории России … более 2,5 миллионов рек.
9. В пресной воде не … соли.
10. Река Волга … крупнейшей рекой в Европе.
11. Средняя глубина Ладожского озера 51 метр, но в некоторых местах она … 230 метров.
12. Москва — огромный город, его население … 10 357,8 тысяч человек.
13. На территории РФ … 1097 больших городов (города с населением более 20 тысяч человек).
14. Каждый год в турфирмах … реклама новых интересных маршрутов по городам России.

составляет
появляется
является
достигает
занимает
делится
располагается
протекает
содержится
входит в состав
образуется
находится

21

Составьте все возможные словосочетания. Запишите их.

Образец: основать ▶ основать город, российское государство...

являться	территория России
объединить	столица
использовать	полезные ископаемые
создавать	российское государство
основать	промышленность
добывать	президент
выбирать	государственная власть
	республика
	земли

22

а) Назовите глаголы, от которых образованы следующие существительные:

существование, появление, использование, создание, основание, деление, расположение, объединение, добыча, выборы, разработка, принятие, выполнение, увеличение

б) Продолжите ряд данных словосочетаний:

добыча нефти и газа, ...
выборы президента, ...
использование полезных ископаемых, ...
создание промышленности, ...
объединение земель, ...
разработка законов, ...
выполнение задания, ...

23

а) Прочитайте сложные слова и скажите, из каких двух слов они состоят.

Образец: международный ▶ между, народный (народ)

общемировой, высококачественный, малочисленный, многочисленный, законодательный, равноправный, естественнонаучный, месторождение, местонахождение

б) Объясните, как вы понимаете следующие словосочетания:

общемировые запасы нефти, высококачественный алмаз, малочисленные народы, многочисленные туристы, законодательная власть, равноправная республика, естественнонаучный институт, месторождение алмазов, местонахождение города

в) Составьте возможные словосочетания с данными в а) словами.

24 а) Вы прочитали информацию о России, которая была представлена по следующему плану:

Россия

1. Общие сведения о России
2. Государственное устройство России
3. Из истории России
4. Население России. Языки
5. Природа России
   1) Рельеф
   2) Полезные ископаемые
   3) Реки, озёра, моря
   4) Климат России

б) Просмотрите материал к каждому пункту плана ещё раз и напишите краткий конспект текста о России.

в) Расскажите, используя свой краткий конспект, что вы узнали о России. (Дополните свой рассказ информацией, которую вы знаете из других источников.)

25 Составьте план и краткий конспект рассказа о своей стране (добавьте необходимую информацию).

26 а) Журнал «Вокруг света» проводит конкурс на лучший рассказ «Моя страна». Вы хотите участвовать в этом конкурсе. Напишите рассказ о своей стране.

б) Расскажите в группе, что вы написали о своей стране.

в) Прослушав рассказ о стране своего собеседника, задайте дополнительные вопросы.

 # Новая грамматика

II. Деепричастия

! *Эти формы вы встретите при чтении газет, журналов, учебников. В разговорной речи эти формы не употребляются или употребляются очень редко.*

27 Прослушайте (прочитайте) объявления. Скажите, где вы можете их услышать или прочитать. Что вы узнали из этих объявлений?

> **Уважаемые пассажиры!**
> Выходя из вагона, не забывайте свои вещи.

> **Уважаемые пешеходы!**
> Переходя улицу, будьте внимательны: сначала посмотрите налево, а потом направо.

> **Уважаемые покупатели!**
> Сделав сегодня покупки в нашем магазине, вы получите в подарок аудиокассету.

> **Уважаемые студенты!**
> Взяв книги в библиотеке, верните их в конце учебного года.

> **Дамы и господа!**
> Купив лотерейный билет, вы можете выиграть автомобиль.

> **Принимая лекарства, будьте осторожны.**
> Сначала посоветуйтесь с врачом.

> **Уважаемые студенты!**
> Уходя из аудитории, выключайте свет.

28 а) Прочитайте текст и скажите, что вы узнали.

б) Обратите внимание на выделенные слова. Скажите, от каких глаголов образованы новые формы.

Исследуя Сибирь, геологи нашли богатейшие месторождения нефти. Многие годы главным центром добычи нефти в России являлась Западная Сибирь. Сейчас запасы нефти там уменьшаются. **Зная** это, специалисты постоянно ищут новые месторождения. **Изучив** последние данные геологов, учёные сделали прогноз: через 10 лет центром добычи нефти в России станет Восточная Сибирь.

Прочитайте объяснения и примеры с новой формой — деепричастием — в таблице 8 и задайте вопросы, чтобы уточнить информацию или убедиться, что вы правильно поняли эту информацию.

Таблица 8

> **Деепричастие —**
> неизменяемая форма глагола, которая обозначает **дополнительное действие**

Деепричастия несовершенного вида от глаголов **НСВ**	Деепричастия совершенного вида от глаголов **СВ**
одновременные действия	*последовательные действия*
	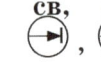
читая газету, узнаём новости = читаем газету и узнаём новости	**прочитав** газету, узнали новости = прочитали газету и узнали новости
думая о семье, вспоминает детство = думает о семье и вспоминает детство	**подумав** о семье, вспомнил детство = подумал о семье и вспомнил детство
объясняя теорему, рисовал схему = объяснял теорему и рисовал схему	**объяснив** теорему, нарисовал схему = объяснил теорему и нарисовал схему

читая газету, нашёл интересную информацию = читал газету и нашёл интересную информацию	**прочитав** статью, переведёт её = прочитает статью и переведёт её

 **1. Образование деепричастий**

Сравните, как образуются разные формы деепричастий. Скажите, от чего зависят суффиксы деепричастий.

Таблица 9

НСВ (несовершенный вид)	СВ (совершенный вид)
+ -а /-я, -ась /-ясь	+ -в / -вшись
читать → чита-ют → чита-я	прочитать → прочита-л → прочита-в
решать → реша-ют → реша-я	решить → реши-л → реши-в
говорить → говор-ят → говор-я	сказать → сказа-л → сказа-в
спешить → спеш-ат → спеш-а	вернуться → верну-л-ся → верну-вши-сь
находиться → наход-ят-ся → наход-я-сь	проснуться → просну-л-ся → просну-вши-сь
ложиться → лож-ат-ся → лож-а-сь	
рисовать → рисуя	**!** прийти → придя
танцевать → танцуя	унести → унеся
	перевести → переведя
! создава-ть → создавая	
встава-ть → вставая	

> **Обратите внимание!**
>
> От некоторых глаголов деепричастия не образуются:
> *писать, беречь, петь, бежать...*

29. Скажите, от каких глаголов образованы данные деепричастия.

1) любя, делая, имея, умея, видя, работая, помогая, выходя, уходя, развивая, создавая, участвуя, исследуя, используя, занимаясь, встречаясь, влияя, заказывая, объединяясь, здороваясь, защищая, спускаясь

2) сделав, посмотрев, заработав, прожив, выйдя, пройдя, развив, создав, увидев, открыв, исследовав, встретившись, поздоровавшись, повлияв, защитив, объединившись, спустившись, заказав

2. Употребление деепричастий

Прочитайте примеры в таблице 10. Скажите, зависит ли форма деепричастий от времени главного глагола.

Таблица 10

Одновременные действия		
Читая газеты,	я узнаю новости.	= Я читаю газеты и узнаю новости.
	мы узнавали новости.	= Мы читали газеты и узнавали новости.
	ты будешь узнавать новости.	= Ты будешь читать газеты и узнавать новости.
Последовательные действия		
Сделав работу,	я смогу отдохнуть.	= Я сделаю работу и смогу отдохнуть.
	он отдохнул.	= Он сделал работу и отдохнул.
	она отдохнула.	= Она сделала работу и отдохнула.
	вы отдохнёте.	= Вы сделаете работу и отдохнёте.

Прочитайте примеры в таблице 11.
а) Скажите, когда происходит действие, выраженное деепричастием: одновременно с главным действием или до него.

б) Обратите внимание на виды сложных предложений, которые могут заменить деепричастный оборот.

Таблица 11

Моя подруга читала, **сидя** в кресле.	= Моя подруга сидела в кресле и читала.
Изучая иностранный язык, мы больше узнаём о стране, в которой говорят на этом языке.	= Когда мы изучаем иностранный язык, мы больше узнаём о стране, в которой говорят на этом языке.
Находясь подолгу за границей, он старался не забывать родной язык.	= Хотя он подолгу находился за границей, он старался не забывать родной язык.
Занимаясь спортом, вы заботитесь о своём здоровье.	= Если (когда) вы занимаетесь спортом, вы заботитесь о своём здоровье.
Рисуя портрет девушки, художник внимательно смотрел на неё.	= Когда художник рисовал портрет девушки, он внимательно смотрел на неё.
Прочитав текст, студенты ответили на вопросы преподавателя.	= Студенты прочитали текст и ответили на вопросы преподавателя.
Выучив русский язык, вы сможете свободно говорить на этом языке.	= Если вы выучите русский язык, вы сможете свободно говорить на этом языке.
Приехав в Россию, туристы побывали в Москве и Санкт-Петербурге.	= Когда туристы приехали в Россию, они побывали в Москве и Санкт-Петербурге.
Построив Петербург, Пётр I сделал его столицей России.	= Когда Пётр I построил Петербург, он сделал его столицей России.
Прочитав текст несколько раз, я так и не понял основной идеи автора.	= Хотя я прочитал текст несколько раз, я так и не понял основной идеи автора.

30 **Прочитайте предложения, найдите деепричастные обороты. Скажите по-другому.**

1. Подключив свой компьютер к Интернету, вы сможете получать информацию из любой точки мира.
2. Оканчивая университет, студенты должны сдать государственные экзамены, защитить дипломную работу.
3. Успешно сдав государственные экзамены, молодые люди получили диплом о высшем образовании.
4. Получив хорошее образование, вы сможете найти интересную работу.
5. Участвуя в Олимпийских играх, российские спортсмены получают много золотых, серебряных и бронзовых медалей.
6. Исследуя озеро Байкал, учёные установили, что вода в этом озере самая чистая в мире.
7. Мечтая о создании мощного флота, Пётр I начал строить первые корабли на Азовском море.
8. Купив домашний кинотеатр, вы получите возможность смотреть фильмы, как в настоящем кино.
9. Путешествуя по Уралу, писатель записывал все истории, которые рассказывали ему люди.
10. Выучив иностранный язык, вы сможете познакомиться с культурой другой страны.

31. Восстановите предложения. Выберите правильный вариант окончания предложения.

1. Бывая в Санкт-Петербурге, ...

    а) этот город нам очень нравится.
    б) в этом городе часто бывают дожди.
    в) мы всегда посещаем Эрмитаж.

2. Путешествуя по России, ...

    а) русская природа понравилась туристам.
    б) туристы восхищались красотой русской природы.
    в) русская природа богата и разнообразна.

3. Прослушав лекцию по истории России, ...

    а) студенты узнали много новых интересных фактов.
    б) лекция была очень интересной.
    в) студентам было очень интересно.

4. Думая о будущем российской науки, ...

    а) учёные создают новые институты и лаборатории.
    б) создаются новые институты и лаборатории.
    в) в России появилось много молодых учёных.

5. Подъезжая к станции, ...

    а) меня встречал друг.
    б) я смотрел в окно.
    в) за окном шёл дождь.

32. Прочитайте пословицы и поговорки. Объясните, как вы их понимаете.

Мудрый ничего не делает не подумав.

Сказав А, говори и Б.

Потеряв голову, всё потеряешь.

Ложась спать, думай, как встать.

Текст

33 В тексте, который вы будете читать, вы встретите новые слова. Познакомьтесь с ними. Прочитайте примеры и объяснения. Постарайтесь понять значения выделенных слов без словаря.

1. **позднее обычного** = позднее, чем всегда
2. **портиться — испортиться**
   - Настроение **испортилось** = было хорошим, а стало плохим.
3. **кормить — покормить** кого? (4) чем? (5)
   - **Кормить** ребёнка молоком.
4. **собственный** — мой **собственный** дом = дом, который принадлежит мне
   твой **собственный** дом = дом, который принадлежит тебе
5. **хлопнуть** дверью = закрыть дверь с большим шумом

34 а) Прочитайте текст и скажите, почему муж и жена поссорились и удалось ли им помириться.

С женой поссорился

Закончив работу, усталый и голодный муж пришёл домой позднее обычного. Дома его ждали жена и обед. Обед был на столе. Сели за стол. Попробовав первое блюдо, муж сразу заметил, что суп был вовсе не горячий и даже не тёплый, а можно сказать, холодный. Настроение у него испортилось.

— Что это такое! Я пришёл домой усталый, голодный, как собака; мне хочется отдохнуть, пообедать. А чем меня кормят дома? Холодным супом? Могу я в собственном доме пообедать нормально? Зачем я только женился?!

Услышав эти слова, жена заплакала и вышла из столовой.

— Ну вот, опять слёзы! Я даже сказать ничего не могу в собственном доме! Зачем я только женился?! Каждый день слёзы! — сказав это, муж вскочил и вышел, хлопнув дверью. Обед кончился.

Муж пошёл в свой кабинет. Проходя мимо комнаты жены, он услышал, как она плакала. Войдя в кабинет, он подошёл к дивану и лёг, отвернувшись к стене. Лёжа на мягком диване, он стал думать о том, что случилось в столовой.

«Хороша семейная жизнь, нечего сказать! Недавно женился, а уже застрелиться хочется!»

Через полчаса он услышал лёгкие шаги за дверью.

«Это жена около двери ходит, мириться хочет, — подумал он. — А я не хочу мириться. Сама виновата! Пусть теперь около двери ходит!»

В это время дверь открылась, кто-то тихо вошёл в кабинет и подошёл к дивану.

«Жена, — подумал он. — Сейчас будет прощения просить: "Прости меня, дорогой. Это я сама виновата". А я ни слова ей не скажу, буду молчать, как будто я сплю и ничего не слышу».

Закрыв голову подушкой, муж сделал вид, что спит, и тихо захрапел. Но вдруг кто-то лёг рядом с ним на диван. Почувствовав за своей спиной тёплое тело и услышав дыхание, он опять подумал о жене.

«Сама ко мне пришла... Любит меня... Жить без меня не может. Нужно с ней помириться. Ведь ей нельзя волноваться!»

Вдруг он почувствовал, как маленькая нежная ручка прикоснулась к нему.

«Всё! Хватит! Прощу её в последний раз. Ведь я сам виноват!..»

— Дорогая, я так люблю тебя, моя крошка! — сказав это, муж повернулся и обнял тёплое тело.

— Тьфу ты!!!

Около него лежала его большая собака Дианка.

По рассказу А.П. Чехова

б) Если вам понравилась эта история, расскажите её другу.

в) Найдите в тексте 10 деепричастных оборотов и замените их синонимичными конструкциями.

 III. Выражение меры и степени в сложном предложении

Познакомьтесь с новыми конструкциями сложного предложения. Обратите внимание на соединительные элементы в них. Скажите, на какие вопросы отвечают эти предложения.

Как светило солнце в этот зимний день?

В этот зимний день солнце светило **так** сильно, **как** бывает только летом.	...так..., как...
Мой друг нарисовал мой портрет **так** хорошо, **как** может нарисовать только профессиональный художник.	
В горах было **так** красиво, **что** мы решили сфотографироваться ещё раз.	...так..., что...
В лесу было **так** хорошо, **что** мы не хотели уходить.	
Байкал казался **таким** огромным, **как будто** перед нами было море.	...такой..., как будто...
Посмотри, небо **такое** тёмное, **как будто** будет дождь.	
Студенческий спектакль был **таким** интересным, **как будто** играли настоящие артисты.	
Камчатка — **такое** удивительное место, **что** туда с удовольствием приезжают российские и иностранные туристы.	...такой..., что...
Вода в реке была **такой** холодной, **что** мы решили не купаться.	

35 Найдите продолжение предложения.

1. Я хочу научиться говорить по-русски так хорошо,
2. Я хочу научиться плавать так быстро,
3. Друзья провели время так весело,

        а) как говорят во Франции.
        б) как плавают настоящие спортсмены.
        в) как бывает только во время каникул.
        г) как говорят мои русские друзья.
        д) как может помочь только настоящий друг.

1. Диктор говорил так быстро,
2. Преподаватель посмотрел так строго,
3. Работа была такой трудной,

        а) что все студенты замолчали.
        б) что все начали смеяться.
        в) что мы не хотели уходить.
        г) что надо было часто отдыхать.
        д) что мы с трудом понимали его.

1. Я был таким голодным,
2. Мой друг был таким радостным,
3. Он такой усталый,

        а) как будто целый год не отдыхал.
        б) как будто только что пообедал.
        в) как будто выиграл миллион.
        г) как будто не сдал экзамен.
        д) как будто не ел уже неделю.

1. Спектакль был таким скучным,
2. Тесты были такими лёгкими,
3. Погода была такой тёплой,

        а) что мы с удовольствием посмотрели его.
        б) что мы решили поехать за город.
        в) что мы решили уйти из зала.
        г) что мы взяли с собой тёплые вещи.
        д) что мы сделали их очень быстро.

36 а) Прочитайте текст и скажите, какая книга принесла автору успех и сделала его известным.

Павел Петрович Бажов
(фрагменты биографии)

П.П. Бажов

Писатель, историк, собиратель фольклора Павел Петрович Бажов (1879–1950) родился и вырос на Урале в семье рабочих. Именно здесь, на Урале, во времена Петра I появились первые металлургические заводы. Именно на Урале начиналась русская металлургия. Отец, дед и прадед писателя работали на металлургическом заводе недалеко от города Екатеринбурга*. Вся жизнь будущего писателя прошла рядом с уральскими рабочими.

Старые рабочие часто рассказывали легенды и сказки об уральской земле, о богатстве и красоте горного Урала. Дети, слышавшие эти легенды от своих дедушек и бабушек, вырастали и рассказывали их своим детям и внукам. Так эти легенды передавались от одного поколения к другому. Будущий писатель с интересом слушал рассказы старых рабочих, а потом записывал услышанные им легенды и сказки. Так он начал собирать уральский фольклор.

Получив хорошее образование, Павел Петрович Бажов пятнадцать лет работал учителем в далёкой уральской деревне. В течение пятнадцати лет каждый год во время школьных каникул П.П. Бажов пешком путешествовал по Уралу, изучал историю Урала и труд уральских мастеров. Путе-

шествуя по Уралу, беседуя с уральскими рабочими, П.П. Бажов записывал все истории, рассказанные ему рабочими.

П.П. Бажов был женат. У него была большая и дружная семья. В семье было семеро детей. Возвращаясь из путешествия по Уралу, П.П. Бажов всегда приво-

---

* В Екатеринбурге на улице Чапаева стоит небольшой деревянный домик. Это дом-музей П.П. Бажова, известного русского писателя.

зил новые легенды и сказки, которые он с удовольствием рассказывал своим детям, а дети с интересом слушали их.

Малахит

В 1924 году П.П. Бажовым была написана его первая книга по истории Урала. В 1939 году вышла книга сказок П.П. Бажова, которая называлась «Малахитовая шкатулка». Сначала в этой книге было 14 сказок, потом каждый год появлялись новые и новые сказки. Над этой книгой писатель работал с 1936 года до последних дней своей жизни.

«Малахитовая шкатулка» была переведена на английский язык и вышла в Лондоне и Нью-Йорке, потом в Праге и Париже. По сведениям Российской государственной библиотеки, книга была переведена на 100 языков мира. Сказки П.П. Бажова производили огромное впечатление на людей. Открывая книгу, читатель входил в волшебный мир старых уральских сказок, видел красоту и богатство уральской природы и восхищался силой, талантом, трудом и красотой реального живого человека.

Книга «Малахитовая шкатулка» принесла её автору славу и любовь народа. Сам же П.П. Бажов был очень скромным человеком. Когда его хвалили, он говорил: «Я только исполнитель, а настоящий автор — рабочие люди».

б) Найдите в тексте ответы на вопросы:

1. Где, в какой семье родился и вырос Павел Петрович Бажов?
2. Кем работал П.П. Бажов и чем он увлекался в свободное время?
3. Какая семья была у П.П. Бажова? Кому он рассказывал сказки?
4. Как долго П.П. Бажов работал над книгой «Малахитовая шкатулка» и почему?
5. Почему сказки П.П. Бажова имели большой успех у читателей?
6. Как сам автор оценивал свою книгу?

в) Как вы думаете, почему П.П. Бажов начал писать сказки?

37 Напишите краткую энциклопедическую статью о Павле Петровиче Бажове.
Выберите из текста самые важные фрагменты его биографии, план поможет вам.

План

1. Семья и окружение в детстве.
2. Работа и путешествия по Уралу.
3. Первые книги.

 **текст**

38

А сейчас вы прочитаете сказку П.П. Бажова «Каменный цветок». Чтобы лучше понять её, прочитайте объяснения новых слов.

1. **жалеть — пожалеть** кого? (4) больного, сироту, ребёнка
   • Данила был сиротой (у него не было родителей), поэтому люди **жалели** его. = = Людям было **жаль** его. = Люди сочувствовали ему.

   • Мой друг **жалел**, что не поехал на Урал вместе со своими друзьями, потому что поездка была очень интересной. = Моему другу **было жаль**, что он не поехал на Урал, потому что поездка была очень интересной.

2. **охранять** (НСВ) кого? что? (4) президента, границу государства, банк

3. **делать** что? (4) из чего? (2) = из какого материала
   делать кольцо из золота, **делать** мебель из дерева, **делать** шкатулку из камня, **делать** посуду из фарфора

4. **отпускать — отпустить** кого? что? (4) = дать свободу
   • Дети поймали в лесу птицу, а потом **отпустили** её на свободу (птица улетела).
   • Антон хотел уйти с работы раньше, чем обычно, но начальник не **отпустил** его (= не разрешил уйти).

5. **отзываться — отозваться** на что? (4) **на крик** = ответить на крик
   • В лесу она долго звала своего друга, но никто не **отзывался**.

39

Вы уже знаете, что П.П. Бажов написал книгу «Малахитовая шкатулка», в которой он собрал легенды и сказки, услышанные им на Урале от старых уральских мастеров.

По легенде, на Урале была гора, которую люди называли Медной горой, потому что там находилось месторождение меди. На этой горе люди часто находили красивые зелёные камни, из которых они делали прекрасные вещи, например вазы, шкатулки, цветы, украшения... Этот зелёный камень называется малахит.

По легенде, в Медной горе жила очень красивая молодая женщина — Хозяйка Медной горы, — которая охраняла эти дорогие камни...

А теперь прочитайте сказку «Каменный цветок» и скажите, как закончилась эта сказка. Какой конец у сказки — счастливый или нет?

Каменный цветок

Давным-давно жил на Урале один старый мастер. Он умел делать из камня разные красивые вещи: шкатулки, вазы, чаши...

Люди говорили, что на всём Урале никто не мог делать лучше него такие красивые вещи из камня. Был этот мастер уже стар, а учеников у него не было. Почему? Может быть, потому что старый мастер не хотел открывать свои секреты другим, а может быть, потому что характер у мастера был очень тяжёлый. Придёт к нему ученик, поработает с ним в мастерской день или два, а на третий день мастер и говорит: «Не нужен мне такой ученик. Нет у него таланта». Или другое скажет: «Ленивый очень, трудиться не любит. Не будет он хорошим мастером!» А некоторые ученики сами испугались и убежали от мастера, так как старый мастер мог и за ухо взять, и по лбу дать. Так и остался мастер один, без учеников.

Жил в том краю один парень. Звали его Данила. Он был сиротой, не было у него ни отца, ни матери. Парень он был красивый, высокий. У него были голубые глаза и кудрявые волосы. Данила умел играть на дудочке и петь хорошие песни. За эти песни люди любили Данилу и помогали ему: кто хлеба даст, кто молока принесёт, кто рубашку подарит. Так и жил Данила один.

Старый мастер тоже был одинок, жена его давно умерла, детей у них не было. Однажды услышал мастер грустные песни Данилы и пожалел парня: «Несладко, гляжу, тебе, парень, живётся», — подумал он и взял парня к себе. Стали они жить вместе. Мастер жалел Данилу, относился к нему, как к родному сыну. Сам целый день работал, с утра до вечера у станка стоял, а Даниле не разрешал к станку подходить. Стоял Данила рядом с мастером, наблюдал за его работой, смотрел, что и как мастер делает. Иногда подходил к мастеру и спрашивал: это что да это как? Мастер объяснял, показывал, как надо делать, как сделать лучше. Данила всё слушал и всё запоминал.

Однажды пришёл мастер домой, а Данила в это время у станка стоял и в руках что-то держал. Рассердился мастер на Данилу:

— Кто тебе разрешил к станку подходить? И что ты там в руках прячешь?

— Ничего я не прячу. Вот, посмотрите, браслет малахитовый.

Мастер увидел в руках у Данилы браслет из красивого зелёного камня-малахита.

Красивый браслет, с рисунком. Женщины носят такие браслеты на руках. Посмотрел мастер внимательно на браслет и сказал:

— Хорошая работа, но не моя. Где ты взял этот браслет?

— Сам сделал.

— Не может быть! — удивился мастер.

Сначала мастер не поверил словам Данилы, а потом понял, что парень говорит правду. Обрадовался мастер. Даже заплакал от радости.

— Сыночек, — говорит, — мой милый, Данила, всё, что я знаю, всё тебе расскажу. Все секреты свои открою.

С тех пор стали они работать вместе, и работа у них быстрее пошла. Данила всё делал быстро, точно, аккуратно. Старый мастер был очень рад, что нашёл такого талантливого ученика: глаз у Данилы был верный, рука смелая, силы много.

К тому времени Данила вырос, стал красивым, крепким парнем. Все девушки в деревне стали обращать на него внимание.

— Жениться тебе надо, — сказал мастер. — Посмотри, сколько хороших девушек вокруг тебя! Выбирай! Любая девушка за тебя замуж выйдет.

— А я уже выбрал.

— Кого?

— Катерину.

— Катерину? Катерина — девушка хорошая, ласковая, добрая. Когда свадьба будет?

— Когда мастером настоящим стану, тогда и будет свадьба.

Прошло время, и люди стали говорить, что на Урале появился новый мастер, который из камня, из малахита, чудеса делает. Услышал об этом один очень богатый человек, пришёл он к Даниле-мастеру и попросил его сделать чашу из малахита, большую чашу, красивую. Дал он Даниле много денег и рисунок, на котором эта чаша была нарисована.

Взял Данила рисунок и стал делать эту чашу. И день и ночь у станка стоял. Всё как на рисунке сделал: чаша на цветок была похожа, а на высокой ножке — зелёные листочки. Пришли другие мастера на чашу посмотреть, долго стояли, обсуждали. Всем чаша понравилась.

— Хороша чаша, — сказал мастер, — точно, как на рисунке.

А Данила стоял, смотрел и молчал.

— Что ты молчишь, Данила? Или не нравится тебе чаша? — спросил мастер.

— Да, совсем не нравится! Работа сложная, а красоты нет. Чаша как цветок, а цветок-то не живой, а мёртвый.

— Так ведь цветок из камня сделан!

— Знаю. Но я хочу такой цветок из камня сделать, как будто он живой, настоящий, как цветок, который в лесу растёт. Чтобы человек смотрел на него и радовался! — сказал Данила.

С тех пор Данила стал невесёлым, задумчивым. Ночью не спал, всё о чаше думал, какой цветок из малахитового камня лучше сделать. Старый мастер заметил это и спросил:

— Данила, здоров ли ты? Что ты всё дома сидишь? Пойди лучше в лес погулять!

— И то правда, — сказал Данила, — пойду в лес. Может быть, там найду цветок, который мне нужен.

С того времени стал он каждый день в лес ходить — самый красивый цветок искать. А когда приходил из леса домой, сразу к станку подходил и работал до утра. Старый мастер заметил, что Данила потерял покой, стал он его успокаивать:

— Жениться тебе надо, Данила. И невеста у тебя уже есть — Катерина. Она тебя любит и ждёт.

— С Катериной я уже договорился. Она девушка верная, подождёт. Чаша эта не даёт мне покоя. Не могу я выбросить эту чашу из головы. Вот сделаю чашу, тогда и женюсь, — сказал Данила и опять пошёл в лес искать цветок.

Ходил-ходил он по лесу и вдруг встретил одну старушку. Все в деревне её знали. Старушка эта собирала в лесу травы, цветы, ягоды, делала из них лекарства и лечила людей.

— Ты, бабушка, все цветы в наших местах знаешь. Скажи, какой цветок самый красивый? — спросил Данила.

— Я все цветы знаю, но не все цветы видела. Говорят, что самый красивый на свете — каменный цветок. В том цветке настоящая красота показана. Люди, которые каменный цветок увидели, красоту поняли.

— Бабушка! Скажи, скажи, где можно увидеть каменный цветок?

— Увидеть каменный цветок нельзя. Кто его увидит, тот несчастным будет.

— Я хотел бы его увидеть. Скажи, где он растёт?

— Говорят, что он растёт на Медной горе. Многие туда ходили, но оттуда ещё никто не возвращался.

— Почему?

— Я и сама не знаю. Так мне люди говорили.

Пришёл Данила домой, не ест, не пьёт. Разговор о каменном цветке из головы не выходит. Решил Данила старого мастера спросить:

— Скажи мне, мастер, слышал ли ты о каменном цветке? Есть ли он на самом деле или он только в сказках и легендах, которые старые мастера сочинили?

— Есть такой цветок, Данила, есть. Он в каменном саду у Хозяйки Медной горы растёт. Только ты, Данила, туда не ходи. Многие мастера туда ходили, с тех пор никто их не видел.

— А где же они?

— Говорят, что они горными мастерами стали, у Хозяйки Медной горы живут. Что хозяйке надо, то они и делают. Если ты туда пойдёшь, никогда домой не вернёшься.

— Почему, мастер?

— Хозяйка Медной горы тебя не отпустит. Будешь ты у неё горным мастером. Забудь ты об этом цветке, Данила, забудь. Женись на Катерине и живи счастливо здесь, на нашей земле.

Согласился Данила с мастером, решил о каменном цветке забыть. Пошёл он к своей невесте. Весь день Данила был весёлым и счастливым, а когда пришёл домой, опять стал грустным. Всю ночь он не спал, о каменном цветке думал, а рано утром встал и пошёл на Медную гору. Ходил-ходил Данила по лесу, сел на камень, задумался, а потом поднял голову и увидел, что напротив него сидит женщина, в платье из малахитового камня, такая красивая, что глаз не оторвать. Данила сразу узнал её. Это была Хозяйка Медной горы.

— Ну что, Данила-мастер, сделал ты свою чашу? — спросила хозяйка.

— Нет, не сделал. — ответил Данила.

— А ты ещё раз попробуй! Камень я тебе дам, какой ты хочешь.

— Нет, — ответил Данила, — не могу я чашу сделать, пока не увижу каменный цветок. Покажи мне твой каменный цветок.

— Хорошо, покажу. Но ты потом жалеть будешь.

— Не буду жалеть. Покажи!

— Покажу. Но знай, если увидишь каменный цветок — навсегда у меня останешься. Невесту свою никогда больше не увидишь.

— Покажи, прошу тебя!

— Подумай хорошенько! Ведь невеста твоя Катерина любит и ждёт тебя.

— Знаю я, знаю, — закричал Данила, — но я так хочу увидеть цветок, что без него мне жизни нет. Покажи!

— Пойдём, Данила-мастер, в мой сад. Покажу.

Взяла Хозяйка Медной горы Данилу за руку и повела в свой сад. Вошёл Данила в сад и увидел: деревья в саду стоят высокие, только не такие, как в наших лесах, а каменные. Смотрел Данила и удивлялся: деревья из камня сделаны, а как живые. Ветер дует, и зелёные листочки качаются. Под ногами трава, тоже каменная, вокруг цветы, тоже каменные. Солнца нет, а светло, как днём.

— Ну, Данила-мастер, понравилось тебе в моём саду? — спросила Хозяйка.

— Очень понравилось, — ответил Данила.

— Ну а теперь смотри, Данила. Вот мой каменный цветок! Один раз увидишь — никогда не забудешь!

***

Так с той поры никто в деревне не видел Данилу. Ушёл он и не вернулся. А Катерина, Данилова невеста, осталась одна. Люди говорили ей, что не вернётся Данила, а она всё ждала и ждала его. Девушка она была красивая, стройная. Много женихов было вокруг неё, но Катерина ни за кого замуж не вышла.

Прошло два года. Родители Катерины умерли. Старый мастер, учитель Данилы, очень скучал без своего любимого ученика и ждал его. Когда он узнал, что Катерина осталась одна, он позвал её в свой дом. Катерина согласилась, и старый мастер был очень рад. Жили они вдвоём хорошо и дружно. Катерина не только заботилась о нём, но и помогала ему в работе. Работая вместе с мастером, помогая ему, Катерина сама быстро научилась делать вещи из камня. Старый мастер сначала смеялся и говорил, что не женское это дело. А потом увидел, что у Катерины золотые руки, и стал объяснять ей всё, показывать, как и что нужно делать.

Но мастер был уже очень стар и скоро умер, так и не дождался он любимого ученика. И Катерина опять осталась одна. Стала она думать, как ей дальше жить-поживать. Решила она делать из камня разные красивые вещи — поделки, — такие, как старый мастер и Данила делали. Стала она думать, где взять красивый малахитовый камень и вспомнила, что Данила за камнем на Медную гору ходил. Пошла Катерина на Медную гору, поднялась она на самый верх, села на камень и горько заплакала — Данилу вспомнила. Плакала она, плакала, а потом посмотрела вниз, а под ногами на земле красивый малахитовый камень лежит. Катерина взяла этот камень в руки и подумала, что это Данила ей подарок прислал. Значит, жив Данила.

Стала Катерина громко кричать, звать Данилу. И вдруг гора открылась, Катерина вошла в гору и увидела каменный лес. Деревья из камня сделаны, а как живые. Ветер дует, и зелёные листочки качаются. Под ногами трава, тоже каменная, вокруг цветы, тоже каменные. Солнца нет, а светло, как днём.

Стала Катерина Данилу звать:

— Где ты, Данила? Ответь! Отзовись!

Лес ответил ей:

— Нет его, нет его...

Второй раз крикнула Катерина:

— Где ты, Данила? Ответь! Отзовись!

Ветер ответил ей:

— Нет его, нет его...

Третий раз крикнула Катерина. В третий раз сама Хозяйка Медной горы ей навстречу вышла:

— Ты зачем в мой лес пришла? За камнем? Бери любой камень и уходи.

— Не нужен мне твой камень. Верни мне живого Данилу-мастера! Он жених мой, а я его невеста. Где он у тебя? Куда ты его спрятала?

— А знаешь ли ты, с кем говоришь?

— Знаю. С Хозяйкой Медной горы.

— Смелая ты девушка, Катерина! Ты что же, не боишься меня?

— Нет, не боюсь. Я знаю, что Данила меня, а не тебя любит и хочет ко мне вернуться.

— Это ты так думаешь. А давай об этом у Данилы спросим, что он сам нам скажет.

И как только Хозяйка Медной горы это сказала, в лесу сразу стало светло как днём, цветы каменные расцвели и появился Данила-мастер. Увидел он Катерину и сразу к ней подбежал, хотел обнять...

— Подожди, Данила, — сказала Хозяйка Медной горы. — Ты, Данила-мастер, выбирай — с кем ты? С ней или со мной? С ней пойдёшь — всё моё забудешь. Здесь останешься — её и людей надо забыть.

— Не могу я забыть людей, а её, Катерину, каждую минуту помню и всегда буду помнить, — ответил Данила.

Тут Хозяйка Медной горы посмотрела на Катерину и говорит:
— Ты победила, Катерина! Бери своего мастера. Вижу я, что он тебя любит и сердце его принадлежит тебе. Уходите оба. Я вас отпускаю. Но о моей горе никому не рассказывайте и забудьте дорогу сюда.

Катерина поклонилась Хозяйке Медной горы и сказала:
— Спасибо тебе и прости нас.

— Ладно, плакать не буду. Я ведь каменная, — ответила Хозяйка Медной горы и исчезла. Больше они её никогда не видели.

Катерина и Данила пришли домой и стали жить дружно и счастливо. А людям они сказали, что Данила ходил учиться в далёкие страны, туда, где есть хорошие мастера. Люди поверили, но с тех пор все стали звать Данилу горным мастером.

40 а) Задайте вопросы по содержанию сказки вашему собеседнику, чтобы узнать, правильно ли вы и он поняли сказку.

б) Просмотрите вопросы и найдите те, которые вы ещё не обсуждали с вашим собеседником. Ответьте на них.

1. Почему у старого мастера не было учеников?
2. Почему люди любили и жалели Данилу?
3. Почему старый мастер и Данила стали жить вместе?
4. Как старый мастер относился к Даниле?
5. Как Данила научился работать с камнем?
6. Что сделал Данила из камня и почему старый мастер сначала не поверил ему, а потом обрадовался?
7. Какой заказ получил Данила и как он его выполнил?
8. Почему мастера хвалили Данилу, а Данила был недоволен своей работой?
9. Почему Данила стал грустным и беспокойным? / Что искал Данила в лесу?
10. Кого Данила встретил в лесу и что он узнал о каменном цветке?
11. Что рассказал старый мастер о Хозяйке Медной горы?
12. Почему Данила пошёл на Медную гору?
13. Кого встретил Данила на Медной горе и что он увидел там?
14. Почему Данила не вернулся домой?
15. Кто ждал Данилу дома?
16. Зачем Катерина пошла на Медную гору и что там случилось с ней?
17. Почему Хозяйка Медной горы отпустила Катерину и Данилу?

41 Если вы ответите на эти вопросы, значит, вы очень внимательный человек и у вас хорошая память.

1. На каком музыкальном инструменте играл Данила?
2. Сколько детей было у мастера?
3. Какую первую вещь сделал Данила из малахита?
4. Что собирала старушка в лесу? / Зачем ей это было нужно?
5. Какое платье было на Хозяйке Медной горы?
6. Сколько времени жил Данила у Хозяйки Медной горы?

42 Назовите всех героев сказки. Скажите, как вы их себе представляете: составьте их портрет, опишите характер, объясните их поступки. Кто из героев сказки вам понравился больше всех и почему?

43 а) Понравилась ли вам эта сказка? Почему? Аргументируйте свой ответ. Как вы думаете, какова основная идея сказки?

б) Расскажите эту сказку человеку, который не читал её. Дайте свой короткий вариант сказки.

в) Посмотрите фильм «Каменный цветок» и скажите, что нового вы узнали из этого фильма.

г) Напишите другу письмо, кратко расскажите содержание сказки, выразите своё отношение к ней.

44 а) Вспомните сказки, легенды, которые рассказывают у вас на родине, расскажите их.

б) Напишите письмо своему русскому другу и расскажите в нём одну из сказок или легенд своего народа.

45 а) Объясните, как вы понимаете следующие выражения из текста.

1. глаз у Данилы был верный, рука смелая, силы много
2. сколько хороших девушек вокруг тебя! Выбирай!
3. открыть секреты мастерства
4. чаша эта не даёт мне покоя
5. не могу я выбросить эту чашу из головы
6. эта мысль (разговор) из головы не выходит
7. без цветка мне жизни нет
8. один раз увидишь — никогда не забудешь
9. сердце его принадлежит тебе

б) Дайте свои ситуации, в которых можно использовать эти выражения.

46 а) Прочитайте словосочетания и разделите их на две группы:
1 — словосочетания с прямым значением; 2 — словосочетания с переносным значением.

тяжёлый камень, тяжёлый характер, тяжёлый день, тяжёлый портфель/ золотые руки, золотые украшения, золотые часы, золотой браслет, золотое сердце/ открыть дверь, открыть книгу, открыть секрет, открыть сумку, открыть сердце/ носить бороду и усы, носить газеты и телеграммы, носить джинсы и свитер

б) В каких ситуациях вы можете использовать эти словосочетания? Составьте предложения с некоторыми из них.

47 Образуйте существительные от следующих глаголов.

что?   кто?

преподавать — преподавание — преподаватель
воспитать —
исследовать —
учить —
исполнить —
основать —
создать —

48 Прочитайте слова и скажите, на какие вопросы они отвечают. Найдите корень (общую часть родственных слов). Составьте возможные словосочетания или предложения с выделенными словами.

1. спокойный, спокойно, **беспокойный**, покой, **успокоить, успокоиться**
2. цена, **ценный, оценка**, оценивать / оценить
3. дарить / **подарить**, одарить, **подарок, одарённый**
4. делать, дело, деятель, **деловой**, изделие, поделка
5. **жалеть**, жаль, жалко, **к сожалению**
6. думать, дума, **задумчивый, задуматься**

49 Составьте все возможные словосочетания.

кудрявый	цветок
старый	лес
зелёный	характер
	ученик

грустный	браслет
тяжёлый	мастер
ленивый	камень
талантливый	песня
каменный	парень
ласковый	дом
длинный	девушка
ценный	трава
	волосы

 会 话

Поговорим

50 а) Прочитайте рекламное объявление. Скажите, что вас в нём заинтересовало. Хотите ли вы поехать на эту экскурсию? Какие города вы хотите посмотреть и почему?

Туристическая фирма «Экспресс» приглашает в путешествие по Волге!

Сегодня речные круизы — это наиболее популярный вид туризма. Побывав в круизе, вы откроете для себя удивительный мир речных путешествий. Вы будете дышать свежим речным воздухом и любоваться красотой волжской природы. Вы будете купаться в Волге, загорать на золотых волжских пляжах и ловить рыбу. Вы познакомитесь с замечательными русскими городами: Казанью, Волгоградом, Астраханью, Костромой, Ярославлем, Угличем. В конце нашего путешествия вы почувствуете себя действительно отдохнувшим!

Добро пожаловать в речной круиз вместе с туристической фирмой «Экспресс»!

МОСКВА — АСТРАХАНЬ — МОСКВА
Самый продолжительный круиз!
Самый интересный маршрут!
Вы увидите всю Россию!

Расписание движения парохода «Суворов»

ОТПРАВЛЕНИЕ		ПРИБЫТИЕ	
Москва — речной вокзал		Москва — речной вокзал	
Дата	Время	Дата	Время
30.08.06	12:30	14.09.06	13:00

Цены на круиз Москва — Астрахань — Москва (в рублях)

Категория каюты	Взрослый	Ребёнок до 10 лет
Люкс	38 260	14 400
1-местная каюта	29 090	24 730
2-местная каюта	19 900	16 920
3-местная каюта	21 440	18 180

В стоимость входит:

- проживание на теплоходе
- 3-разовое питание в ресторане
- экскурсионная программа
- развлекательная программа

Программа экскурсии

Казань — столица Республики Татарстан — один из старейших городов России. В 2005 году Казань отметила своё тысячелетие. Это многонациональный город, в котором говорят на 110 языках. Казань с её Кремлём, мечетями, церквями и богатыми музеями является уникальной достопримечательностью туристических маршрутов по Волге.

Волгоград — это город с очень интересной историей. Первое название города — Царицын. Этот город был построен в 1589 году на берегу реки Волги как крепость для охраны волжского торгового пути. В 1925 году городу дали название Сталинград. Во время Второй мировой войны (1941–1945) в городе шли тяжёлые бои. Битва за город на Волге продолжалась шесть с половиной месяцев (с июля 1942 по февраль 1943), погибло очень много людей. Город был полностью разрушен. На месте старого города был построен новый город. В 1961 году городу дали новое название — Волгоград. А в память о людях, защищавших этот город, построили мемориал памяти, на вершине которого стоит монумент «Родина-мать».

Астрахань — последний город Великого волжского пути — расположен на 11 островах в дельте реки Волги рядом с Каспийским морем. Главная достопримечательность города — Астраханский кремль. Он стоит на высокой горе, поэтому хорошо виден издалека. Сам император Пётр Первый восхищался им. Он говорил: «Во всей моей империи нет такого красивого собора». Туристы, бывая в Астрахани, обязательно посещают богатые рынки города, где можно купить чёрную икру, рыбу, знаменитые астраханские арбузы и помидоры.

Кострома — один из старейших русских городов — был основан в 1213 году. Кострома входила в состав Московского государства. В Костроме на самом берегу Волги стоит один из самых красивых монастырей России — Ипатьевский монастырь, история которого тесно связана с историей русских царей Романовых.

Кострома — это промышленный, торговый город. В 1751 году в Костроме была построена первая фабрика, на которой делали ткани, а уже в 1790 году здесь работало много фабрик и заводов. Сегодня Кострома — это большой промышленный центр России. ∎

Ярославль — один из самых древних городов России. Он был основан в начале XI века Великим князем Ярославом Мудрым. Это красивейший город на Волге. Главной достопримечательностью Ярославля является церковь, построенная в 1650 году, и древний монастырь, основанный в конце XII века. Сейчас это музей-заповедник. Ярославль считают родиной русского театра, потому что там в XVIII веке был создан первый театр в России. ∎

б) Пригласите друга или подругу поехать на эту экскурсию, убедите его (её), что экскурсия будет очень интересная.

в) Обсудите с другом или подругой вопросы, связанные с поездкой: время отъезда и продолжительность поездки / стоимость / маршрут и т. д. Друг предлагает поехать, а вы не хотите. Объясните почему.

г) Позвоните в туристическую фирму «Экспресс», задайте интересующие вас вопросы о продолжительности поездки, условиях проживания, питании, стоимости билета и т. д. и закажите билет на экскурсию.

51 Вы работаете в туристическом агентстве.
а) Разработайте маршрут и составьте рекламу путешествия по своей стране или в одно из интересных мест вашей страны.

б) **Расскажите своим будущим клиентам об этом путешествии и убедите их поехать посмотреть вашу страну. Расскажите:**

- Какие интересные места можно увидеть во время путешествия.
- Какие достопримечательности можно посетить.
- В какое время года туда лучше поехать.
- Какие сувениры можно купить и где можно это сделать.
- Каковы условия поездки:
    — сроки,
    — стоимость,
    — транспорт,
    — условия проживания,
    — питание,
    — услуги гида.

Теперь вы можете:

1. Заказать экскурсию, билет.
2. Узнать об условиях поездки.
3. Выразить свои пожелания.

4. Сообщить общие сведения о своей стране.
5. Убедить поехать в путешествие по своей стране.
6. Рассказать сказку, легенду, связанную с историей вашей страны.

Урок 8. Культура едина для всего человечества

모든 인류에게 있어 문화는 단일하다.

Все виды искусств служат величайшему из искусств — искусству жить на земле.
Бертольт Брехт

Красота спасёт мир.
Ф.М. Достоевский

Культура в целом едина.
Она принадлежит всему человечеству.
Д.М. Лихачёв

이과의 길잡이

Тема:
Традиции, праздники, культура 전통, 명절, 문화

Грамматика:

I. Выражение временных отношений в простом и сложном предложениях
단문과 복문에서의 시간표현

II. Выражение условных отношений в простом и сложном предложениях
단문과 복문에서의 조건 표현

Тексты:

Традиции и праздники 전통과 명절
Читаем газеты и журналы 신문과 잡지를 읽읍시다!
Новости культуры 문화 소식
Рассказ (по А.П. Чехову) 단편소설(체홉의 단편소설 요약)
Иван Батов 이반 바또프
Месяц, Солнце и Ветер (русская народная сказка) 달, 태양과 바람(러시아 전래동화)

 회 화

Поговорим

1 Давайте поговорим о традициях и праздниках, о культурной жизни в вашей стране.
а) Вы хотите знать:

— Какие праздники есть в стране вашего собеседника?
— Какой его любимый праздник? Почему?
— Где и как он обычно встречает Новый год: дома с семьёй или с друзьями?

б) Вы прослушали диалог. Скажите, что вы узнали.

2 а) Вы хотите знать:

— Любит ли ваш собеседник бывать в кино?
— Какие фильмы (о чём?) он любит смотреть?
— Есть ли у него любимый фильм?
— Какие его любимые артисты?
— Какие театры есть в его родном городе?
— Какой его любимый театр? Часто ли он ходит туда?

б) Вы прослушали диалог. Скажите, что вы узнали.

3 а) Вы хотите знать:

— Какие музеи есть в городе, где живёт (жил) ваш собеседник?
— Посещает ли он музеи, выставки, картинные галереи?
— Какие выставки его интересуют?
— Каких современных художников он знает?
— Где ещё любит бывать ваш собеседник в свободное время?

б) Вы прослушали диалог. Скажите, что вы узнали.

4 а) Вы хотите знать:

— Какую музыку предпочитает ваш собеседник — современную или классическую?
— Где в его городе можно послушать концерт?
— Как часто он бывает на концертах?
— Какие музыкальные группы ему нравятся? Какие песни они поют?
— Есть ли у него любимый артист? Что он исполняет?

б) Вы прослушали диалог. Скажите, что вы узнали.

 문법

Новая грамматика

I. Выражение временных отношений в простом и сложном предложениях

1 а) Посмотрите на календарь и скажите, какие праздники отмечают в России и когда.

- 2 сентября
- 1 января — Новый год
- 7 января — Православное Рождество
- 23 февраля — День защитника отечества
- 8 марта — Международный женский день
- 1 мая — День весны и труда
- 9 мая — День Победы
- 12 июня — День России
- 4 ноября — День народного единства

б) Скажите и покажите на календаре, какие праздники есть в вашей стране, и когда их отмечают.

1. Выражение временных отношений в простом предложении

1. Когда?

а) Посмотрите на схему и скажите, почему на ней выделены три части.
б) Найдите конструкции, которые вы уже знаете, и дайте свои примеры.

раньше	сейчас	потом
	в 5 часов в среду (час, день недели) **дата** (число, месяц, год, век) 1 января 2006 года	
в прошлом веке на прошлой неделе	в этом году в XXI веке	в следующем году на следующей неделе
до праздника / перед праздником / накануне праздника	во время праздника	после праздника через (год)
(год) назад за (год) до праздника	в это время	через (год) после праздника
в прошлом	в настоящее время в праздники, в каникулы	в будущем

2

а) Прочитайте сообщения. Уточните время событий в этих сообщениях с помощью вопросов (составьте диалоги).

Образец:

— Когда нужно решить, где отмечать праздник: дома, в гостях или в ресторане?

— Это нужно решить до Нового года.

1) Новый год — самый любимый праздник в России.
1. **До Нового года** нужно решить, где отмечать праздник: дома, в гостях или в ресторане.
2. **За месяц до Нового года** нужно подумать, кому какие подарки купить.

3. **Перед Новым годом** все покупают ёлочные игрушки и подарки для друзей и близких.
4. **Накануне праздника** в каждом доме наряжают ёлку.
5. **За час до Нового года** собираются гости.
6. **За пять минут до Нового года** президент поздравляет жителей России с праздником.
7. **Во время праздника** все люди поздравляют друг друга и дарят друг другу подарки.
8. **После Нового года** наступают будни, обычные рабочие дни.
9. **Через год** люди снова будут готовиться к Новому году и весело отмечать этот замечательный праздник.
10. **Через несколько дней после Нового года** наступает новый праздник — Рождество.

2) **Подготовка к сессии.**
1. **До экзаменов** студенты самостоятельно занимаются в библиотеке.
2. **Перед экзаменом** вам необходимо повторить всю грамматику.
3. **Накануне экзаменов** надо хорошо отдохнуть и выспаться.
4. Приходите на факультет **за полчаса до экзамена**.
5. Экзамены начались **два часа назад**.
6. Экзамен по химии состоится **в понедельник 7 июля в 10 часов утра**.
7. **Во время экзамена** пользоваться словарями и конспектами нельзя.
8. **Через три дня** студенты будут сдавать экзамен по истории.
9. **Через неделю после окончания сессии** студенты получают дипломы.
10. **После сдачи экзаменов** студенты уезжают домой на каникулы.
11. **В следующем году** они станут студентами первого курса.

б) **Составьте свои примеры со словами поездка, каникулы, путешествие .**

Прочитайте вопросы и задайте их своим друзьям. Они могут дать разные варианты ответов.

Образец: Когда вы сдавали последний экзамен?

— Вчера. — В июне 2005 года.
— Два дня назад. — За два дня до отъезда из Москвы.
— 2 июня 2005 года. — Через три дня после приезда в Москву.

1. Когда вы приехали в Россию?
2. Когда вы вернётесь на родину?
3. Когда вы были последний раз на родине (дома)?
4. Когда вы решили изучать русский язык?
5. Когда вы думаете начать работать?
6. Когда вы последний раз были в кино (в театре, на дискотеке)?

4

а) Скажите, какие события происходили или могут произойти в вашей жизни в данные отрезки времени. (Закончите предложения и напишите их.)

В этом месяце...
В прошлом году...
В прошлую среду...
В октябре прошлого года...
В январе следующего года...
В сентябре будущего года...
На следующей неделе...
Через неделю после экзаменов...
Через год после окончания школы...
Через месяц после встречи...
За день до отъезда...
За неделю до сессии...
За час до отхода поезда...

Во время экскурсии...
Во время встречи...
Два года назад...
Неделю назад...
Накануне праздника...
Накануне экзамена...
До поездки на море...
Во время обеда...
Перед ужином...
Перед сном...
После дискотеки...
После занятий...
После окончания университета...

б) Задайте вопросы своим друзьям.

Образец: Что ты делал вчера после занятий?

2. Когда? В какое время?

5

Прочитайте объявления и скажите, где вы можете их услышать и о чём они вас предупреждают.

> Уважаемые пассажиры!
> При выходе из транспорта не забывайте свои вещи!

> Уважаемые покупатели!
> При оплате товаров проверяйте чеки!

> Уважаемые пассажиры!
> Готовясь к выходу, проходите к последней двери автобуса!

Прочитайте примеры, задайте полные вопросы для уточнения времени событий или действий.

при (+ 6)	Традиция праздновать Новый год зимой и украшать ёлку появилась в России **при Петре I**. (= когда царём был Пётр I) **При встрече** люди здороваются и пожимают друг другу руки. (= когда люди встречаются) **При входе** в театр зрители предъявляют билеты контролёру. (= когда зрители входят в театр)

3. Когда? (деепричастный оборот)

Задайте вопросы и заполните правую часть таблицы по образцу.

Когда мы ждём приятных подарков? Готовясь к празднику, мы всегда ждём приятных подарков.	= Когда мы готовимся к празднику, мы всегда ждём приятных подарков.
Посмотрев новый спектакль, журналисты напишут о нём статьи в газетах и журналах.	
Открыв новую звезду, астрономы дали ей имя.	

а) Составьте сообщения, соединив части А и Б по образцу. Запишите их.
б) Задайте вопросы о времени событий, действий.

Образец: переводить статью с английского языка на русский...

перевод статьи с английского языка на русский...

При переводе статьи с английского языка на русский вы можете пользоваться словарём. Когда (в какое время) вы можете пользоваться словарём?

Образец: Когда (в какое время) вы можете пользоваться словарём?

А	Б
изучать космос... подготовиться к экзамену... создать проект современного здания... проводить студенческую конференцию...	...будут использованы старинные рисунки и фотографии ...можно взять магнитофон и послушать рассказ экскурсовода ...используется самая современная техника

покупать компьютер...
переходить улицу...
издавать книгу...
посещать музей...

...были приглашены известные архитекторы
...вы должны повторить всю грамматику
...будут отмечены самые интересные доклады
...вам нужно обратить внимание на его технические характеристики
...внимательно посмотрите по сторонам

в) Напишите сложные предложения с союзом когда.

7 **Прослушайте сообщения и скажите, когда произошли эти события** (используйте конструкцию **при (+ 6)**).

1. Традиция дарить подарки на Новый год появилась в России в XVIII веке, когда императрицей была Екатерина II.
2. Читать лекции на русском языке в университете начали в то время, когда там работал М.В. Ломоносов.
3. Москва стала столицей единого русского государства в XV веке, когда государем был Иван III.
4. Россия стала империей, когда царём был Пётр I.
5. Крепостное право было отменено в России в 1861 году, когда царствовал Александр II.

8 **Прослушайте сообщения, составьте диалоги, уточнив время действия.**

Образец: Окончив школу и сдав экзамены, он поступил в университет.
▼
— Когда он поступил в университет?
— Когда окончил школу и сдал экзамены.

1)
1. Получив диплом, я нашёл интересную работу в банке.
2. Работая на компьютере каждый день, я решил создать новую компьютерную программу.
3. Создавая новую компьютерную программу, я понял, что мне интересно заниматься программированием.
4. Включив компьютер, я сначала проверяю свою электронную почту.

2)
1. Посмотрев фильм о Петербурге, мы с друзьями решили обязательно поехать туда летом.
2. Знакомясь с Петербургом, мы увидели много интересных памятников.
3. Гуляя по Петербургу поздно вечером, мы увидели, как разводят большие мосты через Неву.
4. Прочитав известный роман Ф.М. Достоевского «Идиот», я решил посетить музей этого писателя.

4. Обозначение точного времени

15 минут = четверть часа
30 минут = полчаса

Нарисуйте циферблат и обозначьте указанное в таблице время.

09:15 = девять (часов) пятнадцать (минут) = пятнадцать минут десятого = четверть десятого **13:20** = тринадцать (часов) двадцать (минут) = (один) час двадцать (минут) = двадцать минут второго **15:05** = пятнадцать часов пять минут = три часа пять минут = пять минут четвёртого	**12:45** = двенадцать (часов) сорок пять (минут) = без пятнадцати (минут) час = без четверти час **13:40** = тринадцать (часов) сорок (минут) = (один) час сорок (минут) = без двадцати (минут) два **16:52** = шестнадцать (часов) пятьдесят две (минуты) = четыре (часа) пятьдесят две (минуты) = без восьми (минут) пять
11:30 = одиннадцать (часов) тридцать (минут) = половина двенадцатого **13:30** = тринадцать (часов) тридцать (минут) = (один) час тридцать (минут) = половина второго	
1 минута / 2–4 минуты / 5, 10, 20 минут / четверть / половина	**какого?**	второго третьего четвёртого	без одной минуты без двух (трёх, четырёх) минут без четверти без пяти	**сколько?**	два три четыре

9

Скажите, какое время обозначено на этих часах.

10

а) Узнайте у своего друга о его обычном дне (добавьте свои вопросы).

— Когда он встаёт утром?
— Как долго он завтракает?
— Когда он выходит из дома, чтобы поехать в университет?
— Сколько времени идёт до остановки?
— Сколько времени он едет до факультета?
— Когда он приходит на факультет?
— Когда начинаются занятия?
— Сколько времени продолжается каждый урок?
— Сколько времени длятся перерывы?
— Когда он уходит домой?

б) Прослушав разговор двух друзей, скажите, чем отличается ваш рабочий день.

в) Скажите, чем отличается ваш свободный день (воскресенье) от рабочего дня.

5. 1) Когда? Сколько времени? Как долго? Как? (продолжительность действия или состояния)

Прочитайте объявления и скажите, как работает библиотека.

Библиотека работает с 10 до 17 часов.

По субботам и воскресеньям библиотека закрыта.

Просьба ко всем читателям сдать книги до 1 июля.
С 1 июля по 31 августа библиотека будет закрыта.

Прочитайте примеры и уточните время событий (задайте вопросы).

с (+ 2) до (+ 2) (интервал времени) ⋯⋯⋯⋯⋯⋯⋯▶ с восьми до пяти с утра до вечера	Новый год празднуют **с 12 часов ночи до утра**. Магазин работает **с 10:00 до 21:00**. Спортивные занятия будут проходить **с 15:00 до 18:00**.
с (+ 2) по (+ 4) (день недели, месяц) ⋯⋯⋯⋯⋯⋯⋯▶ со вторника по пятницу с января по март	Занятия в университете проходят **с понедельника по субботу**. **С первого по десятое января** в России продолжаются новогодние каникулы. Учебный год в России длится **с сентября по июнь**.
весь целый (+ 4) ⋯⋯⋯⋯⋯⋯⋯ весь день, всю неделю, всё лето, все годы целый месяц, целую неделю, целый год, целое лето	**Весь месяц** мы работали без выходных, поэтому теперь будем отдыхать **целую неделю**. **Всю осень** идут дожди. Вот и вчера **весь день** шёл дождь, поэтому мы **целый день** сидели дома. **Во все времена** люди ценили красоту.

5. 2) Когда? Как часто? (повторяемость действия)

Прочитайте примеры и уточните время событий или действий.

по (+ 3) (день недели, время суток) по вторникам по средам по утрам	Обычно мы ходим в бассейн **по понедельникам** (= каждый понедельник). **По субботам** (= каждую субботу) мы с друзьями любим ходить на дискотеку. «Надо, надо умываться **по утрам и вечерам**...» (К. Чуковский).
каждый каждый год каждую среду каждое лето каждые каникулы	**Каждый год** наша семья отдыхает на море. **Каждую зиму** мы с удовольствием катаемся на лыжах. Я звоню родителям **каждый день по вечерам**.

 Узнайте у вашего друга:

1. Сколько времени он каждый день занимается в университете?
2. Как долго он делает домашнее задание?
3. Когда у него зимние каникулы? Как долго они продолжаются?
4. Как долго продолжаются летние каникулы?
5. Сколько времени и как он отдыхает в субботу и в воскресенье?

12 а) **Узнайте у друга:**

Когда и как часто он:
— звонит родителям,
— бывает в кино,
— ходит в театр,
— ездит на метро,
— занимается спортом,
— смотрит «Новости» по телевизору,
— пользуется Интернетом,
— покупает проездной билет,
— ходит в парикмахерскую,
— играет в футбол.

б) **Добавьте свои вопросы.**

в) **Прослушав разговор двух друзей, скажите, что вы узнали.**

13 а) **Прослушайте диалог и скажите, когда Николь не может встретиться с Максом и почему.**

— Привет, Николь! У меня есть два билета в кино. Не хочешь пойти вместе со мной?
— С удовольствием, Макс. А когда?
— В среду вечером. Фильм начинается в семь, но я предлагаю встретиться в три часа, после занятий.
— Нет, к сожалению, в три часа я не могу. **По средам** я хожу в бассейн, как раз **с трёх до пяти** я плаваю. Если ты не против, давай встретимся **после пяти**.
— А в шесть часов тебе удобно?
— Да.
— Тогда в шесть у метро.
— Договорились!

б) **Скажите, когда и где встретятся друзья.**

в) **Предложите другу пойти в кино, в театр, на дискотеку. Договоритесь с ним о встрече** (уточните, когда вы встретитесь; скажите, удобно ли вам встречаться в это время; если неудобно, объясните почему).

14

а) Прослушайте диалоги и скажите, как работают интернет-кафе и музей.

— Алло! Это интернет-кафе?
— Да.
— Скажите, как вы работаете?
— **С 9 утра до 11 вечера.**
— Всю неделю?
— Да, **всю неделю без выходных.**
— Спасибо.

— Извините, как работает этот музей?
— Он работает **со вторника по воскресенье с 10 до 18 часов.**
— А в понедельник?
— **По понедельникам** музей не работает.

б) Узнайте по телефону, как работает библиотека (выставка, музей, магазин, почта, аптека, поликлиника).

6. За какое время?
(время выполнения действия)

Прочитайте примеры и уточните время действия с помощью вопросов. Скажите, как меняется ситуация при изменении вида глагола (в Б).

за (+ 4) |............|	
За сколько времени вы доехали до аэропорта? Сколько времени вы ехали туда?	**А.** Мы доехали до аэропорта очень быстро — **за час.** — За сколько времени? (= Мы ехали в аэропорт целый час. — Сколько времени?) Мой отец построил небольшой дом **за одно лето.** Я **за неделю** прочитаю этот журнал и отдам тебе.
За сколько времени он решил задачу? Сколько времени он обычно решает задачу?	**Б.** Студент решил нетрудную задачу **за 10 минут.** Я тоже решаю лёгкие задачи **за 10 минут.** Художник нарисовал портрет девушки **за полчаса.** Он всегда рисует портреты карандашом **за полчаса.**

15

Прослушайте сообщения о времени выполнения действия и дайте ему свою оценку (составьте диалоги по образцу).

Образец:

— Я **писал** тест 30 минут.
— Значит, ты **написал** тест за 30 минут! Ты молодец! Редко кто успевает **написать** его за это время.

— Я **прочитал** эту статью за два часа.
— Ты **читал** эту статью так долго? Два часа? Я не думаю, что она такая трудная. Я **прочитаю** её за полчаса.

1. Я подготовился к экзамену за одну ночь.
2. Спортсмен пробежал 1000 метров за 3 минуты.
3. Я нашёл информацию в Интернете за 20 секунд (за полтора часа).
4. Этот художник рисует портреты за 5 минут.
5. Я выучил русский язык за 3 месяца.
6. Мой друг прочитал роман «Война и мир» по-русски за полгода.

16

а) Прочитайте анекдот и скажите, сколько времени каждый из студентов собирается учить китайский язык.

> В одной группе учились три студента — англичанин, француз и русский.
> — За какое время вы можете выучить китайский язык? — спросил у них преподаватель.
> — Китайский язык очень трудный, поэтому я смогу выучить этот язык за 10 лет, — ответил англичанин.
> — Я думаю, что смогу выучить китайский язык за 5 лет, — сказал француз.
> — Ну а вы за сколько времени выучите? — обратился преподаватель к русскому студенту.
> — А когда нужно сдавать экзамен? — спросил русский студент.

б) Скажите, за сколько времени русский студент собирается выучить китайский язык.

в) Как вы думаете, за какое время можно хорошо выучить иностранный язык?

> Один преподаватель сказал, что иностранный язык можно выучить за 3–5 лет. Но свой родной язык нужно учить всю жизнь.

г) Вы согласны с мнением этого преподавателя? Каково ваше мнение?

7. На какое время?
(время планируемого, предполагаемого действия)

— На какое время вы хотите получить визу?
— На месяц.

— На какое время можно взять книги?
— На две недели.

Прочитайте примеры в таблице и дополните её своими примерами с глаголами слева.

на (+ 4)	
прийти/приехать, уйти/уехать выйти/выходить на минуту на год давать/дать, брать/взять, получать/получить книги на 3 месяца	Иностранные студенты приехали учиться в Россию **на 6 лет**. — На какое время? (= Студенты будут учиться в России 6 лет. — Сколько времени?) В библиотеке некоторые книги дают студентам только **на неделю**. — На какое время? (= Студенты могут читать некоторые книги только неделю. — Сколько времени?)
посылать/послать в командировку на неделю занимать/занять деньги на месяц	**На зиму** многие птицы улетают из России в тёплые страны. — На какое время? (= Птицы улетают из России в тёплые страны, чтобы жить там всю зиму. — Сколько времени?)

планировать/ спланировать дела на месяц включать/включить, выключать/выключить компьютер на час	Мне нужно включить компьютер **на 2 часа**. — На какое время? (= Компьютер будет работать 2 часа. — Сколько времени?)

  Опишите ситуацию и укажите время выполнения действия (используйте данные словосочетания).

Образец: уезжать/уехать за город

Мы с друзьями всегда уезжаем за город **на субботу** и **воскресенье**.
Антона сейчас нет в Москве, он уехал в командировку **на три дня**.

прийти/приходить в читальный зал, уйти/уходить из дома, зайти/заходить к директору, выйти из кабинета, взять книги в библиотеке, дать/взять деньги взаймы, занять деньги, получить задание, включить телевизор, (с)планировать работу, послать учиться в Россию, выключить магнитофон (компьютер)

18 Восстановите предложения, выберите нужный предлог:

1. Джон приехал учиться в Россию ... 5 лет.
... 5 лет он уже хорошо говорил по-русски.
Студенты ... время учёбы познакомились с русской историей и культурой.
После первого курса студенты ездили домой ... каникулы.

2. Моя подруга взяла книгу в библиотеке ... месяц.
Она с большим интересом прочитала эту книгу ... два дня.
Я попросил её дать мне эту книгу ... неделю.
... неделю я вернул ей книгу, как обещал.

А) за
Б) на
В) через

3. Мой друг написал мне, что ... две недели будет в командировке в Москве, но только один день.
Он был в Москве и заехал ко мне в гости ... полтора часа.
... эти полтора часа мы выпили чай и немного поговорили.
Он обещал приехать ко мне в следующем году ... 2–3 дня.

4. Театр уехал ... месяц на гастроли в Европу.
... месяц артисты дали 10 спектаклей.
Пять тысяч зрителей посмотрели их спектакль ... этот месяц.
А ... полгода театр поедет на гастроли в Канаду.

Каждая страна богата своими традициями, обычаями, праздниками. Познакомьтесь с некоторыми традициями и праздниками России.

19 а) Быстро прочитайте текст и скажите, всегда ли в России встречали Новый год 1 января.

б) Скажите, когда в России появилась традиция дарить новогодние и рождественские подарки.

С Новым годом! С новым счастьем!

Ну кто же не любит праздники! Их любят все. Праздники — это часть нашей жизни, часть нашей культуры. Самые любимые праздники в России — это Новый год, Рождество, День Победы, Масленица, Пасха.

Самый красивый, самый весёлый и радостный праздник — **Новый год**. В России Новый год встречают в ночь с 31 декабря на 1 января, но готовиться к встрече Нового года все начинают задолго до праздника. Дни перед Новым годом самые радостные, они заполнены предновогодними хлопотами. Все бегают по магазинам: выбирают подарки своим близким, друзьям, родственникам; покупают новогодние игрушки, шампанское, фрукты, сладости. Хозяйки готовят традиционные новогодние блюда — гуся с яблоками, салат оливье. На улицах, в домах, в квартирах стоят ёлки, украшенные новогодними игрушками, разноцветными лампочками, гирляндами. В воздухе пахнет праздником, который приближается с каждым днём.

Традиция праздновать Новый год и украшать в доме ёлку появилась в России при Петре I. До этого год на Руси начинался 1 сентября. Однако царь, желая идти в ногу с Европой, запретил праздновать Новый год осенью. В 1699 году Пётр I издал указ: праздновать Новый год по-европейски — 1 января, а все жители России должны отмечать встречу Нового года, украшать дома ёлками, пускать фейерверки в новогоднюю ночь и поздравлять друг друга.

Первый Новый год в России был шумно отмечен парадом и фейерверком в ночь с 31 декабря 1699 на 1 января 1700 года. Столицей тогда была Москва, Петербург ещё не был построен. В Москве встреча Нового года проходила на Красной площади, где были массовые гуляния. Эта традиция сохранилась до сих пор: многие москвичи, особенно молодёжь, а также гости столицы любят встречать Новый год на Красной площади.

Однако Новый год в России традиционно считается семейным праздником, так как большинство россиян предпочитает встречать Новый год дома, сидя за праздничным столом в кругу своей семьи. По традиции за 5 минут до Нового года президент страны поздравляет всех россиян с Новым годом. Затем все слушают бой Кремлёвских курантов, а ровно в 12:00 поднимают бокалы с шампанским и поздравляют друг друга с Новым годом, желают друг другу счастья, любви, здоровья, успехов и дарят новогодние подарки.

В Новый год все люди верят в чудеса, поэтому в России есть Дед Мороз, а в Европе и Америке — Санта-Клаус, которые приносят новогодние подарки, кладут их под ёлку и исполняют все новогодние желания. Особенно радуются в новогоднюю ночь дети. Они с нетерпением ждут Деда Мороза и подарков, о которых они мечтали весь год и которые они обязательно найдут под ёлкой.

Во всём мире Новый год празднуют шумно и весело, однако для большинства европейцев и американцев главным зимним праздником является **Рождество Христово**, которое празднуют 25 декабря. В России православное Рождество Христово празднуют 7 января (по старому стилю это 25 декабря). В ночь на 7 января многие люди идут в храмы на праздничную церковную службу. Те, кто не смог прийти в храм, могут посмотреть рождественскую службу по телевизору.

По традиции в русских семьях 7 января накрывают богатый рождественский стол. В старину главным блюдом русского рождественского стола был жареный поросёнок с гречневой кашей или другие блюда из свинины, а также домашние пироги с мясом, с грибами, с капустой... В старину говорили, что если стол на Рождество будет богатым, то и весь год будет благополучным.

В Рождество люди ходят друг к другу в гости и, конечно, дарят друг другу рождественские подарки. Традиция дарить новогодние и рождественские подарки появилась и стала популярной в России при императрице Екатерине II, которая получала на Новый год огромное количество разных подарков. Особенно нравились Екатерине подарки одного русского предпринимателя, который каждый год присылал ей огромное золотое блюдо, на котором лежали свежие фрукты: ананасы, абрикосы, груши, сливы, персики, виноград. Императрица радовалась этому подарку, как девочка, прыгала, хлопала в ладоши. И каждый год она волновалась — будет ли ей опять подарено её любимое блюдо с фруктами. С тех пор дарить подарки на Новый год стало хорошей традицией.

в) О каких праздниках и традициях России вы узнали?

г) Скажите, какие вопросы задаст человек, прочитавший этот текст, если его интересуют традиции и праздники России.

20

Объясните следующие выражения человеку, который не понимает, что они значат. Опишите ситуации, в которых можно использовать эти выражения.

1)
массовые гуляния
накрывать богатый стол
идти в ногу с Европой
благополучный год
верить в чудеса
ждать с нетерпением
в старину говорили

2)
Кто же не любит праздники!
Кто же не любит получать подарки!
Кто же не боится экзаменов!
Кто же не знает эту рок-группу!

3)
день заполнен   работой
               хлопотами
               сборами

4)
существует традиция   украшать ёлку
                      встречать Новый год
                      дарить подарки

21

Расскажите, когда и как в вашей стране встречают Новый год и празднуют Рождество. Какие ещё традиции существуют в вашей стране?

22

Мы хотим рассказать вам о традициях разных народов. Скажите, в какой стране живут эти люди.

англичане, ирландцы, датчане, австрийцы, немцы, поляки, норвежцы, шведы, португальцы, бельгийцы

23  а) Познакомьтесь с традициями разных народов и скажите, традиции какого народа вам понравились. Почему?

Что тебе подарить, человек мой дорогой?

А знаете ли вы, что сегодня люди дарят друг другу? Какие подарки мы предпочитаем дарить и получать на Новый год и Рождество?

В России очень любят дарить подарки. Близким людям обычно дарят ювелирные украшения, дорогие духи, косметику; друзьям и коллегам по работе — книги и сувениры. Это могут быть новогодние свечи, альбомы для фотографий, календари, вазы для цветов и другие мелочи. Русские говорят: важен не подарок, а внимание. Если вы идёте на Новый год к друзьям, можно взять с собой бутылку шампанского, которое стало традиционным новогодним напитком, коробку шоколадных конфет или торт. Хорошей традицией стало дарить билеты на концерт или в театр.

Англичане считают, что ценность подарка не зависит от его цены, поэтому чаще всего они дарят друг другу небольшие сувениры: свечи, ложечки для чая, кружки для пива, симпатичные сувенирные куклы...

Ирландцы, в жизни которых важную роль играет религия, дарят друг другу фигурки Иисуса и Марии. А если они идут в гости на новогодний праздник, они несут с собой какое-нибудь праздничное блюдо или бутылку вина.

Традиционным рождественским подарком в Дании являются свечи разных размеров и форм. Датчане, приходя в гости, обязательно приносят их в подарок. Кроме того, датчане очень любят дарить цветы, хотя зимой даже самый маленький букет цветов стоит очень дорого.

Австрийцы предпочитают дарить на Новый год необходимые вещи, так как жизнь в Австрии довольно дорогая. Вам нужна шапка — ваши родные подарят вам шапку. Вам нужен свитер — вы получите его в подарок на Новый год. Известно, что все австрийцы очень любят сладости, поэтому приятным подарком для любого австрийца будет традиционный яблочный пирог. Но самым лучшим подарком на Рождество в Австрии считается билет или приглашение в Венскую оперу. Такой подарок высоко оценят и молодые, и пожилые люди.

Немцы — самый читающий народ в Европе, поэтому хорошим подарком для немцев является книга. Самым лучшим подарком для родных и близких людей в Германии считается путешествие. Обычно такой дорогой подарок муж делает жене или родители — детям.

У поляков существует хорошая традиция: в новогодние праздники в каждой польской семье самый старший член семьи — мужчина — должен надеть костюм Санта-Клауса, поздравить не только род-ственников, но и соседей и обязательно подарить всем подарки. Поляки обычно дарят женщинам недорогие украшения, а мужчинам — шейные платки, галстуки, кошельки или ручки.

Норвежцы и шведы — очень практичные люди. Они дарят друг другу только полезные, нужные в хозяйстве вещи. Они говорят: главное, чтобы это был не просто красивый сувенир, а полезная вещь.

Португальцы считают, что самые дорогие подарки — это подарки, сделанные своими руками. Поэтому готовить рождественские подарки они начинают задолго до Рождества. Женщины шьют скатерти и салфетки. Мужчины делают из дерева посуду, рамки для фотографий, шкатулки.

Бельгийцы считают, что главное в подарке — это его смысл. Подарок не должен быть случайным, поэтому дарящий должен объяснить устно или написать в поздравительной открытке, почему он выбрал именно этот подарок.

б) Прочитайте высказывания из текста и скажите, как вы их понимаете. С каким из них вы согласны, с каким — не согласны, какое из них наиболее близко вам?

Важен не подарок, а внимание.
Ценность подарка не зависит от его цены.
Главное, чтобы это был не просто красивый сувенир, а полезная вещь.
Самые дорогие подарки — это подарки, сделанные своими руками.
Главное в подарке — это его смысл.

в) Какие новогодние и рождественские подарки дарят в вашей стране?

г) Какие подарки вы обычно дарите на Новый год и Рождество? Кому? Какие подарки хотите получить вы?

24 a) Прочитайте текст и скажите, почему на Масленицу нужно весело проводить время.

Без блинов — не Масленица

Масленица — один из самых любимых народных праздников в России. Масленица начинается в конце февраля — начале марта и продолжается целую неделю. Это время, когда люди провожают зиму и встречают весну. Во время Масленицы люди ходят друг к другу в гости, пекут блины и угощают друг друга. В воскресенье бывают традиционные народные гулянья. В парках, на площадях, на центральных улицах играют оркестры, выступают артисты. И взрослые, и дети веселятся, едят вкусные горячие блины, которые пекутся прямо на улице. По старой русской традиции на Масленицу катаются на лошадях, на знаменитой русской тройке; катаются на санках, на лыжах, на коньках; устраивают спортивные соревнования и шумные, весёлые игры.

Любимое блюдо на Масленицу — блины. Их пекут в каждом доме. В старину говорили: «Без блинов не Масленица». Почему именно блины стали печь на Масленицу? Во-первых, блин круглый и горячий, как солнце, которое приходит вместе с весной после долгой и холодной зимы.

Во-вторых, по церковным законам во время Масленицы нельзя есть мясо, но можно есть масло, молоко, яйца, рыбу, белый и чёрный хлеб... Масленица готовит людей к Великому посту, который начинается сразу после Масленицы. Великий пост — это время, когда нельзя есть мясо, масло, молоко, яйца, рыбу и даже белый хлеб. Поэтому во время Масленицы люди старались побольше, посытнее и повкуснее поесть. Именно поэтому любимым блюдом на Масленицу стали блины, которые можно есть с маслом, со сметаной, с икрой, с рыбой, с джемом...

И в-третьих, блины были недорогим блюдом. Чтобы приготовить блины, нужна мука, масло, сахар, яйца, молоко. А эти продукты были недороги. Так, например, в конце XIX века килограмм муки стоил от 4 до 6 копеек, килограмм сахара — от 28 до 33 копеек, килограмм подсолнечного масла — от 30 до 33 копеек. Такие низкие цены давали возможность каждому, и богатому, и бедному, праздновать Масленицу целую неделю. В старину говорили: «Если не веселиться на Масленицу, значит, весь год жить бедно, горько, неинтересно».

Традиция печь блины и веселиться на Масленицу сохранилась в России и сейчас. И в больших городах, и в самых маленьких деревнях целую неделю шумно, весело и радостно празднуют Масленицу.

б) Скажите, что вы узнали о Масленице и её традициях.

в) Почему именно блины стали традиционным блюдом на Масленицу?

г) Скажите, какие вопросы задаст человек, прочитавший этот текст, если его интересуют традиции и праздники России.

25 В русском языке есть поговорка:

Не жизнь, а масленица.

Скажите, как вы понимаете эту поговорку.

26 **а)** Есть ли подобный праздник в вашей стране? Как он называется?

б) Каковы традиции этого праздника?

27 **а)** Прочитайте рассказ и дайте ему своё название.

Француз Генри Пуркуа, приехав недавно в Россию, ещё не успел познакомиться с русскими обычаями и традициями. Прогулявшись по центру Москвы и познакомившись с достопримечательностями, он проголодался и зашёл позавтракать в ресторан. На завтрак он заказал консоме — лёгкое французское блюдо.

— С хлебом? — спросил официант.
— Конечно, без хлеба. С хлебом будет слишком сытно, — ответил француз. Официант ушёл выполнять заказ.

Сидя за столиком и ожидая свой завтрак, француз начал наблюдать за посетителями ресторана. Дело было на Масленицу. Посмотрев вокруг, он сразу обратил внимание на одного господина, сидевшего за соседним столом и приготовившегося есть блины. Перед ним стояла большая тарелка с блинами. «Какие большие порции в русских ресторанах», — подумал француз, глядя, как его сосед поливает свои блины горячим маслом, кладёт на них икру и быстро ест их один за другим. «Пять блинов! Он съел пять блинов с маслом и икрой! Разве может один человек съесть так много?» — подумал француз. В это время сосед позвал официанта и ещё раз заказал блины:

— Только принеси мне сразу десять, нет пятнадцать блинов. А то в вашем ресторане порции очень маленькие. И ещё принеси мне икру и рыбу.

«Странно, — подумал француз, рассматривая соседа. — Он съел пять блинов и просит, чтобы ему принесли ещё! Может быть, он болен? Говорят, что есть такая болезнь, когда люди едят очень много и не могут остановиться».

В это время официант принёс и поставил на стол соседа гору блинов и две тарелки, одну с икрой, другую с рыбой. Сосед выпил рюмку водки и начал есть блины. Француз очень удивился, увидев, что этот человек ест очень быстро, как голодный.

«Нет! Этот человек не может съесть всё, что он заказал. Это невозможно! А платить ему придётся за всё! Как глупо!» — подумал француз и вдруг услышал голос своего соседа:

— Официант! Принеси ещё икры и зелёного лука. Да, и ещё одну порцию блинов и бутылку воды! Да побыстрее, я спешу.

— Слушаю... Одну минуту... А после блинов что будете кушать?

— После блинов? Дай мне что-нибудь лёгкое, ну, например, горячий суп из осетрины с луком и с картошкой.

«Может быть, это мне снится? — подумал француз. — Нельзя так много есть. Это невозможно. Наверное, этот человек хочет умереть! Да! Да! Я понял. Этот человек хочет умереть. Он самоубийца!»

Француз позвал официанта и спросил его:

— Зачем вы даёте этому человеку так много еды? Он может умереть! Не давайте ему больше ничего!

— Как — не давать?! — удивился официант. — Это невозможно — не давать. Он ведь просит, а наше дело — подавать, — сказал он и ушёл выполнять заказ.

В это время господин, сидевший за соседним столиком, съев всё, что было на столе, поднял голову и заметил француза.

— Как медленно работают официанты в этом ресторане, — сказал он, обращаясь к французу. — Я заказал суп из осетрины и вот уже полчаса жду. Так и аппетит пропадёт! А я спешу к другу на обед. У него сегодня день рождения, юбилей. — Он посмотрел на часы. — Сейчас уже три часа, а мне в пять надо быть у него на юбилейном обеде.

— Извините, — удивился француз, — ведь вы сегодня уже обедали!

— Я? Нет, я не обедал. Какой же это обед? Это завтрак... блины...

Тут официант принёс ему суп. Он налил себе полную тарелку и стал есть с большим аппетитом.

«Да, этот человек болен. Он хочет умереть, — подумал француз. — Но он такой молодой! Может быть, его ещё можно спасти? Я должен его спасти. Я обязан ему помочь». Пуркуа решительно встал и подошёл к соседу.

— Послушайте, я знаю, что вы хотите сделать. Но я ваш друг. Я прошу вас, не делайте этого. Вы не должны умирать. Вы так молоды. У вас жена, дети... — начал говорить француз.

— Я вас не понимаю. Что вы хотите сказать? — спросил сосед.

— Вы так много едите...

— Я?! Я много ем?! — удивился сосед, — Да ведь не вам платить. Я сам заплачу. Что вы беспокоитесь?

— Я беспокоюсь за вас. Вы ужасно много едите!

— Да нет! Я совсем не много ем. Посмотрите, я ем, как все!

Пуркуа посмотрел вокруг себя и удивился. Официанты бегали туда-сюда, носили горы блинов. За столами сидели люди и с большим аппетитом ели эти горы блинов, рыбу, икру... «О, страна чудес!» — подумал француз Генри Пуркуа, приехавший недавно в Россию и ещё не успевший познакомиться с русскими обычаями и традициями.

По рассказу А.П. Чехова

б) **Ответьте на вопросы:**

1. Что удивило француза в русском ресторане?
2. Почему француз решил помочь господину, который сидел за соседним столиком?

в) **Как вы думаете:**

1. О какой традиции идёт речь в этом рассказе?
2. Почему А.П. Чехов назвал этот рассказ «Глупый француз»?

г) Как расскажет эту историю господин, который заказывал блины?

28 Напишите другу письмо. Посоветуйте ему прочитать этот рассказ А.П. Чехова и коротко изложите его содержание.

29  а) Прочитайте текст и скажите, что является главным символом праздника, о котором идёт речь.

Праздник всех праздников

Пасха, или Воскресение Христово, — один из самых торжественных и радостных праздников в России. В этот день все православные христиане празднуют воскресение Иисуса Христа. Когда отмечают этот праздник? Пасху отмечают в первое воскресенье после весеннего полнолуния, между 4 апреля и 8 мая. Каждый год дату Пасхи вычисляют специально.

К этому светлому и радостному празднику люди готовятся во время Великого поста, который бывает перед Пасхой. Они не только очищаются физически — не едят мясо, масло, не пьют молоко, — но и очищаются духовно — ходят в церковь, молятся. Многие церкви в Великий пост работают каждый день, чтобы все люди имели возможность посетить церковь.

Очень важна последняя неделя перед Пасхой. На этой неделе в четверг люди убирают дома, красят яйца; в пятницу готовят специальные праздничные блюда — куличи и пасху.

Праздник начинается в субботу ночью. В церкви много народа. Все красиво и торжественно одеты: мужчины в строгих чёрных костюмах, у женщин на голове белые платки. В церкви празднично и красиво, горят свечи, начинается торжественная пасхальная служба.

В воскресенье с раннего утра весь день звонят колокола, в храмах идёт

служба, поёт церковный хор. Встречаясь в этот день, люди приветствуют друг друга словами: «Христос воскрес!» — «Воистину воскрес!» — и три раза целуются. По традиции на Пасху люди дарят друг другу крашеные яйца. Яйцо — главный пасхальный символ воскресения, так как из яйца рождается жизнь. Традиция красить яйца на Пасху сохранилась и в наше время.

Во время Пасхи в каждом доме на столе крашеные яйца, куличи, пасха и другие вкусные блюда, так как закончился Великий пост, продолжавшийся 7 недель, и теперь можно есть всё, что хочется.

В современной России Пасха стала не только религиозным праздником, самым главным праздником для всех православных христиан, но и праздником, который помогает сохранять и передавать от одного поколения другому исторические, культурные, семейные и бытовые традиции нашего народа и нашей страны.

б) Скажите, что вы узнали об этом празднике и его традициях.

в) Какие вопросы задаст человек, прочитавший этот текст, если его интересуют традиции и праздники России?

г) Отмечают ли в вашей стране Пасху? Если отмечают, расскажите как.

2. Выражение временных отношений в сложном предложении

1. Одновременность действий или событий

Прочитайте примеры в таблице и скажите, совпадает ли время действий или событий в обеих частях предложений.

Когда...	**Когда** будущие музыканты учатся в консерватории, они каждый год участвуют в различных международных конкурсах.
	Когда музыкант стал победителем международного конкурса, он ещё учился в школе.
	Когда российский оркестр будет выступать в Испании, зрители смогут познакомиться с произведениями современных российских композиторов.
В то время как...	**В то время как** создавался оркестр «Виртуозы Москвы», Владимир Спиваков был уже известным музыкантом.
	В то время как в кинотеатрах проходила премьера фильма, на телевидение были приглашены актёры, снимавшиеся в этом фильме.

Пока...	Девушка сидела неподвижно, **пока** художник рисовал её портрет.
	Пока будет идти концерт, телевидение будет снимать выступление артистов.
	Пока зрители аплодируют, артисты обычно остаются на сцене.
Пока не...	Девушка сидела неподвижно, **пока** художник **не** нарисовал её портрет. (Художник закончил рисовать. Девушка встала, поблагодарила художника, взяла свой портрет и ушла.)
	Артисты остаются на сцене, **пока** зрители **не** кончат аплодировать.
	Телевидение будет снимать выступление артистов, **пока не** кончится концерт.

2. Последовательность действий или событий

Прочитайте примеры и скажите, в какой последовательности происходят события.

1)

До того как... Перед тем как... Прежде чем...	До того как... Перед тем как... + инф. Прежде чем...
До того как вы послушаете оперу или посмотрите балет, прочитайте краткое содержание произведения (либретто).	**До того как** стать дирижёром, Владимир Спиваков выступал как скрипач.
Перед тем как артист вышел на сцену, конферансье объявил его номер.	**Перед тем как дать** концерт, артисты очень много репетировали.
Прежде чем художник начнёт работать над большой картиной, он должен сделать небольшие рисунки.	**Прежде чем создать** монумент «Древо жизни», скульптор Эрнст Неизвестный очень много работал.

Обратите внимание!

До того как **журналист**^{S1} написал статью о выставке, **он**^{S2} побывал на этой выставке и встретился с художниками. **S1 = S2**	До того как **написать** статью о выставке, **журналист**^{S} побывал на этой выставке и встретился с художниками.
Прежде чем **журналист**^{S1} написал статью о выставке, **художники**^{S2} рассказали ему о своих работах. **S1 ≠ S2**	Прежде чем **написать** статью о выставке, **журналист**^{S} встретился и поговорил с художниками об их работах.

2)

Когда... После того как... Как только...	**Когда** спектакль закончился, зрители долго аплодировали артистам и дарили им цветы.
	После того как актёр Евгений Миронов сыграл главную роль в фильме «Мусульманин», он стал очень популярен.
	Как только зрители собрались, в зале погас свет и спектакль начался.

30 **Восстановите предложения** (найдите все возможные варианты справа).

1. Когда туристы приехали в Волгоград, ...

2. Когда под Москвой проходил рок-фестиваль, ...

3. Как только начнутся каникулы, ...

4. Пока в Москве будет проходить театральный фестиваль «Золотая маска», ...

5. Перед тем как пойти в театр, ...

6. После того как мой друг окончил университет, ...

7. Прежде чем поступать в институт, ...

8. До того как ехать в незнакомую страну, ...

9. Перед тем как оркестр приехал на гастроли в Москву, ...

10. Пока все туристы не собрались, ...

...многие телеканалы показывали выступления музыкантов.
...музыканты совершили турне по всему миру.
...мы позвонили туда и узнали, есть ли билеты.
...подумайте, сможете ли вы там учиться.
...экскурсовод рассказал им об этом городе и его истории.
...студенты разъедутся по домам.
...они посетили Мемориал памяти.
... можно будет посмотреть спектакли многих российских театров.
...туда съехались тысячи поклонников рок-музыки.
...экскурсионный автобус ждал их.
...узнайте, каких специалистов он готовит.
...он приготовил для слушателей новую музыкальную программу.
...узнайте, как живут люди в этой стране, на каком языке они говорят.
...он сразу нашёл интересную работу.
...друзьям надо будет решить, куда поехать отдыхать.
...многие провинциальные театры покажут свои лучшие спектакли.
...мы посмотрели афишу и выбрали спектакль.
...он начал работать преподавателем.
...надо познакомиться с её историей, культурой и традициями.
...экскурсовод не начинал экскурсию.

31 Скажите по-другому (используйте все возможные варианты).

Образец:
До того как мой друг приехал ко мне в гости, он позвонил и предупредил меня.

1) Прежде чем мой друг приехал ко мне в гости, он позвонил и предупредил меня.
2) Перед тем как мой друг приехал ко мне в гости, он позвонил и предупредил меня.
3) Перед тем как приехать ко мне в гости, мой друг позвонил и предупредил меня.

1. Перед тем как пройти в самолёт, пассажиры сдают багаж.
2. Прежде чем меня приняли на работу, я прошёл собеседование.
3. До того как студенты прочитали текст, преподаватель объяснил им новую грамматику.
4. Перед тем как началась экскурсия, студенты посмотрели документальный фильм.
5. Прежде чем попасть в Музей леса, надо заказать экскурсию по телефону.
6. До того как студенты пошли на экскурсию в музей, преподаватель рассказал им об истории создания этого музея.

32 Опишите ситуации, которые могли произойти в указанное время. Дайте несколько вариантов.

Образец: Перед тем как пойти в кино, я выбрал фильм, который хочу посмотреть.
я сделал домашнее задание.
я позвонил другу и пригласил его пойти вместе со мной.

1. Когда я приехал в Россию, ...
2. Когда я буду уезжать на родину, ...
3. Когда я потерял ключи, ...
4. В то время как я занимался, ...
5. Пока шёл дождь, ...
6. Пока не кончится урок, ...
7. До того как выбрать специальность, ...
8. До того как я освоил компьютер, ...
9. Прежде чем войти...
10. Перед тем как лечь спать, ...
11. После того как мои друзья ушли, ...
12. Как только я увидел...

Читаем газеты и журналы

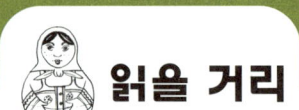 읽을 거리

33 Прочитайте газетные объявления и скажите, какое из них вас заинтересовало.

> 18 апреля в Центральном выставочном зале «Манеж» откроется первая выставка заслуженного художника России Сергея Андрияки и его учеников.

> **18 мая — Международный день музеев.**
> Двери всех российских музеев открыты для посетителей.
> **Вход бесплатный.**

> Лучшие фильмы о войне —
> в кинотеатрах столицы с 1 по 10 мая.

34 Познакомьтесь с информацией о культурной жизни современной России.
а) Прочитайте названия статей и выберите текст, соответствующий каждому названию.

«Золотая маска»

РОК-ФЕСТИВАЛЬ

УРОКИ ИСТОРИИ И КУЛЬТУРЫ

Лес в центре Москвы

б) Прочитайте статьи и выполните задания.

1

Весной оживает и расцветает не только природа, но и вся культурная жизнь России. Так, с 18 апреля по 18 мая проводятся Дни истории и культуры Москвы. В эти дни проходят тысячи экскурсий по историческим и литературным местам столицы. Во многих кинотеатрах бесплатно показывают исторические и документальные кинофильмы. В театрах перед началом спектакля выступают известные актёры и режиссёры, которые рассказывают об истории и традициях театра.

18 апреля с 10:00 до 20:00 для студентов и школьников проводятся экскурсии в здание правительства Москвы на Тверской улице. Во время этой экскурсии студенты и школьники узнают много нового и интересного о работе московского правительства.

Дни истории и культуры Москвы проводятся для того, чтобы сделать культуру доступной и понятной молодёжи, чтобы вызвать у неё интерес к истории своей страны.

Ответьте на вопросы:
— Когда и с какой целью проводятся Дни истории и культуры Москвы?
— Какие мероприятия проходят в эти дни в Москве?

2

Весной каждого года в Москве проходит Театральный фестиваль «Золотая маска», в котором принимают участие театральные коллективы из всех городов России. Уникальность этого фестиваля в том, что на нём представлены все виды театрального искусства: опера, балет, мюзикл, драма, театр кукол, современный танец. Театральный фестиваль «Золотая маска» уже отметил своё десятилетие. Первое вручение премии «Золотая маска» состоялось 13 марта 1995 года. С тех пор престиж этого фестиваля растёт с каждым годом. Лучшие театральные коллективы России борются за право участвовать в фестивале и получить приз фестиваля — «Золотую маску».

Ответьте на вопросы:
— Кто может принять участие в фестивале?
— Какие виды театрального искусства представлены на фестивале?

3

Каждый год 18 мая все российские музеи отмечают свой профессиональный праздник — Международный день музеев. В этот день во всех музеях устраивают дни открытых дверей. Это значит, что все музеи работают в этот день с 10:00 до 20:00. Вход в музеи бесплатный. В музеях в этот день проводят необычные экскурсии, интересные выставки и концерты.

В России огромное количество музеев. Есть всемирно известные музеи, такие как Третьяковская галерея в Москве или Эрмитаж в Петербурге, а есть ▶

и очень маленькие музеи, такие как Музей леса в самом центре Москвы. Этот музей, открытый в 1998 году, стал очень популярным. Чтобы попасть в Музей леса, надо заказать экскурсию заранее — за полтора месяца до дня экскурсии.

Если вы посетите этот музей, вы увидите настоящий русский лес, почувствуете, как пахнут цветы и деревья, услышите, как поют птицы и звенит ручей. Кроме того, вы познакомитесь с историей русского леса, узнаете о том, какую важную роль сыграл Пётр I в борьбе за сохранение лесов в России. Русский царь-реформатор понимал, что лес — это богатство России, поэтому за время своего правления Пётр I издал около двухсот указов о лесе.

Ответьте на вопросы:
— Когда был открыт Музей леса?
— Почему Музей леса очень популярен?

4

Вот уже 5 лет, начиная с 2000 года, радиостанция «Наше радио» организует всероссийский рок-фестиваль «Нашествие». Этот фестиваль обычно проходит в августе на природе, на открытом воздухе.

В фестивале «Нашествие» принимают участие и очень известные рок-группы, и начинающие музыканты из разных городов России. Например, в 2004 году на фестивале выступили 44 группы. Среди них такие популярные, как «ДДТ» (лидер группы — Юрий Шевчук), «Ленинград» (лидер группы — Сергей Шнуров), «Звери» и другие. Открывала фестиваль группа «Би-2» — одна из лучших российских рок-групп, а закрывала — группа «Наутилус Помпилиус» со своим лидером Вячеславом Бутусовым. Как пишут журналисты, «Нашествие-2004» посетило около 55 тысяч поклонников рока, которые приехали со всей России.

Фестиваль «Нашествие-2005» проходил недалеко от города Тверь, как и год назад. Десятки тысяч фанатов рок-музыки собрались вместе, чтобы забыть на два дня обо всём и погрузиться в море рока. После того как фестиваль закончился, были выпущены музыкальные диски с лучшими песнями, исполненными на фестивале.

Ответьте на вопросы:
— Где и когда проходил рок-фестиваль «Нашествие»?
— Нравится ли вам рок-музыка? Какие рок-группы вы знаете?

в) Какие вопросы задавали журналисты, прежде чем написать эти статьи? Напишите эти вопросы.

г) Какую информацию вы получили, прочитав эти статьи?

д) Скажите, какая статья вас заинтересовала и почему.

35

Послушайте песню Юрия Шевчука «В последнюю осень». Если вам понравится эта песня, выучите её.

В последнюю осень

В последнюю осень ни строчки, ни вздоха.
Последние песни осыпались летом.
Прощальным костром догорает эпоха,
И мы наблюдаем за тенью и светом
В последнюю осень.

Ах, Александр Сергеевич, милый,
Ну что же вы нам ничего не сказали
О том, как держали, искали, любили.
О том, что в последнюю осень вы знали.
В последнюю осень...

Уходят в последнюю осень поэты,
И их не вернуть, заколочены ставни.
Остались дожди и замёрзшее лето.
Остались любовь и ожившие камни.
В последнюю осень...

Юрий Шевчук

А.С. Пушкин. Автопортрет

Заколоченные ставни

36

а) Прочитайте статью и скажите, о каком подарке идёт речь в этой статье.

Подарок к 60-летию Победы
(9 мая 1945 — 9 мая 2005)

9 апреля 2005 года известному русскому художнику, скульптору, теоретику искусства, члену Европейской академии искусств, наук и гуманитарных знаний Эрнсту Неизвестному исполнилось 80 лет.

Скульптурные работы Эрнста Неизвестного можно увидеть во многих городах России и за рубежом. Монументальные памятники скульптора стоят на его родине, в городе Екатеринбурге, а также в Магадане, Воркуте, Волгограде... Монумент «Память шахтёрам Кузбасса» стоит в городе Кемерове, где добывают уголь. На одной из московских улиц находится пятиметровая скульптурная композиция «Возрождение» — символ возрождения российской промышленности. В Египте скульптор создал памятник «Цветок лотоса», посвящённый дружбе народов. Всего скульптором Эрнстом Неизвестным создано 750 скульптур, 5 тысяч графических работ и иллюстрации к произведениям русского писателя Ф.М. Достоевского (1821–1881) и итальянского поэта Данте (Данте Алигьери, 1265–1321).

Но самое главное произведение скульптора — монументальная семиметровая скульптурная композиция «Древо жизни» — находится в Москве на пешеходном мосту, рядом с московским международным деловым центром «Москва-Сити». Этот памятник скульптор пере-

Э. Неизвестный. «Древо жизни»

дал в дар столице. Выступая на открытии памятника, скульптор Эрнст Неизвестный — ветеран Великой Отечественной войны (1941–1945) — сказал, что этот памятник будет подарком к 60-летию Победы в войне с фашизмом, так как он символизирует борьбу добра и зла.

«Древо жизни» — это философское, символическое произведение. Древо (дерево) — это символ жизни, в которой есть всё: добро и зло, правда и ложь, свет и тьма...

Когда скульптора спросили, какова главная идея этого памятника, он сказал, что не может кратко ответить на этот вопрос, потому что о «Древе жизни» уже написано шесть толстых книг. Лучшие искусствоведы мира изучают это произведение. Это символ всех мировых религий и культур, символ единства искусства и науки.

Эрнст Неизвестный — человек с удивительной и необыкновенной судьбой. В его биографии много ярких и интересных фактов и событий. Вот некоторые из них.

> Во время Великой Отечественной войны (1941–1945) восемнадцатилетний Эрнст Неизвестный ушёл добровольцем на фронт, чтобы бороться с фашизмом. Воевал. В конце войны, в апреле 1945 года, был тяжело ранен в Австрии. Родители получили сообщение, что он убит. Его посмертно наградили орденом Красной Звезды. Но он не был убит, он выжил! Он остался жив!

> После войны Эрнст Неизвестный учился сразу в двух учебных заведениях одновременно: в Художественном училище имени Сурикова, где учатся художники, и в Московском государственном университете на философском факультете, считая, что искусство и философия тесно связаны между собой.

> В шестидесятые годы Эрнст Неизвестный участвовал в знаменитой выставке художников в Манеже. На этой выставке художники-авангардисты представили свои лучшие работы, которые не понравились главному политическому деятелю страны Никите Сергеевичу Хрущёву. Молодой скульптор Эрнст Неизвестный смело спорил с Хрущёвым об искусстве.

> После спора с Н.С. Хрущёвым Эрнсту Неизвестному пришлось уехать из Москвы на родину — в Екатеринбург. Там он работал на заводе «Металлист», где научился делать скульптуры из металла. После работы Эрнст делал скульптуры и приносил их домой. Так как в доме не было свободного места, он хранил эти скульптуры на своём балконе. Скульптуры были очень тяжёлые, и их было очень много. Однажды к скульптору пришли соседи, которые боялись, что его балкон упадёт.

В 1976 году Эрнст Неизвестный уехал из СССР, жил в Америке, читал лекции по искусству и философии в университетах США. В 1989 году, приехав в Россию, читал лекции по культуре в Московском государственном университете.

Работу над произведением «Древо жизни» Эрнст Неизвестный начал в 1956 году и продолжал долгие годы. В 1987 году в Швеции открыли музей «Древо жизни», посвящённый работам Эрнста Неизвестного. А в 1990 году музей Эрнста Неизвестного открыли на родине скульптора, в городе Екатеринбурге. Таким образом, уже сейчас созданы два музея, в которых собраны лучшие произведения этого замечательного скульптора.

б) На какие вопросы может ответить человек, прочитавший этот текст?

в) Какие факты биографии скульптора показались вам наиболее интересными и почему?

г) Напишите краткую биографию Эрнста Неизвестного. Используйте все материалы статьи.

  а) Прочитайте текст и скажите, почему он так называется.

«Праздник со слезами на глазах...»

День Победы, как он был от нас далёк,
Как в костре потухшем таял уголёк.
Были вёрсты, обгорелые, в пыли,
Этот день мы приближали, как могли.

    Этот день Победы порохом пропах,
    Это праздник с сединою на висках,
    Это радость со слезами на глазах.
    День Победы! День Победы! День Победы!

...Здравствуй, мама, возвратились мы не все,
Босиком бы пробежаться по росе.
Пол-Европы прошагали, пол-Земли,
Этот день мы приближали, как могли.

    Этот день Победы порохом пропах,
    Это праздник с сединою на висках,
    Это радость со слезами на глазах.
    День Победы! День Победы! День Победы!

Владимир Харитонов

9 мая — День Победы в Великой Отечественной войне — один из самых значительных праздников в России. Этот праздник люди привыкли встречать все вместе на улицах и площадях. Каждый год 9 мая в Москве у Большого театра и на Поклонной горе встречаются ветераны войны, чтобы снова вспомнить трудные годы войны.

22 июня 1941 года фашистская Германия напала на Советский Союз, началась Великая Отечественная война. На фронт уходили мужчины и женщины, пожилые и совсем молодые люди. Все они воевали с одним желанием — победить любой ценой. «Ни шагу назад!» — так говорили солдаты на фронте. 4 года шла эта страш-

ная, кровавая война, в которой погибло более 26 миллионов человек. Нет ни одной семьи, которая не потеряла бы кого-нибудь из родных и близких. Но Россия выдержала это тяжелейшее испытание и победила. 9 мая 1945 года был подписан документ о капитуляции фашистской Германии, война закончилась.

9 мая 2005 года Россия праздновала 60-летие Великой Победы над фашизмом. В этот день во многих городах России прошли парады и праздничные демонстрации, состоялись концерты, а вечером прогремел салют. В праздничных гуляниях приняли участие миллионы людей, среди которых было 800 тысяч участников Великой Отечественной войны. Люди поздравляли ветеранов и вспоминали тех, кто погиб, кто ценой собственной жизни завоевал эту победу.

Вот несколько историй о людях, защищавших свою Родину.

Юлия Друнина

Я только раз видала рукопашный.
Раз — наяву. И тысячу — во сне.
Кто говорит, что на войне не страшно,
Тот ничего не знает о войне.

Юлия Друнина

Юлия Друнина (1924–1991) родилась и выросла в Москве. В 11 лет она начала писать стихи, мечтала стать поэтом. После школы собиралась поступить в Литературный институт. Но в 1941 году началась война. Юле было семнадцать лет, когда она добровольцем пошла на фронт, чтобы защищать Родину. На фронте Юлия Друнина была медсестрой, помогала раненым солдатам, выносила их с поля боя. Дважды была тяжело ранена в боях.

После войны в 1945 году поступила в Литературный институт и осуществила свою мечту — стала поэтом. Многие её стихи — о войне.

Анатолий Старченко

Когда началась война, **Анатолию Старченко** было только 15 лет. Он учился в седьмом классе и мечтал стать лётчиком. В 1942 году фашисты оккупировали (захватили) его родной город. Вместе с шестью другими мальчишками Анатолий организовал партизанскую группу, чтобы бороться с фашистами. Ночью в праздник 7 ноября ребята тайно вывесили красные флаги на здании, где был фашистский штаб. Через несколько дней всех арестовали. Только через 4 месяца Анатолий и его друзья чудом смогли освободиться. Анатолий продолжил борьбу с фашистами. Он был тяжело ранен, потерял правую руку. После Победы Анатолий Старченко окончил юридический факультет Московского университета. Сейчас Анатолий Александрович Старченко — профессор, преподаватель философского факультета МГУ.

Булат Окуджава

Здесь птицы не поют,
Деревья не растут,
И только мы плечом к плечу
Врастаем в землю тут.
Горит и кружится планета,
Над нашей Родиною дым.
И, значит, нам нужна одна победа,
Одна на всех, мы за ценой не постоим.

Булат Окуджава

В первые годы войны шестнадцатилетний **Лев Канаев** работал на военном заводе, делал оружие для фронта. Его рабочий день длился 12 часов. В 1943 году, когда ему исполнилось 18 лет, его призвали в армию. Три месяца он провёл в танковой школе и научился управлять танком. В течение двух лет Лев Канаев сражался с фашистами на своём танке. Он закончил войну в Кёнигсберге (теперь этот город называется Калининград). После войны Канаев окончил школу, учился в институте, стал инженером. Он проводил испытания моторов для космических ракет и участвовал в запуске в космос Юрия Гагарина. Сейчас Лев Николаевич Канаев — пенсионер.

б) Скажите, что вы знали об этой войне раньше.

в) Что вы узнали о войне и её героях, прочитав эту статью?

г) Прочитайте стихи, послушайте песни о войне. Расскажите, какие фильмы об этой войне вы смотрели.

II. Выражение условных отношений в простом и сложном предложениях

1. Выражение условных отношений в сложном предложении

 Песня о друге

Если друг оказался вдруг
И не друг, и не враг, а так;
Если сразу не разберёшь,
Плох он или хорош, —
Парня в горы тяни — рискни! —
Не бросай одного его:
Пусть он в связке одной с тобой —
Там поймёшь, кто такой.

Владимир Высоцкий

Владимир Высоцкий

Прочитайте примеры в таблице и объясните, чем отличается реальное условие от ирреального. Поставьте вопросы, чтобы выяснить условия действий или событий.

Условие
При каком условии?
В какой ситуации?

Реальное условие	Ирреальное условие
Если..., (то)... Если я куплю билеты, то мы пойдём сегодня на концерт. Если мы поедем на метро, то мы доедем до нужного места очень быстро.	**Если бы... S1 + P1 -л(-а, -и),** **(то) S2 + P2 -л(-а, -и) + бы...** **или (то) S2 + бы + P2 -л(-а, -и)...** Если бы я купил билеты, то мы пошли бы сегодня на концерт. Если бы я купил билеты, то мы бы пошли сегодня на концерт. Если бы мы поехали на метро, то мы доехали бы до нужного места очень быстро.
Если + инф., (то)... Если купить билеты, то можно пойти сегодня на концерт. Если поехать на метро, то можно доехать до нужного места очень быстро.	

Сравните!

Реальное условие	⟷	Ирреальное условие
Если в субботу будет хорошая погода, (то) мы поедем за город. ....→	К сожалению, в субботу погода была плохая, шёл сильный дождь. Мы не поехали за город. ....→	**Если бы** в субботу была хорошая погода, мы поехали **бы** за город. **Если бы** в субботу не было дождя, мы **бы** поехали за город.
Если мы выйдем из дома пораньше, мы не опоздаем на самолёт. ....→	К сожалению, мы долго собирались и вышли из дома позже, чем нужно. Мы опоздали на самолёт. ....→	**Если бы** мы вышли из дома пораньше, то мы не опоздали **бы** на самолёт. то мы **бы** не опоздали на самолёт.

38 Восстановите предложения (соедините части А и Б).

А

1. Если вы уже посмотрели фильм, ...
2. Если вы часто и с удовольствием слушаете музыку, ...
3. Если смотреть новости, ...
4. Если мой друг будет звонить, передайте ему, ...
5. Если бы я умел петь и играть на гитаре, ...
6. Если организовать весёлый интересный праздник, ...
7. Если посмотреть на звёзды в телескоп, ...
8. Если бы мой друг заболел, ...

Б

...я бы вызвал ему врача.
...можно хорошо отдохнуть.
...расскажите, о чём он.
...что я буду дома вечером.
...можно узнать много интересной информации.
...то вы меломан.
...я стал бы популярным музыкантом.
...то их видно гораздо лучше.

39 Узнайте у вашего друга, что он сделает, если:

— он собирается поехать на родину на каникулы;
— он хочет побывать в разных городах России;
— у него нет нужной книги;
— он плохо себя чувствует;
— он решил поменять специальность;
— он нашёл чужие документы;
— завтра у него будет экзамен;
— у него есть лишний билет в кино;
— у него кончились деньги;
— он хочет познакомиться с девушкой;
— он собрался поехать за город, но на улице идёт сильный дождь;
— его друзья ждут его, а он опаздывает;
— к нему в гости придут друзья.

40 **Опишите условия (ситуации). (Продолжите высказывания.)**

1. Вы хорошо будете говорить по-русски, если...
2. Вы станете богатым и знаменитым, если...
3. Вы будете учиться в МГУ, если...
4. У вас будет отличное настроение, если...
5. Вам будет грустно, если...
6. Вы должны позвонить по телефону: 01 (пожарная охрана), если...
   02 (милиция), если...
   03 (скорая помощь), если...
   09 (телефонная справочная), если...
   937-99-11 (служба спасения), если...

41 **а) Представьте себе ситуации. Как вы думаете, при каких условиях они были бы возможны** (начните предложения).

Если бы...,
...я стал бы известным художником / знаменитым писателем / президентом.
...я построил бы большой дом.
...я помог бы своему другу.
...я бы познакомил вас со своими родителями.
...я бы спал целый день.
...я бы объяснил, почему это произошло.
...я бы женился (вышла замуж).
...я бы позвонил родителям.
...я бы умер от страха.
...я бы умер от смеха.
...я бы умер от стыда.

б) Опишите ситуации, в которых можно так сказать (распространите и продолжите высказывания).

1. Если хочешь, пойдём...
   Если будет трудно, помогу...
   Если надо, возьми...
   Если не трудно, сделай...
   Если не можешь сделать, не обещай...
   Если не нравится, не ешь...
   Если не сможешь, позвони...
   Если можешь, объясни...

   Если хочешь, расскажи...
   Если хочешь, напиши...
   Если нравится, прочитай...
   Если не хочется, не делай...
   Если любит, простит...
   Если должен сделать, сделает...
   Если увижу, скажу...
   Если узнаю, позвоню...

2. Если бы я знал(а)...
   Если бы я мог (могла)...
   Если бы я хотел(а)...
   Если бы я умел(а)...
   Если бы надо было...

2. Выражение условных отношений в простом предложении

Прочитайте примеры в таблице и задайте полные вопросы.

При каком условии? В какой ситуации?

при (+ 6)	**При чтении газет и журналов** на иностранном языке вам обязательно нужен будет словарь. = Если вы будете читать газеты и журналы на иностранном языке, вам обязательно нужен будет словарь.
	При желании научиться играть на гитаре вы можете купить самоучитель. = Если вы хотите научиться играть на гитаре, вы можете купить самоучитель.
	Пользуйтесь Интернетом **при необходимости быстро получить информацию** о новостях культуры, литературы, спорта. = Если вам нужно быстро получить информацию о новостях культуры, литературы, спорта, пользуйтесь Интернетом.
деепричастный оборот	Вы можете увидеть лучшие спектакли российских театров, **побывав на театральном фестивале «Золотая маска»**. = Вы можете увидеть лучшие спектакли российских театров, если побываете на театральном фестивале «Золотая маска».
	Изучая иностранный язык, старайтесь больше говорить, слушать и читать на этом языке. = Если вы изучаете иностранный язык, старайтесь больше говорить, слушать и читать на этом языке.
	Выбирая книгу в подарок другу, вспомните, какие книги он любит читать. = Если вы выбираете книгу в подарок другу, вспомните, какие книги он любит читать.

42 Объясните ситуации, используйте конструкцию Если...

1. При организации праздника в университете нужно пригласить всех выпускников.
2. При исследовании этого вещества вы должны работать очень осторожно.
3. При использовании новой бытовой техники внимательно прочитайте инструкцию.
4. При приёме этого лекарства необходимо постоянно консультироваться с врачом.
5. При желании послушать классическую музыку вам надо пойти в консерваторию.
6. Пригласив отличных музыкантов, дирижёр может организовать хороший оркестр.
7. Поехав на экскурсию по «Золотому кольцу», вы сможете увидеть старинные русские города.
8. Увидев в аптеке новое лекарство, не спешите его покупать, посоветуйтесь сначала с врачом.
9. Узнав о постановке новой оперы в Большом театре, мой друг заказал билеты.
10. Только послушав новую оперу, можно высказать своё мнение о ней.

43 а) Познакомьтесь с информацией о новой опере в Большом театре. Скажите, когда состоялась премьера новой оперы. Кто её авторы?

Премьера в Большом театре

Вся Москва говорит о премьере новой оперы «Дети Розенталя» в Большом театре. Её обсуждают по телевизору, на страницах многочисленных газет и журналов, в Интернете и даже в Государственной думе. В обсуждении принимают участие театральные критики, композиторы, режиссёры, артисты и депутаты. Почему новая опера в Большом театре привлекла к себе такое внимание? Почему о ней так много говорят и спорят?

Отвечая на эти вопросы, директор Большого театра рассказал, что оперный репертуар Большого театра всегда был классическим, то есть на сцене театра исполнялись только классические оперы, и этот репертуар не менялся почти 30 лет. Сейчас пришло время поставить на сцене Большого театра новую современную оригинальную оперу.

Руководство театра заказало такую оперу известному современному композитору Леониду Десятникову, который предложил писателю Владимиру Сорокину написать либретто (содержание оперы). Так появилась опера «Дети Розенталя», написанная Сорокиным и Десятниковым специально для Большого театра.

Имя Владимира Сорокина хорошо знают в России. Его называют скандально известным писателем, потому что все его ранее написанные произведения вызывали споры и бурные обсуждения в прессе. Поэтому новая опера в Большом театре привлекла к себе такое внимание.

Действительно, либретто, написанное Владимиром Сорокиным, весьма оригинально и экстравагантно. Во-первых, необычны герои оперы. Это клоны великих композиторов прошлого: Верди, Чайковского, Вагнера, Мусоргского и Моцарта, — живущие в наше время в России.

Во-вторых, рядом с всемирно известными композиторами мы видим и других действующих лиц. Это пассажиры, таксисты, торговцы, уличные музыканты, бомжи и другие люди, находящиеся на площади Трёх вокзалов в Москве.

В-третьих, в опере часто звучат имена и фрагменты официальных выступлений советских и российских политических деятелей: Сталина, Хрущёва, Брежнева, Горбачёва, Ельцина... Можно сказать, что они тоже являются действующими лицами оперы и помогают лучше понять время действия оперы и политическую ситуацию в стране.

Оперу «Дети Розенталя» поставил на новой сцене Большого театра литовский режиссёр Эймунтас Някрошюс — один из самых модных и интересных режиссёров.

По словам литературных критиков, премьера оперы «Дети Розенталя», состоявшаяся 23 марта 2005 года в Большом театре, сразу стала самым ярким театральным событием этого года. Новая опера и удивляет, и привлекает зрителей своей новизной и оригинальностью.

б) Скажите, почему новая опера в Большом театре привлекла к себе огромное внимание публики и прессы.

Найдите в тексте данные словосочетания и объясните, как вы их понимаете.

поставить на сцене
вызывать споры
привлекать к себе внимание
привлекать зрителей
стать ярким театральным событием

45 а) Прослушайте диалог и скажите, что обсуждают друзья.

— Николь, что ты делала вчера вечером? Я звонил тебе, но ты не отвечала.
— Я весь вечер сидела в Интернете, читала новости культуры.
— И что интересного там пишут?
— Критики и искусствоведы обсуждают новую оперу в Большом театре.
— И что? Очень хорошая опера?
— Одним нравится, другим — нет. Как говорит русская пословица, на вкус и цвет товарищей нет.
— А ты спроси у Брюса. Он ведь у нас театрал. Всё знает.
— Макс, ты, как всегда, прав. Я обязательно спрошу.

— Брюс, ты слышал что-нибудь о новой опере в Большом?
— Я не только слышал об этой опере, но и слушал её. Она называется «Дети Розенталя».
— Когда же ты успел? Это ведь новая опера.
— Я ходил на премьеру. Я предпочитаю всё увидеть своими глазами.
— Ну и как? Понравилось? Расскажи.
— Мне очень понравилось. Кстати, когда я был в театре, я купил там программу. В программе есть либретто оперы. Прочитай его. Я думаю, что тебе понравится и ты захочешь пойти в Большой театр и послушать эту оперу.

б) Скажите, что Брюс посоветовал Николь.

в) Как вы понимаете русскую пословицу «На вкус и цвет товарищей нет»? Есть ли в вашем родном языке подобная пословица?

г) Объясните, как вы понимаете слова премьера, либретто, театрал, критик, искусствовед.

46 а) Прочитайте либретто оперы «Дети Розенталя» и скажите, чем закончилась опера.

Дети Розенталя (краткое содержание оперы)

Музыка — Л. Десятников
Либретто — В. Сорокин

Действие оперы происходит в России в период с 1975 по 1993 год.

Алекс Розенталь, великий учёный, родился в Берлине в 1910 году. В 22 года он стал профессором биологии, а в 26 лет сделал великое открытие: человека можно клонировать, то есть в лаборатории можно сделать копию человека.

В конце тридцатых годов профессор Розенталь бежал из фашистской Германии в СССР. Здесь он продолжил свои опыты по клонированию человека. Советское правительство помогло Розенталю и стало финансировать его проект по клонированию. У Розенталя была мечта: он хотел вернуть к жизни гениальных людей — великих композиторов прошлого. Он очень много работал, и в 1975 году ему удалось создать 5 клонов: Верди*, Чайковского*, Вагнера*, Мусоргского* и Моцарта*.

Пока был жив профессор Розенталь, они жили очень счастливо. Но время шло. В стране начались большие перемены. Перестройка. Распад СССР. Трудное для России время. Профессор Розенталь умер. Правительство перестало финансировать проект по клонированию, и великие композиторы — «дети Розенталя» — оказались на улице. Они почувствовали, что никому не нужны здесь. Чтобы заработать себе на жизнь, им пришлось стать уличными музыкантами и играть на площадях и вокзалах.

Музыка, исполненная великими музыкантами на вокзале, очень понравилась девушке Тане. Она подошла к музыкантам, чтобы поблагодарить их за прекрасную музыку. Слова благодарности, сказанные Таней, произвели огромное впечатление на юного Моцарта. Моцарт и Таня полюбили друг друга.

Моцарт объявил своим братьям-композиторам, что он хочет жениться на Тане, и пригласил всех на свадьбу. Композиторы одобрили решение Моцарта. Но бывший друг Тани не хотел отпускать её и попросил за неё выкуп. Чтобы освободить Таню и сделать Моцарта счастливым, Верди дал за Таню выкуп — золотые часы Розенталя. Бывший друг Тани взял часы, но решил отомстить композиторам и начал строить злые планы.

Свадьбу Моцарта и Тани праздновали в привокзальном ресторане, все пили вино и веселились, композиторы поздравляли жениха и невесту. После свадьбы все решили ехать на юг, в солнечный Крым, чтобы жить там беззаботно и счастливо. До отправления поезда, который увезёт Таню и Моцарта с братьями на юг, оставалось полчаса. Мусоргский попросил официанта принести ещё бутылку вина, но именно в эту бутылку бывший друг Тани положил яд. Таня, Моцарт, Верди, Мусоргский, Вагнер и Чайковский выпили отравленное вино.

Моцарт проснулся в больнице. Там он узнал, что его братья-композиторы и Таня умерли от яда. Один Моцарт остался жив. Он не умер, потому что у него был иммунитет к яду. (Существует легенда, по которой Моцарт был отравлен в прошлой жизни.) «Вас больше нет. Вы ушли навеки. И я один в этом мире», — грустно поёт Моцарт в финале оперы.

---

* Джузеппе Верди (Verdi) — итальянский композитор (1813–1901).
* Пётр Ильич Чайковский — русский композитор (1840–1893).
* Рихард Вагнер (Wagner) — немецкий композитор (1813–1883).
* Модест Петрович Мусоргский — русский композитор (1839–1881).
* Вольфганг Амадей Моцарт (Mozart) — австрийский композитор (1756–1791).

б) Если вам понравилось содержание оперы, расскажите его другу.

в) Убедите друга пойти в Большой театр и послушать эту оперу.

г) Если содержание оперы показалось вам неинтересным, объясните почему.

д) Любите ли вы оперу? Какие оперные произведения вы уже слушали?

47 Найдите в тексте данные словосочетания и объясните, как вы их понимаете.

финансировать проект	решил отомстить
вернуть к жизни	жить беззаботно
оказаться на улице	он ушёл навеки
одобрить решение	клонировать человека

48 а) Быстро просмотрите текст (1) и найдите ответы на вопросы:

— Какой известный музыкант выступал с оркестром В. Спивакова?
— Когда впервые В. Спиваков выступил в качестве дирижёра?
— Чем занимается фонд В. Спивакова?

1. Оркестру «Виртуозы Москвы» 25 лет!

«Виртуозы Москвы»

Оркестр «Виртуозы Москвы» называют достопримечательностью музыкальной Москвы. В апреле 2005 года после завершения мирового турне в Москве прошли юбилейные концерты оркестра, создателем которого является блистательный скрипач и дирижёр Владимир Спиваков. Вот уже 25 лет он постоянный руководитель этого известного во всём мире музыкального коллектива. За 25 лет «Виртуозы Москвы» выступили с гастролями почти во всех городах России и дали почти три тысячи концертов. Музыкантов хорошо знают в Европе, США и Японии. Оркестр Спивакова — постоянный гость престижных международных фестивалей.

В репертуаре этого оркестра почти вся классика: Бах, Моцарт, Шуберт, Вивальди, Чайковский, Шостакович, Прокофьев и т. д. Всемирно известный скрипач Иегуди Менухин * сказал, что «Виртуозы Москвы» — один из самых замечательных оркестров, с которыми ему приходилось выступать: «Когда слышишь, как играет этот оркестр, глубже понимаешь и чувствуешь музыку».

---

* Иегуди Менухин (р. 1916) — американский скрипач и дирижёр.

Владимир Спиваков закончил Московскую консерваторию в 1959 году. Уже тогда все понимали, что это музыкант с большим будущим. После окончания консерватории Спиваков работал преподавателем в Музыкальном педагогическом институте имени Гнесиных в Москве и одновременно давал сольные концерты.

Международная сольная карьера музыканта началась в 1975 году после его успешных концертов в США. Он поражал зрителей своей великолепной техникой, глубиной и эмоциональностью исполнения музыкальных произведений. Через месяц после выступлений Владимир Спиваков получил приглашения от самых знаменитых дирижёров России, США, Германии, Австрии, Англии, Франции. С 1975 по 1979 год Спиваков играл с известными оркестрами мира. За эти четыре года он стал одним из ведущих скрипачей мира.

В 1979 году Владимир Спиваков впервые выступил как дирижёр. В это же время он создал камерный оркестр «Виртуозы Москвы» — коллектив, в котором объединились музыканты известных российских оркестров.

Сегодня Владимир Спиваков является одним из лучших скрипачей и дирижёров мира. Но он не только хороший музыкант, он ещё и хороший организатор. Спиваков создал два оркестра — «Виртуозы Москвы» и Национальный филармонический оркестр России. Он организовал два музыкальных фестиваля — в России и во Франции. Несколько лет назад он стал президентом Московского международного дома музыки. Вот уже 10 лет существует благотворительный фонд Спивакова. На деньги фонда покупаются инструменты для музыкальных школ, талантливые дети получают музыкальное образование. Фонд Спивакова оплачивает лечение и операции больным детям. За 10 лет 3500 детей получили помощь фонда.

б) Как вы думаете, какие вопросы задал журналист Владимиру Спивакову, чтобы написать статью о нём и о его оркестре?

2. Интервью с маэстро

а) Прочитайте интервью и скажите, что музыкант Владимир Спиваков считает своим талисманом.

Владимир Спиваков

В дни юбилея Владимир Спиваков часто давал интервью. Вот как он ответил на некоторые вопросы журналистов.

— Как вам удалось создать такие интересные профессиональные коллективы?

— Я долго и серьёзно работал с музыкантами. Мы репетировали каждый день. У нас хороший коллектив, и мы живём и работаем по принципу «любить музыку и друг друга».

— Но ведь дирижёр — это человек, который твёрдо «держит» весь оркестр. Музыканты вас боятся?

— Я считаю, что дирижёр должен быть прежде всего лидером, которого не боятся, а уважают. В оркестре каждый музыкант должен показать весь свой талант, все свои способности, и в этом дирижёр должен помочь ему. Музыканты говорят, что в оркестре действительно удалось создать атмосферу любви и уважения друг к другу. Это для меня самое главное.

— А за что вы сами себя хвалите?

— Я никогда не хвалю себя. Когда человек начинает сам себя хвалить, он останавливается.

— Как вы относитесь к критикам, которым не нравится ваша работа, ваше творчество?

— Я не обращаю на это внимания. Я работаю. Я человек, который любит людей, музыку и свою работу.

— Какой концерт был самым-самым удачным в вашей жизни?

— Не могу сказать. Думаю, что самый-самый ещё впереди.

— Какие праздники вы любите?

— Я не люблю праздники. Я люблю только Новый год. Обычно 31 декабря перед Новым годом я даю концерт, это традиция.

— Вот уже 16 лет вы проводите международный фестиваль музыки в маленьком французском городке Кольмар. Говорят, что фестиваль в этом году будет последним? Это правда?

— Нет, фестиваль будет продолжаться. Более того, этот фестиваль называют сейчас одним из лучших европейских фестивалей. В нём участвует много молодых талантливых музыкантов.

— А московский фестиваль? В этом году он состоится?

— Да, конечно. В этом году будет уже третий фестиваль «Владимир Спиваков приглашает...» На этот фестиваль я соберу в Москве многих выдающихся музыкантов — своих друзей со всего мира.

— Как вы относитесь к своей скрипке и к дирижёрской палочке?

— Я играю на скрипке, сделанной великим итальянским мастером Антонио Страдивари в 1712 году. А палочка — подарок Леонарда Бернстайна *. Я всегда выхожу на сцену с этой скрипкой и с этой палочкой. Это очень дорогие для меня вещи. Можно сказать, что они стали моими талисманами.

— Сегодня у вас и вашего оркестра «Виртуозы Москвы» юбилей — 25 лет. Как вы считаете, 25 лет для оркестра — это много или мало?

— Четверть века — это большой срок. Конечно, в жизни оркестра были не только успехи. И всё-таки за эти годы оркестр стал не только частью моей жизни, но и частью истории и культуры нашей страны.

---

* Леонард Бернстайн (1918–1990) — американский дирижёр, пианист и композитор.

б) Что вы узнали из интервью с Владимиром Спиваковым о его работе и о его оркестре?

в) Какие ещё вопросы вы могли бы задать маэстро?

49 Найдите в тексте данные словосочетания и объясните, как вы их понимаете.

музыкант с большим будущим
давать сольные концерты
твёрдо «держать» оркестр
создать атмосферу любви и уважения

50 Напишите небольшую статью о Владимире Спивакове.

УРОК 8. КУЛЬТУРА ЕДИНА ДЛЯ ВСЕГО ЧЕЛОВЕЧЕСТВА

51 а) Прослушайте диалог и скажите, где были Николь и Макс в воскресенье. Куда они решили пойти через неделю?

Николь. Привет, как дела? Что нового? Куда ходил? Что делал?
Макс. Вчера я был на рок-концерте во Дворце молодёжи. Ты же знаешь, я увлекаюсь рок-музыкой.
Николь. Как ты можешь слушать рок-музыку? Это не музыка, это шум и грохот!
Макс. Ты ничего не понимаешь! Вчера выступала очень известная в России группа «Ума Турман». Мне очень нравится их музыка. Весь зал танцевал и пел вместе с ними.
Николь. Какой ужас! Вот я вчера слушала настоящую музыку.
Макс. Что ты называешь настоящей музыкой?
Николь. Мне повезло, я была на концерте Владимира Спивакова и слушала симфоническую музыку. Я получила огромное удовольствие.
Макс. А я не люблю и не понимаю классическую музыку.
Николь. Ты, наверное, никогда не был в консерватории?!
Макс. А ты, наверное, никогда не слушала настоящий рок?! В следующее воскресенье я приглашаю тебя на рок-концерт.
Николь. Хорошо, но потом мы обязательно пойдём в консерваторию.
Макс. Договорились!

б) Вы были в театре (слушали оперу, смотрели балет, слушали симфоническую музыку), а ваш друг ходил в кино (ходил в цирк, слушал эстрадный концерт, был на рок-фестивале), обменяйтесь впечатлениями.

52 а) Прочитайте рассказ и дайте ему название. Докажите, что название, предложенное вами, наиболее точно передаёт содержание, тему или идею рассказа.

У каждого народа есть свои мастера, свои таланты, свои умельцы. Есть такие таланты и на русской земле. К сожалению, мы не знаем имён многих из них. Глядя на старинные здания, дворцы и соборы, любуясь старинными вещами, мы часто даже не знаем имён тех людей, чьи руки создали это чудо. Об одном таком русском умельце мы хотим рассказать вам.

Было это давным-давно, ещё при императоре Александре I (1777–1825). Был у богатого русского графа Шереметева один мастер — Иван Батов. Руки у него были золотые. Он умел делать всё. Но делал только то, что граф приказывал, так как Иван Батов был крепостным* мастером. У графа Шереметева был большой оркестр. Граф приказал мастеру сделать инструменты для всего оркестра. Иван Батов своими руками сделал все музыкальные инструменты для оркестра, хотя он нигде и никогда не учился.

Самым любимым делом Ивана Батова было делать скрипки. Однажды граф Шереметев приказал ему сделать скрипку для самого императора Александра I. Иван сделал чудесную скрипку. Говорят, что император был очень доволен этой скрипкой и благодарил графа Шереметева за хороший подарок. После этого граф Шереметев раз-

---
* С XVI века до 1861 года в России все крестьяне были крепостными. У них не было никаких гражданских прав. Их покупали и продавали, как рабов. В 1861 году была реформа, крепостное право было отменено, и крепостные крестьяне получили свободу.

решил Ивану Батову работать в мастерской, делать скрипки и продавать их, но деньги отдавать самому графу. С тех пор Иван Батов работал в мастерской. Он сделал много скрипок и заработал много денег для графа Шереметева.

Много раз крепостной мастер Иван Батов просил графа дать ему вольную — отпустить его на свободу, — но граф не отпускал. Граф понимал, что золотые руки Батова принесут ему ещё очень много денег.

Однажды в мастерскую, где работал Батов, приехал один господин. В руках у него была скрипка.

— Вы мастер Батов? — спросил незнакомец.

Услышав его слова, Батов сразу понял, что этот господин — немец.

— Да, это я, — ответил мастер. — Что вы желаете?

Незнакомец посмотрел вокруг, увидел скрипки, сделанные Батовым, и спросил:

— Это ваша работа?

— Моя.

— Красивые скрипки. А их звук? Он так же хорош, как и сами скрипки?

— Попробуйте сами.

Незнакомец взял скрипку Батова и заиграл. Он играл хорошо, не как любитель, а как настоящий артист. Скрипка звучала прекрасно.

— Хороший инструмент. Чистый звук, — сказал незнакомец. — А моя скрипка сломана. Она нуждается в ремонте. Я хочу, чтобы вы отремонтировали её.

Батов посмотрел на скрипку и сразу понял, что эта скрипка немецкой работы, но в очень плохом состоянии. Скрипка была разбита. «Что он с ней сделал? — подумал Батов. — Наверное, с балкона бросил».

— Так вы сможете её починить? — спросил незнакомец.

— Оставьте скрипку и приезжайте дня через три, — ответил Батов.

— Если вы хорошо почините эту скрипку, я дам вам другой заказ, более серьёзный. Есть у меня одна скрипка итальянской работы... Редкая скрипка и очень дорогая.

Ровно через три дня, в то же время, немец приехал за скрипкой. Войдя в мастерскую, он сразу увидел свою скрипку и ахнул от удивления.

— Вы величайший мастер! Скрипка была разбита. А вы так аккуратно сделали её, что я не верю своим глазам. Как вы сумели это сделать? — спросил немец. Потом он осторожно взял скрипку и заиграл. Нежные, чистые звуки наполнили комнату. — Это моя скрипка, но она звучит лучше, чем прежде. Вы замечательный мастер. Вы делаете чудеса. Теперь я уверен, что я могу дать вам мой самый ценный инструмент, — он положил на стол перед Батовым другую скрипку. — Но будьте осторожны, — продолжал он, — эта скрипка сделана итальянским мастером. Я специально ездил в Италию, чтобы встретиться с этим мастером. Если бы я нашёл его, я бы заказал ему ещё несколько инструментов. Но я не нашёл его в Италии. Никто не знает, где живёт этот великий мастер. Его работы — большая редкость. Вы не обижайтесь, но в России и через сто лет не научатся делать такие скрипки, как эта.

Батов с интересом посмотрел на редкий инструмент и засмеялся. Потом он посмотрел внутрь скрипки и прочитал надпись на этикетке: «Сделано в Италии. 1800 год. Джованно Баттини из Турина».

— Почему вы смеётесь? — удивлённо спросил немец. — Или вам не нравится эта скрипка?

Иван Батов немного подумал и спросил:

— Вы говорите, что никто не видел Джованно Баттини?

— Да. Даже те музыканты и коллекционеры, у которых есть его скрипки, никогда не видели этого мастера и никогда не встречались с ним.

— Скажите, а знаете ли вы французского мастера по имени Жан Батто?

— Да, я знаю этого мастера. В моей коллекции есть изумительная скрипка его работы. Несколько лет назад я хотел заказать у него ещё одну скрипку, но не мог найти его. Я спрашивал у всех, но никто с ним не встречался и никто его не видел.

— Я знаю одного человека, который видел и итальянского мастера Джованно Баттини, и французского мастера Жана Батто и даже говорил с ними.

— Кто это? Кто этот человек?

— Да это же вы, — улыбаясь, ответил Батов. Он взял этикетки, которые обычно мастера наклеивают на сделанную ими скрипку, и положил их на стол. На этикетках было написано:

«Эту скрипку сделал в ... году Жан Батто из Руана»,

«Эту скрипку сделал в ... году Джованно Баттини из Турина»,

«Эту скрипку сделал в ... году Иван Батов из С.-Петербурга».

Немец с удивлением посмотрел сначала на этикетки, потом на Ивана Батова.

— Так это вы — Джованно Баттини из Турина и Жан Батто из Руана?

— Да, это я.

— Но зачем? Почему вы не хотите, чтобы весь мир узнал ваше имя? Ведь ваши скрипки — это чудо. Они бесценны! Это слава и гордость России.

— К сожалению, люди больше ценят имя мастера, а не качество скрипки. За скрипку итальянского или французского мастера заплатят намного больше, чем за скрипку русской работы. Вот и приходится на каждую вторую скрипку ставить чужое имя.

— О, наверное, вы очень богатый человек. Но зачем вам столько денег?

— У меня нет ничего, — горько улыбнулся Иван Батов. — Я крепостной графа Шереметева.

— Ах да, крепостной... — немец долго вспоминал значение этого слова. — Это слуга, раб... Я забыл, что в России ещё есть крепостные люди, у которых нет никаких прав. Но это невозможно! Так не должно быть. У вас должна быть своя школа и свои ученики. Вы великий мастер. Вы должны ездить по миру. Россия должна гордиться вами. Ваше имя должен знать весь мир... Вот что, я оставляю вам мою итальянскую скрипку, то есть вашу скрипку. Пока вы будете ремонтировать её, я подумаю, как вам помочь.

Батов молчал и грустно улыбался.

Прошло несколько дней. Батов починил скрипку и стал ждать немца. Но немец долго не приезжал. Неожиданно граф Шереметев приказал Батову приехать к нему во дворец и привезти с собой самую лучшую скрипку, которая есть у него в мастерской. Батов взял свой самый лучший инструмент и поехал во дворец к графу Шереметеву.

Когда Батов вошёл в зал, там было много гостей. Слуга сообщил, что пришёл Иван Батов со скрипкой. Все гости посмотрели на Ивана Батова. Он стоял, не зная, что ему делать и куда идти. Вдруг среди гостей он увидел своего знакомого немца, но немец сделал вид, что он не знает Батова.

Через несколько минут объявили, что великий музыкант Бернхард Ромберг будет играть на инструменте, сделанном русским мастером Иваном Батовым. Все начали аплодировать. Великий музыкант подошёл к Батову и сказал что-то по-немецки. Знакомый немец перевёл Батову:

— Великий музыкант Бернхард Ромберг хочет попробовать вашу скрипку, мастер Батов-Батто-Баттини.

Батов отдал скрипку Ромбергу. Ромберг начал рассматривать инструмент и громко восхищаться им. Батов с интересом смотрел на знаменитого музыканта, о котором много рассказывали, но игру которого он никогда не слышал. Наконец, Ромберг начал играть. Он играл долго. В зале была полная тишина. Когда он остановился, все начали громко аплодировать. Ромберг опять позвал переводчика и что-то спросил.

— Господин Ромберг просит подтвердить, что это работа Батова, а не итальянского мастера. Кто может это подтвердить? — перевёл немец.

Все посмотрели на графа Шереметева.

— Да, это его работа, — подтвердил граф, — он эту скрипку ещё в прошлом году сделал, приносил мне, показывал.

— Господин Ромберг говорит, что это великолепная скрипка, что она звучит не хуже, а лучше итальянской и что Батов — настоящий мастер.

Гости начали аплодировать Батову.

— Господин Батов, — громко сказал переводчик, специально делая ударение на слове «господин», но, не договорив, замолчал, а потом посмотрел на графа Шереметева и спросил:

— Господин граф, скажите, я могу называть вашего крепостного господином?

Все гости (а среди них были иностранцы) смотрели на графа Шереметева и ждали, что он ответит. Граф знал, что европейцы не одобряют, а осуждают крепостное право в России. А граф Шереметев всегда хотел выглядеть перед иностранцами прогрессивным и просвещённым человеком, идущим в ногу со временем. А тут такой скандал. Ему было стыдно. Он не знал, что сказать. Надо было быстро принять решение.

— Вы можете называть мастера Батова по имени и отчеству — Иван Андреевич, — сказал граф, извинился и вышел.

Войдя в свой кабинет, граф Шереметев взял перо, чистый лист бумаги и написал, что крепостной Иван Андреевич Батов и его семья свободны. Вернувшись в зал, он объявил всем гостям, что только что он освободил крепостного Ивана Батова и его семью. И на глазах у всех граф отдал Батову документ об освобождении (вольную). Ромберг пожал графу руку. Все начали аплодировать.

А Иван Батов, вернувшись в свою мастерскую, взял отремонтированную скрипку, которую принёс ему немец, посмотрел на этикетку: «Сделано в Италии. 1800 год. Джованно Баттини из Турина» — и заменил её другой: «Сделал Иван Батов. Россия». Когда немец пришёл за скрипкой и увидел новую этикетку, он не был против.

Очень скоро имя замечательного русского мастера стало известно во всём мире. Теперь уже не Батов искал покупателей, а покупатели искали его. Иван Батов прожил 74 года, из которых более 50 лет он занимался любимым делом — созданием музыкальных инструментов. К сожалению, большая часть его инструментов разошлась по миру с иностранными этикетками.

б) Какие вопросы вы зададите своему другу, чтобы узнать, правильно ли он понял этот рассказ?

в) Были ли заданы следующие вопросы? Если нет, ответьте на них.

1. Почему русский мастер Иван Батов писал на своих инструментах чужое имя?
2. Кто помог русскому мастеру Ивану Батову и почему?
3. Почему граф Шереметев освободил крепостного мастера?

53 а) Расскажите, что вы узнали из этого рассказа о жизни в России в то время.

б) Расскажите, что вы узнали о русском мастере Иване Батове.

в) Как эту историю расскажут немец Ромберг, граф Шереметев?

54 Ваш друг интересуется биографиями известных мастеров, которые делали музыкальные инструменты. Напишите ему небольшое письмо о жизни и работе Ивана Батова.

55 Что вы знаете о мастерах, умельцах и талантах в вашей стране? Напишите рассказ об одном из них.

56 Найдите в тексте следующие словосочетания и выражения, объясните, как вы их поняли. Дайте свои примеры.

1. золотые руки Батова принесут много денег
2. скрипка в очень плохом состоянии
3. скрипка его работы — большая редкость
4. ахнул от удивления
5. не верю своим глазам
6. звуки наполнили комнату
7. ваши скрипки — бесценны
8. граф хотел выглядеть перед иностранцами передовым и просвещённым человеком, идущим в ногу со временем

57 Прочитайте слова и скажите, на какие вопросы они отвечают. Найдите корень (общую часть родственных слов). Составьте словосочетания или предложения с выделенными словами.

1. **уметь**, умение, умелец, умелый
2. **звук, звучать**, звучание
3. **редкий**, редко, редкость
4. удивление, **удивительный**, удивляться
5. **свобода, освободить**, освобождение, освободительный

 회화

Поговорим

1. а) Прослушайте диалог и скажите, куда и почему решили пойти Мона и Джон.

Мона. Ты знаешь, какой завтра день?
Джон. 18 мая. А что?
Мона. Завтра можно попасть в любой музей Москвы бесплатно!
Джон. Почему?
Мона. Потому что 18 мая — это Международный день музеев. Завтра наша группа идёт в Музей прикладного искусства. Ты пойдёшь?
Джон. Нет, я не люблю музеи. Ходить и слушать экскурсовода — это очень скучно.
Мона. Что ты, это очень интересный музей! Там можно познакомиться с русской культурой, увидеть старинные вещи, сделанные руками русских мастеров. Например, самовары, из которых раньше пили чай, деревянные ложки, шкатулки, русские национальные костюмы, украшения.
Джон. Всё это я уже видел в магазинах.
Мона. Ты видел современные вещи, а в музее собраны старинные, уникальные произведения искусства.
Джон. Нет, я не пойду в музей. Всё это я могу узнать и увидеть в Интернете.
Мона. Ты что, весь день будешь сидеть дома?
Джон. Ну почему?! Я собираюсь пойти завтра на Краснопресненскую набережную. Там есть пешеходный мост «Багратион». Недавно я прочитал в Интернете, что на этом мосту находится скульптура Эрнста Неизвестного «Древо жизни».
Мона. Да, я слышала об этой скульптуре. О ней много говорят и много пишут.
Джон. Вот и договорились: ты пойдёшь в музей, а я пойду посмотрю скульптуру. Потом обменяемся впечатлениями.

б) Вы с другом обсуждаете, куда пойти в выходной день. Вы хотите пойти в музей (в театр, на выставку), а ваш друг хочет погулять по городу. Убедите друга пойти с вами. (Аргументируйте свой выбор.)

2. Прослушайте диалог и скажите, что особенно понравилось Моне в музее.

Джон. Привет, Мона! Как экскурсия? Что видела? Что узнала?
Мона. Экскурсия была очень интересная. Мы видели старинные вещи, которыми люди пользовались много лет назад. А ещё во время экскурсии нам рассказали русскую народную сказку «Месяц, Солнце и Ветер». Она мне так понравилась, что я купила книгу, где есть эта сказка.
Джон. Можешь дать мне её почитать?
Мона. Конечно, могу. Я уверена, тебе она тоже понравится.

Фольклор — устное народное творчество — является частью русской культуры. В сказках, пословицах, поговорках, которые передаются из поколения в поколение, хранятся традиции и обычаи русского народа.

59  В сказке, которую вы будете слушать, вы встретите новые слова. Познакомьтесь с ними. Прочитайте примеры и объяснения. Постарайтесь понять значения выделенных слов без словаря.

1. наряд = красивая праздничная одежда
   нарядиться = надеть красивую праздничную одежду
   • На свадьбу все гости **нарядились**, надели лучшую одежду.
2. стихнуть = стать тише
   • Ветер стих. Шум стих. Гроза стихла.
3. тонуть — утонуть
   • Чтобы не **утонуть**, надо учиться плавать.
   • Если вы не умеете хорошо плавать, нельзя купаться там, где глубоко. Это опасно! Можно **утонуть**.
4. лить — налить   что? (4) куда? (4)
   лью, льёшь, льют   воду в стакан
   Лей! Лейте!   тесто на сковороду

   • Хозяйка пекла блины: она лила тесто на горячую сковородку, и через минуту блин был готов.

60 а) Прочитайте сказку и скажите, за кого вышли замуж дочери старика.

Месяц, Солнце и Ветер (русская народная сказка)

Жили-были старик со старухой. И было у них три дочери — три умницы, три красавицы.

Вот однажды ехал старик на лошади из леса домой. А ночь была тёмная, ничего не видно. Лошадь шла медленно. Шла, шла и остановилась совсем — ни вперёд, ни назад.

— Эх, — сказал старик, — если бы светлый Месяц сейчас вышел, я бы старшую дочь за него замуж отдал.

Как только старик это сказал, Месяц сразу же и вышел, всё вокруг осветил. Поехал старик быстро, доехал до дома хорошо.

Старшая дочь оделась, нарядилась и вышла из дома ждать, когда придёт Месяц. Приехал Месяц и увёз её к себе.

Пришла зима. Старик ехал с ярмарки домой. Одежда у него была плохая, шапка старая. Замёрз старик.

— Эх, — сказал старик, — если бы Солнышко сейчас вышло, я бы среднюю дочь за него замуж отдал.

Как только старик это сказал, Солнце сразу же и вышло. Старику стало тепло. Поехал старик быстро, доехал до дома хорошо.

Средняя дочь оделась, нарядилась и вышла из дома ждать, когда придёт Солнце. Приехало Солнце и увезло её к себе.

Пришло лето. Старик поехал на море ловить рыбу. Наловил много рыбы. Но когда он хотел домой возвращаться, ветер стих. Стоит лодка посреди моря — ни вперёд, ни назад. Сидит старик в лодке, грустно ему. Рыбы много, а есть нечего, воды вокруг много, а пить нечего.

— Эх, — сказал старик, — если бы Ветер сейчас подул, я бы младшую дочь за него замуж отдал.

Как только старик это сказал, сразу же Ветер подул, и старик быстро доплыл до берега, добрался до дома хорошо.

Вот и младшая дочка оделась, нарядилась, вышла из дома и стала ждать, когда прилетит Ветер. Прилетел Ветер и унёс её к себе.

Прошёл год. Старик и сказал старухе:

— Я пойду к старшей дочери, посмотрю, как она живёт, хорошо ли ей у Месяца.

— Иди, батюшка, иди, — ответила ему старуха.

Старик отправился в путь. А дорога к Месяцу была очень долгая и трудная: старик шёл через поля, проходил через леса, переходил реки, обходил болота. Шёл, шёл, поздно ночью пришёл и очень устал.

Старшая дочь встретила его и очень обрадовалась:

— Пойди, батюшка, в баню, отдохни.

— Что ты, что ты, доченька! Ночь пришла, ночью в бане очень темно.

— Ничего, батюшка, иди, — сказала старшая дочь и повела старика в баню. А Месяц палец в окошко сунул, и в бане стало светло.

Месяц палец в окошко сунул, и в бане стало светло.

Старик погостил у старшей дочери и отправился домой. Шёл, шёл, поздно ночью пришёл домой и сказал старухе:

— Устал я, хочу в баню пойти.

— Что ты, что ты, старик, ночь уже, темно в бане! — ответила ему старуха.

— Ничего, старуха, сейчас будет светло, — сказал старик и сунул палец в окошко бани.

— Светло ли тебе, старуха? — спросил старик.

— Темно, очень темно, ничего не видно, — ответила старуха. А старик всё стоял и палец в окошке держал.

Вот ещё год прошёл. Старик стал собираться в гости к средней дочери.

— Я пойду к средней дочери, посмотрю, как она живёт, хорошо ли ей у Солнца, — сказал старик.

— Иди, батюшка, иди, — ответила ему старуха.

Старик отправился в путь. А дорога к Солнцу была очень долгая и трудная: старик шёл через поля, проходил через леса, переходил реки, обходил болота. Шёл, шёл, поздно ночью пришёл и очень устал.

Средняя дочь встретила его и очень обрадовалась. А старик сказал ей:

— Я шёл, шёл, долго шёл и очень хочу есть.

— Ничего, батюшка, я сейчас блинов испеку, — сказала средняя дочь.

— Что ты, что ты, доченька! Ночь пришла, никто ночью блины не печёт.

А дочь его не слушает. Позвала она Солнышко. Солнышко пришло и село посреди комнаты. Дочь стала лить тесто ему на голову. Увидел старик, как дочь блины печёт, удивился. А блины получились хорошие, вкусные! Старик ел, ел блины и был очень доволен, а когда наелся, лёг спать.

Средняя дочь Солнцу тесто на голову льёт и блины печёт — хорошие, вкусные.

Утром старик отправился домой. Шёл он, шёл, поздно ночью пришёл домой и сказал старухе:

— Давай, старуха, блины печь, я хочу есть!

— Что ты, что ты, старик, ночь уже, ночью никто блины не печёт.

— Я сам блины печь буду! Делай тесто и лей его мне на голову! — старик сел посреди комнаты.

— Что ты, старый, заболел?! — спросила старуха.

— Лей! — приказал старик.

Старуха налила ему тесто на голову. Что тут было! Три дня старика в бане мыли.

Ещё год пролетел. Стал старик собираться в гости к младшей дочери.

— Я пойду к младшей дочери, посмотрю, как она живёт, хорошо ли ей у Ветра, — сказал старик.

— Иди, батюшка, иди, — ответила ему старуха.

Пошёл старик. А дорога к Ветру была долгая и трудная: старик шёл через поля, проходил через леса, обходил широкую реку. Прямо через реку путь близкий, а вокруг далеко идти. Наконец, пришёл старик.

Младшая дочь его встретила и очень обрадовалась. Через некоторое время старик собрался домой. Дочка и Ветер пошли провожать его. Вот дошли они до реки. Старик сказал:

— Мне нужно обойти реку.

А Ветер сказал ему:

— Зачем вы будете обходить, это далеко! Плывите прямо через реку, здесь ближе будет!

— Я не могу плыть через реку, у меня нет лодки, — сказал старик.

— Ничего, батюшка! Бросай, жена, свой платок на воду! — сказал Ветер.

Младшая дочь бросила свой платок на воду, а старик сел на него. Ветер подул, и старик на платке быстро переплыл на другую сторону реки.

Младшая дочь бросила платок на воду, Ветер подул, и старик на платке поплыл.

— Вот спасибо, Ветерок! — закричал старик с другого берега.

Когда старик дошёл до дома, он не стал есть, не стал пить, не стал отдыхать, а позвал старуху и сказал:

— Пошли к морю, покатаемся!

Пришли они на берег моря, а лодки нет.

— Вот и покатались,— сказала старуха.
— Ничего, жена, бросай на воду платок!
— Ты что, старый, заболел?! Это дорогой платок, новый!
— Бросай, говорю, ничего не случится! — приказал старик.

Старуха бросила платок на воду.
— Теперь прыгай, старуха, на платок! — снова приказал старик.

Старуха прыгнула на платок, а старик начал дуть. Дул, дул, дул, дул, а старуха уже начала тонуть. Спасибо соседи увидели, прибежали и помогли ей выйти из воды.

С тех пор старик перестал ходить в гости. Он больше никуда не ходит, лежит на печи, ест пироги да сказки рассказывает.

б) Ответьте на вопросы:

1. В какие трудные ситуации попадал старик? Кто помогал ему в этих ситуациях?
2. Какие чудеса увидел старик в гостях у дочерей?
3. Что пытался сделать старик дома после каждого возвращения из гостей?

в) Какие ещё вопросы можно задать для уточнения разных ситуаций в сказке?

61 **а) Расскажите эту сказку вашему другу, который не читал её. Можете использовать следующий план.**

1. Как старик нашёл мужей своим дочерям.
2. Старик в гостях у Месяца.
3. Старик в гостях у Солнца.
4. Старик в гостях у Ветра.

б) Как об этих событиях расскажет старуха? (Какую информацию она знает, а какую информацию расскажет ей старик?)

62 **Ответьте на вопросы:**

1. Понравилась ли вам сказка? Почему?
2. Как вы думаете, чему учит эта сказка?
3. Как вы можете назвать эту сказку? (Предложите своё название.)

63 **Есть ли похожая сказка у вашего народа? Расскажите и запишите её.**

64

а) Прочитайте слова и скажите, на какие вопросы они отвечают. Найдите корень (общую часть родственных слов). Составьте возможные словосочетания и предложения с выделенными словами.

1. **умный**, ум, умница, поумнеть
2. красивый, **красота**, красавица, **украшать** — украсить, украшение
3. светлый, светло, свет, **светить** — осветить
4. **грустный**, грустно, грусть, грустить
5. радостный, радостно, **радость**, радоваться — обрадоваться

б) Подберите антонимы (слова с противоположным значением). Составьте с прилагательными все возможные словосочетания.

новый ≠ старый дом (город, вокзал, гостиница, здание, улицы)...
умный, светлый, тихий, весёлый, далёкий, долгий, трудный, старший

в) Объясните, как вы понимаете выделенные слова и выражения. (Скажите это по-другому.)

1. У старика было три дочери **умницы**.
2. Утром она причесалась, **нарядилась** и пошла в гости.
3. Лошадь остановилась совсем — **ни вперёд, ни назад**.
4. Старик **отправился в путь**.
5. Старик **перестал** ходить в гости.
6. Дождь **льёт как из ведра**.

г) Скажите, как вы это понимаете эти пословицы и поговорки.

Дело мастера боится.

Глаза боятся, а руки делают.

Кончил дело — гуляй смело.

Под лежачий камень вода не течёт.

Долог день до вечера, если делать нечего.

Рукам работа — душе праздник.

Труд человека кормит, а лень портит.

Не откладывай на завтра то, что можно сделать сегодня.

Теперь вы можете:

1. Рассказать о культуре, традициях и праздниках в России и в вашей стране.
2. Поделиться впечатлениями о том, что вы увидели, услышали, узнали.
3. Узнать, сообщить, как работает музей (выставка, библиотека...).
4. Пригласить друзей в театр (в кино, на выставку...), убедить их пойти с вами, договориться с ними о встрече.

Урок 9. Я же с дальней дорогой знаком по-другому...

나는 먼 길을 떠나는 것을 다른 방식으로 느낀다

Я же с дальней дорогой знаком по-другому:
Как уеду, так тянет к далёкому дому.
А едва подойду к дорогому порогу —
Ничего не поделаешь — тянет в дорогу.

Е. Долматовский

이과의 길잡이

Тема:

Здоровье. Путешествия. Спорт 건강, 여행, 운동

Грамматика:

I. Выражение причинно-следственных отношений в простом и сложном предложениях 단문과 복문에서의 원인, 결과 표현
II. Выражение целевых отношений в простом и сложном предложениях 단문과 복문에서의 목적 표현
III. Выражение уступительных отношений в простом и сложном предложениях 단문과 복문에서의 양보 표현

Тексты:

Эрнст Мулдашев 에른스트 물다쉐프
Голос и глаз (по рассказу А. Грина)
목소리와 눈(그린의 단편소설 요약)
Путешественник Фёдор Конюхов 여행가 표도르 꼬뉴호프
Быстрее, выше, сильнее! 더 빨리, 더 높이, 더 힘차게!
Афинский герой 아테네의 영웅
Читаем газеты и журналы 신문과 잡지를 읽읍시다!
Смех 웃음
Дети Индиго — кто они? 인디고의 아이들 - 그들은 누구인가?
Рождественские каникулы 크리스마스 휴가

 회 화

Поговорим

1 Давайте поговорим о здоровье, спорте, путешествиях.

а) Вы хотите знать:

— Как чувствует себя ваш собеседник?
— Как он заботится о своём здоровье?
— Что он делает, чтобы не болеть?
— Что он делает, если он заболел?

б) Вы слушали диалог. Скажите, что вы узнали о здоровье вашего собеседника.

2 а) Вы хотите знать:

— Любит ли спорт ваш собеседник?
— Каким видом спорта он занимается?
— Есть ли в его городе спортивные клубы, стадионы, спортивные площадки?
— Когда и где он занимается спортом?
— Любит ли он смотреть спортивные передачи? Какие?

б) Вы слушали диалог. Скажите, что вы узнали о вашем собеседнике.

3 а) Вы хотите знать:

— Какой вид отдыха предпочитает ваш собеседник — активный или пассивный?
— Любит ли он поездки и путешествия?
— Где он уже был? Что видел?
— Где он мечтает побывать и почему?

б) Вы слушали диалог. Скажите, что вы узнали о вашем собеседнике.

 # Новая грамматика

I. Выражение причинно-следственных отношений в простом и сложном предложениях

 1. Выражение причинно-следственных отношений в простом предложении

1 Прочитайте статью и скажите, какие плюсы и минусы имеет развитие компьютерной техники.

В настоящее время **благодаря** развитию компьютерной техники люди могут в любое время, находясь очень далеко друг от друга, свободно общаться между собой. Сегодня **благодаря** Интернету каждый человек имеет возможность за несколько минут получить или послать любую нужную ему информацию. И это здорово! **Благодаря** новым достижениям науки и техники люди экономят своё время.

Однако **из-за** развития компьютерной техники многие люди потеряли свои рабочие места, то есть остались без работы, **так как** компьютер выполняет многие виды работы намного быстрее, чем человек. **В результате** исследований учёные, психологи, медики доказали, что **из-за** ежедневного многочасового использования компьютера ухудшается здоровье людей.

Прочитайте примеры в таблице 1. Выясните причину событий или состояний. (Поставьте вопросы к выделенным словосочетаниям.)

Таблица 1

Благодаря кому/ чему? благодаря (+ 3)	Здоровье человека укрепляется **благодаря занятиям спортом**. Спортсмен добился хороших результатов **благодаря своему тренеру**.
Из-за кого / чего? из-за (+ 2)	**Из-за ухудшения экологической ситуации** люди стали чаще болеть. **Из-за тяжёлой болезни** учёный не смог приехать на конференцию.
В результате чего? в результате (+ 2)	**В результате научных экспериментов** было доказано, что смех продлевает жизнь. **В результате тестирования** психологи обнаружили, что современные дети очень умные и развитые.
Почему? От чего? от (+ 2) смеяться от радости, от счастья плакать от горя, от обиды, от боли, от страха умереть от болезни, от старости, от голода, от холода	Она плакала **от радости**, потому что её друг снова мог видеть. Путешественник чуть не погиб **от голода и холода** во время экспедиции по Антарктиде.
Деепричастный оборот	Спортсмен стал олимпийским чемпионом, **тренируясь много часов каждый день**. (= Спортсмен стал олимпийским чемпионом, потому что тренировался много часов каждый день.) **Изучив новую карту**, путешественник должен был изменить свой маршрут. (= Путешественник должен был изменить свой маршрут, так как изучил новую карту.)

 **2. Выражение причинно-следственных отношений в сложном предложении**

Скажите, какое место могут занимать союзы так как, потому что и поэтому в предложении.

- **Так как** спортсмен много тренировался, он хорошо выступил на соревнованиях.
- Спортсмен хорошо выступил на соревнованиях, **так как** он много тренировался.
- Спортсмен хорошо выступил на соревнованиях, **потому что** он много тренировался.
- Спортсмен много тренировался, **поэтому** он хорошо выступил на соревнованиях.

Прочитайте примеры в таблице 2. Выясните причину событий или состояний. (Поставьте вопросы к выделенным словосочетаниям.)

Таблица 2

1. Причина

потому что...	Каждый человек должен заботиться о своём здоровье, **потому что здоровье — это жизнь.** Люди из разных стран не всегда могут свободно общаться, **потому что говорят на разных языках.**
так как...	Разговаривая, люди смотрят друг другу в глаза, **так как глаза помогают лучше узнать и понять человека.** **Так как смех положительно влияет на наше здоровье,** людям нужно больше смеяться.
благодаря тому что...	**Благодаря тому что появился Интернет,** люди могут быстро получить нужную информацию. **Благодаря тому что компьютер используется в медицине,** врачи могут проверить работу всего организма человека.
из-за того что...	**Из-за того что молодые люди постоянно работают за компьютером,** их зрение ухудшается. Дети стали меньше читать, **из-за того что они много играют на компьютере.**
в результате того что...	**В результате того что все спортсмены выступили хорошо,** команда выиграла. Больной человек выздоровел, **в результате того что ему была сделана сложная операция.**

2. Следствие

поэтому...	Учёный хотел узнать секреты древней медицины, **поэтому отправился на Тибет.** Мобильные телефоны очень удобны, **поэтому многие люди пользуются ими.**
в результате чего...	Компьютер сломался, **в результате чего была потеряна информация.** Судьи поставили спортсмену низкие оценки, **в результате чего он не получил золотой медали.**

Сравните!

Сравните структуру простого и сложного предложения. Составьте полные предложения с данными словосочетаниями.

...**благодаря** путешествию...	...**благодаря тому что** побывал в путешествии...
...**из-за** плохой погоды...	...**из-за того что** была плохая погода...
...**в результате** нового открытия...	...**в результате того что** было сделано новое открытие...
...**от** страха...	...**потому что** ему стало страшно...
...**потеряв** карту...	...**так как** он потерял карту...

2. Объясните причину или следствие этих действий и событий.

Образец: Он не стал врачом, потому что...
поэтому...

1. Он не стал врачом...
2. Поездка состоялась...
3. Мой друг не смог приехать...
4. Больной человек выздоровел...
5. Компьютер — это великое изобретение XX века...
6. Компьютер плохо влияет на здоровье человека...
7. Спорт укрепляет здоровье...
8. Смех — лучшее лекарство...
9. Самолёт опоздал на 2 часа...

3. Прослушайте сообщения, замените простые предложения сложными.

Образец:

Благодаря активным занятиям студенты хорошо сдали сессию.

▼

Благодаря тому что студенты активно занимались, они хорошо сдали сессию.

1. Благодаря хорошей погоде друзья смогли поехать за город на весь день.
2. Благодаря помощи врача мой друг выздоровел.
3. Из-за плохой погоды мы не пошли гулять по городу.
4. Из-за громкой музыки в соседней комнате я плохо подготовился к экзамену.
5. В результате поездки в Санкт-Петербург студенты узнали много нового о России.
6. В результате исследований учёный создал новое лекарство.
7. На экзамене моя подруга не могла говорить от волнения.
8. На фотографии жених и невеста улыбались от счастья.
9. Студент получил отличную оценку, быстро решив задачу.

4.

а) Прочитайте статью (в случае необходимости можно пользоваться словарём). **Скажите, в каких странах побывал Эрнст Мулдашев.**

Эрнст Мулдашев — человек яркий и интересный. Врач, учёный, писатель, путешественник, спортсмен — и это далеко не всё, что можно сказать об этом талантливом, одарённом, разностороннем человеке, так как круг его интересов очень широк.

Эрнст Мулдашев родился в Башкирии, закончил Башкирский государственный медицинский институт, работал врачом-окулистом в больнице, занимался пластической хирургией и микрохирургией глаза в научно-исследовательском институте глазных болезней. Сейчас он доктор медицинских наук, профессор, член Международной академии наук, директор Всероссийского центра глазной и пластической хирургии в городе Уфе.

Можно сказать, что врач и учёный Эрнст Мулдашев совершил революцию в области медицины: он создал новый хирургический биоматериал, который назвали «Аллоплант». Благодаря этому биоматериалу появилась возможность лечить такие глазные болезни, которые раньше считались неизлечимыми, лечить безнадёжных больных. Созданный учёным материал действует очень активно: послеоперационные раны хорошо заживают, больные быстро выздоравливают. Сам Мулдашев говорит, что механизм действия этого нового биоматериала ещё не до конца понятен. Дальнейшее изучение «Аллопланта» откроет учёным много новых возможностей.

В настоящее время Эрнстом Мулдашевым создано более 60 видов «Аллопланта», разработана методика проведения 70 принципиально новых глазных и пластических операций с использованием этого биологического материала. Сам хирург Эрнст Мулдашев проводит 600–800 сложнейших операций в год. В результате этой работы ему удалось вылечить тысячи тяжело больных людей, вернуть им потерянное зрение. Эрнст Мулдашев — единственный в мире хирург, которому удалось вернуть зрение человеку, не видевшему 20 лет. Это 37-летняя Тамара Горбачёва из Украины. Фактически хирург создал ей новый глаз при помощи изобретённого им биоматериала.

Для того чтобы новый биоматериал широко использовался во всём мире, Эрнст Мулдашев побывал в 40 странах с лекциями и показательными операциями, опубликовал 300 научных работ в российской и зарубежной печати. Научные труды и открытия врача и учёного Эрнста Мулдашева хорошо известны в России, США, Германии, Франции, Швейцарии и Италии.

«Аллоплант» не единственное открытие, сделанное этим учёным, а лишь одно из 56 его открытий и изобретений. Эрнст Мулдашев не останавливается на достигнутом, а всё время идёт вперёд.

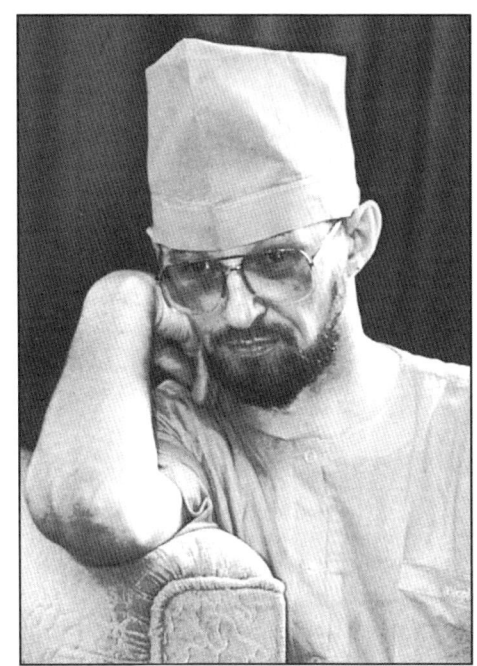

Эрнст Мулдашев

Изучая глаза человека, Эрнст Мулдашев обратил внимание на то, что глаза не только дают человеку возможность видеть окружающий мир, но и содержат в себе определённую информацию об этом человеке. Так, например, когда люди говорят, они смотрят друг другу в глаза, так как по глазам можно понять, правду говорит человек или нет, добрый он или злой, какой у него характер — сильный или слабый и т. д. Не зря в народе говорят, что глаза — это зеркало души. В результате проведённых исследований учёный пришёл к выводу, что глаз, как сканирующий луч, считывает двадцать два параметра человека. На основе этого открытия учёным была создана специальная программа, по которой лицо человека можно восстановить по его глазам.

Эрнст Мулдашев — не только врач и учёный. Он ещё писатель и путешественник. Мулдашев путешествовал по Египту, изучал египетские пирамиды. Он побывал в Сирии, совершил четыре путешествия на Тибет*, так как Тибет всегда был интересен учёному. Первый раз он поехал на Тибет за знаниями. Он хотел понять и попы-

* Тибет — горный район в Центральной Азии.

таться использовать в своей работе знания, накопленные восточными религиями и тибетской медициной. Путешествуя по Тибету, он увидел, что на стенах тибетских храмов нарисованы огромные глаза. У учёного сразу возникло много вопросов. Почему именно глаза нарисованы на храме? Чьи это глаза? Кому они могли принадлежать?

Используя свою программу, Эрнст Мулдашев восстановил лицо человека, жившего тысячи лет назад. После первого путешествия на Тибет он написал книгу. В этой книге учёный высказал свою гипотезу о происхождении и развитии жизни на нашей планете. Мулдашев участвовал ещё в трёх экспедициях на Тибет и написал новую книгу, которая называется «В поисках Города Богов». Книги Эрнста Мулдашева читаются с большим интересом как людьми, связанными с наукой, так и обычными читателями.

б) Просмотрите текст и найдите ответы на вопросы:

1. Как называется новый биоматериал, созданный учёным?
2. Сколько видов этого нового биоматериала создано им?
3. Сколько операций в год делает этот хирург?
4. Сколько видов операций с использованием нового биоматериала разработано им?
5. Сколько научных работ он опубликовал?
6. Сколько открытий и изобретений сделал этот учёный?
7. Сколько раз он был на Тибете?
8. Что нарисовано на стенах тибетских храмов?
9. Сколько книг написал Мулдашев?
10. Как называется одна из книг, написанных Мулдашевым?

5 Что нового вы узнали, прочитав эту статью? Какая информация показалась вам наиболее интересной, что заинтересовало вас? Почему?

6 а) Какие вопросы журналист задал Эрнсту Мулдашеву, чтобы написать статью о нём?
б) Какие вопросы вы хотели бы задать этому учёному, хирургу, путешественнику и писателю?

7 Как вы понимаете русские пословицы и поговорки:

Глаза — это зеркало души.

Глаза боятся, а руки делают.

Не верь чужим речам, а верь своим глазам.

У страха глаза велики.

8 Напишите краткое сообщение о жизни и работе Э. Мулдашева. Эти вопросы помогут вам.

1. Кто такой Эрнст Мулдашев?
2. Какое важное открытие в медицине он совершил?
3. Какую специальную программу создал Эрнст Мулдашев, изучая глаза человека?
4. Какую роль играют путешествия в жизни и работе этого учёного?

 текст

9 В тексте, который вы будете читать, вы встретите новые слова и выражения. Познакомьтесь с ними. Прочитайте примеры и объяснения. Постарайтесь понять значения выделенных слов без словаря.

1. **зрение** = способность человека видеть; хорошее зрение ≠ плохое зрение

2. **слепой** человек = человек, который ничего не видит

3. **ослепнуть** (СВ)
   - Он **ослеп** = раньше он видел, сейчас — нет. = Он потерял зрение.

4. лежать **неподвижно** = лежать **не двигаясь**, без движений

5. **прикасаться — прикоснуться** к кому? к чему? (3) чем? (5) = слегка, чуть-чуть дотронуться до предмета или человека
   - Она **прикоснулась** к его голове. = Её рука **прикоснулась** к его голове. =
   - Она **прикоснулась** рукой к его голове.

6. сердце **бьётся** = сердце работает; сердце **бьётся** ровно (спокойно)
   - Когда человек волнуется, сердце начинает **биться** чаще.

7. **заглядывать — заглянуть** куда? (4) = быстро посмотреть
   - В тексте он встретил одно незнакомое слово и **заглянул** в словарь, чтобы понять, что оно значит.
   - Солнце **заглянуло** в окно, и в комнате стало светло. = Солнце осветило комнату.

8. **равнодушный** человек;
   - Он **равнодушен** к музыке. = Он не любит музыку.
   - Он **неравнодушен** к поэзии. = Он любит поэзию.

9. **пробовать — перепробовать** = пробовать много раз
   - Он **перепробовал** множество профессий. = Он работал в разных местах и поменял много профессий.

УРОК 9. Я ЖЕ С ДАЛЬНЕЙ ДОРОГОЙ ЗНАКОМ ПО-ДРУГОМУ... | 317

10 а) Прочитайте рассказ и скажите, почему он так называется.

Голос и глаз

Слепой юноша лежал тихо, сложив на груди руки, и улыбался. На глазах у него была повязка. Ему не разрешили двигаться, и он должен был лежать неподвижно, так как ему недавно сделали операцию. Так он лежал уже третий день с повязкой на глазах.

Он улыбался, хотя чувствовал он себя не совсем хорошо. Мысли о будущем волновали его: что ждёт его впереди — свет или тьма? Профессор, делавший операцию, не сказал ему, что операция прошла хорошо и что он снова будет видеть. Боясь волновать больного, профессор считал, что об этом ещё рано говорить. Поэтому, прощаясь, профессор каждый день говорил Рабиду:

— Будьте спокойны. Для вас сделано всё. Теперь, для того чтобы выздороветь, вам нужен покой и ещё раз покой.

Когда профессор уходил, Рабид начинал ждать Дэзи Гаран. Он всегда узнавал её шаги и был рад слышать её голос. Это была девушка, работавшая в клинике профессора. Она была очень добра и всегда помогала Рабиду. В тяжёлые минуты Рабид просил её положить ему на лоб свою руку, и она всегда делала это.

Вот и сейчас, когда ушёл профессор, Рабид с удовольствием ждал, когда придёт Дэзи и её маленькая дружеская рука прикоснётся к его голове. Так и случилось, Дэзи пришла. Когда она была рядом, он чувствовал себя счастливым, его сердце начинало чаще биться от радости и любви. Она была для него, как тёплое, ласковое утро, как солнце, заглянувшее в окно.

Когда она ушла, он вдруг неожиданно понял, что всё это время он волновался не потому, что он может остаться слепым на всю жизнь, а потому, что он может никогда не увидеть Дэзи. Всё это время, пока он лежал в клинике с повязкой на глазах, она ухаживала за ним. Он слышал её голос каждый день. Это был тёплый, весёлый и близкий его душе нежный молодой голос. Мысленно он рисовал её портрет. Он представлял себе ту, которую он никогда не видел, но слышал, чувствовал, понимал и любил. Рабид понял, что он начал любить её уже с первых дней. Теперь он хотел выздороветь, чтобы видеть её, чтобы быть с ней.

Рабид надеялся, что она тоже неравнодушна к нему, но сам он не спрашивал её об этом, потому что считал, что слепой не имеет права задавать девушке такие вопросы. Он решил, что спросит её об этом, когда зрение вернётся к нему и они посмотрят друг другу в глаза.

И он совершенно не знал, что эта девушка, голос которой делал его таким счастливым, думала о его выздоровлении со страхом и грустью. Она ждала его выздоровления и одновременно боялась его, потому что ей казалось, что она была некрасива. Пока он был слепым, она могла спокойно любить его. Ведь он не видел её и мог представлять её красивой. Но что будет, когда он увидит её? От этих мыслей ей было страшно.

До операции они долго и много разговаривали друг с другом. Рабид рассказывал ей о своих путешествиях, о дальних странах, она — о том, что происходит вокруг сейчас. Им было хорошо вместе. Они не хотели расставаться. Когда Дэзи уходила, она всегда говорила:

— До свидания, пока.

— Пока... — отвечал Рабид, и ему казалось, что в этом маленьком слове «пока» есть надежда.

Он был высок, молод, смел, шутлив. У него были красивые чёрные волосы. У него должны были быть — если будут — чёрные блестящие глаза. А Дэзи смотрела на себя в зеркало с испугом.

— Что будет? — говорила она профессору. — Ну и пусть кончится этот хороший месяц... Я хочу, чтобы он видел. Откройте его глаза, профессор, я прошу вас!

Профессор понимал, что между молодыми людьми возникло сильное чувство, и, может быть, поэтому он не торопился снимать повязку с глаз юноши. Он боялся, что это прекрасное, но тонкое и хрупкое, как стекло, чувство может разбиться, не выдержав реальной жизни.

И вот пришёл тот час, когда надо было снимать повязку. Профессор и его помощники окружили Рабида.

— Дэзи! Ты здесь? — спросил Рабид, думая, что она здесь, и надеясь первой увидеть её. Но её не было, потому что в этот момент у Дэзи не было сил видеть и чувствовать волнение дорогого ей человека. Она была в соседней комнате. Ей было страшно, потому что в этот момент решалась не только его, но и её судьба. Она стояла посреди комнаты, слушая голоса и шаги.

Помощник профессора снял повязку, но Рабид не открывал глаза.

— Дело сделано, — сказал профессор, волнуясь, — повязка снята. Рабид, откройте глаза!

Рабид открыл глаза. Продолжая думать, что Дэзи здесь, он начал искать её глазами. Но прямо перед ним было окно. Увидев его, он понял, что зрение вернулось к нему — он снова видел. Рабид стал медленно осматривать комнату, как будто читая книгу, предмет за предметом. Вот он увидел дверь и сразу полюбил её, потому что это была дверь, через которую проходила Дэзи. Но где же она? Почему её нет здесь? Теперь он начал ждать, когда уйдут все эти люди, возвратившие ему зрение. Он хотел видеть только Дэзи, чтобы сказать ей всё самое главное. Прошло ещё несколько минут, в течение которых ему пришлось отвечать на вопросы, как он себя чувствует и как видит. Наконец, все ушли, и Рабид остался один. Он попросил, чтобы к нему пригласили Дэзи Гаран, и стал ждать её. Пока её не было, он лежал на кровати и, улыбаясь, смотрел на дверь.

Узнав, что операция прошла удачно, Дэзи вернулась в свою комнату и заплакала. Она плакала от радости, что Рабид снова может видеть, и от горя, что теперь она потеряет его навсегда. Ей передали, что он хочет видеть её. Со слезами на глазах, понимая, что это будет их последняя встреча, она надела своё самое лучшее платье, очень просто причесала свои густые тёмные волосы и пошла к нему... Она шла, вспоминая те счастливые минуты, когда они были вместе, и ей казалось, что тогда он любил её. От этих воспоминаний ей стало немного легче. Высоко подняв голову, с улыбкой на лице, она вошла к нему в комнату и остановилась.

— Кто вы? — вопросительно улыбаясь, спросил Рабид.

— Вы меня не узнаёте, потому что вы никогда не видели меня, — сказала она.

Как только он услышал её голос, его чёрные глаза наполнились радостью и счастьем. Она увидела в них любовь и нежность, и всё то, что хочет видеть женщина в глазах любимого мужчины. Исчезли все её волнения и страхи. Ей стало легко и хорошо. Рабид смотрел на неё с любовью. Она казалась ему прекрасным звуком или цветком. Она была хороша в свете любви.

— Теперь, только теперь, — сказал Рабид, — я понял, почему я так любил слышать ваш голос даже во сне. Теперь, если вы даже ослепнете, я буду любить вас и этим вылечу. Простите меня. Я немного сумасшедший, потому что я воскрес. Теперь я могу жить и любить, как все.

По рассказу Александра Грина*
«Голос и глаз»

---

* Александр Грин (1880–1932) — русский писатель-романтик. Когда ему было 16 лет, он ушёл из дома, потому что хотел посмотреть мир, и перепробовал множество профессий, прежде чем стать писателем. В его произведениях живут романтические герои, мечтающие о чудесах, о настоящей большой любви, твёрдо верящие в силу человека и его возможности.

б) Как вы думаете, какова тема и идея этого рассказа?

11 **Найдите в тексте данные словосочетания и объясните, как вы их понимаете.**

и вот пришёл тот час
искать глазами
потерять зрение ≠ вернуть зрение

между ними возникло сильное чувство
глаза наполнились радостью и счастьем
она была хороша в свете любви

12 Если вам нужно вспомнить текст, прочитайте его ещё раз, чтобы выполнить следующие задания.

а) Найдите в тексте описания внешности героев этого рассказа, чтобы лучше их представить себе.

б) Выберите в тексте определения, которыми автор характеризует голос главной героини. Скажите, какую роль он играет в рассказе.

13 Как эту историю расскажут герои этого рассказа: профессор, Рабид и Дэзи?

14 а) Найдите слова с противоположным значением:

свет, грусть, ненависть, покой, радость, счастье, тьма, движение, горе, любовь

б) Назовите слова, обозначающие чувства человека.

15 Вам хочется, чтобы ваш друг прочитал этот рассказ. Напишите ему письмо и коротко передайте содержание рассказа, чтобы заинтересовать его.

II. Выражение целевых отношений в простом и сложном предложениях

1. Выражение целевых отношений в простом предложении

> *Чтоб мудро жизнь прожить, знать надобно немало,*
> *Два важных правила запомни для начала:*
> *Ты лучше голодай, чем что попало есть,*
> *И лучше будь один, чем вместе с кем попало.*
>
> Омар Хайям

С какой целью? Зачем? Для чего?

Прочитайте примеры в таблице 3. Выясните цель действий. (Поставьте вопросы к выделенным словосочетаниям.)

Таблица 3

для (+ 2)	**Для подготовки** к Олимпийским играм спортсмену потребовалось 4 года. **Для улучшения** здоровья нужно есть больше овощей и фруктов.
глаголы движения + за (+ 3)	Студент **зашёл** в библиотеку **за книгой**. (= Студент зашёл в библиотеку взять книгу. = Студент зашёл в библиотеку, чтобы взять книгу.)
глаголы движения + инф.	Друзья **пошли** на стадион **играть** в футбол.

2. Выражение целевых отношений в сложном предложении

С какой целью? Зачем? Для чего?

Прочитайте примеры в таблице 4 и скажите, в каких случаях после союза **чтобы** употребляется инфинитив, а в каких случаях — форма прошедшего времени.

Таблица 4

чтобы + инф. для того чтобы + инф.	**Чтобы отправиться** в кругосветное путешествие, нужно быть физически подготовленным человеком. Путешественник берёт с собой в экспедицию магнитофон, **для того чтобы слушать** музыку.
для того чтобы + глагол (-л, -ла, -ли)	Его послали учиться в Россию, **для того чтобы он стал** переводчиком. Олимпийские игры были организованы для того, **чтобы спорт помог** людям всего мира объединиться.

Сравните!

(На какие вопросы отвечают выделенные предложения?)

Чтобы правильно принимать лекарство, нужно посоветоваться с врачом.  Врач сказал, **чтобы я принимал лекарство каждый день.**

16 а) Опишите ситуации. (Восстановите предложения.)

Образец: поехать, чтобы увидеть

▼

Я обязательно поеду на экскурсию в Санкт-Петербург, чтобы увидеть этот прекрасный город.

— изучать, чтобы говорить и понимать
— записать, чтобы не забыть
— позвонить, чтобы напомнить
— взять, чтобы прочитать
— прочитать, чтобы узнать

— купить, чтобы подарить
— приготовить, чтобы поужинать
— бежать, чтобы не опоздать
— надеть, чтобы не замёрзнуть
— перевести, чтобы понять

б) Опишите ситуации. (Соедините части А и Б и восстановите предложения.)

Образец: рассказал о фильме... + ...чтобы он посмотрел

▼

Антон рассказал своему другу о новом фильме, чтобы он тоже посмотрел его.

А	Б
объясню задачу...	...чтобы они вспоминали
дал книгу...	...чтобы он мог решить
позвал в комнату...	...чтобы она позвонила
открыла окно...	...чтобы я попробовал
подарю фотографии...	...чтобы нам не было жарко
дам телефон...	...чтобы он выздоровел
купила мороженое...	...чтобы я прочитал
выписал лекарство...	...чтобы они помогли мне

17  а) Быстро просмотрите первую часть текста и скажите, сколько лет было Фёдору Конюхову, когда он отправился в своё первое путешествие.

Путешественник Фёдор Конюхов

Ф.Ф. Конюхов

Фёдор Филиппович Конюхов родился в 1951 году в рыбацком посёлке на берегу Азовского моря в простой крестьянской семье, в которой было пятеро детей. Его братья и сёстры помогали родителям работать в поле, а Фёдор часто ходил с отцом в море, чтобы ловить рыбу. Море всегда нравилось мальчику. Он научился хорошо плавать и благодаря отцу научился прекрасно управлять большой лодкой. Уже тогда Фёдор понял, что море — его призвание. Поэтому, окончив школу, он поступил в мореходное училище и стал профессиональным моряком.

В 1977 году Фёдор Конюхов отправился в своё первое путешествие по северной части Тихого океана, чтобы повторить путь первых русских исследователей Севера. Затем были экспедиции на Камчатку, Сахалин, Командорские острова, на Чукотку. С этого времени он стал профессиональным путешественником и совершил около сорока различных походов. Он путешествовал пешком, на автомобилях, на велосипедах, на собаках, на лодках, яхтах и плотах. Специалисты считают его самым универсальным из профессиональных путешественников.

б) Быстро просмотрите вторую часть текста и скажите, сколько весит небольшой взрослый дельфин.

Фёдор Конюхов — один из немногих путешественников в России, которые побывали на семи самых высоких вершинах мира. Он без остановки обошёл вокруг света, покорил Северный и Южный полюсы — побывал в Арктике и в Антарктиде, — один совершил четыре кругосветных плавания, переплыл Тихий и Индийский океаны. А Атлантический океан он переплыл 8 раз.

Его путешествия всегда трудны и опасны. Конюхов чуть не погиб от голода и холода в Антарктиде, когда трое суток ждал самолёта, который не мог прилететь за ним из-за сильного ветра и снега. В океане во время одного из кругосветных путешествий Конюхов был на волоске от смерти, потому что попал в страшный ураган. А однажды на его небольшую яхту запрыгнул из воды дельфин. Путешественнику с большим трудом удалось сбросить животное обратно в море, так как вес небольшого взрослого дельфина — около 400 кг.

Ф.Ф. Конюхов на яхте «Алые паруса»

в) Быстро просмотрите третью часть текста и скажите, каковы ближайшие планы Фёдора Конюхова.

Помимо главного своего увлечения — путешествий — Конюхов много пишет и рисует. Несмотря на трудности во время каждой своей экспедиции Конюхов ведёт дневники. В них он рассказывает о природе, море, животных, описывает необычные и сложные ситуации, в которые попадал.

Учёные, спортсмены и туристы активно используют в своей работе знания и опыт, полученные путешественником в экспедициях и походах: например, как должен вести себя человек в сложных ситуациях; почему для путешественника важна хорошая физическая и психологическая подготовка; как можно выжить в экстремальных условиях.

Сейчас Фёдору Конюхову 54 года. Многое им уже сделано: написано 8 книг, создано 3000 картин, в которых он выразил своё видение мира и отношение к жизни, написана кандидатская диссертация о народах русского Севера, открыта школа путешественников, построена церковь в посёлке Врангель на берегу Японского моря, где живут его родные. Но Конюхов не собирается останавливаться. Он планирует отправиться в новое кругосветное плавание на яхте «Алые Паруса». Во время путешествия Конюхов хочет создать серию картин, посвящённых Индийскому и Тихому океанам. Таким образом, яхта на время плавания превратится в художественную мастерскую. А когда путешествие закончится, будет организована выставка картин Фёдора Конюхова, созданных в океане.

г) Внимательно прочитайте текст и запишите вопросы, которые задал журналист Фёдору Конюхову, чтобы написать эту статью.

д) Какой факт биографии путешественника вас заинтересовал и почему?

18 а) Прочитайте интервью и скажите, какая мечта есть у Фёдора Конюхова.

Интервью с Ф. Конюховым

Яхта «Алые паруса»

Белеет парус одинокий
В тумане моря голубом. —
Что ищет он в стране далёкой?
Что кинул он в краю родном?

М.Ю. Лермонтов

Макси-яхта «Алые Паруса», управляемая одним человеком, была построена в 1999 году по заказу французского яхтсмена миллионера Паскаля Херольда. Её стоимость — 1 миллион евро. Длина яхты достигает 26 метров.

С 2004 по 2006 год Фёдор Конюхов собирался совершить несколько путешествий на этой уникальной яхте, в том числе отправиться в кругосветное плавание в пятый раз.

Перед выходом яхты из английского города Фалмут он дал интервью журналистам.

— **Фёдор, когда вы вернётесь домой?**

— Если всё будет хорошо, я должен быть дома в апреле 2005 года. Но уже в мае этого года я собираюсь в путешествие по Гренландии, а потом пойду на верблюдах через пустыню Гоби в Азии.

— **Очень скоро вы окажетесь один на один с океаном. Это тяжело?**

— Мне 54 года, и я чувствую, что в мире нет одиночества, я никогда не бываю один — ни в океане, ни в пустыне. Океан всегда живой. За моей яхтой летят птицы и плывут дельфины. Иногда, раз в десять дней, появляются киты. Даже если никого нет, сами волны живые, я всегда слушаю их шум.

— **Вам бывает страшно?**

— Я не хочу вас обманывать, страх был всегда и есть сейчас. Мне и на берегу бывает страшно. Сегодня, например, я проснулся в два часа ночи и до утра не мог заснуть. Лежал и думал, что уже завтра буду один в океане. Нельзя будет заболеть, нельзя руку сломать, нельзя упасть в воду, потому что я один. Никто не придёт на помощь.

— **Вы верующий человек. Вы молитесь перед путешествиями?**

— Да, молюсь. В Москве во дворе своего дома я построил маленькую часовню в память о путешественниках, которые погибли в океане, в горах и на полюсе.

— **Вы когда-нибудь встречались с морскими пиратами?**

— А как же! В 1993 году, во время моего второго кругосветного плавания. Я отдыхал на острове. Ночью, пока я спал, пираты украли у меня яхту. Я с большим трудом нашёл её, потому что эти бандиты уплыли на другой остров. Яхта стояла в двухстах метрах от берега, и её охраняли два человека. Ночью я подплыл на лодке к своей яхте, поднялся на борт. Мне пришлось ударить сначала одного пирата, а потом другого, который спал. Затем я связал их, спустил на верёвке в лодку, а сам завёл мотор и уплыл.

— Скажите, а во время путешествия вам хочется с кем-нибудь поговорить?

— Если бы вы знали, как я скучаю по голосам! Человек привык к голосам родных и близких, друзей, коллег, а в океане только шум волн и свист ветра. Но я научился слушать подводный мир: я слышу, как идут киты, как пищат дельфины.

— А вы берёте с собой магнитофон?

— Конечно, беру. Я слушаю песни, музыку. Очень люблю кассеты, на которых моя жена читает мне книги. Ещё я слушаю любимые фильмы: содержание я хорошо помню, поэтому слушаю кассету и представляю картинку.

— Расскажите, какие продукты вы взяли с собой на яхту.

— Я взял 20 кг картофеля, но знаю, что бо́льшая часть испортится через 15 дней. К сожалению, на яхте слишком большая влажность, ведь вокруг вода. Через полтора месяца я буду есть рис, спагетти и консервы. Я взял продукты на 150 дней, но планирую закончить плавание через 110 дней.

— Чего вам хочется во время путешествий, по чему вы скучаете?

— Конечно, я скучаю по домашней еде, хочется борща и жареной картошки. Я почти не отдыхаю, поэтому всё время хочется спать. Но больше всего хочется, чтобы кто-нибудь сидел напротив: хочется сидеть и смотреть на человеческое лицо. Неважно, чьё это будет лицо — мужчины, женщины, ребёнка или старика.

— Ваше имя знает весь мир. Вы получаете от этого удовольствие?

— Я никогда не думал о славе, я так живу. Вся моя жизнь — это путешествия. Я ведь не только плаваю в океане. На Аляске я проехал на собаках 1700 километров за

14 дней, побывал на Северном и Южном полюсах, поднимался на самые высокие вершины мира. Мне нравится такая жизнь.

— Это не последнее ваше плавание?

— Надеюсь, что нет. Я мечтаю отправиться на яхте в южную часть Тихого океана и изучить жизнь гигантских спрутов. Размер этих животных достигает 30 метров. Никто и никогда не видел живых гигантских спрутов. Но раз в пять лет океан выбрасывает мёртвое тело спрута у берегов Чили. Я хочу быть первым человеком, который увидит живых гигантских спрутов.

б) Какие вопросы и ответы заинтересовали вас? Что нового вы узнали о Ф. Конюхове?

в) Скажите, какие ещё вопросы вы хотели бы задать Конюхову, если бы брали у него интервью? Как вы думаете, что он ответил бы вам?

19

Найдите в тексте о Ф. Конюхове (упр. 17) данные словосочетания и объясните, как вы их понимаете.

ходить в море
мореходное училище
море — его призвание
кругосветное плавание
быть на волосок от смерти

попасть в страшный ураган
вести дневник
как вести себя в сложной ситуации
как выжить в экстремальных условиях
выразить своё видение мира

20

а) Образуйте существительные от данных глаголов.

собираться, управлять, организовать, планировать, превратиться, отправиться, достичь, увлекаться, путешествовать, использовать

б) Составьте все возможные словосочетания.

Образец: побывать

побывать на Северном полюсе, побывать в сложной ситуации...

собираться	кругосветное путешествие
управлять	летний отдых
организовать	большая яхта
планировать	сложная ситуация
отправиться	большие успехи
достичь	Северный полюс
совершить	горная вершина
покорить	многонациональное государство
попасть	экстремальные условия
побывать	научная экспедиция
описать	сильный ураган
	необитаемый остров

21

Напишите краткое сообщение о жизни и путешествиях Конюхова на основе той информации, которую вы узнали из статьи и интервью. Эти вопросы помогут вам.

1. Как и почему Фёдор Конюхов стал профессиональным моряком?
2. В каких экспедициях побывал Конюхов и как (на чём) он путешествовал?
3. Как вы думаете, почему Конюхов выбрал себе такую работу — путешествовать?
4. Что помогает Конюхову во время экспедиций? О чём думает, вспоминает, мечтает путешественник?
5. Какие трудности ему приходилось преодолевать во время путешествий?
6. Какие ещё путешествия планирует совершить Конюхов в ближайшем будущем? Чем он мечтает заниматься во время экспедиций?
7. Почему можно сказать, что Фёдор Конюхов — талантливый и необычный человек?

УРОК 9. Я ЖЕ С ДАЛЬНЕЙ ДОРОГОЙ ЗНАКОМ ПО-ДРУГОМУ...

III. Выражение уступительных отношений в простом и сложном предложениях

1. Выражение уступительных отношений в простом предложении

Прочитайте примеры в таблицах 5 и 6 и объясните данные ситуации по-другому.

Таблица 5

несмотря на (+ 4)	**Несмотря на** известность Ф. Конюхов остаётся очень простым и скромным человеком. (= Ф. Конюхов — известный человек, но он остаётся очень простым и скромным.) **Несмотря на** опасность альпинисты поднимаются на самые высокие вершины.
деепричастный оборот	Путешественник продолжил свой путь, **рискуя** жизнью. (= Путешественник продолжил свой путь, несмотря на то что рисковал жизнью.) **Понимая**, что путешествовать без помощников трудно, Фёдор Конюхов отправился в кругосветное плавание один.

2. Выражение уступительных отношений в сложном предложении

Таблица 6

несмотря на то что...	**Несмотря на то что** учёные-медики создают много новых эффективных лекарств, лекарство от СПИДа ещё не найдено. (= Учёные-медики создают много новых эффективных лекарств, но лекарство от СПИДа ещё не найдено.) Футболисты проиграли матч, **несмотря на то что** много тренировались.
хотя...	Водители часто слушают громкую и быструю музыку в автомобиле, **хотя** знают, что это опасно. **Хотя** спортсмен выступал хорошо, он получил очень низкую оценку.

Сравните!

Сравните структуру простого и сложного предложения. Составьте полные предложения с данными словосочетаниями.

несмотря на трудности... **несмотря на** плохую погоду...	**несмотря на то что** было трудно... **несмотря на то что** была плохая погода...
даже выпив лекарство...	**несмотря на то что** он выпил лекарство... **хотя** он выпил лекарство...
быстро **закончив** работу,...	**хотя** он быстро закончил работу,...

22 Восстановите предложения (дайте несколько вариантов).

1. Хотя была тёплая и солнечная погода, ...
2. Хотя уже были куплены билеты на самолёт, ...
3. Хотя друзья готовились к поездке целых две недели, ...
4. ..., хотя мой друг не любит классическую музыку.
5. ..., хотя занятия закончились.
6. Несмотря на плохое настроение...
7. Несмотря на позднее время...
8. Несмотря на большой конкурс...
9. Несмотря на то что путешествие было очень трудным, ...
10. Несмотря на то что была нелётная погода, ...
11. ..., несмотря на то что мы опоздали.
12. ..., несмотря на то что билеты было трудно купить.

23 Восстановите предложения (соедините части А и Б). Используйте союзы **несмотря на**, **хотя**.

Образец: было холодно... + ...пошли гулять

Несмотря на то что на улице было холодно, друзья пошли гулять в парк.

А

очень волновался...
был тепло одет...
много работал...
изучал русский язык только год...
уже был в Петербурге...
ехал на такси...
очень занят...

Б

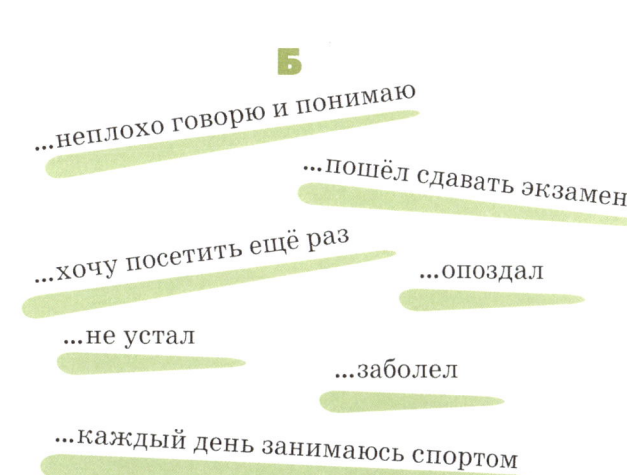

 Текст

24

В тексте, который вы будете читать, вы встретите новые слова и выражения. Познакомьтесь с ними.

а) Посмотрите эти слова в словаре:

факел, эмблема.

б) Прочитайте примеры и объяснения. Постарайтесь понять значения выделенных слов без словаря.

1. **безопасность** ≠ опасность — быть, находиться в **безопасности**
2. **отменять — отменить** что? (4) — **отменить** занятия = занятий не будет
   • Студенты поехали на экскурсию, поэтому занятия **отменили**.
3. **символизировать** (НСВ) что? (4) = быть символом, являться символом
   • Пять колец на олимпийском флаге **символизируют** единство пяти континентов.
4. **зажигать — зажечь** что? (4) — **зажечь** огонь, свет
   зажёг
   зажгла
   зажгли
   • Перед каждыми Олимпийскими играми спортсмены **зажигают** олимпийский огонь.
   • В комнате было темно, поэтому я **зажёг** свет.
5. **поддерживать — поддержать** кого? что? (4) — **поддержать** друга в трудной ситуации = помочь другу в трудной ситуации; **поддержать** проект = согласиться с проектом

25

а) Быстро прочитайте текст и ответьте на вопросы:

1. Когда состоялись первые Олимпийские игры?
2. Кто и когда предложил возобновить Олимпийские игры?
3. Когда Россия впервые стала участвовать в Олимпийских играх?

Быстрее, выше, сильнее!

Первые в истории Олимпийские игры прошли ещё в 776 году до нашей эры. Время, когда проходили Игры, называлось «временем священного мира». В эти дни прекращались все военные действия, чтобы спортсмены и зрители были в безопасности.

В древности в Олимпийских играх могли участвовать только мужчины — жители греческих городов. Женщины не могли не только участвовать в Играх, но и даже войти в город, где проходили Игры. В программу Олимпийских игр входили гонки на колесницах, бег, метание копья и диска, прыжки в длину, борьба. Олимпийские игры проводились более тысячи лет, затем были отменены.

Второе рождение Олимпийских игр произошло в 1894 году благодаря французу Пьеру де Кубертену. Он предложил регулярно устраивать международные Олимпийские игры, разработал основные правила проведения соревнований, придумал эмблему из пяти разноцветных колец, символизирующих пять континентов, и олимпийский флаг. Девиз Олимпийских игр: «Быстрее, выше, сильнее». Олимпийские игры решили проводить один раз в четыре года в разных городах мира. По предложению Кубертена в Греции, в городе Олимпия, перед каждой Олимпиадой стали зажигать Олимпийский огонь. Факел зажигают, как в Древней Греции, от солнечных лучей, собранных зеркалом. По традиции лучшие спортсмены из разных стран и днём и ночью по очереди несут горящий факел. Самый важный момент открытия Олимпийских игр — это момент, когда спортсмен приносит Олимпийский огонь на стадион, где проводятся игры. (Впервые это произошло в 1936 году, когда огонь несли из Олимпии в Берлин.)

Россия входила в число 12 стран, которые приняли решение снова проводить Олимпийские игры. Впервые 6 русских спортсменов приняли участие в Олимпиаде в Лондоне (Англия) в 1908 году. На этих играх они получили одну золотую медаль и две серебряные. В 1912 году на Олимпиаду в Стокгольм (Швеция) поехала русская команда, в которой было уже 169 человек. С тех пор Россия является постоянным участником Олимпийских игр.

б) Объясните, почему в древности время проведения Олимпийских игр называли «временем священного мира». Можно ли назвать «временем священного мира» время проведения Олимпийских игр сейчас?

в) Что ещё вы знаете о правилах проведения Олимпийских игр?

26

а) Прочитайте текст и скажите, чем был доволен Алексей Немов после Олимпийских игр в Афинах, хотя он не получил золотую медаль.

Афинский герой

Алексей Немов

Алексей Немов родился в 1976 году. Его детство прошло в Тольятти — городе, где почти все мальчишки мечтают стать спортсменами и занимаются хоккеем. Но когда Алексею исполнилось шесть лет, мама привела его не в хоккейный клуб, а в гимнастическую школу. «Перспективный гимнаст», — было записано в тренерском журнале, когда будущему чемпиону было всего шесть лет. Так Алексей попал в спортивную гимнастику.

Сегодня на вопрос о том, гордится ли им мама, Немов отвечает просто: «Она говорит, что всегда знала, что я буду таким». И добавляет, что маму свою очень любит.

Своё первое олимпийское золото Немов получил в 1996 году на Олимпийских играх в Атланте. Через четыре года в Сиднее Немов выиграл ещё две золотые медали. Конечно, болельщики надеялись, что Алексей получит золотую медаль и в 2004 году — на Олимпиаде в Афинах. Но этого не произошло, потому что судьи поставили Алексею низкую оценку, хотя он выступал очень хорошо и показал самую сложную программу.

Весь мир в прямом эфире наблюдал за тем, как во время соревнований болельщики в зале встали и начали кричать и свистеть, хотя болельщиков из России среди них было немного. Люди на трибунах активно возмущались и требовали изменить оценки, несмотря на то что следующий участник — спортсмен из США — уже вышел, чтобы начать своё выступление. Соревнования остановились. В результате этого через двадцать минут судьи повысили оценки. Зрители продолжали шуметь. Тогда американский гимнаст Пол Хэмм подошёл к Алексею и сказал: «Алекс, пожалуйста. Только ты можешь всех успокоить!» Немов вышел на середину зала и поблагодарил зрителей за поддержку жестами и воздушными поцелуями. Но шум не стихал, и американский гимнаст никак не мог начать свое выступление. Алексей ещё раз выбежал в зал и показал публике, что нужно вести себя тише.

Алексей занял пятое место и не получил никакой награды. До сих пор спортивные специалисты утверждают, что Немов должен был получить золотую медаль. «Техника Немова — это техника XXI века, — в один голос говорят тренеры, — такие сложные упражнения не выполняет сейчас ни один гимнаст в мире».

«Конечно, я переживал, — говорит Алексей, — но не очень. У меня уже есть золотые олимпийские медали. А из Афин я привёз гораздо больше, чем медали, — я привёз огромное чувство благодарности зрителям, которые меня поддержали. Такого ещё нигде и никогда не было».

Всё проходит, прошли и Афинские игры. Алексей вернулся домой. Дома, в семье, можно успокоиться, отдохнуть, набраться сил, чтоб снова начать тренироваться. «У него есть семья, есть дорогие ему люди, и мы всегда будем рядом», — сказала жена Алексея перед его возвращением.

Алексей Немов

б) Какие вопросы задал журналист Алексею Немову, чтобы написать эту статью?

в) Опишите ситуацию, в которую попал Алексей Немов на Олимпиаде в Афинах.

27 **а)** После возвращения из Афин Алексей Немов дал интервью журналистам, в котором рассказал о своём отношении к спорту и о своих планах на будущее. Познакомьтесь с ним.

— Скажите, Алексей, вы сразу полюбили гимнастику?

— Думаю, да. Когда я начал заниматься, мне было только шесть лет. Я приходил в спортивный зал, чтобы побегать, попрыгать, поиграть. Мне было весело и интересно.

— Сколько вам было лет, когда вы стали профессиональным спортсменом?

— Мне было 16 лет.

— Что изменилось с тех пор? Вы по-прежнему получаете удовольствие от занятий гимнастикой? Или удовольствие превратилось в тяжёлую работу?

— Конечно, профессиональный спорт — это огромный, тяжёлый труд. Я не могу уйти из зала, если у меня что-то не получается. Я всё время думаю: почему у других спортсменов получается, а у меня нет? Иногда мне приходится повторять одно упражнение по два часа, пока не сделаю его отлично.

— Сколько времени вы тренируетесь?

— Каждый день с 7 утра до 7 вечера, кроме воскресенья, я бегаю, прыгаю, плаваю в бассейне, занимаюсь в гимнастическом зале.

— После Олимпийских игр не хотите отдохнуть?

— Вы знаете, после Олимпиады в Афинах у меня впервые появилось желание остановиться. Вот уже два месяца я не могу и не хочу входить в зал. Я очень устал — и больше психологически, чем физически.

— Вы хотите уйти из большого спорта?

— Нет, я пока не собираюсь уходить. Я хочу отдохнуть до марта. Именно в марте изменяют правила в спортивной гимнастике. По традиции эти правила обновляют каждые четыре года после Олимпийских игр. Смогу ли я продолжать выступать? Мне уже не 20 лет и даже не 25, а правила становятся сложнее и сложнее. Хватит ли у меня сил?

— Что самое трудное в гимнастике?
— Самое трудное не только в гимнастике, но и в любом виде спорта — бороться с собой. Каждый день надо заставлять себя тренироваться по много часов, делать одно и то же. Надо выступать не просто хорошо, а отлично. Для этого всегда необходимо быть в прекрасной физической и психологической форме. Чем старше спортсмен, тем ему труднее это делать.
— У вас есть проблемы со здоровьем?
— Это физкультура полезна для здоровья, а большой спорт — наоборот. К сожалению, профессиональный спорт всегда связан с травмами. Я не знаю ни одного известного спортсмена, у которого нет проблем со здоровьем. У меня, например, спина болит.

Но спорт — это моя работа, и я спокойно отношусь к травмам.
— Если вы решите уйти из спорта, чем вы будете заниматься? Откроете ресторан или клуб? Так делают многие известные спортсмены.
— Нет, я ничего не понимаю в ресторанном бизнесе. Думаю, что останусь в спорте.
— Ваши дети тоже занимаются гимнастикой?
— Старшему сыну уже 14 лет, он не занимается. А младшему — 4 года. Он, как и я в его возрасте, с удовольствием бегает, прыгает, стоит на голове. Поживём — увидим, может быть, он и станет спортсменом.

б) Что нового вы узнали из этого интервью о российском спортсмене А. Немове, о его отношении к жизни, спорту, здоровью?

28 Ответьте на вопросы:

1. Какой вид спорта вам нравится и почему?
2. О каких спортсменах вы можете рассказать?
3. Участвовала ли команда вашей страны в последних Олимпийских играх?
4. Какие места заняла ваша команда?
5. В каких видах спорта отличились спортсмены вашей страны?

Читаем газеты и журналы

29 Прочитайте статьи из газет и журналов (в случае необходимости можно пользоваться словарём). Скажите, какая статья вас заинтересовала. Почему?

1. а) Прочитайте статью и скажите, какой вывод делает автор статьи.

Лекарство от стресса

Недавно проведённое исследование показало, что чтение книг очень помогает людям в стрессовых ситуациях. 70 % читателей отметили, что процесс чтения является уникальной возможностью забыть обо всех проблемах. Читатели предпочитают такие произведения, от которых они получают только положительные эмоции. 60 % читателей абсолютно счастливы, если читают весёлые книги с хорошим концом. 27 % читателей любят книги, где герои попадают в сложные ситуации, но потом выходят из них победителями.

Исследователи сделали вывод: если вы будете читать несколько часов в неделю, то вы сможете намного улучшить своё настроение и «уйти» от стресса.

журнал «Вокруг Света»

б) Любите ли вы читать? Что вы читаете? Как влияет чтение книг на ваше настроение?

2. а) Прочитайте статью и скажите, какую музыку психологи советуют слушать в автомобиле и почему.

Музыка в автомобиле

Многие водители часто слушают музыку в автомобиле во время поездок, так как это приятно. Но в результате экспериментов учёные обнаружили, что разная музыка по-разному влияет на внимание водителей.

В эксперименте приняли участие 27 студентов, которые хорошо водят машину. Каждый из них должен был «ехать» на специальном автомобильном тренажёре и слушать разную музыку — спокойную и быструю. Когда участники эксперимента слушали спокойную музыку, всё было нормально — они были внимательны. Но когда они слушали быструю музыку, количество сделанных ими ошибок увеличивалось в два раза. В результате своих исследований учёные сделали вывод: благодаря медленной музыке водитель ведёт машину очень внимательно и спокойно. И наоборот, из-за быстрой музыки поездка становится опасной. Следовательно, если вы хотите ездить без аварий, внимательно выбирайте музыку, которую вы слушаете во время своих поездок и путешествий.

журнал «Вокруг Света»

б) Скажите, какую музыку вы посоветуете слушать своему другу в автомобиле и почему.

 읽을 거리

Это интересно узнать!

30 В статье, которую вы будете читать, вы встретите новые слова и выражения.

а) Посмотрите эти слова в словаре.

мимика, отвращение, ярость, морщина, имидж, мышца, живот, хмуриться, кровяное давление

б) Прочитайте примеры и объяснения. Постарайтесь понять значения выделенных слов без словаря.

1. **жест** = движение руками или другими частями тела, которое что-то обозначает
   • Мы встретились и пожали друг другу руки. Этот **жест** люди используют, когда здороваются. Это дружественный **жест**.
2. **агрессивный** = недружественный
   • Животные могут быть очень **агрессивными**, они могут напасть на человека.
3. **испугаться (СВ) кого? чего? (2)** = испытывать страх; **испуг** = страх
   • Вчера на улице я чуть не попал под машину. Мне было страшно, я очень **испугался**.
4. **предки (предок)** = люди (родственники), жившие раньше
5. **пациент** = больной, который лечится у врача
   • Этот врач лечит своих **пациентов** не только лекарствами, но и весёлыми фильмами.
6. **совпадать — совпасть** = быть одинаковым
   • Мы с другом любим смотреть фильмы о путешествиях. Наши вкусы **совпадают**.

31 а) Прочитайте статью и скажите, как человек может показать, что он уверен в себе и многого добился.

Смех

Теоретически все люди земного шара могут общаться благодаря спутниковой связи и Интернету. Но практически это не всегда возможно, так как им мешает языковой барьер. В мире существует слишком много абсолютно разных языков. Например, в Кении (Африка), где живёт 24 миллиона человек, говорят на 30 языках.

Жесты? Может быть. Но у разных народов жесты не совпадают и обозначают абсолютно разные чувства и понятия. Нет, существует только один универсальный «язык» — мимика. Шесть основных чувств: страх, отвращение, ярость, горе, удивление и радость — отражались уже на лицах людей каменного века, ещё не знавших языка. Испуг, отвращение или ярость были сигналами опасности. Чувство удивления могло быстро измениться и стать чувством страха. Только смех во все времена был жизнеутверждающим: смотри, я смеюсь, мне хорошо, и я тебе не желаю зла!

Смех — это уникальное человеческое явление. Мы единственные из живых существ, кто умеет смеяться. Даже наши «предки» обезьяны не обладают этим умением. Если вы оказались рядом со «смеющимся» шимпанзе, тогда вам лучше как можно быстрее уйти. Обезьяна на самом деле не радуется, а чем-то испугана и может быть очень агрессивной. А «смех» дельфинов имеет совсем другую причину: они выглядят так всегда, даже когда очень грустны.

Человек почти сразу же после появления на свет начинает смеяться: с того момента, когда видит улыбающееся лицо матери. Её улыбка как будто говорит: «Малыш, всё хорошо, не бойся, с тобой ничего не случится». И потом всю жизнь мы отвечаем улыбкой, когда нам улыбаются.

Интересно, что происходит с нашим лицом, когда мы смеёмся? Даже при слабой улыбке начинают двигаться 17 связанных между собой лицевых мышц. А при смехе во всё горло (при сильном смехе) работают 80 мышц, до самого живота, что иногда может вызывать боль. Смех действует даже на мозг. Смеясь, мы делаем лицо красивее.

Напротив, когда мы хмуримся, мы заставляем работать 43 не связанные между собой мышцы и из-за этого получаем морщины.

В результате исследований медики доказали, что смех лечит. Благодаря смеху снижается кровяное давление, улучшается работа сердца, активизируются положительные биохимические процессы в мозге. Смех укрепляет наш иммунитет. Даже раковые клетки под влиянием смеха разрушаются. Во французских больницах проводился эксперимент: одной группе пациентов показывали весёлые фильмы, а другой группе нет. Пациенты первой группы быстрее выздоравливали.

Ну и конечно, смех — это ключ к успеху как в личной жизни, так и на работе. Только смех создаёт положительный имидж: вы хорошо выглядите, на вас приятно смотреть, с вами приятно общаться. Смеясь, человек показывает уверенность в себе: я многого добился, самая красивая девушка — моя, у меня всё хорошо, поэтому я радуюсь.

б) Задайте один общий вопрос к каждому абзацу статьи, чтобы можно было передать основной смысл каждого абзаца.

32

а) Назовите глаголы, от которых образованы данные существительные.

влияние   _____
умение   _____
изменение   _____
совпадение   _____
общение   _____
движение   _____
создание   _____
сохранение   _____
разрушение   _____

б) Продолжите ряд словосочетаний, используя существительные из пункта а):

влияние на человека, умение рисовать…

33
Восстановите предложения. Выберите глагол справа и поставьте его в нужную форму.

1. У разных народов жесты ... абсолютно разные понятия.
2. Смех положительно ... на работу человеческого организма.
3. В химической лаборатории учёные каждый день ... сложные эксперименты.
4. Животные не ... умением смеяться.
5. Когда человек смеётся, у него начинают ... 17 лицевых мышц.
6. В результате экспериментов медиками было доказано, что пациенты ... благодаря смеху.
7. Благодаря улыбке, смеху и хорошему настроению человек может ... больших успехов в жизни и на работе.

проводить
обозначать
влиять
разрушать
выздоравливать
образовывать
создавать
активизировать
сохранять
двигаться
добиться
обладать

34
Прочитайте слова и скажите, на какие вопросы они отвечают. Найдите корень (общую часть родственных слов). Составьте возможные словосочетания или предложения с выделенными словами.

1. **смеяться, смех**, смеющийся, смешно, **смешной**
2. **общаться, общение**, общительный
3. улыбаться, **улыбка, улыбающийся**, улыбчивый

35
Найдите в тексте данные словосочетания и объясните, как вы их понимаете.

языковой барьер
смех во всё горло
ключ к успеху
положительный имидж
люди каменного века
отвечать улыбкой

36 Кратко изложите содержание статьи, письменно ответив на эти вопросы:

1. Какие способы общения — «языки» — существуют между людьми?
2. Почему можно сказать, что смех — это уникальное человеческое явление?
3. Как смех и улыбка влияют на внешность человека?
4. Почему врачи называют смех лекарством?
5. Какое значение имеет смех в жизни человека?

37  В статье, которую вы будете читать, вы встретите новые слова и выражения.

а) Посмотрите данные слова в словаре:
эволюция, генетика, вирус, биополе, аура

б) Прочитайте примеры и объяснения. Постарайтесь понять значения выделенных слов без словаря.

1. **интеллект** = ум
   • Это очень умный человек, у него высокий **интеллект**.
2. **иммунитет** = способность организма бороться с болезнями
   • Мальчик никогда не болеет, у него хороший **иммунитет**.
3. **Вселенная** = весь существующий мир: Земля, космос, звёзды, планеты...
   • Учёных всегда интересовал вопрос, как появилась наша **Вселенная**.
4. **сомневаться** (НСВ) в ком? в чём? (6) = не знать точно, не быть уверенным в чём-то
   • Это очень трудная задача. Я **сомневаюсь**, я не уверен, что смогу её решить.
   • Мой друг — талантливый человек. Я **не сомневаюсь**, что он будет известным учёным.
5. **обнаружить** (СВ) кого? что? (4) = найти, узнать
   • Недавно астрономы **обнаружили** новую планету.
6. **отличаться** (НСВ) от кого? от чего? (2) / чем? (5) = быть другим, быть непохожим
   • Эти братья совершенно разные, они очень **отличаются** друг от друга и характерами, и внешностью.
7. **предсказывать — предсказать** что? (4) кому? (3) = знать и рассказывать о том, что случится в будущем
   • Есть такие люди, которые видят будущее и поэтому могут его **предсказывать**.
8. **одарённый** человек = человек, у которого есть талант, способности

38 а) Прочитайте статью и скажите, кто такие дети Индиго. Почему их так назвали?

Дети Индиго — кто они?

Эти дети, совершенно не похожие на обычных мальчиков и девочек, начали рождаться в конце 70-х — начале 80-х годов прошлого века. Уже в первые месяцы жизни у этих детей были совершенно взрослые глаза. Чем старше они становились, тем сильнее отличались от «нормальных» детей. В детские психологические центры стали обращаться взволнованные родители, которые не знали, что делать с собственными детьми, так как дети никого не слушались, не находили контакт со сверстниками, не могли долго заниматься одним делом, уроки их просто не интересовали.

Сначала психологи не видели в этом ничего необычного, потому что «трудные» дети существовали всегда. Преподаватели же предлагали родителям перевести такого ребёнка в другую школу. Но было в этом одно но. «Трудные» дети не способны долго заниматься одним делом, поэтому они часто меняют вид занятий. «Новые» дети могут часами заниматься тем, что им интересно, и делают большие успехи. В результате тестирования учёные обнаружили, что «новые» дети имеют очень высокий уровень интеллекта. Они прекрасно развиты и знают гораздо больше того, что им преподают в школе. А ещё эти дети рассказывают взрослым об устройстве мира, о космосе, о других планетах, умеют управлять энергией. Эти дети стараются всегда всё сделать сами. Они верят только в себя, в свои силы. Они ничего не боятся и делают всё для достижения своих целей.

Часто таких детей называют одарёнными детьми. Иногда их называют детьми нового поколения, потому что они обладают необычными талантами и способностями. Но в последнее время учёные начали использовать американский термин — «дети Индиго» (индиго — ярко-синий цвет). Это связано с тем, что в 1982 году вышла книга американского психолога Нэнси Энн Тэпп «Как цвет помогает лучше понять твою жизнь». В этой книге говорилось о том, что биополе, или аура, каждого человека имеет свой цвет, связанный с характером этого человека. В разные эпохи существовали разные цвета ауры, например красный или жёлтый. В конце XX века начал активно появляться ярко-синий цвет — цвет ауры «новых» детей. Нэнси Энн Тэпп не сомневалась, что Индиго — это «компьютерные дети», так как они очень хорошо понимают компьютер уже в 3–4 года. Это дети, благодаря которым техника будет развиваться очень быстро и дойдёт до самого высокого уровня в ближайшие 10–15 лет. Это дети, которые откроют людям дверь в другой мир, когда можно будет работать не руками, а только головой.

Другие психологи согласились с идеей Нэнси Энн Тэпп, так как с помощью специальных физических приборов они тоже увидели синюю энергетическую ауру «новых» детей.

Учёные считают, что дети Индиго — это результат эволюции человечества, технической революции, развития компьютерной техники. Интеллект этого поколения настолько развит, что компьютер является как бы продолжением их головного мозга. Когда они играют на компьютере, то всегда выигрывают. Дети Индиго обладают огромными возможностями. Они могут лечить людей, видеть ауру человека, читать мысли, предсказывать будущее. Желания детей Индиго не похожи на желания обычных детей. Когда детей Индиго (1100 детей) спросили, какой подарок они хотят получить на день рождения, ответы удивили психологов. Дети Индиго не просили обычных подарков — конфет или игрушек. Они хотели, чтобы выздоровел дедушка или чтобы родители не ссорились. Были и необычные желания, например, купить козу, которая умеет петь.

Психология «супердетей» ещё до конца не изучена. Они плохо воспринимают школьную программу и идут по своему, особому пути. Поэтому в Америке, в России, в Италии и во многих других странах уже существуют специальные школы для детей Индиго. Совершенно ясно, что количество этих детей растёт. Ведь ещё 30 лет назад никто не слышал о подобном явлении, а сейчас 70 малышей из 100 имеют синюю ауру.

Говорят, что появление нового поколения Индиго не случайно. Существует научная теория, которая объясняет, почему появилось это новое поколение. По этой теории в самые сложные моменты истории человечества на Земле появляется новая цивилизация. Дети Индиго — её представители.

***

В начале 90-х годов прошлого века произошла необычная история: в одной семье родился ребёнок. Оба его родителя были больны СПИДом*. В организме мальчика тоже был вирус этой смертельной болезни. Но когда мальчику исполнилось 6 лет, врачи не обнаружили в его крови вируса. Мальчик был совершенно здоров. В результате исследований врачи пришли к выводу, что этот ребёнок вообще не мог заболеть, так как у него очень высокий иммунитет. Через некоторое время был обнаружен ещё один такой ребёнок, потом сотни и тысячи детей, обладающих абсолютным иммунитетом ко всем болезням. Статистика говорит, что таких детей на Земле 60 миллионов, или 1 % всего населения планеты.

***

Очень часто дети Индиго читают, говорят, рисуют и пишут стихи о жизни на других планетах. Вот история одного из самых удивительных мальчиков среди детей Индиго — Бориса К.

Борис родился в 1996 году в городе Волжском, в России. Чудеса начались сразу, как только мама вернулась домой из роддома. Старый кот, живший в семье много лет, не выдержал взгляда малыша и

* СПИД = AIDS.

убежал из дома навсегда. Борис редко плакал и ни разу не болел. В восемь месяцев он начал говорить фразами (обычно дети начинают говорить фразами к двум годам) и часто использовал трудные, научные слова, которые при нём никто не произносил. В год и три месяца Борис стал учить буквы и составлять слова. Потом из детского конструктора сделал непонятную спираль.

Мама вспомнила, что видела такую спираль в учебнике генетики. Она поняла, что маленький сын сделал модель ДНК. В это время в доме не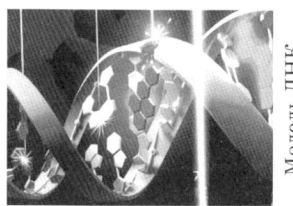

Модель ДНК

было ни энциклопедий, ни телевизора. В полтора года мальчик научился читать. А в три года он удивил родителей тем, что стал рассказывать о Вселенной. Он не только правильно называл все планеты Солнечной системы и их спутники, но и называл другие звёздные системы. Мама испугалась и решила посмотреть учебник астрономии. Оказалось, что её сын знает гораздо больше, чем было написано в учебнике.

Когда в дом приходили гости, мальчик с удовольствием рассказывал им о жизни на других планетах, о цивилизациях, которые раньше существовали на Земле, о том, как в будущем изменится климат на Земле, что произойдёт с материками.

Не так давно Борис сказал, что Землю ждут две катастрофы, связанные с водой. Но люди, подобные ему, спасут жителей Земли. Именно для этого они и рождаются. В рассказах мальчика взрослых поразили две вещи: во-первых, необычные знания, которыми не может обладать ребёнок в 7–8 лет, а во-вторых, в речи Бориса было много специальных терминов, подробностей и фактов. Речь мальчика была очень грамотной, это не была речь первоклассника.

Специалисты из Российской академии наук заинтересовались необычными способностями Бориса. При помощи специальных приборов они измерили и сфотографировали его ауру. Она оказалась необычайно сильной, её цвет — индиго.

б) Найдите в тексте ответы на следующие вопросы:

1. Когда впервые начали рождаться «новые» дети и чем они отличались от обычных детей?
2. Почему «новых» детей называют «дети Индиго»?
3. Какими способностями обладают дети Индиго?
4. Почему медики считают, что у детей Индиго абсолютный иммунитет?
5. Как учёные объясняют появление поколения детей Индиго?

в) Расскажите об удивительном мальчике Борисе.

39 Составьте все возможные словосочетания.

отличаться	талант
обнаружить	способности
предсказать	иммунитет
управлять	возможности
обладать	энергия
выдержать	будущее
	судьба
	взгляд

40  Прочитайте рассказ и дайте ему своё название.

Рождественские каникулы

Оля Журанова была очень целеустремлённым человеком. Она всегда ставила перед собой цель и уверенно шла к этой цели. После школы она мечтала поступить в Московский университет. Оля очень старалась. Она хорошо училась, занималась спортом, всегда и во всём была лучшей.

Окончив школу на отлично, она приехала из маленького города в Москву и поступила на философский факультет МГУ. Всё своё время Оля отдавала учёбе: она ходила на лекции, занималась в читальном зале. По ночам, когда в общежитии все уже спали, Оля читала книги по философии.

Когда однокурсники звали симпатичную Олю в кафе после занятий, она строго отвечала:

— В кафе я всегда успею пойти, а вот прочитать Канта* — нет.

Молодые люди часто приглашали Олю в кино, на концерт или в Молодёжный клуб МГУ, где всегда была очень интересная программа.

— У меня своя программа, — серьёзно отвечала Оля и шла в читальный зал или в общежитие, чтобы почитать книги Владимира Соловьёва**.

Оля Журанова была лучшей студенткой курса. Когда она окончила университет, ей сразу предложили поступать в аспирантуру. Но Оля отказалась от аспирантуры, так как ей было уже 23 года и по её плану в это время она должна была уже хорошо зарабатывать. А чтобы хорошо зарабатывать, надо было найти хорошую работу.

---
* Иммануил Кант (1724–1804) — немецкий философ.
** Владимир Соловьёв (1853–1900) — русский философ.

Оля понимала, что философия денег не принесёт, поэтому она поставила новую цель — найти престижную высокооплачиваемую работу.

Открыв газету с рекламой агентства по трудоустройству, Оля прочитала множество одинаковых объявлений: «Фирма приглашает дев. на раб. секр.». Что означает: «Фирма приглашает девушек на работу секретарём». Оля позвонила сразу в несколько фирм и договорилась о встрече. На следующий день она уже сидела перед руководителем одной из фирм и беседовала с ним. Руководитель задал ей несколько вопросов, а потом вдруг неожиданно спросил:

— Может быть, мы продолжим наше знакомство в ресторане?

Ничего не отвечая, Оля встала и вышла из кабинета, потому что она не собиралась идти в ресторан.

После того как эта ситуация повторилась ещё несколько раз в других фирмах, Оля поняла, что красивой девушке нелегко найти хорошую работу. Но Оле неожиданно повезло. Её подруга, работавшая секретарём-переводчиком в российско-французской компании, вышла замуж за француза и уехала с ним во Францию, поэтому место секретаря-переводчика в этой компании освободилось. И эту работу предложили Оле, так как она свободно говорила по-английски и по-французски.

Директор фирмы встретил Олю дружелюбно. Он улыбался.

— Меня зовут Евгений Юрьевич, — сказал он. — Вы нам нужны. Можете выходить на работу уже завтра.

Так Оля начала работать. Она приходила на работу без четверти десять и ждала Евгения Юрьевича, который приходил ровно в 10:00 и сообщал ей, какие дела запланированы на сегодня. Оля конспектировала всё, что он говорил, в маленьком блокноте. С работы Оля уходила ровно в шесть. У неё были время и деньги на театр, кино и выставки. Перед сном она любила почитать. Так продолжалось полтора года. Всё было хорошо. Лишь одно не нравилось Оле. Она до сих пор была не замужем и по-прежнему снимала квартиру в одном из дальних районов Москвы. А по её плану в 25 лет она должна была уже выйти замуж и жить в собственной квартире в центре города. Но пока никто не делал ей таких интересных предложений, хотя она была молода, умна и красива.

Однажды в фирме, где работала Оля, был праздник. Все пили шампанское и беседовали друг с другом. Евгений Юрьевич неожиданно подошёл к Оле и сообщил ей, что на Рождество он должен поехать в Швейцарию.

— У вас деловая встреча с партнёрами? — спросила Оля и взяла блокнот, чтобы записывать.

— Нет! У меня встреча с Санта-Клаусом! Скоро Рождество. Я приглашаю вас встретить Рождество в Швейцарии, в Альпах, если, конечно, вы не против.

— Можно я отвечу вам завтра? — спросила Оля.

— Конечно-конечно! Подумайте до завтра. Но знайте, что Швейцария — это сказка. Я каждый год езжу туда на Рождество.

Предложение Евгения Юрьевича — поехать в Швейцарию — очень понравилось Оле, потому что ещё в детстве она мечтала о путешествиях в дальние страны. Да и сам Евгений Юрьевич был ей симпатичен. Но Оля решила, что соглашаться сразу нельзя. Может быть, Евгений Юрьевич пригласил её просто так, шутя, а завтра он может не вспомнить о своём приглашении, так что лучше подождать до завтра.

На следующий день всё шло как обычно. Евгений Юрьевич приветливо поздоровался с Олей и ушёл к себе в кабинет.

— Я была права, — подумала Оля, — он забыл о своём предложении.

Через несколько минут Евгений Юрьевич вызвал Олю к себе, чтобы сообщить ей план работы на день. Когда все деловые вопросы были решены, он неожиданно спросил:

— Так что вы решили? Вы поедете со мной в Швейцарию?

— Да, — тихо ответила Оля, — я поеду с вами.

— Отлично, — улыбнулся Евгений Юрьевич. — Улетаем двадцать четвёртого декабря. Я обещаю вам рождественскую сказку.

Весь день Оля старалась не думать о поездке в Швейцарию, хотя это было очень трудно. Но как только она пришла домой, она сразу начала представлять себе это сказочное путешествие. «Швейцария! — думала она. — Альпы! Встреча Рождества в маленьком уютном отеле в горах! Рождественская ёлка, подарки! А утром мы летим на лыжах с высокой горы. "Я люблю вас, Оленька, будьте моей женой!" — кричит мне Евгений Юрьевич. Вот она, рождественская сказка! Зима! Снег! Лыжи!.. Господи! Лыжи!!!»

Оля почувствовала страх, так как она никогда, ни разу в жизни не каталась на горных лыжах. Оля очень любила спорт. Можно даже сказать, что спорт играл большую роль в её жизни. В школе она играла в волейбол и баскетбол, занималась спортивной гимнастикой. В университете — играла в теннис, плавала, даже занималась карате. Да и сейчас она продолжала регулярно заниматься спортом: два раза в неделю она ходила в тренажёрный зал и в бассейн. Но горные лыжи — это совсем другое.

Оля ясно представила себе, как виртуозно катается на горных лыжах Евгений Юрьевич. Ведь он каждый год ездит зимой в Швейцарию! А она даже не умеет стоять на горных лыжах. От этих мыслей ей стало плохо.

— Что делать? — думала Оля. — Главное, не сидеть сложа руки. Под лежачий камень вода не течёт. Надо быстро научиться кататься на горных лыжах.

Она взяла телефон и начала звонить всем своим друзьям и знакомым, чтобы узнать, где и за какое время можно научиться кататься на горных лыжах. Через двадцать минут у неё была вся информация по этому вопросу и телефон опытного тренера. Из разговора с тренером она узнала, что горные лыжи — это дорогое удовольствие, так как уроки хорошего тренера и лыжи напрокат стоят очень дорого. Но Оля была согласна на всё. Она чувствовала, что в Швейцарии решится её судьба, поэтому она заплатила сразу за все уроки, взяла напрокат лыжи и начала заниматься с тренером, несмотря на то что ей пришлось потратить на это все свои деньги.

Теперь три дня в неделю Оля ездила на электричке на горнолыжную базу, которая находилась за городом. Опытный тренер, которого Оле посоветовали друзья, ей не понравился, потому что, во-первых, он был очень молодым. А во-вторых, когда Оля спросила, сможет ли он за месяц научить её хорошо кататься на горных лыжах, он ответил, что это зависит не от него, а от неё. В-третьих, он был очень молчаливым, не говорил лишних слов, а только требовал, чтобы она точно выполняла все его команды и инструкции. Тренировки были тяжёлыми. Оля спускалась на лыжах с горы и всё время падала и падала. Она очень уставала. У неё болели руки и ноги, и ей казалось, что во всём этом виноват её тренер.

Но вот однажды, когда до Рождества оставалось всего несколько дней, стоя на горе, она почувствовала, что ей не страшно, что она не боится упасть. Она легко съехала с горы. Раз! Раз! Раз! Потом она виртуозно повторила это ещё и ещё.

— Поздравляю вас, Оля. Теперь я вам больше не нужен, — сказал ей тренер, когда она спустилась вниз.

Оля посмотрела на него и впервые увидела, как он улыбается.

— А вы, Сергей, не верили, что у меня всё получится, — сказала она, глядя ему прямо в глаза.

— Я? Если бы я не верил в вас, Оля, я не стал бы с вами работать. Когда вы пришли сюда в первый раз, я сразу понял, что у такой упрямой девушки, как вы, всё получится. Я не понял только, почему вы хотели научиться кататься на горных лыжах за один месяц. Куда вы так спешите? Зима ещё не кончилась!

— В Швейцарию. Двадцать четвёртого декабря я улетаю на рождественские каникулы в Швейцарию.

— Это так важно для вас?

— Да. Это очень важно для меня. Надеюсь, что там решится моя судьба.

— Ну что ж, если вы уезжаете, желаю вам счастливого пути, хотя мне очень жаль, что вас не будет в Москве. Я хотел пригласить вас на спортивный праздник, который будет здесь 1 января. Будут соревнования по горным лыжам. Я думал, что вам это будет интересно. Если вдруг ваши планы изменятся и вы будете в Москве, приезжайте! Я буду вас ждать!

Оля с удивлением посмотрела на него. В его глазах было что-то, но Оля не поняла что. «Симпатичный парень. Открытое лицо. Почему он мне сначала не понравился?!» — подумала Оля.

24 декабря Евгений Юрьевич и Оля вылетели из Москвы в Швейцарию. В самолёте Евгений Юрьевич улыбнулся Оле и сказал:

— Если хочешь, называй меня просто Женя.

Они остановились в маленьком швейцарском городке. Вечером пили ароматный глинтвейн* и составляли план на завтра.

— Встанем рано утром и сразу пойдём на гору кататься на лыжах, — сказала Оля.

— Зачем так спешить? — спросил Женя. — Завтра Рождество. Мы можем погулять по городу, посидеть в баре, выпить глинтвейн, попробовать пироги с корицей... А вечером пойдём в ресторан.

— Нет-нет. Нас ждут горы и лыжи, — уверенно сказала Оля.

Эти слова не очень понравились Жене.

Утром после лёгкого завтрака они вышли из отеля. Ярко светило солнце. Женя был в дорогом горнолыжном костюме. Он шёл не спеша и говорил о том, что сейчас он не может пойти кататься на лыжах, так как он ждёт важного звонка из Москвы.

— Хорошо, дорогой! — сказала Оля. — Ты быстрее решай все дела, а я буду ждать тебя на горе.

Оля поднялась на самую высокую гору и легко, красиво и уверенно съехала на лыжах с горы. «Пусть Женя увидит, как я хорошо катаюсь на горных лыжах», — думала она. Но Жени нигде не было. Когда она спустилась с горы в пятый раз, она удивилась, что его так долго нет. Может быть,

---

* Глинтвейн — горячее красное вино со специями.

он не может её найти? Она стала смотреть по сторонам и искать Женю. Наконец, она увидела его. Он стоял без лыж и равнодушно смотрел вокруг. Улыбаясь, Оля подъехала к нему и весело спросила:

— Почему ты не катаешься? Снег сегодня просто сказочный!

— Мне не нравится, когда женщина делает что-то лучше меня, — сухо сказал Евгений Юрьевич.

— Прости, что ты сказал? — спросила Оля, не понимая, что происходит.

— Я думаю, что будет лучше, если вы вернётесь в Москву. Я ошибся, пригласив вас, — добавил Евгений Юрьевич и ушёл.

Оля поняла, что теперь ей нужно будет искать новую работу.

Когда Оля вернулась в отель, она увидела его в баре. Рядом с ним сидела неспортивного вида женщина. Они пили глинтвейн и весело разговаривали. Евгений Юрьевич рассказывал ей о горнолыжных курортах Швейцарии.

Оля поднялась в свой номер и стала собирать вещи. На следующий день утром Оля улетела в Москву.

Москва готовилась к Новому году. А Оля впервые в жизни не знала, что ей делать. Она была без работы, без денег, и у неё не было никаких планов.

Приехав домой, Оля по привычке, машинально, включила телевизор. Передавали новости спорта: «Первого января на горнолыжной базе в Яхроме* состоится большой спортивный праздник. Подробнее об этом расскажет чемпион России по горнолыжному спорту Сергей Макаров». Оля посмотрела на экран и увидела хорошо знакомое ей лицо своего тренера. Теперь она уже знала, что ей делать. Завтра утром она сядет в электричку и поедет на горнолыжную базу. Оля не строила никаких планов, она просто знала, что её там ждут.

P.S. Когда все новогодние праздники закончились, Оля заехала в фирму, где она раньше работала, чтобы взять свои документы и забытые в столе вещи. В офисе за столом сидели её бывшие коллеги. Они

---

* Яхрома — место в Подмосковье, где находится горнолыжная база.

рассматривали цветные фотографии, привезённые Евгением Юрьевичем из Швейцарии. На фотографиях был их шеф и неспортивного вида женщина. Вот они пьют глинтвейн, едят пироги, покупают сувениры. Вот Евгений Юрьевич в шапочке Санта-Клауса. А на одной фотографии Евгений Юрьевич в горнолыжном костюме сидит на скамейке под ёлкой и делает вид, что надевает лыжи.

41 Назовите всех героев рассказа.

а) Скажите, что вы узнали о каждом из них:

внешность (как выглядит?); черты характера; способности и увлечения; семья; работа

б) Кто из них вам понравился (или не понравился)? Почему?
в) Какую роль в жизни героев сыграл спорт?

42 Как эту историю расскажет каждый из героев рассказа?

43 а) Какой конец у этой истории — хороший или плохой?
б) Придумайте своё окончание рассказа.

44 а) Скажите, какие проблемы вы хотели бы обсудить, прочитав этот рассказ.
б) Существуют ли в вашей стране такие проблемы, как:

— проблема устройства молодёжи на работу;
— проблема взаимоотношений начальника и сотрудников в трудовом коллективе;
— проблема выбора отдыха (активный — пассивный; в своей стране — за границей...).

45 а) Найдите в тексте данные словосочетания и объясните, как вы их понимаете.

целеустремлённый человек
философия денег не принесёт
высокооплачиваемая работа
агентство по трудоустройству
место секретаря освободилось

виртуозно кататься на лыжах
взять (лыжи) напрокат
снимать квартиру
смотреть по сторонам
сказочный снег

б) Объясните, как вы понимаете эти пословицы и поговорки:

Под лежачий камень вода не течёт.

Сидеть сложа руки.

Поговорим

46 1. Прослушайте диалог и скажите, что вы будете делать, если вы заболеете (или заболеет ваш друг).

Николь. Привет, Том! Почему тебя сегодня не было на занятиях? Что с тобой случилось?
Том. Я так плохо себя чувствую. У меня очень болит горло и высокая температура.
Николь. Ты врача вызвал?
Том. Нет, я надеялся, что мне станет лучше.
Николь. Надо вызвать врача! У тебя есть страховка?
Том. Да, вот мой страховой полис, там есть телефон.
Николь. Я сейчас позвоню.

2. а) Прослушайте диалог и скажите, какую информацию вы должны сообщить, вызывая врача на дом.

Николь. Алло, здравствуйте, я хочу вызвать врача на дом.
Диспетчер. Что случилось?
Николь. Заболел мой друг.
Диспетчер. Как его зовут? Сколько ему лет?
Николь. Его зовут Том Круз, ему 20 лет.
Диспетчер. Что случилось, какая у него температура?
Николь. У него высокая температура и болит горло.
Диспетчер. Назовите ваш адрес.
Николь. Улица Шверника, дом 19, комната 1074.
Диспетчер. Ждите, врач будет в течение часа.

б) Вы плохо себя чувствуете.
Вызовите врача и объясните, что с вами случилось.
Позвоните в институт (университет) и объясните, почему вы не сможете прийти на занятия.

3. Прослушайте диалог и скажите, что нужно делать, чтобы хорошо себя чувствовать.

Николь. Как ты себя чувствуешь сегодня?
Том. Намного лучше.
Николь. А что сказал врач?
Том. Он сказал, что у меня ангина. Выписал лекарство, которое нужно принимать по одной таблетке три раза в день. А ещё он сказал, что у меня ослаблен иммунитет.
Николь. И что посоветовал доктор?
Том. Во-первых, пить витамины. Он сказал, что весной всегда не хватает витаминов. Во-вторых, он посоветовал больше бывать на свежем воздухе, заниматься спортом, вести активный образ жизни.
Николь. Вот видишь! Я тебе давно говорила, что нельзя всё время заниматься, сидеть за книгой или за компьютером. В университете есть бассейн, спортивный и тренажёрный залы. Давай два раза в неделю ходить в бассейн и тренажёрный зал.
Том. Да, ты права, надо вести активный образ жизни!

4. а) Прослушайте диалог и скажите, какую проблему обсуждают Том, Макс и Николь. Что предлагает каждый из них?

Николь. Скоро каникулы. Пора подумать об отдыхе. Где мы будем отдыхать? Куда поедем?
Том. Можно поехать в Турцию или в Испанию, хотя это нам не по карману.
Николь. Ну, во-первых, это не по карману, а во-вторых, лежать весь день на пляже — это очень скучно. Нам нужен активный отдых, например, подниматься в горы...
Макс. Или плавать в открытом море, как Фёдор Конюхов. А может быть, поехать на Тибет, как Эрнст Мулдашев?
Том. Нет, тогда уж лучше отправиться в путешествие вокруг света на автомобиле, как Владимир Лысенко, хотя он потратил на это путешествие три с половиной года. А у нас есть только два месяца — июль и август, так что вокруг света мы не успеем.
Николь. Хватит шутить, хотя, как говорят русские, в каждой шутке есть доля правды. Путешествие — это действительно самый лучший вид отдыха. И я предлагаю путешествие по России.
Макс. Это хорошая мысль! Мы так много читали о России. Байкал, Волга, Урал, Эльбрус — так много интересных мест, куда хочется поехать, чтобы увидеть всё своими глазами.
Том. Увидеть всё мы не сможем, поэтому мы должны выбрать самое интересное!
Николь. Я об этом уже подумала. Вчера я была в туристической фирме, которая предлагает самые интересные маршруты по России. Вот реклама некоторых необычных маршрутов. Прочитайте эту рекламу, а потом мы обсудим её и решим, куда ехать.

б) Скажите, что решили Том, Макс и Николь и почему.

в) Объясните, как вы понимаете выражения:

Это нам не по карману.

В каждой шутке есть доля правды.

47 а) Прочитайте рекламное объявление и скажите, какой необычный маршрут предлагает туристическая фирма.

> **Вы уже много знаете о России и хотите побывать в новых интересных местах? Тогда наша реклама для вас!**
>
> В России существует очень много уникальных мест, о которых туристы ничего не слышали. Наша фирма предлагает вам совершить экстремальное путешествие в Якутию, в самое холодное место на Земле — в посёлок Оймякон. Его называют полюсом холода. Обычная зимняя температура там −60°, а иногда она опускается до −71°.
>
>
>
> В Оймякон приезжают самые любопытные туристы со всего мира. Сначала они заходят в гости к местным жителям, чтобы послушать старинные легенды о народах Севера и попробовать традиционное якутское блюдо из сырой мороженой рыбы. Потом самые смелые туристы спускаются в ледяную комнату, где хранится символ Оймякона, сделанный изо льда. Местные старики говорят, что лето начинается в посёлке тогда, когда ледяной символ начинает немного таять.
>
> Наша фирма хочет, чтобы туристы узнали больше о необычных местах и районах России. В нашей стране много уникальных мест, главное — уметь их найти.

б) Вы прочитали рекламу. Скажите, что вы узнали о посёлке Оймякон.

в) Какие дополнительные вопросы вы зададите, если решите побывать в Оймяконе?

г) Хотели бы вы побывать на полюсе холода? Или вам больше нравится путешествовать в тёплые страны?

48 а) Прочитайте рекламное объявление и скажите, в какое уникальное место предлагает совершить путешествие турфирма.

Путешествуйте по Камчатке!

Наша туристическая фирма предлагает вам неповторимый отдых в самых красивых местах Камчатки. Камчатка — это удивительный полуостров в Тихом океане на Северо-Востоке России. Там находятся 160 вулканов, 28 из которых действующие. Во время путешествия по Камчатке вы сможете побывать на берегу самого большого океана мира — Тихого океана. Вы узнаете много интересного о животных и растениях этого края, о вулканах, землетрясениях и цунами. Но самое главное — вы увидите уникальную Долину Гейзеров, которую называют чудом природы. В этой долине находятся гейзеры — источники, выбрасывающие фонтаны горячей воды и пара на высоту более 40 метров. Долина Гейзеров расположена в горном районе, куда можно добраться только на вертолётах.

Наша турфирма предлагает вам несколько разных маршрутов.

Вы сами сможете выбрать маршрут, по которому пройдёт ваше путешествие.
Продолжительность маршрутов от 6 часов до 15 дней.
Группы от 8 до 10 человек.
Стоимость туров от 1350 рублей в сутки (в зависимости от длительности маршрута и количества человек в группе).
В стоимость путёвки включены:
— встреча в аэропорту,
— услуги гида,
— размещение в гостинице,
— питание.
— вертолёт,
Дополнительную информацию вы сможете получить на нашем сайте в Интернете.

б) Вы прочитали рекламу. Скажите, что такое гейзер.

в) Передайте (расскажите) другу всю информацию, которую вы получили из рекламы, чтобы убедить его/её поехать на Камчатку.

49 Как вы думаете, какой маршрут выберут наши герои Николь, Том и Макс, прочитав рекламу туристической фирмы? Почему вы так думаете? (Составьте свои диалоги.)

> *Теперь вы можете:*
>
> 1. Сообщить о том, как вы себя чувствуете.
> 2. Вызвать врача на дом.
> 3. Дать советы другу, который заболел.
> 4. Посоветовать, как и где лучше отдыхать, куда поехать на каникулы.
> 5. Рассказать о любимом виде спорта и о любимых спортсменах.
> 6. Читать статьи и рекламу в газетах и журналах для получения нужной вам информации.

ТЕСТ

ТЕСТ
(I сертификационный уровень)
Субтест 1. Письмо

Инструкция к выполнению субтеста

- Время выполнения субтеста — 120 минут.
- При выполнении субтеста пользоваться словарём нельзя.
- Субтест состоит из 5 частей и 104 заданий.
- Вы получили субтест и матрицу. Напишите ваши имя и фамилию на каждом листе матрицы.
- В заданиях 11–100 выберите правильный вариант ответа и отметьте соответствующую букву в матрице.

Например:

        А (Б) В   (Б — правильный ответ)

- Если Вы ошиблись и хотите исправить ошибку, сделайте так:

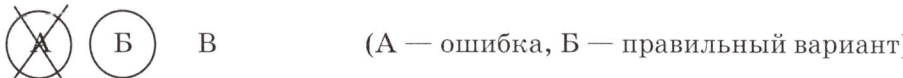
        (А) (Б) В   (А — ошибка, Б — правильный вариант)

Часть 1

Задания 1–10.
Напишите другой вариант данных предложений, точно соответствующий им по смыслу.

Образец:

> Изучая глаза человека, учёный обратил внимание на то, что глаза содержат в себе определённую информацию об этом человеке.
>
> ▼
>
> Когда учёный изучал глаза человека, он обратил внимание на то, что в глазах содержится определённая информация о самом человеке.

1. Благодаря исследованию космоса учёными было открыто несколько веществ, не существующих на Земле.

2. Несмотря на то что условия экспедиции были тяжёлыми, путешественник вёл дневники.

3. Компьютер сломался, в результате чего была потеряна важная информация.

4. Путешествуя по Уралу, писатель всегда записывал новые легенды и сказки.

5. При проведении научного эксперимента учёными было сделано интересное открытие.

6. Увидев в зале своих друзей, мы подошли и сели рядом с ними.

7. Пока люди не будут заботиться о природе, экологическая ситуация на нашей планете будет ухудшаться.

8. Библиотека МГУ, являющаяся одной из богатейших научных библиотек страны, постоянно пополняется новой научной литературой.

9. Абитуриенты, успешно сдавшие экзамены и прошедшие по конкурсу, будут зачислены на 1 курс.

10. В результате исследований медики доказали, что из-за ежедневного многочасового использования компьютера ухудшается здоровье людей.

Часть 2

Задания 11–25.
Выберите правильный вариант.

11. Каждый год конкурс в российские вузы растёт, так как происходит ... количества желающих получить высшее образование.

	А	уменьшение
	Б	увеличение
	В	усиление

12. Все преподаватели говорят, что моя сестра очень ... . Она одновременно изучает три иностранных языка.

	А	скромная
	Б	спокойная
	В	способная

13. Мне не нравится этот компьютер. Покажите, пожалуйста, ...

	А	другой
	Б	одинаковый
	В	любой

14. Экскурсовод обратил ... туристов на старое здание XVIII века.

	А	внимательный
	Б	внимательно
	В	внимание

15. Летом у студентов будет ... поехать на экскурсию в Санкт-Петербург.

	А	возможно
	Б	возможность
	В	возможный

16. Москва ... столицей России.
17. Москва ... на европейской части территории России.

	А	является
	Б	существует
	В	достигает
	Г	находится
	Д	делится

18. Население Москвы ... 10 357,8 тысяч человек.
19. Территория Москвы ... на 10 районов.

	А	составляет
	Б	называется
	В	объединяет
	Г	является
	Д	делится

20. Москва — это огромный мегаполис, который постоянно ... .
21. Мэр города ... один раз в 4 года.

	А	объединяет
	Б	развивается
	В	содержится
	Г	выбирается
	Д	существует

22. Современные высотные дома очень ... от старинных московских зданий.
23. Улицы Москвы всегда ... перед праздниками.

    А   уменьшаются
    Б   украшаются
    В   отличаются
    Г   развиваются
    Д   располагаются

24. Московское метро ... одним из самых красивых в мире.
25. Каждый день на улицах столицы ... 500 новых автомобилей.

    А   образуется
    Б   используется
    В   появляется
    Г   развивается
    Д   считается

Задания 26–35.
Выберите правильный вариант.

26. В середине XX века техника быстро развивалась, и поезд сразу ... в самый дешёвый вид транспорта.

    А   превратился
    Б   превращался
    В   превратится

27. В 1890 году Антон Павлович Чехов неожиданно ... решение поехать на остров Сахалин.

    А   принимал
    Б   принял
    В   будет принимать

28. Василий Шукшин был замечательным актёром и режиссёром. Он ... много хороших фильмов.

    А   создаёт
    Б   создал
    В   создаст

29. Молодым людям, окончившим школу, российская система образования ... большой выбор учебных заведений.

    А   предлагает
    Б   предложит
    В   предложила

30. Сейчас фабрика «Красный октябрь» ... одной из лучших кондитерских фабрик в России.

    А   являлась
    Б   явилась
    В   является

31. Все увидели, что внезапно из-за поворота ... машина.

    А появилась
    Б появится
    В появлялась

32. Пётр I, построивший новый город на реке Неве, ... новую столицу России Санкт-Петербургом.

    А называл
    Б назвал
    В будет называть

33. 300 лет назад царь Пётр I ... праздновать Новый год осенью, и его стали праздновать зимой.

    А запрещает
    Б запретит
    В запретил

34. Если учёный откроет новый химический элемент, то он ... революцию в области химии.

    А совершил
    Б совершает
    В совершит

35. Этот спортсмен ... делать всё для достижения своих целей.

    А постарается
    Б старается
    В постарался

Задания 36–60.
Восстановите текст. Выберите правильный вариант.

    В Москве было холодно, а у Михаила Николаевича Огурцова начался отпуск. Поэтому он решил на несколько дней ...(36)... на море, где солнце и тепло. Он ...(37)... в аэропорт, купил билет и сел в самолёт. Уже через три часа Михаил Николаевич ...(38)... в Сочи. Квартирное агентство не работало, но на улице к нему ...(39)... молодой человек и предложил маленькую комнату в доме у моря. Он сказал, что от дома до моря можно ...(40)... пешком за десять минут, а прямо на пляже есть кафе, где можно пообедать. Михаил Николаевич согласился. Они сели в машину, и молодой человек ...(41)... Огурцова на квартиру.

    Когда они ...(42)... к дому, было уже темно. Молодой человек отдал ключи и ...(43).... Огурцов остался один. Он ...(44)... в квартиру, посмотрел в окно, но моря не увидел. Утром он снова подошёл к окну — моря не было. «Ничего, ...(45)... на пляж, там увижу море, — подумал Огурцов. — Но как я ... (46) ... до пляжа?»

    На улице он спросил дорогу у прохожего. Прохожий долго-долго объяснял, куда надо ...(47)..., и Огурцов понял, что море очень далеко. Он ...(48)... по улице минут 20. Так как он ...(49)... свою сумку, ему было очень жарко. Улица кончилась, перед ним было широкое шоссе. Михаил Николаевич с трудом ...(50)... шоссе и сел под деревом отдохнуть. Моря не было. Когда он ...(51)... ещё 2–3 километра, наконец, появилось море. Он ...(52)... в воду, вода была очень тёплая. Михаил Николаевич ...(53)... целый час. Выйдя из воды, он понял, что хочет есть. Огурцов ...(54)... весь пляж и нашёл кафе на другом его конце. В кафе было так много людей, как будто туда ...(55)... весь город. Пока Михаил Николаевич ждал свой заказ и обедал, ...(56)... дождь. Люди ...(57)... с пляжа по домам. Михаил Николаевич тоже ...(58)... домой, ему было грустно. Он ...(59)... в квартиру, собрал свои вещи и поехал в аэропорт. Через два часа Огурцов уже был в самолёте и ...(60)... обратно в Москву.

36		37		38		39	
А	доехать	А	приехал	А	пролетел	А	подошёл
Б	поехать	Б	приезжал	Б	прилетел	Б	отошёл
В	объехать	В	приедет	В	улетел	В	зашёл

40		41		42	
А	доехать	А	понёс	А	подъехали
Б	добежать	Б	повёз	Б	отъехали
В	дойти	В	повел	В	переехали

43		44		45	
А	вошёл	А	вышел	А	приду
Б	ушёл	Б	вошёл	Б	войду
В	прошёл	В	перешёл	В	зайду

46		47		48	
А	отойду	А	ходить	А	идёт
Б	выйду	Б	идти	Б	пошёл
В	дойду	В	бегать	В	шёл

49		50		51	
А	нёс	А	подошёл	А	дошёл
Б	принёс	Б	перешёл	Б	пошёл
В	унёс	В	пришёл	В	прошёл

52		53		54	
А	вошёл	А	плыл	А	обошёл
Б	вышел	Б	проплыл	Б	зашёл
В	пришёл	В	плавал	В	отошёл

55		56		57	
А	съехался	А	пойдёт	А	сошлись
Б	разъехался	Б	пошёл	Б	пришли
В	проехал	В	идёт	В	разошлись

58		59		60	
А	прошёл	А	вошёл	А	летел
Б	пошёл	Б	вышел	Б	летал
В	зашёл	В	ушёл	В	полетал

Часть 3

Задания 61–70.
Восстановите текст. Выберите правильный вариант.

У кого память лучше?

У кого память лучше — у взрослых или у детей? Учёные ...(61)... эту проблему.

Психологи ...(62)... несколько экспериментов с детьми и учащимися институтов. В результате этих экспериментов специалисты ...(63)..., что пятилетние дети запоминают больше информации, чем студенты. Интересно, что участники экспериментов не знали, что психологи ...(64)... их память.

Во время экспериментов психолог ...(65)... детям и студентам похожие фотографии животных: кошек, собак и птиц. Когда через некоторое время участники эксперимента увидели эти же фотографии во второй раз, то студенты ...(66)... 7 % фотографий, а дети — 31 %. Оказалось, что пятилетние дети ...(67)... каждое животное отдельно. Они ...(68)... на фотографиях небольшие интересные детали. Взрослые просто не ...(69)... этих деталей. Студентам казалось, что все кошки (или собаки, или птицы) были похожи друг на друга. Учёные считают, что это тот случай, когда знания взрослых людей ...(70)... работу памяти.

61		62		63		64	
А	исследовали	А	совершили	А	рассмотрели	А	передавали
Б	использовали	Б	провели	Б	обсудили	Б	пробовали
В	изображали	В	создали	В	доказали	В	проверяли

65		66		67		68	
А	приказывал	А	узнали	А	запоминали	А	добывали
Б	показывал	Б	поняли	Б	понимали	Б	образовывали
В	доказывал	В	обратили внимание	В	напоминали	В	находили

69		70	
А	заменяли	А	мешают
Б	замечали	Б	ухудшают
В	смотрели	В	сохраняют

Письменное задание 1.

Посоветуйте другу прочитать эту статью. Кратко сформулируйте содержание статьи.

(Объём высказываний — 3–5 предложений.)

Задания 71–100.
Восстановите текст. Выберите правильный вариант.

В последнее время на экранах телевизоров ...(71)... идут передачи, которые называются «реалити-шоу» или «реальное телевидение». Героями этих передач становятся ...(72)... — такие же, как мы с вами. Мы с ними ...(73)..., но в то же время знаем о них абсолютно всё. Эти люди в течение ...(74)... находятся вместе. Они не могут никуда уйти, не могут встретиться со своими друзьями и родственниками, не могут смотреть телевизор или читать газеты, они могут только общаться ...(75).... И что самое главное, их ...(76)... снимает телевидение, днём и ночью.

В России реальное телевидение появилось несколько лет назад. ...(77)... являются такие реалити-шоу, как «За стеклом», «Последний герой», «Фабрика звёзд».

Существует несколько ...(78)... реалити-шоу. Первый вид — когда участники живут в одном доме или в одной квартире, ничего не делают, ходят ...(79)... в другую, едят, разговаривают, ссорятся, мирятся... Пример такого шоу — «За стеклом». Делать такие передачи труднее всего, так как простую жизнь надо показать так, ...(80)... зрителям было интересно смотреть. Второй вид шоу — когда участники находятся ...(81)..., например на острове в океане. Это реалити-шоу «Последний герой». И, наконец, третий вид — это профессиональное шоу. В таких передачах участники пытаются получить ...(82)... или повысить свой профессиональный уровень. Примером такого шоу является «Фабрика звёзд».

Что заставляет ...(83)... принимать участие в подобных передачах? ...(84)... психологов, во-первых, это желание стать известными людьми. Во-вторых, это большие призы, ...(85)... получают победители шоу. Например, в передаче «За стеклом» участники боролись ...(86)... в Москве. В шоу «Последний герой» победитель получил ...(87)... рублей. А в шоу «Фабрика звёзд» наиболее ...(88)... дали возможность записать свой музыкальный диск. Неудивительно, ...(89)... тысячи молодых людей хотят участвовать в этих шоу.

Снимать реалити-шоу ...(90).... Например, ...(91)... телевидение делало передачу «Последний герой», над ней работало 500 человек. За время съёмок ...(92)... 3,5 миллиона долларов. Но телевидение будет продолжать делать различные шоу, ...(93)... они являются одними из самых популярных телевизионных программ в России. Почему же эти передачи так ...(94)... среди зрителей? Некоторые зрители говорят, что им нравится наблюдать, как ...(95)... участники передачи. Другие — сравнивают ...(96)... с жизнью на экране. И только ...(97)... зрителей подобные передачи не нравятся. Они считают их не только неинтересными, ...(98)... и вредными.

Любят зрители реалити-шоу или не любят — это неважно. ...(99)... существует телевидение, эти передачи тоже будут существовать. Это значит, что нас ждут ...(100)...!

71
А многие страны
Б многим странам
В многих стран

72
А обыкновенные люди
Б обыкновенных людей
В обыкновенными людьми

73
А не знаком
Б не знакома
В не знакомы

74
А за несколько месяцев
Б нескольких месяцев
В о нескольких месяцах

75
А друг с другом
Б друг друга
В друг о друге

76
А постоянный
Б постоянно
В постоянны

77
А Самые известные передачи
Б Самых известных передач
В Самыми известными передачами

78
А в разных видах
Б разные виды
В разных видов

79
А в одной комнате
Б из одной комнаты
В в одну комнату

80
А чтобы
Б что
В потому что

81
А в трудных условиях
Б к трудным условиям
В с трудными условиями

82
А новой профессией
Б новую профессию
В новая профессия

83		84		85	
А	молодые люди	А	К мнению	А	которые
Б	молодых людей	Б	От мнения	Б	которых
В	молодым людям	В	По мнению	В	которым

86		87		88	
А	из однокомнатной квартиры	А	три миллиона	А	талантливые участники
Б	по однокомнатной квартире	Б	трёх миллионов	Б	талантливым участникам
В	за однокомнатную квартиру	В	трём миллионам	В	талантливых участников

89		90		91	
А	чтобы	А	трудно и дорого	А	во время
Б	если	Б	трудный и дорогой	Б	когда
В	что	В	труден и дорог	В	пока не

92		93		94	
А	был потрачен	А	хотя	А	популярные
Б	была потрачена	Б	поэтому	Б	популярны
В	было потрачено	В	так как	В	популярно

95		96		97	
А	ведут себя	А	о своей жизни	А	одного процента
Б	везут себя	Б	своя жизнь	Б	один процент
В	несут себя	В	свою жизнь	В	одному проценту

98		99		100	
А	или	А	Пока	А	новых премьер
Б	а	Б	Пока не	Б	с новыми премьерами
В	но	В	Когда	В	новые премьеры

Письменное задание 2.

Посоветуйте другу прочитать эту статью.

1. Кратко сформулируйте содержание статьи.
2. Выразите своё отношение к проблемам, обсуждаемым в этой статье.

(Объём высказываний — 5–7 предложений.)

Часть 4

Письменное задание 3.

Вы хотите записаться на курсы русского языка. Вы получили анкету. Заполните её.

Ответы нужно писать полными предложениями.

Например: имя, фамилия — Меня зовут Мария Кремер.

АНКЕТА

1. Имя, фамилия, возраст, страна, родной язык: _____
_____
_____

2. Место учёбы, специальность: _____
_____
_____

3. Цель изучения языка: _____
_____
_____

4. Где вы сможете использовать знания русского языка?
_____
_____

5. Какие иностранные языки вы изучали? _____
_____
_____

6. Какие иностранные языки вы знаете? _____
_____
_____

7. Как вы можете определить свой уровень владения русским языком? Что вы умеете делать? _____
_____
_____

8. Какие занятия вы предпочитаете: индивидуальные или в группе?
_____
_____

9. Сколько времени вы хотите заниматься? Сколько раз в неделю? Сколько часов?
_____
_____

10. Задайте интересующие вас вопросы (не меньше трёх вопросов).
_____
_____

Часть 5

Письменное задание 4.
Прочитайте статью, чтобы понять, о каких проблемах идёт речь в этой статье. Кратко сформулируйте содержание статьи и выразите своё отношение к обсуждаемым проблемам. План поможет вам.

План
1. Роль компьютера в жизни современной молодёжи.
2. Огромные возможности Интернета.
3. Проблемы постоянных пользователей Интернета.
4. Плюсы и минусы Интернета. Ваше отношение к этим проблемам.

Технический прогресс остановить невозможно. Хотим мы этого или нет, компьютер прочно вошёл в нашу жизнь. Трудно представить себе молодого человека, не владеющего компьютером. Компьютерная грамотность стала обязательной частью образования. Если в середине девяностых годов прошлого века наиболее частыми занятиями молодых людей были книги, музыка, кино, театр, спорт, то теперь увлечение компьютером заняло первое место. Около 70 % современных молодых людей интересуются компьютерами, и в частности Интернетом. У многих молодых людей Интернет занимает гораздо больше времени, чем занятия спортом, путешествия или общение с друзьями.

Почему так происходит? А потому, что в Интернете есть всё: книги, газеты, журналы, телевидение, музыка, игры, витрины магазинов, реклама. С каждым днём в Интернете появляется всё больше информации, поэтому всё больше людей хочет ею пользоваться. Самое главное отличие Интернета от других источников информации в том, что человек может свободно пользоваться любой информацией. Он сам определяет, что ему нужно, что он хочет найти. Человек сам решает, посмотреть ему эту страницу или перейти к другой. В Интернете люди учатся, ищут работу, покупают и продают, играют, общаются.

С помощью электронной почты можно написать письмо человеку, который находится в другом городе или в другой стране. Общение также происходит в чатах (чат — место для общения). Чаты могут быть тематическими. Например, это чаты поклонников определённой музыки или «чат для тех, кому грустно». Чаты привлекают молодых людей тем, что там они могут говорить на любые интересующие их темы, но при этом могут оставаться неизвестными, могут не называть своё имя.

Даже школьник может сделать собственную страничку в Интернете, разместив там какую-то информацию, и общаться с разными людьми. А не так давно пользователи Интернета стали размещать на его сайтах свои личные дневники. Это модно, хотя раньше записи в дневнике не показывали даже самым близким друзьям. Теперь эти дневники могут прочитать все. Каждый пользователь Интернета имеет возможность не только прочитать дневник, но и оставить свои комментарии, поспорить с автором.

Одной из самых популярных услуг Интернета являются интернет-магазины. Здесь можно купить всё, не выходя из дома. Выбрав нужный товар, вы заказываете его в Интернете или по телефону. В определённые день и время этот товар привозят вам домой. Интернет поможет вам поздравить родственников или друзей, живущих в другом городе, и доставить им выбранный вами подарок.

И, конечно, самое увлекательное занятие — это компьютерные игры. В компьютерные игры играют люди всех возрастов — и дети, и взрослые. Игры бывают разные. Одни помогают тренировать память и развивать мышление, другие помогают хорошо отдохнуть после учёбы или работы.

Но если компьютер так удобен и необходим для работы и для отдыха, почему в последнее время на страницах газет, журналов, в самом Интернете появляются статьи о вредном влиянии компьютера на здоровье человека? Медики и психологи всё чаще говорят о том, что человек попадает в зависимость от своих увлечений — в компьютерную зависимость (её ещё называют интернет-зависимостью). Что это такое? Чем отличаются интернет-зависимые люди от других людей? Интернет-зависимые люди предпочитают «жить» в Интернете. Они могут проводить за компьютером

до 18 часов в сутки. Психологи выделяют несколько признаков интернет-зависимости:
- постоянное желание знакомиться в Интернете,
- постоянное желание играть в компьютерные игры,
- постоянное желание делать покупки в интернет-магазинах,
- постоянное желание общаться в интернет-чатах.

Как понять, что человек стал интернет-зависимым? Такой человек увлечён только Интернетом. Он не может долго быть без компьютера. Он перестаёт общаться не только с друзьями, но и со своей семьёй. У него возникают проблемы с учёбой или работой. Интернет-зависимые люди не всегда сами могут освободиться от компьютерной зависимости, иногда им нужна помощь психолога.

Если взрослые сами выбирают, как им жить и как решать свои проблемы, то дети, как правило, не понимают, почему нельзя много времени проводить за компьютером.

Итак, все прекрасно знают, что возможности компьютера очень велики. Но увлечение компьютером имеет положительные и отрицательные стороны. Компьютер может стать или другом, или врагом. Решайте сами, выбор за вами.

Матрица
Субтест 1. Письмо

_____   _____   _____
Имя. Фамилия   страна   дата

11	А	Б	В	
12	А	Б	В	
13	А	Б	В	
14	А	Б	В	
15	А	Б	В	
16	А	Б	В	Г	Д
17	А	Б	В	Г	Д
18	А	Б	В	Г	Д
19	А	Б	В	Г	Д
20	А	Б	В	Г	Д
21	А	Б	В	Г	Д
22	А	Б	В	Г	Д
23	А	Б	В	Г	Д
24	А	Б	В	Г	Д
25	А	Б	В	Г	Д
26	А	Б	В	
27	А	Б	В	
28	А	Б	В	
29	А	Б	В	
30	А	Б	В	
31	А	Б	В	
32	А	Б	В	
33	А	Б	В	
34	А	Б	В	
35	А	Б	В	
36	А	Б	В	
37	А	Б	В	
38	А	Б	В	
39	А	Б	В	
40	А	Б	В	
41	А	Б	В	
42	А	Б	В	
43	А	Б	В	
44	А	Б	В	

45	А	Б	В
46	А	Б	В
47	А	Б	В
48	А	Б	В
49	А	Б	В
50	А	Б	В
51	А	Б	В
52	А	Б	В
53	А	Б	В
54	А	Б	В
55	А	Б	В
56	А	Б	В
57	А	Б	В
58	А	Б	В
59	А	Б	В
60	А	Б	В
61	А	Б	В
62	А	Б	В
63	А	Б	В
64	А	Б	В
65	А	Б	В
66	А	Б	В
67	А	Б	В
68	А	Б	В
69	А	Б	В
70	А	Б	В
71	А	Б	В
72	А	Б	В
73	А	Б	В
74	А	Б	В
75	А	Б	В
76	А	Б	В
77	А	Б	В
78	А	Б	В

79	А	Б	В
80	А	Б	В
81	А	Б	В
82	А	Б	В
83	А	Б	В
84	А	Б	В
85	А	Б	В
86	А	Б	В
87	А	Б	В
88	А	Б	В
89	А	Б	В
90	А	Б	В
91	А	Б	В
92	А	Б	В
93	А	Б	В
94	А	Б	В
95	А	Б	В
96	А	Б	В
97	А	Б	В
98	А	Б	В
99	А	Б	В
100	А	Б	В

Субтест 2. Чтение

Инструкция к выполнению субтеста

- Время выполнения субтеста — 60 минут.
- При выполнении субтеста можно пользоваться словарём.
- Субтест состоит из 4 частей и 40 заданий.
- Вы получили субтест и матрицу. Напишите ваши имя и фамилию на каждом листе матрицы.
- Выберите правильный вариант ответа и отметьте соответствующую букву в матрице.

Например:

        А   (Б)   В   (Б — правильный ответ)

- Если Вы ошиблись и хотите исправить ошибку, сделайте так:

        (А — ошибка, Б — правильный вариант)

Часть 1

Задания 1–5.
Прочитайте объявления и объясните их содержание. О чём в них говорится?

> **1. Проданные телефонные карты возврату и обмену не подлежат.**

А. Купленную вами телефонную карту нельзя вернуть или обменять.
Б. Если вам продали телефонную карту, можно вернуть её и получить обратно деньги.
В. Чтобы обменять проданную телефонную карту, нужно вернуть её.
Г. Здесь продаются телефонные карты, которые можно вернуть или обменять.

> **2. Приём посылок производится почтовым отделением только при наличии паспорта.**

А. Вы можете сдать посылку в почтовом отделении при отсутствии паспорта.
Б. В почтовом отделении принимают посылки при наличии любых документов.
В. В почтовом отделении можно отправить посылку, только если у вас есть паспорт.
Г. В почтовом отделении можно получить посылку, только если у вас есть паспорт.

> **3. Покупайте еженедельную газету «Вакансия»! Это самый быстрый способ найти работу.**

А. Покупайте еженедельную газету «Вакансия». Это самый быстрый поиск хороших мест отдыха.
Б. Чтобы быстрее найти работу, вы можете купить газету «Вакансия», которая выходит каждую неделю.
В. В еженедельной газете «Вакансия» предлагают найти места работы, отдыха, учёбы.
Г. Искать работу можно с помощью ежедневной газеты «Вакансия».

> **4. Уважаемые пассажиры! В автобусе с «электронным кондуктором» стоять на передней площадке запрещено.**

А. Нельзя стоять на передней площадке в автобусе, чтобы не мешать входить пассажирам.
Б. Разрешается стоять на задней площадке в автобусе с «электронным кондуктором».
В. В автобусе, где есть «электронный кондуктор», нельзя стоять на передней площадке.
Г. Запрещается ехать в автобусе, если там есть «электронный кондуктор».

> **5. В связи с реконструкцией станция метро «Семёновская» закрыта для входа и выхода пассажиров.**

А. Так как метро сегодня не работает, пользуйтесь наземным транспортом.
Б. В связи с ремонтом на станции метро «Семёновская» поезда останавливаются только в утренние и вечерние часы.
В. Станция метро «Семёновская» открыта для входа и выхода пассажиров после реконструкции.
Г. На станции метро «Семёновская» поезда не останавливаются, так как там идёт реконструкция.

Часть 2

Задания 6–10.
Почитайте текст 1 и выполните задания к нему.

Текст 1

Познакомьтесь с работой летней школы математики.

В подмосковном городе Дубне работала пятая летняя школа «Современная математика». По мнению специалистов, это главное математическое событие года, на которое съехались учащиеся со всей страны.

Участниками летней математической школы были школьники 10–11 классов и студенты первых двух курсов российских вузов. В течение 12 дней молодые люди слушали лекции известнейших математиков и занимались на семинарах. Задача летней школы состоит в том, чтобы показать студентам и школьникам, чем занимается современная математика. А самое главное — подойти к нерешённым математическим проблемам, которых существует очень много. Хорошим результатом работы пяти летних школ стали несколько интересных статей, написанных школьниками и студентами вместе с преподавателями. Эти статьи были напечатаны в серьёзных математических журналах.

Но летняя математическая школа — это не только серьёзные занятия, это ещё и активный отдых. После утренних лекций и семинаров все участники школы (студенты, школьники, известные учёные) вместе играли в футбол и волейбол, а вечером гуляли по берегу реки Волги.

Кто может попасть в летнюю школу? Это победители всероссийских и городских математических олимпиад. К тому же любой студент или школьник может заполнить анкету и прислать её в оргкомитет. В анкете он должен рассказать о своих научных интересах, назвать прочитанные книги по математике и объяснить, что его в них заинтересовало. С ним общаются по телефону или по электронной почте. Так организаторы школы ищут и находят талантливую молодёжь.

6. В летней школе собрались...

А. школьники со всего мира.
Б. студенты российских вузов.
В. российские школьники старших классов и студенты.

7. Цель летних математических школ состоит в том, чтобы познакомить молодых людей...

А. с проблемами современной науки.
Б. с задачами на математических олимпиадах.
В. с задачами и проблемами современной математики.

8. В результате работы летней школы в математических журналах...

А. были напечатаны статьи школьников и студентов.
Б. появились статьи о преподавании математики в школе.
В. были напечатаны статьи известных математиков.

9. Во время работы летней школы её участники...

А. каждое утро играли в футбол и волейбол.
Б. по вечерам слушали лекции известных учёных.
В. утром занимались, а вечером активно отдыхали.

10. Чтобы записаться в летнюю школу, студенты и школьники могут прислать анкету, в которой должны...

А. объяснить, чем они занимаются на уроках математики.
Б. пересказать любимые книги.
В. рассказать, какие научные проблемы их интересуют.

Задания 11–15.
Прочитайте текст 2 и выполните задания к нему.

Текст 2

Международная эстафета

2005 год был объявлен международным годом спорта. Именно в 2005 году в конце мая проходила российско-британская эстафета по бегу «Великий русский путь», которая стала большим событием в истории лёгкой атлетики. В этой эстафете принимали участие 280 спортсменов и просто любителей бега из России и Британии.

Российско-британская эстафета стартовала 28 мая во Владивостоке и финишировала 8 сентября в Санкт-Петербурге. За это время спортсмены-бегуны пробежали по российским дорогам 11 тысяч километров и пересекли две части света — Азию и Европу.

Цель эстафеты «Великий русский путь» — это пропаганда спорта и здорового образа жизни. Кроме того, организаторы эстафеты поставили перед собой трудную задачу — найти богатых людей и собрать 250 тысяч долларов для российских детских организаций, которые помогают бездомным детям и занимаются проблемами детей, потерявших родителей.

Эстафета «Великий русский путь» стала серьёзным испытанием для всех её участников. Но несмотря на все трудности обе команды добежали до финиша. «Мы всегда будем вспоминать время, проведённое на дорогах России, доброту и гостеприимство русских людей, улыбки детей, бравших у нас автографы, прекрасную природу», — говорили все участники соревнований.

11. Международная российско-британская эстафета проходила…

- А. по дорогам Британии.
- Б. по дорогам России.
- В. по дорогам Европы.

12. В эстафете приняли участие…

- А. спортсмены и любители бега.
- Б. детские спортивные команды.
- В. спортивные команды из Азии.

13. Спортсмены должны были пробежать…

- А. 250 тысяч километров.
- Б. 280 километров.
- В. 11 тысяч километров.

14. Целью эстафеты являлось…

- А. пропагандировать спорт.
- Б. пробежать через всю Россию.
- В. побывать во Владивостоке и Санкт-Петербурге.

15. Организаторы эстафеты хотели собрать много денег, чтобы...

А. отдать их известным российским спортсменам.
Б. разделить их между участниками эстафеты.
В. передать их российским детским организациям.

Часть 3

Задания 16–25.
Прочитайте краткое содержание статей из газет, чтобы выбрать статью, которую вы хотите прочитать, а затем выполните задания.

Екатерина Рождественская

Екатерина Рождественская — известный московский фотохудожник. Её работы можно увидеть во многих столичных журналах. Недавно в Москве прошла персональная выставка Екатерины Рождественской, которая называлась «Частная коллекция».

Фотографировать Екатерина начала неожиданно для себя и своих родных. Ведь она никогда не думала о том, что свяжет свою жизнь с фотографией. В детстве Екатерина хотела быть похожей на свою бабушку-врача и всегда была уверена, что станет врачом. В доме бабушки было много книг по медицине, которые Екатерина с удовольствием читала. А однажды она даже присутствовала на сложной операции. Но поступать в медицинский институт Екатерина не стала, потому что там были очень сложные экзамены по математике, физике и химии. После окончания школы она поступила в Институт международных отношений. Ещё в институте Екатерина вышла замуж за своего однокурсника и после окончания вуза вместе с мужем уехала в Индию.

В течение десяти лет Екатерина Рождественская была домохозяйкой. Она занималась своей семьёй, домом, воспитывала трёх сыновей. В свободное время Екатерина писала небольшие повести и рассказы, потом стала заниматься литературными переводами. Но эта работа ей не очень нравилась. Именно в тот момент у неё появилась идея начать фотографировать. И не просто фотографировать, а делать необычные фотопортреты. Она создала более 1000 фотографий — целую галерею фотопортретов своих современников. Эта работа принесла ей успех и известность. Но фотография не единственное увлечение Екатерины Рождественской. Она коллекционирует старинные вещи: одежду, мебель, посуду. Это увлечение передалось ей от отца, у которого была огромная коллекция рисунков и карт Москвы.

Екатерина считает, что её жизнь сложилась очень хорошо, у неё дружная семья, замечательные дети и интересная работа.

Мария Тенешева

Мария Тенешева обладала прекрасной внешностью, непростым характером, многими талантами и огромной энергией. Но судьба этой женщины сложилась непросто, в её жизни было всё: трудности и радости, тяжёлые годы и годы счастья.

Мария родилась в 1867 году в богатой семье. Она рано вышла замуж, родила дочь. Но отношения с мужем становились всё хуже и хуже. Молодая женщина постоянно думала о том, как жить дальше. Поэтому однажды она решила изменить свою жизнь: она рассталась с мужем, взяла маленькую дочь и уехала в Париж. В Париже Мария стала учиться рисовать и петь, так как у неё был прекрасный оперный голос. Несмотря на её талант найти работу в театре и стать оперной певицей ей не удалось. Она поняла, что женщине очень трудно добиться успеха. Работы не было, денег тоже. Только чудо могло помочь Марии.

Чудо произошло. В Париж приехала старая подруга Марии и увезла её с дочерью обратно в Россию. Через некоторое время, уже в России, Мария познакомилась с князем Тенешевым и скоро вышла за него замуж. Теперь она была счастлива и богата. В городе, где жила семья Марии, она построила школу для бедных детей, столовую, магазин и даже клуб, куда регулярно приглашала артистов. Однажды семья Тенешевых путешествовала по старинным городам России. Во время этой поездки Мария начала собирать предметы, созданные руками неизвестных русских мастеров: одежду, украшения, мебель, посуду. Это были вещи необыкновенной красоты. В 1906 году Мария Тенешева показала свою коллекцию в Париже. Французы были в восторге. Русская национальная одежда даже повлияла на французскую моду.

В 1911 году Мария Тенешева построила на свои деньги здание музея в городе Смоленске, разместила там свою коллекцию и подарила её городу.

Наталья Водянова

Фотографии этой очень красивой русской девушки вы можете увидеть во всех журналах мод. Она одна из самых известных в мире топ-моделей. Она работает почти со всеми знаменитыми модельерами мира. Когда Наталью спросили, есть ли у неё мечта, она ответила, что не любит мечтать. «Мечта — это что-то нереальное. А я очень реалистичный человек. Я стараюсь использовать любой шанс, который мне даёт судьба».

Наталья Водянова родилась и выросла в Нижнем Новгороде. Когда Наталье было 15 лет, она бросила школу и начала работать, чтобы помочь своей семье. Её семья жила очень трудно, денег всегда не хватало. О модельном бизнесе Наталья никогда не думала. Ей казалось, что это очень несерьёзная работа. Но однажды она пришла с подругой в школу моделей, и её сразу пригласили на работу в московское агентство. Это был шанс изменить свою жизнь, и Наталья решила поехать в Москву. В Москве она сначала училась в школе моделей, а потом начала сниматься для журналов мод, демонстрировала модную одежду, обувь, украшения.

гих европейских городах. Это снова был шанс. Наталья поехала в Европу. В свободное время она учила язык, так как без языка ей было очень тяжело работать.

Во время съёмок в Англии Наталья познакомилась с молодым человеком, вышла за него замуж и родила сына. Сейчас Наталья снова много работает, но она всегда говорит, что любовь и ребёнок для неё гораздо важнее карьеры.

В жизни Натальи Водяновой есть ещё одно серьёзное дело. Она основала фонд, на деньги которого в разных российских городах будут построены игровые развивающие центры для детей. В этих центрах дети смогут проводить свободное время и играть. Они смогут получить консультации психологов и других специалистов, чтобы открыть в себе таланты. Первый центр будет построен в Нижнем Новгороде.

В это время Наталья получила новое предложение — работать в Париже и дру-

16. Чтобы изменить свою жизнь, героиня этой статьи уехала в Париж вместе с маленькой дочерью и начала учиться живописи и пению.

А. Екатерина Рождественская
Б. Мария Тенешева
В. Наталья Водянова

17. Героиня этой статьи мечтала стать врачом, но испугалась трудных экзаменов в медицинском институте.

А. Екатерина Рождественская
Б. Мария Тенешева
В. Наталья Водянова

18. Так как героиня этой статьи родилась в очень бедной семье, ей пришлось бросить школу и начать работать.

А. Екатерина Рождественская
Б. Мария Тенешева
В. Наталья Водянова

19. Героиню этой статьи пригласило на работу модельное агентство в Париже, чтобы демонстрировать украшения, одежду и обувь.

А. Екатерина Рождественская
Б. Мария Тенешева
В. Наталья Водянова

20. Героиня этой статьи профессионально занимается фотографией. Она делает необычные фотопортреты своих современников.

А. Екатерина Рождественская
Б. Мария Тенешева
В. Наталья Водянова

21. Став профессиональной певицей, героиня этой статьи не смогла найти работу в Париже.

А. Екатерина Рождественская
Б. Мария Тенешева
В. Наталья Водянова

22. Героиня этой статьи, как и её отец, коллекционирует старинные вещи.

А. Екатерина Рождественская
Б. Мария Тенешева
В. Наталья Водянова

23. Героиня этой статьи построила школу для бедных детей, столовую, магазин и клуб, где выступали артисты.

А. Екатерина Рождественская
Б. Мария Тенешева
В. Наталья Водянова

24. Героиня этой статьи создала фонд, задача которого — построить детские центры, где дети смогут играть и развиваться.

А. Екатерина Рождественская
Б. Мария Тенешева
В. Наталья Водянова

25. Героиня этой статьи передала в дар городу Смоленску огромную коллекцию вещей, сделанных русскими мастерами: старинную одежду, украшения, мебель, посуду.

А. Екатерина Рождественская
Б. Мария Тенешева
В. Наталья Водянова

Часть 4

Задания 26—40.
Прочитайте фрагменты интервью, взятого корреспондентом газеты «АиФ»* у известного артиста театра и кино Юрия Соломина, и выполните задания.

— Господин Соломин! Вы известный артист театра и кино. Вот уже много лет вы являетесь художественным руководителем Малого театра в Москве. До этого вы были министром культуры России. Можно сказать, что вся ваша жизнь связана с культурой. Сегодня многие говорят, что Россия теряет свою культуру, свои культурные и духовные ценности. На место культурных ценностей приходят ценности материальные, которые начинают играть всё более важную роль в жизни россиян. Что вы об этом думаете?

— Да, сегодня все хотят жить хорошо: красиво одеваться, ездить в дорогих автомобилях, жить в хороших квартирах... И это нормально... Но одних материальных ценностей для человека недостаточно. Не хлебом единым жив человек. Люди ходят в театры, в консерватории, на выставки, читают книги, путешествуют... Я думаю, что культура по-прежнему играет очень важную роль в жизни людей. В стране работают тысячи театров, музеев, клубов...

— Да, в последнее время стало очень много театров, особенно в Москве. Но ходят ли туда люди?! Ведь билеты в театр стоят недёшево! Мне кажется, что большинство людей предпочитает сидеть дома у телевизора и смотреть бесконечные телесериалы и многочисленные развлекательные программы. По-моему, телевидение стало популярнее, чем театр.

— Телевидение — это хорошо. Я тоже работал и работаю на телевидении. Я играл главные роли во многих телевизионных фильмах, и я этому рад, потому что, когда эти фильмы показывают по телевидению, люди с удовольствием смотрят их. Например, телесериал «Московская сага», в котором я играл главную роль, имел очень большой успех. Но несмотря на это я уверен, что телевидение никогда не сможет заменить ТЕАТР. Русский театр существует уже 250 лет. В 1756 году при императрице Елизавете, дочери Петра I, был подписан указ о создании первого российского театра. И с тех пор у театра всегда были свои зрители. И сейчас для многих людей ходить в театр — это праздник, это традиция. В Малом театре, где я работаю художественным руководителем, никогда не бывает свободных мест. Здесь всегда аншлаг — полный зал зрителей. Приходите в наш театр. Здесь вы можете посмотреть спектакли по произведениям известных российских писателей.

— Скажите, а вы сейчас играете в спектаклях? У вас есть роли? Или вы сейчас только художественный руководитель театра?

— Конечно, играю. Я ведь артист. А артист не может без сцены.

— Какое место в мире сейчас занимают артисты, певцы, музыканты из России?

---
* «Аргументы и факты».

— Как вы знаете, раньше наши артисты, даже самые известные и популярные в России, были мало известны в мире, так как артисты из России редко бывали на гастролях в других странах. К счастью, сейчас все границы открыты, и сегодня наших артистов знает весь мир.

— **Значит, сейчас в театре всё хорошо и нет никаких проблем.**

— Нет, проблемы, конечно, есть. Сейчас в театре идёт борьба между серьёзным театром, который учит зрителей думать, и театром, который только развлекает зрителя.

— **А вы за какой театр?**

— Я, конечно, за думающий театр. Ведь русский театр всегда давал знания, воспитывал человека, учил его жить, думать, чувствовать, любить...

— **Значит, вы считаете, что шоу-театр или театр развлечений — это плохо?**

— Нет, это не плохо. Развлекаться, отдыхать или, как сейчас говорят, расслабляться — это хорошо. Но это можно делать и в других местах, например в клубе, в ресторане, на дискотеке... А Театр — это совсем другое. Это больше, чем развлечение.

— **Господин Соломин! Культура всегда связана с образованием. Что вы думаете о той реформе, которая идёт в системе российского образования?**

— Я считаю, что российское образование не нуждается в реформе. В России всегда было хорошее образование. Об этом говорит тот факт, что Россия дала миру много учёных, писателей, лауреатов Нобелевской премии, среди которых известные всему миру физики П.Л. Капица и В.Л. Гинзбург. И сейчас, чтобы получить хорошее образование, не надо ехать за границу. У нас в стране есть очень хорошие школы, институты, учебные центры...

— **А что конкретно вам не нравится в реформе?**

— Мне не нравится, что из школьной программы хотят убрать русскую литературу. Я считаю, что литературу надо обязательно изучать во всех школах, так как литература — это часть русской культуры. Я хочу, чтобы каждый русский человек знал культуру, литературу и историю своей страны.

Задания 26—35

26. Сейчас Юрий Соломин — министр культуры России. ДА НЕТ

27. Количество театров в Москве уменьшилось. ДА НЕТ

28. Билеты в театр стоят очень дорого. ДА НЕТ

29. Фильмы, в которых играл Ю. Соломин, очень популярны в России. ДА НЕТ

30. Юрий Соломин никогда не снимался в телесериалах. ДА НЕТ

31. Первый театр появился в России при Петре I. ДА НЕТ

32. В Малом театре всегда аншлаг. ДА НЕТ

33. В Малом театре можно посмотреть фильм, послушать оперу. ДА НЕТ

34. Юрий Соломин сейчас не играет на сцене Малого театра. ДА НЕТ

35. Лауреаты Нобелевской премии физики П.Л. Капица и В.Л. Гинзбург получили образование в России. ДА НЕТ

Задания 36–40.
Скажите, что думает Юрий Соломин:

36. о культуре в России:

А. Россия теряет свои культурные и духовные ценности.
Б. Культура по-прежнему играет важную роль в жизни страны.
В. В настоящее время материальные ценности нужны людям больше, чем культурные ценности.

37. о российском театре:

А. Сегодня телевидение стало популярнее, чем театр.
Б. Театр в России — это яркое развлекательное шоу, где человек может отдохнуть.
В. Учить человека думать, сочувствовать, любить — вот задача российского театра.

38. о российских артистах:

А. Российские артисты популярны только в России.
Б. Российские артисты редко бывают на гастролях в других странах.
В. Имена российских артистов знает весь мир.

39. об образовании в России:

А. В России всегда было очень хорошее образование.
Б. Образование надо получать за границей.
В. Российскому образованию нужны реформы.

40. о русской литературе:

А. Уроки литературы нужно убрать из школьной программы.
Б. Литературу нужно изучать только в спецшколах.
В. Русскую литературу нужно изучать в школе. Она воспитывает и развивает человека.

Матрица
Субтест 2. Чтение

Имя. Фамилия _____ страна _____ дата _____

1	А	Б	В	Г
2	А	Б	В	Г
3	А	Б	В	Г
4	А	Б	В	Г
5	А	Б	В	Г
6	А	Б	В	
7	А	Б	В	
8	А	Б	В	
9	А	Б	В	
10	А	Б	В	
11	А	Б	В	
12	А	Б	В	
13	А	Б	В	
14	А	Б	В	
15	А	Б	В	
16	А	Б	В	
17	А	Б	В	
18	А	Б	В	
19	А	Б	В	
20	А	Б	В	
21	А	Б	В	
22	А	Б	В	
23	А	Б	В	
24	А	Б	В	
25	А	Б	В	

26	да	нет	
27	да	нет	
28	да	нет	
29	да	нет	
30	да	нет	
31	да	нет	
32	да	нет	
33	да	нет	
34	да	нет	
35	да	нет	
36	А	Б	В
37	А	Б	В
38	А	Б	В
39	А	Б	В
40	А	Б	В

Субтест 3. Аудирование (материалы для тестируемых)

Инструкция к выполнению субтеста

- Время выполнения субтеста — 30 минут.
- При выполнении субтеста пользоваться словарём нельзя.
- Субтест состоит из 4 частей и 30 заданий.
- Вы получили субтест и матрицу. Напишите ваши имя и фамилию на каждом листе матрицы.
- После каждого прослушанного диалога или сообщения выберите правильный вариант ответа и отметьте соответствующую букву в матрице.

Например:

        А (Б) В   (Б — правильный ответ).

- Если Вы ошиблись и хотите исправить ошибку, сделайте так:

        (⊗А) (Б) В   (А — ошибка, Б — правильный вариант).

- Все аудиотексты звучат один раз.

Часть 1

Задания 1–5.

 Прослушайте сообщения. Выберите из трёх вариантов тот, который по смыслу соответствует услышанному сообщению.

1.   А.   Писатели из разных стран приняли участие в работе всемирного литературного фестиваля.
      Б.   Во время работы всемирного литературного фестиваля можно было познакомиться с новыми книгами известных писателей.
      В.   На всемирный литературный фестиваль съехались известные писатели со всего мира.

2.   А.   Сегодня, чтобы выйти в Интернет, можно использовать мобильный телефон.
      Б.   Теперь не нужно ходить в магазин, в Интернете вы можете купить любые вещи и продукты.
      В.   Выйти в Интернет можно с помощью компьютера.

3.   А.   Чтобы хорошо отдохнуть, не обязательно ехать на Чёрное море.
      Б.   На берегу Чёрного моря каждый год строятся новые гостиницы для отдыхающих.
      В.   На берегу Чёрного моря каждое лето отдыхают тысячи россиян.

4.
- А. Студенты с удовольствием поехали на экскурсию в город Чехов во время зимних каникул.
- Б. Во время зимних каникул студентам предложили почитать рассказы Чехова.
- В. Для студентов будет организована экскурсия в город Чехов во время зимних каникул.

5.
- А. Если вы хорошо знаете компьютер, вам легко будет найти работу.
- Б. В Интернете можно найти очень много предложений работы.
- В. Чтобы найти хорошую работу, нужно уметь общаться с людьми.

Часть 2

Задания 6–10.

 Прослушайте диалог и постарайтесь понять, о чём говорили Алёна и Майкл.

6. Майклу предложили поехать…

- А. в музей.
- Б. на экскурсию.
- В. в лес.

7. Майкл хочет поехать в Звенигород…

- А. с друзьями.
- Б. с Алёной.
- В. с родителями.

8. Майкл не любит экскурсии, потому что нужно…

- А. вместе с группой слушать рассказ экскурсовода.
- Б. всё время разговаривать с друзьями.
- В. далеко ехать на автобусе или поезде.

9. Майкл позвонил Алёне, потому что хотел…

- А. пригласить её поехать на экскурсию.
- Б. получить информацию о Звенигороде.
- В. узнать, куда она ездила на зимних каникулах.

10. Алёна рассказала Майклу о Звенигороде, так как…

- А. ездила туда на экскурсию.
- Б. отдыхала там с родителями.
- В. узнала о нём от друзей.

Задания 11–15.

 Прослушайте диалог и постарайтесь понять, о чём Маша попросила Андрея.

11. Маша не ходила на занятия, потому что...

- А. плохо себя чувствовала.
- Б. отдыхала и спала.
- В. была в поликлинике.

12. Врач посоветовал Маше...

- А. принимать лекарства.
- Б. гулять на улице.
- В. читать книги.

13. Маша попросила Андрея...

- А. пойти в магазин за продуктами.
- Б. принести учебники из библиотеки.
- В. купить в аптеке лекарство.

14. Маша и Андрей договорились встретиться...

- А. утром.
- Б. днём.
- В. вечером.

15. Чтобы быстрее попасть к Маше, Андрей поедет...

- А. на трамвае.
- Б. на метро.
- В. на автобусе.

Часть 3

Задания 16–20.

 Прослушайте текст и постарайтесь понять, где художник Владимир Овчинников рисует свои картины.

16. Художник-самоучка Владимир Овчинников рисует свои картины...

А. в соборах и церквях.
Б. в городских парках.
В. на стенах старых домов.

17. Владимир Овчинников нарисовал уже...

А. 58 картин.
Б. 100 картин.
В. 3 картины.

18. На картинах художника мы можем увидеть...

А. портреты его родственников, друзей и знакомых.
Б. , каким был город Боровск раньше и какие известные люди в нём жили.
В. современные улицы и площади Боровска.

19. Владимир Овчинников рисует свои картины, потому что хочет, ...

А. чтобы жители Боровска узнали историю своего города.
Б. чтобы в город приезжали туристы.
В. чтобы все помнили его имя.

20. Благодаря картинам художника-самоучки в Боровск стало приезжать...

А. много художников.
Б. много туристов.
В. много известных учёных.

Часть 4

Задания 21–25.

 Прослушайте диалог и запишите в матрице информацию, которую Даша попросила передать Ивану.

Задания 26–30.

 Ваш друг-журналист ищет работу. Вы решили помочь ему. Прослушайте рекламу и запишите в матрице основную информацию для вашего друга.

Матрица
Субтест 3. Аудирование

_____ _____ _____
Имя. Фамилия   страна   дата

1	А	Б	В
2	А	Б	В
3	А	Б	В
4	А	Б	В
5	А	Б	В
6	А	Б	В
7	А	Б	В
8	А	Б	В
9	А	Б	В
10	А	Б	В

11	А	Б	В
12	А	Б	В
13	А	Б	В
14	А	Б	В
15	А	Б	В
16	А	Б	В
17	А	Б	В
18	А	Б	В
19	А	Б	В
20	А	Б	В

21	Даша попросила Ивана (что сделать?)	
22	Родители приезжают в Москву (откуда?)	
23	Даша не может встретить родителей, потому что	
24	Самолёт прилетает в Шереметьево (во сколько?)	
25	Даша будет ждать Ивана (где?)	

26	Недавно начал работу новый телеканал (какой?)	
27	Новый канал начал работу (где? когда?)	
28	На телеканале уже работает (сколько человек?)	
29	Передачи телеканала ведутся (на каком языке?)	
30	Телеканал приглашает молодых людей (с какой целью?)	

Субтест 4. Говорение

Инструкция к выполнению субтеста

- Время выполнения субтеста — 45 минут.
- При выполнении субтеста можно пользоваться словарём.
- Субтест состоит из 3 частей и 5 заданий.

Часть 1

Задание 1. Работа в парах.
Составьте диалоги по предложенной программе. Вы должны задать не менее трёх вопросов. Ответы на вопросы должны быть полными (ответы «да», «нет» или «не знаю» не являются полными).

- Время выполнения задания — до 8 минут (подготовка — 2–3 минуты, диалог — 5 минут).

1.
а) Узнайте у вашего собеседника, как он выбирал свою профессию. Чем он собирается заниматься в будущем, где хочет работать и почему?
б) Узнайте у вашего собеседника, какая работа ему нравится. Как найти интересную работу в его стране? Легко это или трудно?

2.
а) Узнайте у вашего собеседника, любит ли он путешествовать. Где он уже побывал и куда хочет поехать?
б) Узнайте у вашего собеседника, какой вид отдыха он предпочитает — активный или пассивный. Как он обычно отдыхает?

3.
а) Узнайте у вашего собеседника, нужно ли человеку иметь друзей. Почему?
б) Узнайте у вашего собеседника, есть ли у него хорошие друзья. Как они общаются?

4.
а) Узнайте у вашего собеседника, как живут молодые люди в его стране. Что для них важнее — карьера или семья?
б) Узнайте у вашего собеседника, какие у него планы на будущее. Как он представляет себе свою жизнь, свою семью?

5.
а) Узнайте у вашего собеседника, как он относится к Интернету. Он сторонник Интернета или его противник?
б) Узнайте у вашего собеседника, как часто он пользуется компьютером. Что он делает на компьютере — играет или работает?

Задание 2. (Три варианта.)
Прослушайте описание ситуации и начните разговор.

- Время выполнения задания — до 4 минут.
- Задание выполняется без предварительной подготовки.

Вариант 1

1. Вы обещали своему другу приехать в гости на каникулы. Ваши планы изменились. Позвоните ему и сообщите об этом.
2. Вы хотите пойти в музей. Узнайте по телефону, как работает музей и какие выставки там сейчас проходят.
3. Вы хотите на каникулах поплыть на пароходе из Москвы в Санкт-Петербург. Пригласите своего друга поехать с вами. Приведите такие аргументы, чтобы он обязательно согласился.

Вариант 2

1. У вас есть билет в театр, но, к сожалению, вы не можете пойти. Предложите другу свой билет. Уговорите его пойти в театр.
2. Вы хотите на каникулах полететь домой. Закажите билет по телефону.
3. Ваш друг хочет приехать к вам в гости, но не знает вашего адреса. Объясните, как до вас добраться.

Вариант 3

1. Вы уже целый год живёте и учитесь в Москве. Ваш друг тоже хочет приехать учиться в Россию. Дайте ему несколько советов.
2. Вы позвонили другу, а его нет дома. Оставьте на автоответчике информацию, которую вы хотели ему сообщить.
3. Вы любите активный отдых, а ваш друг — пассивный. Убедите его, что активный отдых лучше.

Часть 2

Задание 3.
Прочитайте текст. Кратко передайте его содержание, чтобы убедить друга тоже прочитать его.

Задание 4.
Выразите своё отношение к событиям и поступкам героев текста.

- Время выполнения заданий — до 25 минут (15 минут — подготовка, ответ — до 10 минут).

Пари

Последние 10 км, которые оставались до города, Жиль прошёл так быстро и весело, как будто после каждого шага его ждало необыкновенное удовольствие. Узнавая родные места, покинутые два года назад, он чувствовал огромную радость. Это чувство можно было сравнить с радостью больного, чудом возвращённого к жизни.

Жиль посмотрел на часы — была половина девятого утра. «Ассоль спит, — решил он. — Не буду её будить». Заметив, что очень устал, Жиль зашёл в ещё пустое кафе, сел за круглый стеклянный стол и заказал завтрак. Почти сразу же в кафе вошли ещё несколько человек. Хотя посетители сидели в разных местах зала, все они стали смотреть на Жиля. «Наверное, газеты сообщили о моём возвращении и напечатали мой портрет, — подумал Жиль. — Хорошо бы убежать отсюда!»

В этот момент к Жилю подошла девушка и громко спросила:

— Кругосветный путешественник Жиль Седир — это вы? Это вы поспорили и заключили пари с миллионером Фрионом на 100 тысяч, что за два года совершите кругосветное путешествие без копейки денег?

— Я, я! — смеясь сказал Жиль.

Посетители кафе встали и собрались вокруг Жиля. Все хотели знать, как он путешествовал, с какой целью, что видел и узнал. Жиль рассказал главное — зачем ему нужны были деньги. Несколько лет назад Жиль сделал изобретение, он изобрёл полезный прибор. Но никто не давал ему денег, чтобы сделать этот прибор, имеющий важное будущее. Министерство не хотело его слушать, богатые люди ему не верили, а сам изобретатель не знал, вставая утром, будет ли сегодня обедать. Очень богатый человек, которого звали Фрион, предложил Жилю обойти пешком вокруг земного шара за сто тысяч. Условия были такими: Жиль должен был отправиться в путь без денег и без еды и путешествовать один. Если через два года Жиль вернётся в определённое время и не опоздает ни на минуту, то получит сто тысяч. А если опоздает хотя бы на минуту, то не получит ничего. Жиль выполнил задачу и даже вернулся на неделю раньше. Теперь он богатый человек. Теперь он сможет заниматься любимым делом — изобретать — и сможет сделать прибор.

Жиль Седир вспоминал своё опасное путешествие: как он шёл пешком, плыл на лодках и пароходах, ехал на верблюдах и слонах, как он переплывал через реки, проходил через леса, переходил через высокие горы. Жиль рассказывал, и слушатели чувствовали то, что чувствовал он, — опасность, силу, радость, бурю и тишину.

Жиль закончил свой рассказ, встал и вышел на улицу. Через полчаса он был дома, на шестом этаже, у дверей комнаты своей жены. Дверь тихо открылась, на пороге стояла лёгкая молодая женщина с сияющими глазами. Они бросились друг к другу и обнялись.

За два часа до того как Жиль должен был отправиться на встречу с Фрионом, к нему пришёл помощник Фриона. Он сообщил, что миллионер потерял все свои деньги (разорился) и не может заплатить сто тысяч. Жиль не знал, что ему делать. Он даже представить себе не мог такую ужасную ситуацию. Уходя, помощник Фриона передал Жилю письмо и сказал, что это письмо от другого известного в городе богача — Аспера.

Жиль бросил письмо на стол.

— Как-нибудь потом прочитаю, — грустно и устало сказал он.

Ассоль плакала.

— Плачешь? — сказал Жиль. — Я тебя понимаю. Когда я путешествовал, я мечтал, что буду богат и смогу сделать свой прибор. Что же? Начнём старую бедную и голодную жизнь, украшенную мечтами!

— Ничего! — ответила ему Ассоль. — Когда плохо так, что хуже не может быть, то обязательно что-нибудь изменится и станет лучше. Давай подумаем. Твой прибор будет нужен. Если не сейчас, то через год или два... А почему ты не читаешь письмо?

Жиль открыл конверт и прочитал: «Корион Аспер приглашает Вас быть сегодня у него в загородном доме в 20:30».

— Ты пойдёшь? — спросила Ассоль.

— Да, — ответил Жиль.
— Ты понимаешь зачем?
— Нет.
— Я тоже не понимаю.

Жиль подошёл к кровати, лёг и закрыл глаза. Он думал о письме Аспера, о странном приглашении. Ему хотелось видеть в этом письме надежду.

— Пойдём вместе, Ассоль! — позвал Жиль жену. — Я не хочу идти один.

Вечером Жиль и Ассоль пришли в загородный дом Аспера.

— Объясните ваше письмо! — попросил Жиль.

— Дорогой Седир, я знаю вашу историю, — сказал Аспер. — Мне очень жаль, что вы не получили свой приз. Но я готов исправить эту ужасную ситуацию. Если сегодня в девять часов вечера вы во второй раз отправитесь в кругосветное путешествие — один, на два года, без денег и без еды, — я заплачу вам не 100, а 200 тысяч.

— Как просто! — сказал Жиль. — Если это шутка, то шутка злая и бесчеловечная. Но если это предложение, то оно тоже злое и бесчеловечное.

— Что делать, — холодно ответил Аспер, — решайте.

— Я пойду. Но я должен быть уверен, что получу деньги. Я не могу проиграть второй раз, — сказал Жиль.

Аспер показал документы, из которых Жиль узнал, что в банке на его имя уже лежат 200 тысяч. Жиль мог получить эти деньги ровно через два года в девять часов вечера.

— Так, — сказал Жиль, — я должен идти сегодня? Не могу ли я выйти завтра? Один день...

— Нет, — серьёзно ответил Аспер. — Завтра я могу забыть или передумать. Сейчас без десяти девять, решайте, Седир: или через десять минут вы идёте домой, или отправляетесь вокруг света.

Жиль ничего не ответил, он смотрел на Ассоль.

— Ассоль, — тихо сказал он, — ещё один раз... последний. Всё будет хорошо, через два года я вернусь. Прощай!

Жиль подошёл к столу и подписал бумаги. Выйдя из дома, он остановился. Ему стало страшно. Жиль вспомнил, как трудно ему было во время путешествия, как он болел, как много работал...

— Ну вот... — сказал Жиль, — я иду.

Он шагнул, пошёл и временно перестал жить.

Так путешественник шёл довольно долго, а ночью остановился в гостинице, чтобы отдохнуть. Хозяин узнал его. Жиль ужинал и не слышал, как вошёл Аспер.

— Возвращайтесь, не надо никуда идти, — сказал миллионер. — Я поспорил, что вы не согласитесь ещё раз пойти в это трудное путешествие вокруг света. Но вы согласились его повторить. Я сразу же поехал за вами. Я проиграл. Зачем ждать два года? Возьмите ваши деньги, живите, изобретайте, будьте счастливы!

По рассказу А.С. Грина «Вокруг света»

Часть 3

Задание 5.
Подготовьте сообщение на одну из предложенных тем * (15–18 предложений).

- Время выполнения задания — 10 минут (2–3 минуты — подготовка, 7–8 минут — ответ).
- При подготовке можно пользоваться словарём.

---

* Более подробно содержание данных тем изложено в образовательной программе по русскому языку как иностранному. Первый сертификационный уровень.

Темы

1. Биография.
1) Рассказ о себе: детство, учёба, работа, семья, интересы.
2) Рассказ о друге, знакомом, родственнике.

2. Семья.
1) Ваша семья.
2) События детства и юности.
3) Отдых в вашей семье.

3. Учёба, работа.
1) Учёба.
2) Работа.
3) Ваш рабочий день.

4. Система образования в вашей стране и в России.
1) Школа, институт, университет.
2) Изучение иностранных языков.

5. Ваша страна. Ваше знакомство с Россией.
1) История и культура страны.
2) Природа и экономика страны сегодня.
3) Времена года. Погода.

6. Город, столица страны, родной город.
1) Общая характеристика города.
2) Ориентация в городе.

7. Свободное время, интересы, увлечения.

Субтест 3. Аудирование (материалы для диктора)
Часть 1

Задания 1–5.

 Прослушайте сообщения. Выберите из трёх вариантов тот, который по смыслу соответствует услышанному сообщению.

1. На всемирном литературном фестивале можно было увидеть новые книги известных писателей.
2. Если у вас есть современный мобильный телефон, вы сможете пользоваться Интернетом.
3. Каждое лето огромное количество отдыхающих из России приезжает на берег Чёрного моря.
4. Во время зимних каникул студентам предложили побывать на экскурсии в городе Чехове.
5. Чтобы найти хорошую работу, вы должны уметь работать на компьютере.

Часть 2

Задания 6–10.

Прослушайте диалог и постарайтесь понять, о чём говорили Алёна и Майкл.

— Привет, Алёна! Наконец-то я тебя нашёл. Мне надо с тобой посоветоваться.
— Привет, Майкл! Как дела? Что ты хотел?
— У меня всё хорошо. Я хотел тебя спросить, что ты знаешь о городе Звенигороде?
— Ну, знаю немного. Это небольшой, очень красивый город. Он находится совсем недалеко от Москвы. Ехать туда минут сорок или час. А почему ты спрашиваешь?
— Мои друзья предложили мне поехать туда на экскурсию в субботу. Как ты думаешь, там будет интересно? Я не очень люблю экскурсии: надо ходить вместе с группой, не разговаривать и слушать экскурсовода.
— Если ты там никогда не был, советую поехать. Звенигород — старый и очень симпатичный город. Он появился 800 лет назад, в XII веке.
— 800 лет назад? Какой старый город! А что там можно посмотреть?
— Там есть старинные церкви, собор, музей. А ещё в Звенигороде прекрасная природа: лес, Москва-река... После экскурсии вы сможете погулять одни, без экскурсовода, и всё обсудить.
— А ты уже была там когда-нибудь?
— Да, была. Я несколько раз отдыхала в Звенигороде с родителями во время зимних каникул. Мне кажется, что летом там должно быть ещё лучше.
— Ну что же, тогда я обязательно поеду. А когда вернусь, позвоню и расскажу о своих впечатлениях.
— Буду ждать, пока!

Задания 11–15.

Прослушайте диалог и постарайтесь понять, о чём Маша попросила Андрея.

— Алло, здравствуй, Маша, это Андрей!
— Привет, Андрей!
— Хотел узнать, почему тебя сегодня не было на занятиях. Что случилось?
— Я заболела. У меня целый день болели голова и горло.
— А ты ходила в поликлинику?
— Нет, утром я вызвала врача на дом. Он сказал, чтобы я никуда не выходила из дома, принимала лекарства, пила горячее молоко и спала. А как твои дела?
— Всё нормально. Сначала был на занятиях, потом ходил в библиотеку и сдал старые учебники. А сейчас хочу тебя навестить. Можно?
— Конечно, я буду очень рада.
— Может быть, тебе что-нибудь нужно? Я могу сходить в аптеку за лекарствами или в магазин за продуктами.
— Да, зайди, пожалуйста, в аптеку за лекарством. Утром врач выписал мне рецепт, но я ещё не купила лекарство.
— Хорошо, тогда я куплю лекарство и приду вечером, часов в семь. Это удобно?
— Очень удобно.
— Только я забыл, на чём к тебе лучше доехать — на автобусе или на трамвае?
— На трамвае очень долго, лучше поезжай на автобусе. Дойдёшь до метро, там остановка пятнадцатого автобуса.
— Понял. Пока, до встречи!

Часть 3

Задания 16–20.

 Прослушайте текст и постарайтесь понять, где художник Владимир Овчинников рисует свои картины.

Приглашаем Вас посетить старинный русский город Боровск!

Вот уже три года в этом небольшом старинном городе происходят удивительные вещи. Художник-самоучка Владимир Овчинников рисует картины на стенах старых домов. Каждый день он берёт свои краски, высокую лестницу и выходит на улицу рисовать. За три года Владимир Овчинников создал уже 58 картин. Портреты на стенах домов рассказывают о тех знаменитых людях, которые раньше жили в этом городе или приезжали туда в гости: известных учёных, писателях, математиках, художниках, инженерах. У своих друзей и знакомых художник находит фотографии с видами города, сделанные 100 лет назад, и создаёт рисунки по этим фотографиям.

Старые некрасивые стены домов исчезают, и на их месте появляются картины: старинные улицы города, соборы, церкви, парки, памятники.

Вы можете спросить: «Зачем он это делает?» Художник любит свой город и много знает о нём. Он хочет, чтобы все жители Боровска лучше узнали историю своего родного города. А ещё благодаря картинам Владимира Овчинникова улицы города стали интересными и необычными. Город стал светлее и чище. Теперь в Боровск приезжает больше туристов, чтобы посмотреть на удивительные рисунки. А жители Боровска уже не представляют свой город без картин на стенах своих домов.

Часть 4

Задания 21–25.

 Прослушайте диалог и запишите в матрице информацию, которую Даша попросила передать Ивану.

— Алло, здравствуй, Антон, это Даша. А Иван дома?

— Здравствуй, Даша. А Ивана нет, он ещё не пришёл с работы.

— Ты сможешь передать ему мою просьбу? Запиши, пожалуйста.

— Подожди минуту, мне нужно взять ручку и бумагу...

— Записывай! Иван должен быть в аэропорту завтра днём, в...

— В аэропорту? Но он же в это время всегда работает. Ты уверена, что Иван будет свободен?

— Он сказал, что будет свободен и поможет мне. Я видела его сегодня утром и уже договорилась с ним. Но я не знала точно, когда прилетает самолёт, днём или вечером, и номер рейса. Поэтому звоню, чтобы уточнить.

— А кто прилетает? Подруга?

— Нет, прилетают мои родители. Они отдыхали в Сочи. Завтра возвращаются.

— А почему ты сама не можешь их встретить? Проблемы на работе?

— Нет, с работой всё нормально, а вот с машиной проблемы. Поэтому я попросила Ивана.

— Да, без машины в Шереметьево ехать очень неудобно, а на такси — дорого. Хорошо, я записываю, диктуй.

— Самолёт прилетает в аэропорт Шереметьево-1 днём, в 15:30.

— Так, пишу: Шереметьево, 15:30.

— Рейс № 561.

— А куда Иван должен будет отвезти твоих родителей?

— Ко мне домой, на проспект Мира, он знает точный адрес. Я уже буду дома, когда они приедут.

— Не волнуйся, я всё передам. Пока.

Задания 26–30.

 Ваш друг журналист ищет работу. Вы решили помочь ему. Прослушайте рекламу и запишите в матрице основную информацию для вашего друга.

Начал работу новый телеканал «Россия сегодня»!

«Говорим обо всём, что видим!» — это слова журналистов телеканала «Россия сегодня», который начал свою работу в Москве в сентябре 2005 года. Задача этого канала — рассказать и показать всему миру, что сегодня, сейчас происходит в России. Из ежедневных передач можно будет узнать о новостях политики, культуры и образования, о последних спортивных достижениях, о погоде в разных регионах России, то есть обо всём.

На новом телеканале уже работают 300 человек. Это специалисты не только из России, но и из других стран Европы. Передачи выходят на английском языке 24 часа в сутки, 7 дней в неделю.

Если вы молоды и энергичны, если у вас есть интересные идеи, если вы хорошо знаете английский язык, приходите на телеканал «Россия сегодня». Может быть, там есть работа и для вас.

Ключи
Субтест 1. Письмо

11 — Б	34 — В	57 — В	80 — А
12 — В	35 — Б	58 — Б	81 — А
13 — А	36 — Б	59 — А	82 — Б
14 — В	37 — А	60 — А	83 — Б
15 — Б	38 — Б	61 — А	84 — В
16 — А	39 — А	62 — Б	85 — А
17 — Г	40 — В	63 — В	86 — В
18 — А	41 — Б	64 — В	87 — А
19 — Д	42 — А	65 — Б	88 — Б
20 — Б	43 — Б	66 — А	89 — В
21 — Г	44 — Б	67 — А	90 — А
22 — В	45 — А	68 — В	91 — Б
23 — Б	46 — В	69 — В	92 — В
24 — Д	47 — Б	70 — Б	93 — В
25 — В	48 — В	71 — В	94 — Б
26 — А	49 — А	72 — А	95 — А
27 — Б	50 — Б	73 — В	96 — В
28 — Б	51 — В	74 — Б	97 — В
29 — А	52 — А	75 — А	98 — В
30 — В	53 — В	76 — Б	99 — А
31 — А	54 — А	77 — В	100 — В
32 — Б	55 — А	78 — В	
33 — В	56 — Б	79 — Б	

Субтест 2. Чтение

1 — А	11 — Б	21 — Б	31 — нет
2 — В	12 — А	22 — А	32 — да
3 — Б	13 — В	23 — Б	33 — нет
4 — В	14 — А	24 — В	34 — нет
5 — Г	15 — В	25 — Б	35 — да
6 — В	16 — Б	26 — нет	36 — Б
7 — В	17 — А	27 — нет	37 — В
8 — А	18 — В	28 — да	38 — В
9 — В	19 — В	29 — да	39 — А
10 — В	20 — А	30 — нет	40 — В

Субтест 3. Аудирование

1 — Б	6 — Б	11 — А	16 — В
2 — А	7 — А	12 — А	17 — А
3 — В	8 — А	13 — В	18 — Б
4 — В	9 — Б	14 — В	19 — А
5 — А	10 — Б	15 — В	20 — Б

21	Даша попросила Ивана (что сделать?)	*помочь ей*
22	Родители приезжают в Москву (откуда?)	*из Сочи*
23	Даша не может встретить родителей, потому что	*проблемы с машиной*
24	Самолёт прилетает в Шереметьево (во сколько?)	*в 15:30*
25	Даша будет ждать Ивана (где?)	*дома*

26	Недавно начал работу новый телеканал (какой?)	*«Россия сегодня»*
27	Новый канал начал работу (где? когда?)	*в Москве в сентябре 2005*
28	На телеканале уже работает (сколько человек?)	*300 человек*
29	Передачи телеканала ведутся (на каком языке?)	*на английском языке*
30	Телеканал приглашает молодых людей (с какой целью?)	*работать*

Оценка результатов тестирования

Весь тест оценивается в 400 баллов (100 %)

Субтест 1. Письмо

104 задания — 100 баллов (100 %)

Часть 1 (10 заданий) — 10 баллов (1 позиция — 1 балл)
Часть 2 (50 заданий) — 25 баллов (1 позиция — 0,5 балла)
Часть 3 (40 заданий) — 20 баллов (1 позиция — 0,5 балла)
   письменное задание 1 — 5 баллов
   письменное задание 2 — 5 баллов
Часть 4 (анкета) — 10 баллов (1 позиция — 1 балл)
Часть 5 (текст) — 25 баллов (15 баллов — раскрытие проблем текста; 10 баллов — отношение к проблемам текста)

Субтест 2. Чтение

40 заданий — 100 баллов (100 %)

Часть 1 (5 заданий) — 25 баллов (1 позиция — 5 баллов)
Часть 2 (10 заданий) — 20 баллов (1 позиция — 2 балла)
Часть 3 (10 заданий) — 20 баллов (1 позиция — 2 балла)
Часть 4 (15 заданий) — 35 баллов (задания 26–35 — 10 баллов (1 позиция — 1 балл); задания 36–40 — 25 баллов (1 позиция — 5 баллов))

Субтест 3. Аудирование

30 заданий — 100 баллов (100 %)

Часть 1 (5 заданий) — 15 баллов (1 позиция — 3 балла)
Часть 2 (10 заданий) — 30 баллов (1 позиция — 3 балла)
Часть 3 (5 заданий) — 15 баллов (1 позиция — 3 балла)
Часть 4 (10 заданий) — 40 баллов (1 позиция — 4 балла)

Субтест 4. Говорение

5 заданий — 100 баллов (100 %)

Часть 1 — 15 баллов   (задание 1 — 6 баллов (3 балла — 3 вопроса; 3 балла — 3 ответа)
                                 задание 2 — 9 баллов (1 позиция — 3 балла))

Часть 2 — 45 баллов (задание 3 — 30 баллов (пересказ текста); задание 4 — 15 баллов (отношение к проблемам текста))

Часть 3   задание 5 — 40 баллов (рассказ по теме)

러시아 교육문화센터
뿌쉬낀하우스
교육센터 / 문화센터 / 출판센터
Tel. 02)2237-9387 Fax. 02)2238-9388
http://www.pushkinhouse.co.kr

우물

지언

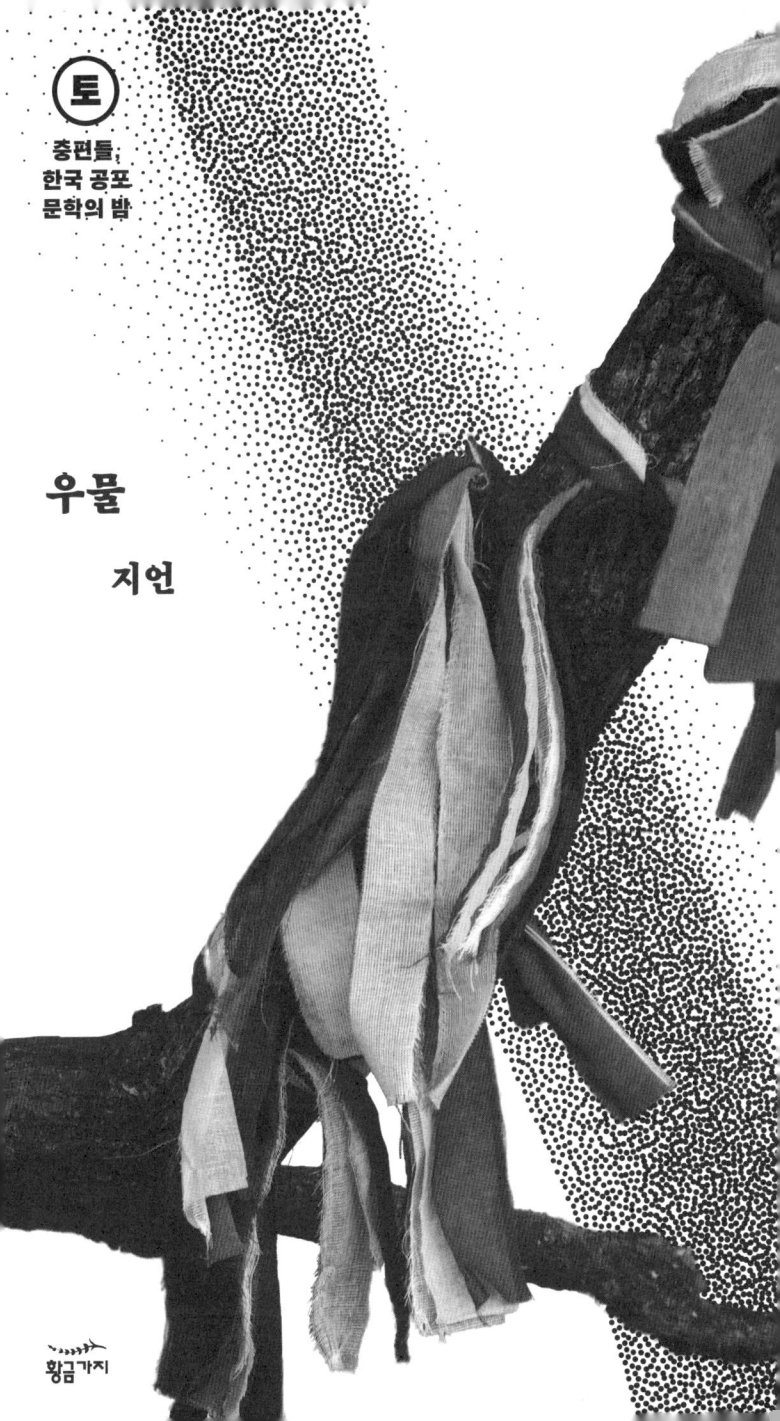

우물

지언

토
중편들,
한국 공포
문학의 밤

황금가지

차례

사람 먹는 우물	7
수살귀	35
무당	69
실혼(失魂 - 두려움에 넋을 잃다)	86
명부록	104
낙백(落魄 - 넋이 달아나다)	112
부정풀이굿	136
기로	154
단물차사	177
그릇	193
하직	207

사람 먹는 우물

"시현아, 내 한 번만 살리도……! 응……?"

"아, 안 된다니까요? 나 그러다 지인짜 우리 할매한테 죽는다니까?"

"시현아, 내가 조심할게! 헛짓거리 안 하고! 네가 하지 말라는 거 안 하고! 조용히 조사만 하다 올게! 이래도 안 돼? 이래도?"

서른 후반의 나이에 벌써 앞머리가 비기 시작한 젊은 교수가 기껏해야 스무 살 초반이나 되어 보일 법한 학부생한테 머리를 조아렸다. 문과든 이과든 간에 대학원생이 지나가다 그 모습을 보기라도 한다면 누구나 통쾌한 마음에 히죽 웃을 만한 진귀한 광경이리라. 시현이라 불린 학부생은 겉으로는 한사코 거절하긴 했지만, 이따금 교수를 힐끔거리는 눈빛이 슬금슬금 간을 보듯 여간 잔망스러운 것을 보아, 더욱 매달리면 못 이기는 척 들어줄 것도 같은 눈치였다.

눈칫밥으로 그 자리에까지 오른 교수가 그 낌새를 모를 리가 없었다. 그는 여전히 고개를 떨어뜨리고 눈을 치뜬 채 슬슬 시현의 눈치를 보기 시작하더니, 이윽고 머리를 슬며시 쳐들었다. 그러곤 엄지와 검지를 맞대어 보란 듯이 만지작대며 은근한 목소리로 슬그머니 운을 뗐다.

"야, 시현아. 이번에 연구비가 얼마나 들어왔는지 아니?"

"……얼만데요?"

"오백! 자그마치 오백이나 들어왔다, 이거야!"

"그럼 가셔서 혼자 다 드시면 되겠네."

"야, 안 돼! 이거 너 없으면 쪽박이야, 쪽박! 아무것도 못 건져!"

"에이……, 괜히 또 엄살 부리신다. 그냥 대학원 선배 데리고 다녀오세요. 답사 한 번 다녀오는 게 뭐가 그렇게 어렵다고."

"야! 너 진짜 나한테 왜 이래! 너 없으면 하나도 안 되는 거 다 알면서!"

시현은 그제야 목에서 헛기침을 뽑아내며 고개를 쏙 돌려버렸다. 실은 그로서도 교수의 타들어 가는 심정을 모르는 것은 아니었다. 알다 뿐이랴? 뻔히 다 알면서 의뭉을 떨어대고 있을 뿐이었다.

사연은 이러했다. 박시현은 박씨 세습 무가(巫家)의 하나뿐인 종손으로, 그런 그가 신을 담을 그릇으로 태어난 것은 필연을 넘어 운명이라 보아도 무관했다.

문제는 그가 평범한 그릇이 아니라는 점에 있었다. 가장 대표적인 일화를 들자면, 시현은 태어난 지 1시간도 채 되지 않아 눈을 떴다. 우는 둥 마는 둥 하며 디룩디룩 눈알을 굴리는 시현을 보고 식구들은 저마다 웃음꽃을 피웠지만, 이야기를 듣고 한달음에 달려온 친할머니는 그렇지 못했다. 환갑의 나이로 민신이라 불리고, 산전수전을 다 겪어온 그녀마저 시현의 눈을 보더니 그 자리에서 털썩 주저앉고 말았다. 왜 그러느냐는 가족의 물음에, 그녀는 시현의 눈을 가리키더니 떨리는 목소리로 이렇게 대꾸했다. *"너희한테는 저게 안 보이냐"*고.

다른 식구들이 이리 보고, 저리 보아도 그저 평범

한 눈에 지나지 않았다. 그러나 나중에 노만신이 식구들 앞에서 회고하길, 시현의 두 눈이 마치 샛노란 노른자처럼 보였다는 것이었다. 게다가 눈동자는 새빨갛고 흰자는 온통 맑은 노란빛을 띤 것이, 시현은 노만신마저 '어린놈이 벌써부터 봉황의 눈을 하고 있다'며 탄식을 내뱉을 정도의 큰 그릇이었다.

큰 힘에는 큰 책임이 따른다던가. 하지만 애석하게도 시현은 무게감 있게 조심조심 다니는 성격이 못 되었다. 천방지축에 발도 넓고, 겁도 없이 여기저기 놀러 다니는 걸 워낙에 좋아하느라 공부와는 거의 담을 쌓은 지 오래였는데, 그 탓에 세습 무가의 자손이 필수적으로 알아야 할 것만 성인이 되고 나서야 겨우 떼었을 정도였다. 그 꼴을 지켜보던 주위의 만신들은 신줄 있는 강신무 집안의 자식이었다면 1년도 못 돼서 다 때려치우고 평생 귀신한테 시달릴 팔자였을 것이라며 다들 혀를 차곤 했다.

그러거나 말거나 노만신은 애가 탔다. 그 큰 그릇에 잡귀, 잡신이라도 실리면 큰일이 난다며 제발 이상한 곳 쏘다니지 말라고 애원하다시피 했지만, 시현은 겉으로만 '네, 네' 하며 몰래몰래 폐가며, 흉가며 하는 곳을 쏘다니기 바빴다. 들키지나 않으면 또 모르겠지만, 본인은 멀쩡해도 같이 간 친구들이 게거품을 물며 집으로 끌려오는 일이 한두 번이 아니었다. 그럴 때마다 시현 본인은 머쓱한 얼굴로 뒤통수를 긁적이며 뱁새 눈을 뜬 할머니한테 이렇게 변명할 뿐이었다.

"거참……. 그게 그렇게 무서운 놈들이 폐가는 왜 기어들어 간대……?"

그 타고난 성미를 억지로 굽혀놓을 수도 없는 노릇이라, 전전긍긍하던 친할머니는 무려 1달 동안 생쌀을 씹어가며 그 지역의 산을 올랐다. 성황 나무란 나무는 모조리 다녀오며 온갖 신을 만나고, 천지신명께도 정성껏 기도를 올리며 부적을 한 장 써서 시현의 품에 넣어주었다.

그 부적 덕분인지, 워낙 본인이 담력이 강해서 그런 것인지 모르겠으나, 어찌 되었든 시현은 잡귀 잡신이 몸에 들락날락하는 꼴은 피하며 무사히 대학에 진학할 수 있었다. 그즈음 주위의 무당들은 이제 어느 정도 나이를 먹었으니 더는 그런 일은 안 하고 다닐 것이라며 친할머니에게 위로 아닌 위로를 건네곤 했지만, 시현은 나아지기는커녕 오히려 한술 더 떴다. 이젠 아예 교수와 한편을 먹고 흉흉한 마을이란 마을은 온통 다 들쑤시고 다니기 시작한 것이었다.

친할머니는 시현과 교수의 만남을 이렇게 회고했다. 그야말로 최악과 최악이 만났노라고. 하필이면 교수가 박씨 무가에 대해 논문까지 쓴 터라 시현을 보자마자 단박에 그 집 손자라는 걸 알아차리고 말았고, 시현은 시현 나름대로 워낙에 본인의 무용담을 뽐내길 좋아하던 터라 죽이 척척 맞아떨어졌다.

연구자로서 양심이 한 줌이라도 있다면 그래선 안 되었다. 그러나 교수는 죽은 사람한테 들은 이야기를 산 사람의 인터뷰 기록에 덧붙여가며 요긴하게도 써먹었다. 남들이 50년 전 이야기를 겨우 캐낼 때 200년 전의 이야기를 턱턱 내놓으니, 당연히 학계의 주목을 받을 수밖에. 시현 덕분에 그는 지방대 교수 신분으로도 제법 거들먹거리고 다니는 위상까지 오를 수 있었다.

물론 시현도 바보가 아니었다. 그걸 잘 알고 있으니 무한 리필 식당이나 다니며 배나 채워야 할 나이에 오마카세에, 최고급 한우 등심에, 40년산 양주까지 얻어먹으며 뜯어낼 건 철저하게 뜯어냈다.

……전말이 이러한데, 어째서인지 이번에는 시현이 다 싫다며 이렇게 모른 척 딱 잡아떼고 있으니, 교수로서는 그야말로 미치고 팔짝 뛸 지경이었다. 그 꼴을 보

다 못한 교수는 참다 참다 정장 안주머니에서 아끼던 몽블랑 펜을 대뜸 꺼내 들었다. 그러곤 슬며시 시현에게 내보이며 은근한 목소리로 물었다.

"……시현아? 이거 봐라? 너, 이거 갖고 싶댔지……?"

"내가 그랬었나?"

"그랬잖아……! 이거 갖고 싶다고. ……너 줄까?"

"에이, 됐어요. 그게 뭐 그렇게 대단하다고."

"야, 인마. 난 무시해도 이건 무시하면 안 되지? 이거 세상에 딱 1000개밖에 없다니까? 스페셜 에디션 몰라? 스페셜 에디션?"

"됐어요, 교수님 많이 쓰세요."

"아니 그럼 속 시원하게 말이나 해 보든가! 원하는 게 뭔데? 돈도 아니고, 밥도 아니고, 대체 뭔데!"

시현은 그제야 헛기침을 했다. 슬쩍 고개를 떨이뜨린 채 가까이 다가오라 손짓하더니, 이내 귓가에 대고 속삭이듯 이렇게 말했다.

"학점."

"……엉……?"

"교수님, 저 이번에 학고 받은 거 알아요?"

"진짜? 학사경고 받았어?"

"받았다니까요?"

"이야……. 요즘 시대에 학고를 받아? 아니, 출석만 하고, 과제만 꼬박꼬박 내면 C+는 주는데, 대체 어쩌다 그 지경이 됐냐?"

"그걸 안 했으니까 받았겠죠?"

"……."

"교수님, 다음 학기에 강의 세 개 하시죠?"

"그렇지……?"

"내가 많은 건 안 바랄게. 두 과목은 C+만 주셔도 되니까, 남자답게 A+ 하나만 쏴주세요, 네?"

"뭐야……? 이놈이 지금 여기가 어디라고 딜을 걸고 앉았어? 인마, 그게 지금 교수한테 말이나 되는……!"

"그럼, 교수나 되는 분이 귀신 말 듣고 논문 쓰는 건? 그건 말이 돼요?"

교수는 뭐라 대꾸하려다 말고 숨을 집어삼켰다. 적잖이 당황한 듯한 그 모습에, 시현은 재빨리 낯빛을 바꿔 회유책에 들어갔다.

"좋아요, 그럼 이렇게 해요. 내가 A+ 노리는 강의 하나는 출석 꼬박꼬박하고, 과제도 꼬박꼬박 낼게. 됐죠?"

교수는 대답 대신 시현을 빤히 들여다보았다. 그 눈빛이 나이에 맞지 않게 옹졸하고 밉살스럽기 짝이 없었다. 더군다나 머리 반쯤 벗어진 남자가 그러고 있으니 꼴불견도 여간 꼴불견이 아니었다. 하지만 그랬던 것도 잠시, 그는 이내 자존심을 굽혔다. 그러곤 못 이기는 척 고개를 끄덕이며 대꾸했다.

"……그래, 그러자. 내가 A 하나 달아줄 테니까, 이번에 강원도 좀 같이……."

"어디서 밑장을 빼세요? A+지?"

"그래, A+ 하나 줄 테니까! 조사 좀 같이 가도!"

거래도 성사된 마당에 더 신경전을 벌일 필요는 없었다. 시현은 이번엔 정말로 궁금한 마음에 대뜸 물었다.

"아니 근데 뭘 조사하시길래 500씩이나 받아요? 보통 100만 원 받기도 빡세잖아요?"

"이게 그 뭐냐…… 학술융합연구 그런 거거든? 이번에 우리만 가는 게 아니라 방송팀도 가서 그래."

"뭐라고요? 방송팀이요?"

"오야, 방송팀이랑 같이 간다. 이 정필구도 이제 방송 좀 탈 때가 됐다, 이거야."

"와……, 선생님 출세하셨네? 뭘 보러 가는데요?"

"우물, 우물 보러 간다."

"······우물이요?"

"그래, 보통 우물이 아니라······."

교수는 잠시 뜸을 들였다. 그러더니 이내 두 눈을 부릅뜬 채 목소리를 내리깔았다.

"······사람 먹는 우물! ······어때, 무섭지?"

"······딱히?"

"진짜? 진짜 안 무서워?"

"아니, 사람이 뭐······ 어쩌다 우물에 빠져 죽을 수도 있죠. 거기서 지박령 되면 다른 사람 홀려다 죽일 수도 있는 거고. 안 그래요?"

"야 인마, 고작 그 정도면 방송팀도 오겠냐?"

"아니, 그럼 뭐가 더 있어요?"

"······야, 일단은 너만 알고 있어. ······거기다 사람을 바쳤다더라!"

"뭐라고요······? 사람을 바쳐요?"

"그래 인마, 인신공양을 했다는 거지, 인신공양!"

거기까지만 해도 나름대로 솔깃한 이야기였다. 그런데 바로 다음 순간, 교수가 덧붙인 한 마디가 시현의 호기심에 더욱 불을 지폈다.

"내가 조선왕조실록부터 60년 전 신문이랑 인터넷

기사까지 싹 다 뒤져봤거든? 근데 기록에 남은 사망자만 세도 50명이라더라, 50명! 이러니까 방송팀이 총출동하지, 안 그러냐?"

* * *

강원도로 향하는 차 안, 운전석의 필구는 온 얼굴에 죽을상을 짓고 있었다. 새벽 댓바람부터 시현을 픽업해온 탓이었다. 그러나 못난 제자는 고마운 줄도 모르고 등받이까지 한껏 젖힌 채 태평하게 잠이나 청했다. 홀로 속앓이를 하며 대관령 특유의 굽잇길을 넘어가던 중, 참다못한 필구는 버럭 소리를 지르며 다짜고짜 시현을 깨웠다.

"야 인마!"

"어우 깜짝이야. 뭐예요 갑자기?"

"너 인마, 내가 보낸 파일은 다 읽어봤어?"

"……글, 쎄요? 읽어봤겠죠?"

"읽었다는 거야, 안 읽었다는 거야?"

"한 번 읽어봤죠."

"한 번? 딱 한 번?"

"많이 봐서 뭐 해요? 한눈에 견적이 딱 잡히는데."

눈에 뻔히 보이는 거짓말을 할 때마다 괜히 너스레를 떨어대는 시현이었다. 하지만 이번만큼은 달랐다. 더 말할 것도 없다는 듯 심드렁한 말투로 보아 견적이 잡힌다는 말은 허세가 아니지 싶었다. 그런 확신이 든 순간, 필구는 조금 전의 짜증은 눈 녹듯이 녹아버렸다. 그는 배알도 없이 삽시간에 사근사근해진 말투로 되물었다.

"진짜야—? 딱 견적이 잡혀—?"

"그럼요, 잡히죠. ……뭐, 가서 직접 봐야 아는 거긴 한데, 다른 것도 아니고 조선왕조실록에 적혀있는 거라면서요? 거기다 정기적으로 인신공양을 했다고."

"그렇지! 근데 그게 왜?"

"교수님, 혹시 '용왕 먹이기'는 아시죠?"

"용왕 먹이기……? 그건 왜?"

"그게 바다 쪽 신을 용왕이라고 부르거든요. 용왕 불러다 제사상 차려주고, 굿 뛰어주고 하는 걸 용왕 먹이기라고 불러요. 그렇게 해서 용왕한테 힘도 더 보태주고 하는 건데…… 가끔가다 무당 홀려 먹어서 자기한테 용왕 먹이기를 시키는 악귀가 있단 말이죠."

"……그래서?"

"그럼 걔가 신도 아니고, 그렇다고 해서 잡귀도 아

니고. 애매— 한 악신이 된다 이거예요."

"그래서? 그게 뭐 어쨌는데?"

"제가 볼 땐 이번 우물도 그거랑 똑같아요. 아마 처음에 공양 당한 귀신이 계속 우물에 앉아서 힘을 키웠을 건데, 내가 봤을 때 위험하다 싶으면 바로 발을 빼고. 그냥 그저 그런 잡귀, 잡신이다 싶으면 그냥 대충 조사하고 가면 되는 거죠, 뭐."

필구는 그제야 얼굴을 폈다. 불과 조금 전까지만 하더라도 짜증을 부려대던 주제에, 이제는 싱글벙글 웃는 얼굴로 자식뻘 되는 시현에게 아부를 떨어댔다.

"이야, 역시 박씨 집안 사람은 다르다잉? 진짜 내가 너 없었으면 어쩔 뻔했냐? 든든하다, 든든하다 진짜!"

"그쵸? 그럼 운전 좀 잘 부탁드리고, 저는 좀 잘게요?"

"오야, 푹 사라! 휴게소는 어떡할까? 들를까?"

"들러야죠. 여기 알감자가 그렇게 맛있더라고."

"그래, 내가 백 개라도 사준다. 어여 푹 자라!"

그 대화를 마지막으로, 시현과 필구를 실은 승용차는 굽이굽이 난 대관령 고개를 따라 강원도 산골 마을로 하염없이 흘러 들어갔다.

* * *

  도착한 마을은 영화에서나 볼 수 있을 법한 두메산골이었다. 우뚝 선 여러 개의 산을 사이에 두고 인가가 옹기종기 모여있었는데, 어디서부터 어디까지를 하나의 마을로 셈해야 할지 공무원들이 고민깨나 했을 법한 모양새였다. 어쩌면 길가를 가로지르는 야트막한 산봉우리들을 몽땅 마을로 잡아야 할지도 모를 일이었고 말이다. 시현은 그 광경을 멀거니 내다보다 말고 감탄처럼 말을 내뱉었다.

  "이야……, 이런 데가 아직 남아있긴 하구나? 진짜 깡시골이다, 깡시골!"

  "늦었어 인마, 얼른 와! 방송국 사람들 벌써 다 도착했겠다."

  필구는 길가에 어정쩡하게 서 있는 시현을 질질 끌다시피 하며 마을회관으로 향했다. 자기들만 늦었을 것이라며 가는 내내 난리를 피우던 필구의 불길한 예감은 그대로 적중했다. 방송국 차량이 벌써부터 회관 앞에서 진을 치고 있었는데, 그 인원들이 다 어디에 있을지는 불 보듯 뻔한 일이었다. 시현은 입을 떡 벌린 채 눈앞에 늘어선 차량을 일일이 손으로 세어보다 말고 이내 세는 것을 아예 포기해버렸다.

회관에 들어서기 전, 필구는 옷매무새를 다시 한 번 깔끔하게 가다듬었다. 얼마 없는 머리카락도 최대한 정성껏 정돈하고, 자랑인 명품 펜도 잘 보이도록 가지런히 옷깃에 꽂아두었다.

들어서자마자 보인 것은 일찌감치 촬영 준비를 다 마쳐놓은 방송국 직원들이었다. 마을 사람들 역시 마루에 모여앉아 저마다 이런저런 이야기를 나누고 있었는데, 그들 사이에서 웬 남자가 서둘러 필구에게 달려왔다. 한눈에 보아도 방송국 쪽의 책임자라는 것을 쉬이 알 수 있는 중년의 남자였는데, 그는 필구를 알아보곤 곧바로 꾸벅 인사부터 건넸다.

"아이고, 정필구 교수님 맞으시죠?"

"아— 예, 예! 저 맞습니다! 그……, 유준성 감독님이시죠……?"

"예, 예! 맞습니다!"

"아이구, 늦어서 죄송합니다……. 제가 먼저 도착해서 준비를 했어야 했는데……."

"아뇨 아뇨, 저희야 뭐 이런 일 한두 번 하는 것도 아닌데요. 제가 어르신분들한테 말씀은 미리 드려놨으니까, 바로 조사 진행하시면 될 것 같습니다."

"그……, 그냥 평소에 하던 대로 하면 될까요……? 제가 카메라빨을 잘 못 받아서……."

"어휴, 아니에요. 그냥 평소처럼 하시기만 해도 프로처럼 보이실 텐데요 뭐. 저희가 잘 편집해드릴 테니까, 마음 편하게 진행하세요."

꿔다놓은 보릿자루처럼 곁에 서 있는 시현은 안중에도 없는 눈치였다. 감독은 필구에게 한참이나 아부를 떨어댄 뒤에야 곁가지로 따라온 시현에게 관심을 보였다.

"아, 이놈이요? 제 조수입니다, 조수. 이 친구는 뭐……. 그냥 대충 한 커트만 잡히게 해주세요!"

"그래요……?"

감독은 그제야 시현의 행색을 위아래로 쓱 굽어보고는, 의미심장하게 고개를 갸우뚱했다. 그러더니 이내 활짝 웃는 얼굴로 대답을 내놓았다.

"교수님, 일단은 바로 진행하시죠? 준비 다 됐습니다."

"아, 예예. 그래야죠!"

필구와 시현은 서둘러 마을 사람들 앞에 다가가 앉았다. 녹음기에, 카메라에, 노트북에, 이것저것을 준비하는 와중에 등 뒤에서부터 두런두런 말소리가 들려왔다. 필구는 제대로 알아듣지 못했지만, 시현은 워낙에 귀가 밝은지라 귓가에 들려오는 감독의 희미한 목소리를 선명하게 들을 수 있었다.

"야, 조수가 마스크가 되니까, 앵글 좀 잘 잡고, 포커스 맞춰서 조수 위주로 좀 찍어봐. 교수는 목소리 위주로 잡고. 알았지?"

* * *

시현은 필구와 노인들의 대화를 텍스트로 옮겨 적었다. 시답잖은 이야기를 싹 다 쳐내고 남은 것이라고는 우물에 대한 정보뿐이었다.

첫째로 그렇게나 많은 사고가 일어나는데 왜 굳이 우물을 철거하지 않냐는 질문에, 노인들은 다 같이 손사래를 치며 아우성을 쳐댔다. 인부들이 우물을 부수려다 웬 여자를 보고는 다들 꽁무니를 빼며 도망치기 일쑤였다는 것이었다. 그나마 강심장이던 중장비 기사 혼자서 귀신을 보고도 우물을 쳤더니, 우물은 꿈쩍도 하지 않고 애꿎은 기사만 심장마비로 중장비에서 굴러떨어졌다는 흉흉한 소식도 함께 전해주었다.

둘째로는 1년에 2번씩 마을의 무당을 불러서 우물

에 있는 귀신을 달래는 굿을 벌이게 되었는데, 굿판을 벌인 뒤로도 사람이 계속 죽긴 하지만 적어도 이 마을의 사람은 죽지 않으니, 그것을 위안 삼아서 계속 굿을 한다는 것이었다.

셋째로는 동사무소에서 우물 근처에 펜스를 치고 자물쇠까지 걸어놔도 죽을 사람은 반드시 와서 죽는다는 것이었고, 마지막으로는 커다란 산 너머의 옆 마을도 도중에 산이 가로막고 있을 뿐, 사실상 마을 사람들끼리 피가 많이 섞인 하나의 마을이나 마찬가지라고 전했다.

타이핑을 마치고 뻐근한 몸을 스트레칭하던 시현의 앞에 과일 한 접시가 놓였다. 한눈에 보아도 먹음직스러워 보이는 배와 사과가 그야말로 한가득이었는데, 접시를 놓아준 노인이 묻지도 않은 이야기를 자랑스레 늘어놓았다.

"우리 과일이 무지 달아. 꿀이야, 꿀."

"아, 아아! 감사합니다. 그렇게 달아요?"

"응, 우리 배가 그 뭐시기냐……, 나주 배보다도 더 달아. 먹어봐, 얼른."

접시를 받은 다른 스태프들은 벌써 정신없이 집어먹고 있었다. 시현도 호기심에 덩달아 하나를 집어먹으려던 그때, 먼발치에 서 있던 필구가 허둥지둥 달려와 대뜸 시현을 잡아끌었다.

"시현아! 우리 나가서 담배 한 대만 태우자."

"네……? 담배는 무슨 담배요? 저 담배 안……."

"짜식이 어른이 피우자는데 뭘 빼고 앉았어. 아, 얼른 따라와. 잔말 말고!"

담배는커녕 술조차 입에 대지 않는 시현이었다. 필구도 그걸 모를 리가 없을 텐데, 그는 손짓, 발짓, 눈짓까지 동원해가며 필사적으로 시현을 잡아끌었다. 그제야 위화감을 느낀 시현은 먹으려던 배를 눈치껏 내려놓고 못 이기는 척 필구를 따라 회관을 따라나섰다.

"아이 진짜 왜 이러세요? 저 담배 안 피우는 거 뻔히 아시면서?"

"야, 그러게 내가 보내준 파일 제대로 읽어보라 했어, 안 했어? 그걸 준다고 그냥 속 편하게 집어먹으려 하냐, 이 멍충아?"

"……과일이 왜요? 무슨 문제라도 있어요?"

필구는 대답 대신 지포 라이터를 꺼내 담배에 불을 댕겼다. 붙이자마자 한 모금을 맛깔나게 빤 뒤, 이내 후 하고 연기와 함께 말을 뱉었다.

"……야, 너 여기 과수원 수원지가 어딘지 알아?"

"수원지요……? 대충 뭐 계곡 물 끌어다 쓰는 거 아니에요?"

"아냐, 그 우물 근처야. 거기서 물을 퍼다 과수원에 보낸다더라."

"와……. 거기서 물을 끌어다 쓴다고요? 그러면 진짜 힘이 있긴 있는 거네?"

"무슨 귀신 씻나락 까먹는 소리냐 갑자기?"

"이 마을이 과수원으로 유명하담서요? 그럼 이 마을 먹여 살릴 힘은 있다는 거고, 실제로 그런 데에 힘을 쓰고 있다는 건데. ……진짜 인신 공양이라도 당한 귀신인가 보네?"

"아니 좀 알아듣게 말을 해. 인신 공양이랑 힘이랑 무슨 상관인데?"

"애초에 인신 공양이라는 게 다 그렇잖아요. 죽어서도 우리 마을 지켜달라고, 잘 되게 해달라고 덥석 사람 하나 잡아다 바치는 거니까. 그쵸?"

"그렇지……?"

"근데 솔직히, 부처도 아니고 누가 받은 것도 없이 주기만 하겠어요? 기브 앤 테이크는 확실하게 해야지."

"기브 앤 테이크……? 그럼 그 귀신은 뭘 받아가는데?"

"작게는 제사상 받아먹고, 크게는 마을 사람들 홀려다 잡아먹는 거죠, 뭐. 그러다 힘이 커지면 신 행세도 하고, 마을도 꽉 틀어쥐고 하는 건데……. 그러면 어지간한 무당은 손도 못 대요. 만신 정도 되는 무당을 몇 사람이나 모아놔야 간신히 봉인하는 게 최선이지."

 "……야, 잠깐만. 그러면 혹시 이거 하다가 잘못돼도, 너희 할머니께서 직접 오셔도 안 된다는 거야 지금?"

 "글쎄요……? 그거야 가서 봐야 알지?"

 "야 인마, 그럼 우리 얼른 철수해야 하는 거 아니야?"

 "……교수님, 제가 누누이 말씀드리잖아요. 뭐든 직접 봐야 안다고. 이건 그냥 어디까지나 제 예상이니까 일단은 우물이나 보자고요. 거기다가, 우리가 여기 마을 사람들도 아닌데 설마 해코지를 하겠어요?"

 태연하게 말하는 시현과 달리 필구 담배를 꼬나쥐고도 자꾸만 손을 덜덜 떨어댔다. 귀신보다는 사람이 더 무섭고, 사람보다는 돈이 더욱 무섭다는 것이 그의 신조였다. 조금 전에 제자에게 들은 말을 찬찬히 곱씹어보노라면 더럭 겁이 나는 것도 사실이었지만, 그래도 대학에서 덥석 받은 연구비가 있는지라 차마 일찌감치 철수하자는 말은 입 밖으로 나오지 못했다.

* * *

학술 조사는 지금껏 늘 그래왔듯 무난하게 마무리되었다. 그 모습을 만족스럽게 카메라에 담아낸 뒤, 감독은 마을 사람들의 눈치를 슬슬 보며 이쯤에서 우물을 한번 보고 싶다며 조심스레 이야기를 꺼냈다. 다행스럽게도 이장을 포함한 노인 두 명이 선뜻 나서주었는데, 촬영팀은 그들을 극진히 모셔가며 한 명도 빠짐없이 마을의 뒷산으로 향하기 시작했다. 물론 시현과 필구도 함께였다.

문제의 우물은 마을 뒷산에 있었다. 더욱 정확히는 잘 정돈된 산책로에서 옆으로 갈라지는 길목에 있었는데, 일찍이 마을 사람들이 설명해주었던 대로 높은 펜스에 강철 자물쇠까지 단단히 걸려있는 탓에 웬만한 사람은 발길조차 들일 수가 없었다. 이장은 그 앞에 서서야 제 주머니에서 열쇠 하나를 꺼내 들었다. 그러곤 보란 듯이 이렇게 말했다.

"이게 열쇠야, 이거 없으면 여기 못 열어."

"그럼 열쇠는 이장님 말고는 아무도 안 갖고 계신 거죠?"

"아니, 그거는 아닌데……, 관계자들만 갖고 있지. 근데 아무리 간수를 잘해도 죽을 사람은 꼭 안에 들어가서 죽는다니까."

"그럼 이장님이라든지, 다른 분들이 의심도 많이 받으셨겠어요?"

"옛날에나 그랬지, 요즘은 그러지도 않아. 그냥 또 죽었는갑다, 하는 거지."

"잠깐만요 어르신, 저희가 자물쇠 열기 전에 먼저 확인 좀 해볼게요."

"응……? 그래, 해봐."

촬영팀 스태프가 기다렸다는 듯 앞으로 나섰다. 펜스 앞에 선 채 그 자물쇠를 흔들어도 보고, 넘으려는 시늉도 해보았다. 감독은 그 모습을 보여주기식으로 카메라에 담은 뒤에야 고개를 끄덕이며 이장이 열어준 펜스 안으로 몸을 들였다.

우물로 향하는 길목은 좁디좁았다. 수십 명 사이에 끼다시피 한 시현은 길을 걷는 내내 혹여라도 무슨 일이 일어날까, 누군가 홀리지는 않을까 싶어 온 신경을 곤두세운 채 주위를 둘러보았다. 그런데 묘하게도 귀신은커녕 잡스러운 기운 하나 느껴지지 않았다.

'하긴, 이렇게 평범하니까 어르신들이 겁도 없이 안내해준다고 나섰겠지.'

시현은 내심 그렇게 생각하며 그저 걷고, 또 걸었다. 그렇게 한참을 걷고 나서 도착한 우물은 뜻밖에도, 또 조금은 실망스럽게도 너무나 평범해 보였다. 커다란 돌을 그저 둥글게 빙 둘러놓고 그 위에 뚜껑만 덜렁 달아놓는 평범한 우물과는 달리, 눈앞의 우물은 둥글게 쌓은 돌에 시멘트를 발라놓고 지붕까지 달아놓은, 양반가에서나 볼 수 있을 법한 깔끔한 우물이었다.

촬영팀은 그 앞에 제사상을 차렸다. 명목상으로는 혹시라도 있을 귀신을 달래준다는 것이었지만, 무가에서 자라난 시현이 보기에는 그저 촬영 분량을 채우려 보여주기식으로 지내는 간소한 제사상에 지나지 않았다.

마을 어르신과 필구, 촬영팀에 이르기까지 모든 사람이 그 앞에다 대고 절을 하며 술을 올리기 시작했다. 그러나 시현은 섣부르게 기도를 올리지 않았다. 혹여라도 악귀한테 정성껏 제사상을 올렸다가는 홀리기에 십상이니, 술이든 절이든 그저 대강대강 올리는 척만 하며 의심의 눈초리로 우물을 뚫어지라 들여다보앉다.

 제사를 마친 뒤, 마을 노인 두 명이 힘을 합쳐서 우물의 뚜껑을 열었다. 그러더니 볼 사람은 어서 와서 보라며 바쁜 손짓을 해왔다. 당연히 카메라 팀이 먼저 볼 줄 알았으나, 뜻밖에도 감독은 필구에게 차례를 양보했다. 조사하러 온 사람이 들여다보는 모습을 카메라에 먼저 담아야 한다는 것이었다. 그러나 필구는 감독에게 지목당하기가 무섭게 사색이 되어 미친 듯이 손사래를 쳐댔다.

 "아유, 아니…… 아니죠……. 제가 지금 좀 숨이 차서……. 저, 저 말고…… 제 조수가 먼저 볼 겁니다. 예, 예……."

 필구는 핑계 삼아 제자의 등을 툭툭 건드리며 자꾸만 앞으로 떠밀었다. 그러자 장난기가 돈 시현이 너스레를 떨며 그 자리에 우뚝 버티고 섰다.

 "아휴, 저 같은 새내기가 뭘 볼 줄은 아나요? 박식하신 교수님이 보셔야지."

 "야 인마, 지금 카메라 돌아가는 거 안 보여? NG 나면 필름 값이 얼만데, 빨리 가서 봐 인마!"

 시현은 가벼운 실랑이 끝에 결국은 못 이기는 척 앞으로 나섰다. 막상 열린 우물 앞에 서있자니 조금

긴장이 되는 것도 사실이었지만, 그래도 할머니가 손수 써주신 부적도 있고 해서 큰맘 먹고 쓱 고개를 들이밀었다.

머릿속으로는 온갖 흉흉한 광경을 그려본 지 오래였다. 예컨대 새하얀 손이 수십 개씩 뻗어 나온다거나, 여기저기 으깨진 몰골의 귀신이 한가득 들어있다거나, 못 해도 귀신 한 명은 볼 수 있을 줄로만 알았다.

한데 그런 걱정이 무색하게 어둠이 짙게 깔린 우물 안에는 아무것도 보이지 않았다. 잡귀, 잡신 하나 없이 그저 깨끗하기만 했고, 하다못해 더러운 기운조차 느껴지지 않았다. 비단 그뿐만이 아니었다. 느껴지는 기운이 평범한 것도 모자라 따가운 햇빛에 비친 수면이 티끌 한 점 없이 깨끗해서, 뭣하면 그대로 떠서 마실 수도 있을 지경이었다.

'이런 데에서 사람이 홀려 죽는다고?'

의문이 막 치밀던 그때였다. 주위가 쥐 죽은 듯이 고요한 가운데, 어디선가 들려온 희미한 소리가 시현을 흔들어 깨웠다. 마치 산짐승이 음식을 게걸스레 주워섬기는 것처럼 불쾌하게 쩝쩝대는 소리였다.

그 소리가 들려오는 곳으로 자연스럽게 시선이 향했다. 천천히 고개를 돌려보니, 뚜껑을 열기 전에 차려놓았던 제사상 앞에 누군가 앉아있었다.

웬 여자였다. 마을에 들어선 이후 한 번도 본 적 없었던 낯선 여자가 아무렇게나 바닥에 주저앉아 상에 놓인 음식을 게걸스레 먹어대고 있었는데, 산발로 늘어뜨린 축축한 머리카락이 메마른 흙바닥에 싸리빗자루처럼 아무렇게나 늘어져 있었다.

여기저기 찢어지고 흠뻑 젖은 소복 차림이라 한눈에 보아도 귀신이라는 것은 알 수 있었다. 그런데 그 모습이 지금껏 숱하게 귀신을 보아온 시현의 눈에도 너무나 괴상하기 짝이 없었다. 산발로 늘어뜨린 머리칼에 각기 다른 비녀가 족히 열 개는 넘도록 얼기설기 꽂혀 있었고, 머리칼 아래에 듬성듬성 달린 플라스틱 머리핀도 공장에서 찍어낸 지 수십 년은 된 듯 온통 색이 바랜 채였다. 그나마 정상적으로 보이는 것이라고는 머리에 꽂은 깨끗하고 새하얀 배꽃 한 송이뿐일 지경이었다.

단지 그뿐만이 아니었다. 소복 허리춤에는 어린아이들이 가방에 달아놓을 법한 꾀죄죄한 인형도 노리개처럼 주렁주렁 달려 있었으며, 아무렇게나 쭉 뻗은 두 발은 신발 한 짝 없는 짝짝이 양말 차림이었는데, 조금만 더 자세히 들여다보면 누구나 그 이유를 쉬이 알 수 있었다. 낡고 젖은 양말을 몇 개씩이나 발에 겹쳐 신은 탓에 제대로 신발을 신을 수 있는 처지가 못 되어서였다.

시현은 게걸스레 음식을 주워섬기는 소리 가운데에서도 이따금 들려오는 잘그락대는 소리의 연유를 알아보려 했다. 그리고 그런 마음을 먹기가 무섭게 여인의 팔과 손가락, 목에서부터 그 소리의 근원을 찾아낼 수 있었다.

다름 아닌 장신구였다. 목에 걸린 목걸이, 팔목에 단 팔찌가 한두 개가 아니었다. 게다가 그것으로도 모자란다는 듯 열 손가락마다 반지를 욕심껏 빼곡하게 끼고 있었는데, 못 해도 수십 년은 되어 보이는 옥가락지와 금반지, 심지어는 어린아이용 플라스틱 반지에 이르기까지 도저히 어울리지 않는 그 모든 장신구가 저마다의 존재감을 뚜렷하게 드러내며 차마 뭐라 형용할 수 없는 기이한 분위기를 풀풀 풍기고 있었다.

수살귀

 그 괴상한 행색에서부터 스멀스멀 뻗쳐 나오는 기운 역시 여간 심상찮은 게 아니었다. 흔한 잡귀가 풍길 만한 기운은 당연히 아니었고, 그렇다고 해서 잡신의 기운도 아니었다. 그보다도 더욱 위협적인 압박감이 머리 위에서부터 온몸을 꾹 찍어누르는 듯한 그 생경한 감각에, 시현은 저도 모르는 새 식은땀을 뚝뚝 흘리기 시작했다.
 손을 쓸 엄두조차 내지 못한 채 어정쩡한 자세로 그저 멍하니 서 있었던 바로 그때였다. 제사상 앞에 아무렇게나 주저앉아 있던 여인이 이내 무릎을 오므

리며 자리에서 천천히 몸을 일으켰다. 그러더니 제 무게를 주체하지 못하고 비척거리는 모양새로 어디론가 비틀비틀 걷기 시작했다.

그녀는 구석에 뭉텅이로 모여있는 방송팀에게 향하더니, 대본을 들고 서 있는 여성 작가의 등 뒤로 다가가 섰다. 당연하게도 그곳에 모인 사람들은 그 기척조차 눈치채지 못하고 우물 앞에 서 있는 시현 자신만을 들여다볼 뿐이었다.

시현은 자신을 바라보는 의아한 시선에는 신경조차 쓸 수 없었다. 두 눈을 부릅뜬 채 오직 여인의 동태만을 들여다보던 바로 그 순간, 그녀가 가락지로 가득한 오른손을 서서히 들어 올렸다. 그러곤 가까이에 있는 작가의 어깨에 슬며시 내려놓았다. 이윽고 어깨를 지그시 움켜쥐는 그 다섯 손가락이 두려우리만치 희고 창백했다.

시현은 그제야 여인의 얼굴을 알아보았다. 흉흉하고 끔찍한 몰골일 것이라 막연히 예상했던 것과는 달리, 뜻밖에도 여인의 얼굴은 이견의 여지가 없는 미인의 상을 하고 있었다. 비록 얼굴이 핏기 하나 없이 새하얗고, 입술 또한 덩달아 새파랗게 질려 있기는 했지만, 그런 아쉬움만 다소 덜어내면 누구나 자연히 호감을 가질 법한……. 묘하게 다정한 분위기마저 느껴지는 미인이었다.

그러나 시현은 그 사실에 오히려 더욱 기겁하며 겁을 집어먹었다. 분명 아름다웠으나, 그 참한 외모가 추레한 행색과 전혀 맞아떨어지지 않아서였다. 예컨대 세 살짜리 어린아이에게 혼례복을 억지로 차려 입혀 놓은 것만 같은, 그러한 부자연스러움에 질려버린 나머지 차마 경계심을 내려놓을 수가 없었다.

바로 그때였다. 시현이 여인을 알아보았듯, 그녀 역시 시현의 시선을 알아차렸다. 서로 문득 시선이 마주치자, 시현은 발작하듯 한 차례 몸을 떨었다. 그러나 여인은 말 그대로 눈 하나 깜짝하지 않았다. 그저 조금 전과 같은 얼굴로 시현을 똑바로 들여다보더니, 이윽고 천천히 고개를 돌려가며 작가와 시현의 얼굴만을 번갈아 가며 바라보았다.

그 일련의 동작이 지독하리만치 느릿느릿했다. 던져오는 시선 또한 반쯤 넋이 나간 것 같으면서도, 가만히 들여다보면 그 공허한 눈동자 너머에서부터 평범한 사람으로서는 도저히 이해할 수 없는 기묘한 즐거움이 은연중에 넘실거리는 듯했다.

단지 그뿐이었다. 뭔가를 저지를 낌새조차 없이 한

참을 들여다보기만 하던 여인은 이내 입꼬리를 슬며시 추어올렸다. 눈꺼풀 한 번 깜박이지 않은 채로 그저 묘한 미소만을 내보이더니, 일언반구도 없이 이내 그 자리에서 연기처럼 흩어져버렸다.

간신히 버티고 있던 다리의 힘이 마침내 풀리고 말았다. 그와 거의 동시에 카메라 감독의 목소리가 시현을 흔들어 깨웠다.

"다 보셨어요?"

그 한마디 덕분에 그 자리에 털썩 주저앉는 꼴만큼은 피할 수 있었다. 시현은 비로소 퍼뜩 정신을 차리곤 간신히 몸을 가누었다.

"네, 네……. 다 봤어요."

"그럼 잠깐 비켜주시겠어요? 다른 분도 보셔야 해서."

"……네, 그러세요."

머릿속으로 뭔가를 더 곱씹을 새조차 없이 두 다리가 벌써 움직이고 있었다. 시현은 가까스로 걸음을 옮겨 필구의 앞에 다가가 섰다. 불행인지 다행인지, 그는 아직 아무것도 눈치채지 못한 눈치였다.

"뭐야, 너 왜 그래? 뭐라도 본 거야? 그래?"

"……보지 마세요."

"어엉?"

"자세한 건 내려가서 말씀드릴 테니까, 보지 말고 그냥 조용히 내려와요. ……내 말, 알아들었어요?"

지금껏 시현과 함께 별별 장소를 숱하게 조사하러 다닌 필구였다. 늘 여유롭던 그가 이렇게까지 놀란 모습은 난생처음인지라 필구는 뭔가를 더 물을 엄두조차 내지 못하고 눈치껏 고개부터 끄덕이고 말았다.

* * *

촬영이 어떻게 끝나게 되었는지는 시현이 알 바가 아니었다. 그는 반쯤 혼이 빠진 채 뒤도 돌아보지 않고 서둘러 마을회관으로 돌아왔다. 자리에 앉고도 좀처럼 진정할 수가 없었는데, 조마조마하게 지켜보던 필구는 더는 호기심을 참지 못하고 대뜸 물었다.

"야, 너 대체 뭘 본 거야? 뭘 봤길래 네가 이렇게 간 떨어지게 놀라?"

"……웬 여자를 봤어요."

"여, 여자……? 우, 우물에서?"

"아뇨, 우물 밖에 있었어요."

"에이, 뭐야. 그럼 우물 귀신이 아니라 그냥 돌아다

니는 귀신 아니야?"

"전 절대 아니라고 봐요."

"왜? 무슨 근거로?"

"……일단 흠뻑 젖은 꼴이었고, 옷차림이……. 하, 진짜 보고도 말을 못 하겠네. 진짜 괴상하다는 말로도 표현이 안 된다니까요? 웬 머리핀에, 비녀에, 몇 켤레씩 겹쳐 신은 짝짝이 양말에, 인형에……. 진짜 온갖 걸 온몸에 주렁주렁 달고 있는데…… 그게 얼마나 이상한지, 말로는 표현이 안 돼, 말로는."

"……머리핀에, 비녀에, 양말에, 인형……?"

"네, 그리고 그 귀신이 뭘 어떡했는지 알아요? 방송 작가 뒤로 가더니 어깨를 확 잡더라니까?"

"자, 잡았다고? 덥석?"

"네, 덥석. 그러더니 나랑 그 여자애 얼굴을 빤히 보더니……."

"그러더니?"

"갑자기 쪼개는 거예요. 기분 나쁘게 빤—히 들여다 보면서."

"……뭐야, 그게 다야?"

"내가 말했잖아요, 말로는 표현이 안 된다니까? 내가 말로 하니까 안 무서운 거지, 직접 봤으면 교수님은 그 자리에서 지리셨을걸?"

 평소 같았으면 그런 모욕을 듣고도 그냥 넘어갈 필구가 아니었다. 그러나 이번만큼은 무슨 바람이 들었는지, 별다른 잡소리도 없이 심상찮은 얼굴로 가방을 뒤져대기 시작했다.

"왜요? 뭐 찾아요?"

"잠깐 있어 봐, ……이거, 이거 한번 볼래?"

"……이게 뭔데요?"

 받아보니 웬 스크랩 첩이었다. 호기심에 넘겨본 첫 장에는 인터넷 기사 인쇄본 두어 줄이 달랑 붙어있었는데, 그 작은 크기만큼이나 담긴 내용도 소박하기 짝이 없었다.

"'76세 여성, 제향 마을 우물에서 극단적인 선택……?' 이게 뭐예요?"

"계속 읽어봐 봐, 뒤로 갈수록 좀 볼만한 게 나올 거야."

 필구의 말대로였다. 열 장을 넘겼을 즈음, 제법 오래된 지역 신문 조각들이 하나둘씩 모습을 드러내기 시작했다. 비교적 최근의 인터넷 기사에는 제향 마을의 우물에서 죽은 사람들의 인적사항만 간략하게 적혀있을 뿐이었지만, 수십 년 전에 발간된 지역 신문에는 사망자의 이름뿐만 아니라 시신의 사진까지 적나라하게 드러나 있었다. 현대인으로서는 상상조차 할 수 없는 그 가혹한 저널리즘에, 시현은 저도 모르게 탄식부터 토했다.

"세상에나……. 어떻게 이런 사진을 갖다가 썼지……?"

"애송아, 이런 게 바로 그 시절 지역 신문의 저널리즘이라는 거란다. 그땐 시체가 좀 말짱하다 싶으면 모자이크고 뭐고 없었거든. 참……, 그때가 그립다."

필구가 가리킨 시신은 하나같이 엉성한 몰골이었다. 아니, 더욱 정확히는 뭔가 하나씩 빠진 듯한 모양새였다. 예컨대 양말이 한쪽 없다든가, 머리핀이 떨어진 듯 풀어헤쳐 진 머리를 하고 있다든가, 등에 멘 가방에 인형을 고정하는 플라스틱 핀은 남아있는데 인형만 없다든가……. 단 하나의 예외도 없이 모든 시신이 그러했다.

처음 보았을 때만 하더라도 당장 퍼뜩 떠오르는 생각은 없었다. 그 직후, 필구가 넌지시 한마디 일깨워준 뒤에야 불현듯 뇌리를 스치는 깨달음이 있었다.

"야, 네가 방금 전에 말한 거 있잖아. 머리핀이든, 양말이든, 인형이든…… 여기다 갖다 맞추면 아다리가 딱 맞아떨어지지 않냐?"

그 말을 듣자마자 뒤통수를 얻어맞은 것처럼 머리가 얼얼했다. 그제야 뭔가를 깨달은 시현은 넋이 나간 얼굴로 들고 있던 스크랩 첩을 멍하니 늘어뜨렸다. 제 모습이 어떻게 보일지는 미처 신경조차 쓰지 못한 채 그저 탄식처럼 나지막이 중얼거렸다.

"……내가 왜 그걸 몰랐지? 이렇게 간단한걸?"

"뭐야, 뭔데? 뭘 몰랐다는 건데?"

"……진짜 모르겠어요? 이렇게나 뻔한데?"

"아, 모른다니까! 나한테도 말을 좀 해봐, 답답하게 그러지 말고."

"벌써 다 먹은 거죠."

"……으응……?"

"우물에 홀려서 온 사람들을 다 받아먹은 거죠. 들어온 혼은 꽉 틀어쥐고, 자기 힘은 힘대로 모으고, 전리품은 전리품대로 챙기고, 제사상은 제사상대로 받아먹고. 그거 말고 설명이 돼요, 지금?"

"……잠깐만, 지금 그러니까…… 여기서 죽은 사람들을…… 그 여자 귀신이 다……?"

"다 잡아먹은 거죠."

"세상에……. 그럼 이거 그냥 귀신 아니네……? 악

귀네 이거……!"

"아뇨, 이건 악귀도 아니에요."

"……그, 그럼 뭔데……?"

"교수님, 지금 여기 와서 불안한 사람 아무도 없었죠? 다들 그냥 평온하게 촬영도 하고, 우물도 보고, 그랬잖아요, 그쵸?"

"그랬었지……?"

"……잘 생각해보세요. 제가 지금까지 귀신 봤다는 곳에서 다들 이렇게까지 평온한 적이 있었어요? 다들 기분 나쁘다, 빨리 나가고 싶다, 완전 난리였잖아요. 아니에요?"

"맞아, 그랬었지. 그렇네, 확실히?"

"……이게 만약에 보통 악귀였으면 그때랑 똑같았을 거예요. 아마 마을에 들어오자마자 더러운 기운이 사방으로 막 뻗쳤을 텐데, 지금은 그런 것도 없어요. ……이게 무슨 뜻인지 알아요?"

"뭔데? 무슨 뜻인데?"

"이건 이제 악귀가 아니라, 악신이라는 거죠. 자기 기운을 숨길 줄 안다는 거거든."

"……."

"거기다가 지금 우물에 얌전히 틀어박혀 있는 것

도 아니고, 지 맘대로 바깥에서 싸돌아다니면서 제사상까지 받아먹는다는 건 그만한 힘이 있다는 건데, 이거 만약에 잘못 찍히면 사람 죽어 나가는 건 일도 아니에요."

"야, 어떡하냐 그럼? 저 양반들……, 아니, 촬영팀은 지금 아무것도 모르는데?"

"내버려 둬요, 방송하러 온 양반들이잖아. 내가 말한다고 들어먹겠어요? 죽이 되든 밥이 되든 지들 팔자지 뭐."

"야……! 너는 무슨 말을 그렇게 하냐?"

"이보세요, 교수님. 지금 남 걱정할 때가 아니라 우리부터 걱정해야 한다니까? 아니다, 말 나온 김에 지금 당장 짐 싸서 갑시다, 그냥."

"야, 야야야……! 시현아! 그러믄 안 돼. 있어봐, 잠깐만!"

"왜요? 설마, 벌써 뭐 약점이라도 잡힌 거 아니죠?"

"아아니……, 그게 아니라……. 우리 일단 내일까지는 있어야 하거든……."

"그러니까 왜요?"

"……인터뷰 벌써 잡아놨어. 아무리 그래도 이 마을 무당 말은 한 번 들어봐야 할 거 아냐, 안 그래······?"

"무당이요? 이 마을에 무당이 있어요?"

"넌 아까 뭘 들었냐? 있다잖아 인마. 꾸준히 굿도 해주고, 효과도 있다는데. 한 번 이야기나 들어보고 가자. 응?"

"참나······ 효과가 있다고요? 사람이 계속 죽어 나가는데?"

"야, 그래도 이 마을 사람들은 안 죽는다잖아. 뭔가 있으니까 그런 거 아니겠냐?"

"말이 되는 소리를 하세요. 막을 거면 제대로 막아야지, 애꿎은 사람들 홀려서 죽는 건 똑같구만."

칼같이 대꾸하는 목소리에 어느새 짜증이 뚝뚝 묻어나왔다. 이쯤 되면 필구가 깨갱하며 물러설 법도 한데, 한두 푼도 아니고 자그마치 500만 원씩이나 연구비가 걸린 터라 필구도 이번만큼은 호락호락 물러서려 들지 않았다. 그는 시현의 바짓가랑이를 붙잡고 매달리다시피 하며 일단은 마을의 무당을 만나서 정보를 듣고, 그런 다음에 마을을 나가자며 비굴하게 합의를 보았다.

그렇게 극적으로 타협을 이루고 나서도 시현은 왠지 모르게 마음 한편이 싸했다. 이런 불길한 직감은 언제나 들어맞기 마련이었지만, 그래도 기껏해야 단 하루 더 있다가 떠나는 것에 지나지 않았다. 그는 설마 하루 정도 더 머무르는 것으로 큰일이 나겠냐는 심정으로 마지못해 고개를 끄덕였다.

* * *

마을에 와서 딱히 한 것도 없는데 벌써 해가 졌다. 그날 밤, 숙소에 우두커니 누워있던 시현은 슬그머니 자리에서 몸을 일으켰다. 방 한가운데에 대자로 뻗어있는 필구를 그대로 지나쳐 나가려던 그때, 잠든 줄로만 알았던 필구가 대뜸 목소리를 냈다.

"야, 어디 가냐?"

움찔하며 놀란 것도 잠시, 시현은 금세 평정을 되찾곤 퉁명스레 한마디 툭 뱉었다.

"화장실요."

"큰 거? 작은 거?"

"……남이사 똥을 싸든 오줌을 싸든 무슨 상관?"

띠동갑보다 더 젊은 제자에게 그런 말을 듣고도 역정을 내긴커녕 낄낄거리는 필구였다. 그 직후, 그는 진작에 다 알고 있었다는 듯 능글맞은 목소리로 대꾸했다.

"오냐, 천—천히 싸고 온나."

시현은 대꾸도 없이 방을 나섰다. 화장실은커녕 신발을 주섬주섬 주워 신고 마을회관 밖으로 나가보니 하늘에 뜬 달은 어스름한 초승달이었다. 사방이 어두컴컴하고 개미 한 마리 눈에 띄지 않았지만, 그는 한참을 휘적휘적 걷다가 여인숙 앞에 멈춰 섰다.

그는 괜히 주차장 앞을 기웃거리며 차량을 하나하나 둘러보더니, 방송국 로고가 찍힌 차를 확인하고 나서야 근처의 벤치에 털썩 주저앉았다. 그러곤 핸드폰을 꺼내 힐끔거리는 일조차 없이 오직 여인숙 입구만을 감시하듯 뚫어지라 들여다보기 시작했다.

그가 오밤중에 이런 여인숙까지 온 연유는 다름 아닌 낮에 보았던 일 때문이었다. 심상찮은 귀신이 작가에게 직접 손을 댔으니 경험상으로나, 정황상으로나 홀릴 것이 확실하다는 생각에 굳이 여인숙까지 찾아온 것이었다. 비록 툭툭 뱉는 말로는 죽으나 사나 자기들 팔자라고 떠들어대던 시현이었지만, 그래도 이렇게 슬그머니 와서 자리를 지키고 있는 꼴을 보면 역시 무가의 피는 속일 수가 없었다.

가을 모기들이 자꾸만 몰려오는 데다, 꽤 오랫동안 무료하게 기다리는데도 시현은 불평 하나 없었다. 한 눈을 팔지도, 그렇다고 해서 끔벅끔벅 졸지도 않고 우직하게 자리만 지키고 있던 그때였다. 마냥 칠흑 같은 어둠 속에서 뭔가가 쓱 하며 움직이는 듯한 기척이 있었다.

시현은 그것을 놓치지 않았다. 옳다구나 하며 두 눈을 가늘게 뜬 채 여인숙 입구를 들여다보자, 간판의 희미한 불빛 아래로 어두컴컴한 그림자가 드리워진 것이 불현듯 눈에 띄었다. 형체만 보아서는 평범한 그림자이지 싶었다. 그런데 정작 그림자를 드리우는 실체가 보이질 않으니, 별다른 것 없는 그림자도 마냥 괴이하게만 보였다.

'이렇게 대놓고 보일 정도면 보통 귀신은 아닌데?'

내심 긴장한 채 그 광경을 지켜보던 그때였다. 두 팔을 늘어뜨린 채 꼿꼿이 서 있던 그림자가 난데없이 한쪽 팔을 들어 올렸다. 그러곤 거기서 그치지 않고 손가락을 세워 어딘가를 스윽 가리켰다. 길게 뻗은 새카만 손가락이 여인숙 정문이 아니라 건물의 뒤쪽을 향하고 있었다.

"······이보*인지, 사람 홀리려는 건지 모르겠네."

---

* 耳報-혼령이 지난 일이나 앞으로 일어날 일을 상징적인 방법으로 일러 주는 것.

그가 벤치에서 반쯤 몸을 일으키기만 했을 뿐, 이도 저도 하지 못하고 그저 머뭇거리기만 하던 그때였다. 선명하게 드리워진 그림자가 난데없이 바람 앞의 촛불처럼 일순간 흔들리기 시작했다. 그리고 바로 다음 순간, 아차 하는 사이 바람에 휩쓸려 사라지기라도 하듯 홀연히 자취를 감춰버렸다. 단지 눈꺼풀을 한 번 깜빡였을 뿐인데 전등 아래는 언제 그랬냐는 듯 탁한 불빛만이 가득했다. 시현은 그제야 막혔던 숨을 크게 들이마시며 놀란 가슴을 가라앉혔다.

'아무리 그래도 부적이 있는데 설마 홀리기라도 하겠어?'

시현은 비로소 자리에서 완전히 몸을 일으켰다. 어느 정도 여인숙 뒷문에 가까워졌을 무렵, 귓가에 발소리가 아른거렸다. 소리로 느껴지는 무게감으로 보아 남성의 것은 아닌 듯했는데, 더욱 발걸음을 재촉해서 뒷문에 가보니 아니나 다를까 웬 여자가 터벅터벅 길을 걸어가고 있었다.

비록 얼굴은 보이지 않았지만 정황상 우물에서 보았던 그 작가가 분명했다. 똑 부러진 첫인상과는 달리 흐느적흐느적 이어지는 걸음걸이가 마치 술에 취하기라도 한 사람처럼 위태롭기 짝이 없었다.

"와…… 제대로 홀렸네, 홀렸어."

탄식처럼 중얼거린 시현은 다급히 그녀의 곁에 다가가 말을 붙였다.

"저기요……!"

말을 뱉기가 무섭게 오로지 앞만 내다보고 있던 고개가 획 하며 돌아갔다. 마침내 얼굴을 마주한 순간, 시현은 저도 모르게 흠칫하며 어깨를 들썩였다. 어느 정도는 각오하고 있었다만, 마주한 얼굴이 완전히 풀려있어서였다. 작가는 두 눈을 뜨고 있되 뜬 것이 아니었다. 초점이 없이 흐리멍덩한 데다 입술도 반쯤 벌어져 있었는데, 그 몰골이 아무리 보아도 정상은 아니었다.

일단 아무 말이나 던져서 정신을 깨워보려던 그때였다. 마주 본 얼굴이 난데없이 씨익 웃었다. 입꼬리가 귀에 걸릴 정도로 만족스러운 웃음이었다. 초점도 맞지 않는 눈으로 헤벌쭉 웃고 있으니, 강심장인 시현도 순간적으로 멈칫하고 말았다.

여인이 그 틈을 타서 다시금 무작정 앞으로 걷기 시작하자, 시현은 그제야 퍼뜩 정신이 들었다. 힘으로라도 말려보려 다급히 따라잡으려던 그 순간. 앞서가려던 몸이 일순간 크게 기우뚱했다. 누군가 등 뒤에서부터 다짜고짜 몸을 잡아끈 탓이었다.

시현은 비명조차 지르지 못했다. 숨을 한껏 집어삼킨 채 반사적으로 등 뒤를 돌아보니, 웬 장정들이 시야를 가득 채웠다.

"쉿……!"

가만히 보니 그 얼굴들이 하나같이 낯이 익었다. 분명 낮에 산을 오를 때 보았던 얼굴들이었는데, 그것을 깨닫기가 무섭게 더욱 낯익은 얼굴이 불쑥 끼어들었다.

"저희가 알아서 알 테니까 그냥 내버려 두세요."

총감독의 엄포였다. 시현이 여전히 얼떨떨한 얼굴로 두 눈만 끔벅이자, 재차 협박하듯 말을 내뱉었다.

"알아들으셨죠? 얼른 가세요."

"……잠깐만요, 지금…… 뭘 알아서 하겠다는 건데요……? 저분 안 깨워요?"

"일단은 찍어야죠. 그게 저희 일인데."

"미쳤어요? 지금 누가 봐도 제대로 홀렸는데, 저걸 그냥 놔두겠다고요?"

"아니 선생님, 저희가 여자애 하나 못 막을 것 같아요? 무슨 일 생기면 저희가 알아서 할 테니까, 볼일 보시라고요."

"아니 난 이해를 못 하겠네……? 이 사람들이 이러다 진짜 크게 사고라도 나면 어떡하려고 이러지?"

"이런 일 한두 번 겪은 것도 아니고, 절대 안 나요. 저희 짬이 얼만데요."

"얼만데요? 들어나 보게."

"제가 납량특집만 이십오 년입니다."

"……이십, 이십오 년이요……?"

"네, 이십오 년이요."

"아니, 무슨 그렇게 많이……."

"그리고 막말로, 저희도 방송 분량은 뽑아야죠. 애초에 그러려고 온 건데요."

"아, 아니 아무리 경력이 많아도 그렇지……, 어떻게 이런 일을 함부로……."

"정 걱정되시면 따라오실래요? 그러셔도 되는데."

어차피 촬영팀에게 힘으로 밀리는 것은 자명했고, 더 이상 막아 세울 명분도 없었다. 머뭇거리던 시현은 하는 수 없이 그쯤에서 타협하고 고개를 끄덕였다.

감독은 작가가 우물로 가기를 내심 바랐던 눈치였지만, 뜻밖에도 작가의 걸음은 뒷산이 아닌 대로변으로 향했다. 한참을 비척이며 걷던 그녀는 문득 한 건물 앞에 우뚝 멈춰 섰는데, 다름 아닌 버스 정류장이었다. 막차가 출발하려고 시동을 켜둔 상태였다.

작가가 마침내 버스에 오르려던 그 순간, 감독은 나지막이 혀를 차며 말했다.

"야, 가서 잡아."

그 말이 떨어지기가 무섭게 그 자리에 있던 스태프들이 서둘러 버스로 향했다. 계단을 막 오르는 작가를 가까스로 잡아 세운 뒤, 다짜고짜 어깨를 잡아 흔들어대며 무작정 말을 붙였다.

"야, 일어나 봐. 정신 차려."

작가는 두어 번을 흔들고 나서야 정신을 차렸다. 비록 여전히 비몽사몽 한 표정이긴 했지만, 흐리멍덩하던 두 눈에 초점이 조금이나마 돌아와 있었다.

"……어, 어디야, 여기……? 뭐야……?"

감독은 대뜸 앞으로 나서서는 카메라 두어 대를 들이밀며 다그치듯 뭔가를 외쳐댔다. 질문의 내용은 차치하고서라도 다짜고짜 커다란 카메라 렌즈를 마주한 작가의 얼굴은 벌써부터 잔뜩 겁에 질린 듯 창백한 빛으로 물들어갔다. 그 모습을 본 시현은 끝내 꼭지가 돌아, 감독의 어깨를 잡아 휙 밀어젖히며 일갈했다.

"이것들이 지금 보자보자 하니까……!"

"뭐……? 이것들……!"

"그래, 내가 뭐 틀린 말 했나? 별 같지도 않은 것들이. 이제 막 정신 차린 사람한테 그딴 식으로 다그치면 뭘 어떡하자는 거야? 이러다 평생 트라우마라도 되면, 그땐 당신들이 책임질 거야?"

속사포처럼 쏟아내는 그 험악한 언변이 웬만한 무당은 저리가라였다. 다들 주춤하며 물러선 그때, 오직 감독만이 낯빛을 붉힌 채 도리어 성을 냈다.

"아니 아까부터 오냐오냐하니까 이게 미쳐가지고⋯⋯! 니가 뭔데? 니가 뭐 무당이라도 돼? 우리 납량 특집 이십오 년 차야 이 사람아!"

"와⋯⋯ 이십오 년을 이따위로 해 먹었다고? 경험을 무슨 똥구멍으로 처먹었나!"

"뭐⋯⋯? 똥구멍⋯⋯? 야 이 새끼야, 아무것도 모르면서 주제넘게 나서, 나서긴?"

"아, 나 진짜⋯⋯! 나 무당 될 사람이다! 너들이 나보다 더 잘 알아? 애초에 뭐가 보이긴 하냐 니들이?"

"예⋯⋯?"

"똥이 무서워서 피하나? 더러워서 피하지. 내가 당신네랑 엮이기 싫어서 여태 말을 안 했는데, 내가 왜 당신네 숙소에서 알짱거렸는지 알아? 내가 봤으니까 온 거야, 봤으니까!"

시현은 말을 마치자마자 대뜸 눈앞에 선 작가를 가리켜 보였다. 그러곤 같지도 않다는 듯 코웃음까지 쳐가며 계속해서 말을 이어갔다.

"내가 아까 뭘 봤거든. 웬 여자가 저 사람 어깨에 손대길래, 내가 진작에 이럴 줄 알고 온 거라고. 근데 뭐? 납량특집 이십오 년 차? 귀신도 경력직을 쳐주나?"

더 큰 싸움으로 번질 것이라 막연히 예상했던 것과는 달리, 그 말을 꺼내자마자 분위기가 삽시간에 가라앉았다. 원래 조용하던 스태프들은 말할 것도 없었고, 심지어는 감독마저 화를 내기는커녕 두 눈을 동그랗게 뜬 채 멍하니 시현을 들여다보기만 할 따름이었다. 시현은 그제야 목소리를 누그러뜨린 채 늦게나마 상황을 정리하려 들었다.

"……그러니까, 제 말 알아들었으면 좀 빠져있으시라고요."

"아이고 선생님, 죄송합니다."

"뭐요……? 선생님……?"

"예. 신기 있으시고 신내림도 받으실 예정이신 거 아니세요?"

"아, 아니 뭐……. 우린 그냥 할머니가 물려주시면

받는 거라…….”

"아……! 세습무 집안 분이시구나! 아이고, 진작에 말씀을 해주셨으면 저희가 좀 이것저것 말씀을 드렸을 텐데, 제가 선생님을 몰라뵀네요. 정말 죄송합니다……!"

목에 핏대까지 세워가며 '이 새끼 저 새끼' 하던 사람이 삽시간에 돌변해서 자기를 선생님이리 부르고 있으니, 시현은 그저 기가 막힐 따름이었다.

"저어, 그러면 선생님. 일단 가셔서 우리 작가랑 말씀 좀 나눠보시고요. ……그리고 나중에 혹시…… 인터뷰 좀 해주실 수 있으실까요……?"

"뭐요? 인터뷰요? 무슨 인터뷰?"

"예예, 큰 건 아니고요. 모자이크 처리 원하시면 다 해드리고, 음성 변조도 해드려요. 다른 건 다 필요 없고, 그냥 보신 것만 솔직하게 말씀해주시면 되시는데요."

여전히 기가 막히긴 했지만, 기껏 정돈된 분위기를 다시 흐트러뜨리고 싶지는 않았다. 시현은 일단은 그렇게라도 해서 일행을 떨쳐낼 요량으로 잠자코 고개를 끄덕였다.

얼마 지나지 않아 정류장 좌석에 두 사람만을 위

한 자리가 만들어졌다. 마치 번개 맞선과도 같은 어색한 분위기가 감돌았지만, 시현은 애써 자연스러운 목소리로 운을 뗐다.

"이 프로그램 작가님이시죠?"

"네……? 아, 네……."

"혹시 성함이……?"

"……시현이에요. 정시현."

"예……? 아이고, 이놈의 중성적인 이름이 또……!"

"네……?"

"세상에 이런 우연이 다 있나? 저도 시현이에요, 박시현."

시현은 귀신에 대한 이야기는 일절 꺼내지 않은 채 상대가 어느 정도 안정을 되찾을 때까지 사사로운 이야기만 늘어놓았다. 본격적인 이야기는 한참 후에 시작되었다.

"여기는 어떻게 오신 거예요……? 몽유병은 아니실 거고."

"그게……. 제가 자다가 꿈을 꿨거든요……?"

"꿈이요?"

"네. 오늘따라 몸이 너무 피곤해서 일찍 누웠는데, 이상한 꿈을 꿨어요."

"무슨 꿈인데요?"

"어…… 처음에는 그냥 걸었어요. 그냥 길을 막 걷고 있었는데, 저 멀리서 웬 여자가 손짓을 하더라고요."

"여자요?"

"네, 소복 입은 여자였어요."

그 순간, 불현듯 시현의 뇌리를 스치는 장면이 있었다. 그러나 그는 아직은 굳이 그것을 입에 담지는 않았다. 일단 이야기를 끝까지 들어볼 요량으로 그저 묵묵히 고개만 끄덕여주었다.

"근데 그 여자가 저한테 가까이 오더니, 대뜸 그러더라고요. ……죽기 싫지 않냐고."

"네……? 진짜 그렇게 말했어요……?"

"제가 확실히 기억해요. '너, 죽기 싫지?' 그렇게 말했어요."

"그래서 뭐라고 대답하셨어요?"

"당연히 싫다고 했죠. 근데 그럼 자기를 따라오라는 거예요. 그래서 그냥 멍하니 따라서 걷다가 누가 팔을 휙 잡아채길래……. 정신 차려보니까 이렇게 된 거예요."

고작 한나절 사이에 사람을 이렇게 홀릴 정도면 보

통 귀신은 아닐 터였다. 그러나 시현은 애써 평온한 얼굴로 말을 이어갔다.

"근데요, 그 여자 옷이 소복이라고 하셨잖아요?"

"네, 맞아요."

"근데 막 소복만 입은 건 아니지 않아요……? 막 머리카락에 비녀도 있고, 머리핀도 있고. 허리에 인형도 달고……. 그랬을 텐데……?"

"세상에……! 맞아요, 그런 차림이었어요."

"그 귀신 말인데요, 무섭지는 않았어요? 막 본능적으로 쎄한 부분이 있다던가, 뭐 그런."

"글…… 쎄요……? 제가 이런 납량특집 촬영만 다녀서 그런 건지, 원래 담력이 있어서 그런 건지……. 여자 자체는 하나도 안 무서웠어요."

"하나도? 하나도 안 무서웠다고요?"

"네, 전혀 안 무서웠어요. 그래서 저도 그냥 따라서 걸었던 거죠, 뭐."

그 말이 떨어진 순간, 시현은 뭐라 대꾸하려던 것도 까맣게 잊어버린 채 바보처럼 두 눈만 끔벅거렸다. 머릿속에 퍼뜩 떠오르는 것이 있긴 있었지만, 굳이 작가에게 들려줄 만한 이야기는 못 되었다.

제아무리 귀신을 볼 줄 모르는 사람이라도 귀신이

풍기는 특유의 분위기만큼은 누구나 본능적으로 알아차리기 마련이었다. 예컨대 잔뜩 화가 난 귀신보다는 이유 없이 실실 웃는 귀신이 더욱 위험한 법인데, 그런 지식을 모르는 일반인도 웃는 귀신을 보면 누구든 겁을 집어먹고 주춤거리는 연유가 바로 거기에 있었다.

그러나 이번만큼은 상황이 달랐다. 대놓고 꿈에 모습을 드러내고도 자신의 기운을 숨길 수 있을 정도라면 이건 보통 악귀가 아닌, 악신이 틀림없다는 데에 생각이 미치자, 시현은 일단은 제 마음부터 추슬렀다.

작가를 일행과 함께 돌려보내고, 심란한 마음에 정류장 의자에 주저앉은 채 할머니한테 전화라도 걸어보려는데, 핸드폰을 꺼내 들자마자 누군가 곁에 다가와 앉는 기척이 있었다. 당연히 조금 전의 작가인 줄로만 알았다. 그러나 그 직후에 들려오는 괴상한 쩝쩝 소리에, 시현은 무심코 곁을 돌아보았다.

마주 본 얼굴을 알아보자마자 그러지 말았어야 했다는 가벼운 후회가 뇌리를 스쳤다. 곁에 다가와 앉은 이가 다름 아닌 그 여자였다. 우물에서 보았던 바로 그 여자가 제사상에 올렸던 네모 넓적한 유과를 탐스럽게도 움켜쥔 채 끄트머리부터 게걸스레 뜯어먹고 있었는데, 그 모습이 마치 짐승이 갈빗대에 붙은 질긴 고기를 떼어먹듯 흉측하기 짝이 없었다.

 살다 살다 그런 기괴한 광경은 처음이었다. 지금껏 이런저런 귀신을 숱하게 보아왔던 시현이었지만, 그 모습을 코앞에서 지켜보고 있자니 가슴이 덜컥 내려앉는 것은 당연하거니와, 그 추운 날씨에도 온몸의 땀샘이 근질거렸다. 일찍이 할머니께서 자주 입에 담으시던 '기가 눌린다'는 말을 바로 이럴 때 쓰는 게 아닌가 싶을 지경이었다. 이대로 눌렸다가는 더 크게 당하리라는 확신에, 그는 그나마 남은 용기까지 싹싹 긁어모아 제법 묵직한 목소리로 운을 뗐다.

 "왜 그렇게 계셔요?"

 여인은 그 말을 듣자마자 대번 시현을 돌아보았다. 비록 어둑어둑한 달빛에 희미하게 비친 얼굴이었지만, 위아래로 흔들리며 유과를 씹어대는 턱과 오밀조밀한 이목구비 같은 것은 흐릿할지언정 알아볼 수 있게끔은 들여다보였다. 그러나 단지 그뿐. 그녀가 자신을 빤히 들여다보기만 하고 이렇다 할 말이 없자, 시현은 다시금 입을 열어 말을 이어갔다.

 "알 거 다 아시잖아요? 그렇게 저승에 가야 할 분

들을 막 해치고 그러면 그 벌이 작은 게 아닌데, 대체 뭘 어쩌려고 그러세요?"

"……."

"……그러지 마시고, 저희 일행은 그냥 얌전히 보내주세요. 애초에 저희가 뭘 잘못했어요? 그냥 들렀다가 가는 사람들인데 이러시면……."

생각해둔 말은 있었으나, 도저히 끝까지 뱉을 수가 없었다. 말을 이어가면 이어갈수록 여인의 턱이 점점 느려지더니, 종국에는 완전히 멈춰버린 탓이었다. 불현듯 찾아온 불길한 침묵 속에서, 그녀는 터럭 하나 움직이지 않은 채 시현의 두 눈동자만을 빤히 들여다보았다. 그러곤 이내 너무나 일상적인 말투로 한마디 툭 내뱉었다.

"야, 나 봐봐."

당황스러웠다. 이미 서로 눈을 마주 보고 있는데 뭘 더 하란 말인가. 그러나 그 직후, 시현은 비로소 그녀가 그런 말을 꺼낸 이유를 깨달았다.

커다란 두 눈이 눈으로 가득했다. 새카만 눈동자 옆으로 들여다보이는 흰자에 작은 눈알이 좁쌀처럼 빼곡하게 들어차 있었는데, 어림잡아 세어 본 숫자가 자그마치 수십은 가볍게 넘었다. 그 작은 눈동자들이상하좌우를 가리지 않고 이리저리 미친 듯이 굴러다니며 뒤룩거렸고, 그 수십 개에 달하는 수많은 시선이 종국에는 한군데로 모였다. 시현을 향해서였다.

"보내려는데 니가 막았잖아."

"……마, 막…… 아요……?"

"내가 저년 보내버리려 했는데, 니가 막았잖아."

보낸다는 것이 말 그대로 버스에 태워서 내보내려 했다는 것인지, 그게 아니라면 삼도천 너머로 보내려 했다는 것인지, 시현으로서는 도무지 알 길이 없었다.

"야, 내가 너 같은 애들 많이 봤거든?"

"예……?"

"근데 넌 쫌 틀리다? 뒷배가 있긴 있어."

"……."

"야, 너 죽기 싫지?"

일찍이 작가가 꿈에서 들었던 것과 똑같은 질문이었다. 너무나 당연한 물음에 시현이 반사적으로 고개를 끄덕이자, 그녀는 피식 웃음을 흘렸다. 진작에 그럴줄 알았다는 듯, 반쯤 맥이 풀린 반응이었다. 이윽고 늘어놓는 목소리도 조금 전보다는 확연히 힘이 풀려있었다.

"……그럼 그냥 싹 다 데리고 가. 헛짓거리하지 말

고, 어디 가서 내 얘기도 하지 말고. 너희는 그냥 내가 보내줄 테니까 입 닫고 살라고. ……그 정도는 할 수 있지?"

아직 이렇다 할 대답도 내놓지 않았건만, 여인은 그대로 자취를 감췄다. 게걸스레 뜯어먹던 유과 한 조각만이 허공에서 아무렇게나 떨어지며 흙바닥을 두어 번 굴렀다.

시현은 턱 막혔던 숨을 그제야 연거푸 몰아쉬었다. 손발이 벌벌 떨리고 식은땀에 목덜미가 흥건한 와중, 핸드폰이 울렸다. 떨리는 손으로 받아보니 역시나 할머니였는데, 스피커 너머에서 들려오는 말투가 험악하기 짝이 없었다.

"너 지금 어데고? 지금 너 어디서 뭘 하는기고?"

"할매…… 말도 마, 나 방금 죽을뻔했어."

"내려온나. 어데든 상관없으니까, 헛짓거리 하지 말고 차 잡아서 얼른 내리와."

"……못 해."

"몬 하긴 뭘 몬 하나?"

"여기 지금 강원도야……. 차도 다 끊겨서, 오늘은 못 가."

"아이고, 내가 미치겠다. 내사 강원도 태백산맥 쪽

은 가지 말라고 누차 말했는데 거긴 왜 기어들어 갔노? 또 그 교수 놈이 데려간 거제, 그제?"

"아니, 할매 내 말도 좀 들어봐. 나도 느낌이 너무 안 좋아서 바로 철수하자고 했단 말이야. 안 그래도 내 일까지만 조사하고 바로 나가려고 했어!"

시현은 억울하다는 듯 펄쩍 뛰며 내친김에 그날의 일을 낱낱이 고해바쳤다. 그러자 그 일련의 사건을 묵묵히 들어주던 만신은 뭔가를 더 캐묻는다거나, 의심하는 일조차 없이 비로소 운을 뗐다.

"그래, 일단은 잘했다. 다음에도 이런 일 있으면 살살 달래주고, 함부로 목청 높이지 마라. 알겠나?"

"……그럼 이제는 어떡해? 할매가 사람 불러줄 거야?"

"사람? 무신 사람?"

"내가 볼 땐 딱 봐도 악신인데, 이거 처리 안 할 거야?"

"호들갑 좀 떨지 마라. 아직 뭐 해코지한 것도 없는데 악귀인지, 악신인지, 낸들 알았나? 설령 악신이라도 그쪽 사람들이 알아서 할 일이지, 우리가 뭐 어떻게 손댈 일 아니다."

"……그럼 어떡해? 그냥 가만히 있어?"

"경거망동하지 말고, 심기 거스르지도 말고, 그냥 '나 죽었다' 하고 가만히 있으믄 된다. 알겠나? 외지인은 그게 제일이다."

"……알았어."

"그리고 기도 마이 해라. 그쪽에 성황 나무 있으면 거기도 한 번 들러 보고, 주인 할매나 할배 있으면 니가 가서 얘기 좀 여쭤 본나. 니는 그것만 하믄 된다. 내 말 알았나?"

단지 할머니의 목소리를 들은 것만으로도 적잖이 위로가 되었다. 그와 더불어 없던 용기도 천천히 샘솟는 것만 같아, 시현은 두려움을 무릅쓰고 자리에서 몸을 일으킬 수 있었다.

"근데 할매, 나 부탁 하나만 들어주라."

"무신 부탁?"

"나 이제 숙소 가야 하는데, 전화 계속 해주면 안 돼?"

"와 그러나? 니 무섭나?"

"……아니? 그런 거 아닌데?"

"그래, 알았다. 할매가 다 들어주꾸마."

"아니라니까 괜히 그러네."

만신이라 불리는 할머니 덕분인지, 더 이상 시현에

게 볼 일이 없었던 것인지는 모르겠지만, 우물에서 보았던 그 여인은 그날만큼은 두 번 다시 모습을 드러내지 않았다.

무당

 필구는 아침에 간신히 눈을 뜨기가 무섭게 기막힌 광경을 마주했다. 어제 힘들게 풀어놓았던 그 많은 짐이 언제 그랬냐는 듯 모조리 가방에 되돌아가 있었는데, 막상 가방을 열어보니 제대로 싸놓은 것도 아니었다. 그저 손에 집히는 대로 마구잡이로 쑤셔 넣은 꼴에 지나지 않았다. 범인이 누구일지는 불 보듯 뻔했다. 바로 벌써 세수에, 샤워를 다 마치고 본인의 가방까지 말끔하게 싸놓은 시현이 아니고 누구겠는가? 그러나 정작 시현은 뱁새눈을 뜨고 자신을 노려보는 필구를 보자마자 무심한 목소리로 툭 내뱉었다.

"늦게도 일어나셨네. 얼른 세수만 하고 나오세요. 우리 바로 가야 하니까."

"뭐시라……? 가긴 어딜?"

"어디긴요, 집에 가야죠."

"뭐야……? 아니, 잠깐만…… 너 오늘까지 인터뷰하고 가기로 약속했잖아, 인마!"

"교수님도 참……. 세상일이라는 게 어떻게 계획한 대로만 흘러가겠어요. 일일이 다 말하려면 얘기가 길어지는데…… 어떻게, 씻고 나서 들으실래요? 아니면 그냥 지금 들으실래요?"

"지금. 지금 당장!"

"아이씨……, 아직 머리도 안 말렸는데."

시현은 그제야 어젯밤에 있었던 일을 하나도 빠짐없이 늘어놓았다. 처음 이야기를 시작했을 때만 하더라도 온 얼굴이 심술로 가득 차 있었던 필구였지만, 이야기를 찬찬히 듣다 보니 낯빛이 점차 어둡게 물들어 갔다. 그러다 마침내 이야기를 끝맺을 무렵에는 적잖이 겁을 집어먹은 듯 자못 심각한 얼굴로 어쩔 줄을 몰랐다.

"야, 그럼 우리 어떡하냐……?"

"어떡하긴 뭘 어떡해요, 그냥 가자니까?"

"연구비를 이미 받아버렸는데 어떡하냐고. 돈까지 받았는데, 아무리 그래도 뭐 하나라도 얻어가는 게 있어야지."

"그거야 교수님 사정이지. 먹었던 돈 토해내는 게 귀신한테 살 맞아서 죽는 것보단 낫잖아요?"

"아니 인마, 설마 죽기야 하겠냐? 그러지 말고, 우리 무당 인터뷰만 좀 따자고. 오전 중에 다 따고, 너는 그동안 성황 나무 들렀다 가면 되잖아. 안 그냐……?"

"……안 되는데, 우리 할매가 그냥 눈 뜨자마자 바로 오랬는데……."

"에이— 말이 그렇다는 거지, 그냥 오후 되자마자 바로 돌아가면 되는 거잖아. 그치?"

"……."

"시현아, 이러지 말고……. 제발 사람 한 번만 살리도……. 음……? 너 어차피 나 없으면 가지두 못하잖아. 나 운전 안 해, 못 해."

"……돌아버리겠네, 진짜. 그럼 무당 인터뷰까지만 같이하든가요. 난 그거 다 보고 나서 성황 나무 다녀오려니까."

비록 원하던 결과는 아니었지만, 시현은 그쯤에서 타협했다.

* * *

 필구는 아침 댓바람부터 온 마을을 정신 사납게 뛰어다니며 방송팀을 불러냈다. 너무 이른 시간인 만큼 다들 눈살을 찌푸릴 법도 한데, 어째서인지 단 한 명도 그런 사람이 없었다. 필구가 시현에게 들은 대로 '무당은 새벽 기도를 다녀온 직후가 가장 영험하다'는 속설을 넌지시 흘린 덕분이었다.

 무당 대다수가 아침 일찍 일어나 산으로 기도를 드리러 다니듯, 그 지역의 무당도 마침 산길에서부터 터벅터벅 걸어 내려오고 있었다. 다 낡아빠진 웃옷과 바지를 대강 걸친 허름한 차림으로 보아 기도를 마치고 내려오는 길이지 싶었다.

 한데 막상 코앞에서 마주친 여인의 인상은 언뜻 봐서는 무당이라는 것을 전혀 알아볼 수가 없었다. 나이는 많아 봐야 서른 중반 즈음에, 기가 세 보이는 여타 무당과는 달리 반쯤 넋을 놓은 듯한 얼굴로 다소 우울한 인상을 하고 있기 때문이었다.

 무당은 그 많은 사람과 정면으로 마주치고도 이렇다 할 반응조차 없었다. 도리어 당황한 감독이 황급히 붙잡아 세우는데도 표정 하나 바꾸지 않은 채 고개만 스윽 돌려 지그시 쳐다보기만 할 뿐이었다.

"저어, 선생님……? 실례 좀 하겠습니다, 혹시 이금자 선생님이신가요?"

분명 알아들은 눈치인데 반응이 시원찮았다. 여인은 감독의 얼굴만 빤히 들여다보더니, 한참이 지난 뒤에야 멍한 목소리로 한마디 툭 내뱉었다.

"……맞는데, 왜?"

"아……. 저희가 제대로 찾아왔네요. 저희가 사실 방송사에서 나왔는데요, 몇 주 전에 저희가 방문하겠다고 말씀을 드렸었는데, 혹시 기억하고 계신가요……?"

"기억은 하지. 무슨 일로 왔는데?"

"그게……. 여기서 말씀드리기가 좀 그런데요. 간단하게 말씀드리면 이 마을 뒤쪽에 우물이 하나 있잖아요, 선생님? 그 우물에 대해서 좀 여쭤볼 게 있어서요."

"그러니까, 지금 나한테 물어볼 게 있다는 거잖아. 뭘 그렇게 빙빙 돌려서 말을 해."

"네……? 아, 네네……. 그렇죠."

"와, 그럼. 차나 한 잔씩 끓여주려니까."

시현은 그 시점에서부터 이미 기분이 찜찜했다. 처음 마주칠 때부터 어렴풋이 느꼈던 위화감이었지만, 무당의 집 대문에 들어서고 나서는 정말 어지간히도 마음이 개운치 않았다. 집 전체에서 뭐라 형용할 수 없는 묘한 분위기가 풍기는 탓이었다.

분명 무당집이라면서 딱히 신당을 차려놓은 흔적이 없었다. 그렇다고 해서 신의 기운이 뚜렷하게 느껴지는 것도 아니었고, 그저 잡귀, 잡신 하나 없이 깨끗하기만 할 따름이었다. 시현은 신발을 벗고 마루에 들어선 뒤에도 이상하다는 듯 내내 고개만 갸웃거렸다.

"……이상하다?"

"이상하긴, 뭐가?"

"봐요, 신당을 아예 안 차려놨잖아요."

"응……? 아니, 얘가 갑자기 뭔 소리를 하나 했더니……. 야, 너는 박씨 무가 사람이 이런 것도 모르냐?"

"뭘 몰라요?"

"원래 이런 무당 흔하잖아. 왜 이래? 아마추어처럼."

"아니, 있기야 하죠. 근데 보통은 나이 지긋하신 만신분들이나 그러시지, 한창 기도하고 수행해야 할 사람이 집에 제단도 없고, 신당도 없고……. 이러면 어지간한 신을 모신 게 아닌 이상 불리지 못해서 굿은커녕 점사 봐주기도 힘들지 않겠어요?"

"어……? 듣고 보니 그런가……. ……하긴, 그렇긴 하네……. 젊은 사람이 이러는 건 나도 처음 봤다 야."

"그럼 혹시 이 사람이 아니라 다른 사람이 굿을 뛰는 거 아니에요?"

"그런가……? 아니, 아닌데……. 분명히 어제 이 동네 어르신한테 '이금자' 씨가 굿을 꼬박꼬박 뛴다고 들었는데……?"

우여곡절 끝에 시작한 인터뷰는 필구가 염두에 두던 최악의 방향으로 흘러갔다. 무당은 좋게 말하자면 과묵하고 침착했지만, 악의를 담아 한없이 나쁘게 말하자면 아무런 의욕도 없어 보였다. 그저 묻는 말에만 듬성듬성 대꾸해줄 뿐이었고, 그마저도 단답형으로 끝나버리기 일쑤였다.

제아무리 대가 없이 들려주는 이야기라지만 이건 정도가 심했다. 필구와 촬영팀 모두 애가 타들어 가는 와중, 오직 시현만이 침착한 모습으로 무당을 이모저모 살펴보았다. 그는 일단은 필구가 이런저런 질문을 던지도록 내버려 두었지만, 이내 질문이 뚝 끊긴 다음부터는 본격적으로 나서서 이것저것을 묻기 시작했다.

"저기요, 선생님. 혹시 신내림은 언제 받으셨어요?"

"나는 그런 건 안 받았는데."

"예? 신내림을 안 받았다고요? 무당이신데?"

"응, 안 받았어."

"아니 지금 보니까 선생님은 세습무도 아닌 것 같은데……? 그럼 이 일은 어떻게 하고 계신 건데요? 신을 언제, 어디서 받았어요?"

"한참 됐지. 그게 벌써 10년 전이니까."

"10년 전이라고요?"

"응, 10년 전일 거야, 아마."

"아니 솔직히 까놓고 말해서 제가 볼 땐 제자님한테 딱히 느껴지는 것도 없고, 뭐가 보이지도 않고, 이 길을 갈 만한 사람도 아닌 것 같은데. 어쩌다 그렇게 되셨는데요?"

"남편 죽고 나서?"

"……네……?"

"10년 전이었나, 남편이 먼저 갔어. 저어기 우물에서 죽었는데, 내가 그때 그냥 정신을 놔버렸지."

"아……."

"정신 차려보면 밖에 나와 있고, 산에도 가 있고,

몇 년을 미친년처럼 살다가 갑자기 정신이 확 들더라고, 또렷하게."

"……그러니까, 지금 하시는 말씀은, 그때 신을 받아서 정신이 돌아오셨다……?"

"난 그렇게 봐. 정신도 그때 꽉 잡았고, 길 지나다니다 사람들 얼굴 보면 뭐가 보이니까 점사도 봐주고, 굿도 그냥 뛰어지고…… 그렇게 살았지 그냥. 사람 삶이라는 게 살다 보면 그냥 살아지는 거잖아?"

그 대답에, 시현은 어리둥절한 얼굴로 할 말을 잃었다. 이른바 무불통신(無不通神)이라고, 신내림을 받지 않고도 기운이 맑은 산에서 치성을 드리다 보면 내림굿 없이도 신이 내려오는 경우가 있다는 말 자체는 할머니께 들어본 적이 있었다. 그런데 막상 그런 사람을 눈앞에서 직접 보게 되니 왠지 실감이 나질 않아, 뭔가 말을 더 얹고 싶어도 차마 입이 떨어지질 않았다.

시현은 고개를 들어 주위를 휘휘 훑어보기 시작했다. 어딘가에 있을 신을 찾을 요량이었다. 그런데 이상하게도 시현의 눈에는 도저히 신이 보이질 않았다. 제아무리 촉각을 곤두세워봐도 신의 기운조차 느껴지지 않았고, 집 안은 그저 깨끗하기만 했다. 그러다 보니 눈앞의 상대가 혹시라도 잡귀, 잡신을 모셔놓고 신을 받았다고 믿는 건 아닌가 하는 의심이 들 지경이었다.

"……저기요, 사실은 저도 때가 되면 제자의 길을 걸어야 할 사람인데요. 혹시 모시는 분 좀 뵐 수 있을까요?"

무당은 그 말을 듣자마자 순순히 손을 들었다. 그러곤 어딘가를 가리키며 한마디 툭 내뱉었다.

"저―기 계시잖아."

"예……?"

비단 시현뿐만이 아니었다. 모두의 시선이 자연스럽게 그쪽으로 향했다. 그녀의 손끝이 가리키는 곳은 활짝 열린 안방이었는데, 필구나 촬영팀은 당연히 아무것도 보지 못했고, 카메라 역시 무엇 하나 렌즈에 담아내지 못했다.

그러나 시현에게는 흐릿하게나마 뭔가가 들여다보였다. 다름 아닌 일찍이 여인숙에서 보았던 그 그림자였다. 웬 거뭇거뭇한 그림자가 햇살 아래로 보란 듯이 드리워져 있었는데, 어제와 마찬가지로 본체는 없이 오직 그림자뿐이라 이목구비는커녕 팔다리조차 뚜렷하게 구분할 수가 없었다.

느껴지는 기운 역시 그 괴상한 모습만큼이나 기묘했다. 뭔가 탁하면서도 묵직하게 느껴지는 그 묘한 위압감이, 어떻게 보면 신의 기운 같으면서도 영 아닌 듯한 애매한 감이 있었다.

"저게 신이라고요……? 저 새까만 게?"

"그래, 맞다."

"아니 무슨 저런 게……?"

"그럼, 저게 신이 아니면? 니 눈에는 뭐로 보이는데?"

시현은 솔직한 심정으로는 허주, 잡귀처럼 보인다고 툭 내뱉고 싶었다. 하지만 어째서인지 차마 입이 떨어지질 않았다. 한참이나 시현의 대답을 기다리던 무당은 이내 미련 없이 고개를 떨어뜨리더니, 다 들으라는 듯 중얼거렸다.

"……보고 싶은 대로 보이는 거지 뭐. 지들 믿고 싶은 대로 믿는 거고."

시현은 묘한 기시감을 느꼈다. 친할머니 같은 나이 지긋한 만신들에게서나 느껴질 법한 모습과 말투가 기껏해야 중년의 그녀에게서 배어 나오고 있었다. 설마 허주나 잡신을 모시는 무당에게서 이런 분위기가 나오기란 쉽지 않을 것이라는 생각에, 시현은 잠시 의심을 내려놓았다. 다만 의구심을 완전히 지우지는 못하고 연신 고개를 갸웃거리며 다시금 물었다.

"근데 제자님, 제가 듣기로는 아무리 무불통신이라도 신내림은 받아야 한다고 들었는데……. 안 하신 이유라도 있어요?"

"나도 하고야 싶었지. 그런데 다들 하지 말라는 걸 어떡하나."

"하지 말라고 했다고요? 누가요?"

"만난 사람마다 그러더만. 워낙에 신이 확실해서 조상신 쳐내거나, 뭘 하거나 할 필요도 없다고."

'그렇게 대단한 신이 왜 애꿎은 사람이 죽는 건 막지 못하는가?' 하는 반발이 목구멍까지 치밀었다. 그러나 시현은 애써 그 말을 꾹 눌러 삼켰다.

"그럼 이쪽 큰 어르신들도 만나보셨어요?"

"응, 만나봤지."

"그분들은 제자님 신을 알아보셨고요?"

"보셨겠지? 다들 인사도 드렸으니까."

"저기요, 제가 다른 뜻은 없고 그냥 궁금해서 그러는 건데요. 혹시 만나 뵙고 나서 다들 뭐라 그러셨어요?"

"……뭐라던가……? '귀하신 분이 고된 일을 하시고도 또 제자를 도우려 하십니까, 아무것도 모르는 제자이지만 잘 부탁드립니다' 열에 아홉은 다들 그랬지 아마."

"아니……, 그렇게 크신 분이 근데 왜 나한테는 안 보이시지?"

"글쎄다. 내 그릇이 작아서 그런지, 내가 간절하지가 못해서 그런지는 모르겠는데, 사람들이 거기서 죽어 나가는 걸 막지는 못하더라고. 그래도 내가 굿을 뛰면서 나자빠진 적도 없고, 적어도 이 마을에서는 죽는 사람도 없는데, 그만하면 된 거 아닌가? 거기서 더 바라면 욕심이지."

"……그렇기는 한데……."

"물어볼 거 다 물어봤고, 떠들 거 다 떠들었으면, 이제 내가 뭣 좀 말해도 되나?"

그 말이 떨어지기가 무섭게 필구가 잽싸게 말을 받았다.

"아이고, 하실 말씀 있으면 하셔야지요, 얼마든지 하세요!"

"그래, 내가 다른 사람은 잘 모르겠고, 당신한테 할 말이 있는데."

"……예……? 저요……? 저한테 무슨……?"

"나가, 얼른. 여기 계속 붙어있지 말고."

"저, 저요……? 왜요……?"

"너, 여기 돈 벌어먹으려고 왔지?"

난데없이 정곡을 찔린 탓에 필구는 그 말을 듣고도 말문이 턱 막혀버리고 말았다. 시선 또한 차마 무당에게 두지 못하고 이리저리 옮겨대기 바빴다. 반면 무당은 조금 전과는 달리 두 눈을 똑바로 뜬 채 필구를 빤히 들여다보았다. 그러곤 그 상태로 눈 하나 깜빡이지 않고 협박하듯 낮게 깔린 목소리로 말을 이어갔다.

"사람이라는 게 말이야, 업을 지면 벌을 받는 게 순리거든? 근데 넌 얼굴에 욕심이 그득해. 니 사리사욕 채우겠다고 여기 쑤시고, 저기 쑤시고……. 그러다 선 한 번 크게 넘으면 무슨 벌을 받을지 알고는 있냐?"

"아……."

"그때 가서 내 바짓가랑이 붙잡지 마라. 내 힘으로는 딱 이 마을 사람들 지켜주는 게 끝이야."

"……."

"그러니까, 두 발로 갈 수 있을 때 얼른 가. 괜히 헛짓거리하지 말고."

시현은 일순간 가슴이 덜컥 내려앉았다. 기시감에 고개를 들자마자 정시현 작가와 눈이 마주쳤다. 그녀는 아직 아무것도 눈치채지 못한 눈치였지만, 시현은 어젯밤에 버스 정류장에서 들었던 여인의 목소리를 벌써부터 머릿속으로 곱씹어보고 있었다.

'그냥 싹 다 데리고 가. 헛짓거리하지 말고, 어디 가서 내 얘기도 하지 말고. 너희는 그냥 내가 보내줄 테니까 입 닫고 살라고.'

비록 세세한 부분은 다를지언정 말에 담긴 속뜻은 변함이 없었고, 우연이라기에는 모든 맥락이 기묘하리만치 들어맞았다. 어쩌면 우물의 여인과 무당 사이에 모종의 관계가 있을지도 모르지만, 그런 의혹을 무턱대고 드러내기에는 아직 망설여지는 것도 사실이었다.

시현이 좀처럼 갈피를 잡지 못하고 갈팡질팡하는 사이, 분위기는 어느덧 싸하게 가라앉았다. 그 와중에 그래도 연륜이 있는 필구가 제일 먼저 총대를 메고 나섰다.

"이, 일단 저희 좀 쉬었다가 할까요?"

아무도 그 제안을 마다하지 않았다.

* * *

 쉬는 시간 동안 시현은 계획을 세웠다. 그 무당이 제대로 된 인간인지 일단 성황 나무를 찾아가서 터주한테 직접 들어볼 생각이었다. 그 계획을 전해 들은 필구는 착잡한 얼굴로 담배를 꺼내 들며 한숨처럼 중얼거렸다.

 "……휴우, 그래……. 싸게싸게 갔다 와라."

 "뭐야……, 안 막으시네. 무섭다고 벌벌 떠실 줄 알았는데?"

 "이젠 나도 모르겠다, 될 대로 되라지 뭐. 딱 인터뷰만 마치고 바로 뜨자, 오케이?"

 "이야…… 우리 교수님, 이제야 정신 좀 차리셨나 봐? 역시 사람은 크게 당해봐야 바뀐다니까."

 "시꺼 인마……!"

 배알은 없어도 한줄기 자존심은 남아있는지, 필구는 신경질적으로 대꾸하며 주머니에서 라이터를 꺼내 들었다. 그가 몽블랑 펜 다음으로 소중히 여기는 지포 라이터였다. 뚜껑을 열 때마다 나는 딸깍 소리가 그의 은근한 자랑거리였는데, 필구는 이 와중에도 대놓고 딸깍 소리를 내며 라이터를 켰다.

"그럼 저 다녀옵니다?"

"오야, 싸게싸게 댕겨와라."

시현의 발소리가 어느 정도 멀어졌을 무렵. 필구는 마침내 담배 한 대를 다 태웠다. 그러고도 좀처럼 마음이 나아지질 않아 다시 한 대를 뽑아 들려던 그때. 먼발치에서부터 낯익은 모습이 눈에 밟혔다.

"어……?"

다름 아닌 시현이었다. 분명 앞산의 성황 나무에 간다던 녀석이 웬일인지 뒷산으로 향하고 있다. 더군다나 평소와는 달리 뭔가에 홀리기라도 한 듯 비척비척 이어지는 걸음도 왠지 모르게 심상찮게만 보였다.

필구는 뽑아 든 라이터마저 도로 주머니에 쑤셔 넣었다. 대충 흘려 넣은 그것이 땅바닥에 떨어졌으리라고는 꿈에도 생각지 못한 채 그저 허둥대며 시현에게 다가가기 바빴다.

"야! 너 어디가 인마! 그쪽 아니잖아!"

평소와 같은 경박한 외침을 마지막으로, 필구는 홀린 듯 오솔길 안쪽으로 자취를 감췄다.

실혼(失魂 - 두려움에 넋을 잃다)

 제향 마을의 성황 나무는 흉흉한 사건이 연이어 일어나는 마을치고는 제법 멀쩡한 꼴을 하고 있었다. 생기가 가득한 나뭇가지마다 형형색색의 천이 멋들어지게 걸려있었고, 주기적으로 제초까지 하는지 주위에는 잡초 한 포기 없었다.

 이렇게나 깔끔한 성황 나무라면 당연히 제대로 된 터주가 자리를 틀고 있을 것이라는 확신에, 시현은 멀리서부터 고개를 들어 나무 옆의 평상을 내다보았다. 그리고 그곳에 당당하게 앉아 자신을 들여다보는 웬 할머니와 시선이 마주친 순간, 저도 모르는 사이에 고개가 푹 떨어지며 꾸벅 인사부터 나왔다. 꽤 거리를 두고 있는데도 물씬 풍겨오는 기운이 빼도 박도 못하는 신의 기운이었다.

'그래 이런 분이 신이지. 아까 그 여자는 역시 그냥 힘 좀 키운 허주였나 보네.'

그런 마음으로 깍듯하게 인사를 드리자, 터주는 고개를 까딱하며 가볍게 인사를 받아주었다. 시현은 그 태연한 모습을 본 뒤에야 '그래도 미움은 사지 않은 것 같다'라며 한차례 가슴을 쓸어내릴 수 있었다.

이윽고 그분의 얼굴을 알아볼 수 있을 정도로 성황 나무에 가까이 다가가 보니, 그러잖아도 말끔한 기운이 더욱 강하게 느껴졌다. 온 얼굴에 가득하게 자글자글 새겨진 주름마다 그 마을에서 지내 온 세월이 고스란히 배어있는 것만 같았고, 풍겨오는 따뜻한 기운이 그 기나긴 시간을 오직 마을을 위해 보내왔음을 직감적으로 알 수 있게 해주었다. 시현은 두 손을 공손히 모은 채 조심스레 입을 열었다.

"저어, 할머니. 혹시 산신이세요……?"

"나? 나는 여기 주인이지."

대답이 참 시원시원하게도 나왔다. 정말 하늘 아래 한 점 부끄러움 없이 당당한 분이 아니고서야 이런 태도가 나오기란 어려울 터였지만, 막상 확답을 듣고 나니 의아한 마음이 드는 것도 사실이었다. 보통 터주라고 하면 그 지역의 잡귀를 때리거나 하다못해 훈계하는 모습을 숱하게도 보아왔는데, 이 마을의 터주는 애꿎은 사람이 그렇게나 많이 죽어 나가는데 왜 이리 태평한지 도저히 알 길이 없었다.

"어르신, 여기 뒷산에 우물 하나 있는 거 아시죠?"
"응, 알지."
"거기서 사람이 자꾸 죽는 것도 알고 계세요?"
"알지."
"힘이 드실 순 있겠지만, 그래도 그 귀신을 좀 막아주셔야 하지 않으시겠어요? 제가 알기로는 못 해도 수십 명은 죽은 것 같던데요."

대놓고 물어본 것이 마음에 들지 않았던 것일까. 터주는 그 말을 듣고도 아무런 대답이 없었다. 그저 두 눈을 지그시 감은 채 시현의 말을 한 귀로 듣고 한 귀로 흘려버릴 따름이었다.

"어르신, 혹시 저희가 무슨 잘못이라도 했나요……?"

터주는 여전히 대답이 없었다. 고집스레 입을 꾹 다문 채 고갯짓조차 없이 잠자코 앉아있기만 하니, 시현은 실시간으로 속이 까맣게 타들어 갔다. 굿을 벌여야 하나, 아니면 제사상이라도 차려드리는 정성을 보여드려야 하나, 그것도 아니면 악귀가 터주 힘으로도 누를 수 없는 지경이 되났나…….

그런 실없는 생각만 오가는 와중. 바지 주머니에 넣어둔 핸드폰이 난데없이 요란스레 울려댔다. 무심코 꺼내 보니 마침 필구한테서 온 전화였다. 제사상 차릴 돈이라도 받아내려 반갑게 전화를 받아본 그 순간, 스피커 너머에서부터 전혀 다른 사람의 목소리가 들렸다.

"저기요, 박시현 씨 맞으시죠!"

세상 다급한 말투였다. 벌써부터 예감이 좋지 않아, 시현은 딱딱하게 굳어버린 얼굴로 기계처럼 대꾸했다.

"……네, 맞는데요……. 그런데 왜……?"

"교수님 지금 떨어지셨어요."

"뭐라고요……?"

"우물에 떨어지셨는데……. 지금 살아 계신지, 아니면 돌아가셨는지도 저희 지금 잘 모르겠거든요……? 일단 빨리 오셔야 할 것 같아요! ……여보세요? 듣고 계세요?"

대답은 돌아오지 않았다. 그도 그럴 것이, 시현은 이미 두 팔을 바닥을 향해 축 늘어뜨린 채였다. 이제 스피커 너머의 사람은 안중에도 없었다. 텅 비어버린 시선 역시 흙바닥만을 향하고, 거짓말처럼 아무런 생각도 들지 않는 와중에도 두 다리만이 제멋대로 휘적거리며 저절로 뒷산으로 향했다.

지금 가슴팍에서 울컥울컥 솟아오르는 감정이 슬픔인지, 분노인지, 그것도 아니면 두려움인지……. 그런 찢어질 듯한 심정을 처음 느껴본 시현으로서는 도저히 알 길이 없었다.

* * *

허리춤에 벨트를 단단히 동여맨 구급대원이 미끼를 물린 낚시찌처럼 홀로 우물 안으로 드리워졌다. 볕 한 줌 없이 어두컴컴한 우물은 쩍 벌어진 뱀의 아가리처럼 음습하기 짝이 없었지만, 정작 대원의 얼굴에는 일말의 긴박감조차 느껴지지 않았다. 마치 누가 실수로 떨어뜨린 두레박을 줍듯 무표정한 얼굴로 내려가, 무덤덤한 목소리로 바깥을 향해 이것저것을 요구할 뿐이었다.

그런 구급대원을 돕는 주변 사람들의 반응도 그저 태평하기만 했다. 너무나 일상적이고, 또 익숙한 일이라 이제는 놀랄 필요조차 없다는 듯이…….

그러나 일상 속에 틀어 앉은 죽음을 태연하게 받아들일 수 있는 이들은 오직 제향 마을의 사람뿐이었다. 그 광경을 지켜보는 시현의 얼굴은 뭐라 형용할 수 없는 서글픔과 울분, 억울함으로 가득했고, 그런 와중에도 우물을 향해 카메라를 치켜든 촬영팀을 향해 힐난하듯 쏟아내는 그의 목소리 또한 음울한 절망이 짙게 배어있었다.

"……어쩌다 이렇게 됐어요……?"

"그게……. 아까 담배 피우러 가신다고 시현 씨랑 같이 나가셨잖아요……?"

"……그래서요?"

"근데 아무리 기다려도 안 돌아오시길래 저희가 나가봤는데, 두 분 다 안 계시는 거예요. 저희가 시현 씨 연락처는 모르니까 교수님한테만 연락드려봤는데……. 이상한 말씀을 하시더라고요."

"무슨 말이었는데요?"

"시현 씨가 우물에 빠졌다고, 얼른 좀 와달라고……."

그렇게 대꾸하며 자신을 스윽 훑어보는 감독의 눈빛이 막연한 의심으로 가득했다. 하기야, 멀쩡하던 사람이 마지막으로 뱉은 말이 그러했다면 그런 눈으로 쳐다보는 것이 어찌 보면 당연한 일인지도 몰랐다. 그러나 이미 신경이 날카로워질 대로 날카로워진 시현은 그 시선이 역겨워서 참을 수가 없었다. 저도 모르게 입 밖으로 튀어나온 말도 세상 날카로웠다.

"카메라 안 치워? 눈치가 그렇게 없어? 등신도 아니고. 그분이 날 보고 그랬을까?"

"예……?"

"납량특집만 25년 찍었다면서, 감이 안 와? 그 양반이 진짜 날 봐서 그렇게 된 거겠냐고!"

마지막 일갈은 차라리 울음에 가까웠다. 그 말이 떨어지기가 무섭게 마냥 평온하기만 하던 주위의 분위기도 삽시간에 숙연하게 가라앉았다. 만약 시기적절하게 곁으로 다가온 무당이 아니었더라면 시현은 그 자리에서 눈물을 보였을지도 모를 일이었다.

"뭐해? 가서 안 보고."

"……보긴 뭘 봐요?"

"가서 봐야 할 거 아냐. 벌써 먹혔는지, 아니면 넋이라도 건져낼 수 있을지."

시현은 비로소 퍼뜩 정신이 들었다. 주위에 늘어선 사람들을 우악스럽게 헤쳐가며 다급히 우물에 다가가자, 그 안에서부터 천천히 들어 올려지는 필구의 몸뚱이가 선명하게 들여다보였다. 이미 넋이 떠나버린 시신에 격식을 차려 애도를 표할 여유 따위는 없었다. 시현은 오직 우물 안쪽만을 들여다보며 혹여라도 남아있을지 모를 필구의 흔적을 찾아보려, 또 느껴보려 무던히도 애를 썼다.

그러나 애석하게도 우물은 그저 깨끗하기만 했다. 어둑어둑한 곳에서 으레 느껴지기 마련인 잡귀의 기운조차 없었고, 당연히 그곳에 남아있어야 할 필구의 넋도 온데간데없었다.

눈 앞에 펼쳐진 상황이 뜻하는 바는 오직 하나뿐이었다. 미처 넋걷이를 하기도 전에 혼이 먹혀버린 것임이 분명했다.

그것을 깨달은 순간, 시현은 저도 모르는 새 그 자리에 털썩 주저앉고 말았다. 종아리에 힘이 쭉 풀려버린 탓에 도로 일어설 엄두조차 낼 수가 없었다.

"……어떻게, 어떻게 이럴 수가 있어……? 대체 뭘 잘못했다고……?"

"그러게, 내가 돌아가라고 입이 닳도록 말했는데."

난데없이 들려온 목소리에 고개를 돌려보니, 무당이었다. 비록 말투는 여전히 퉁명스러운 감이 있었지만 특유의 어두운 낯빛에 그녀 나름의 착잡함이 실려 있었다.

동정하는 것인지, 비웃는 것인지 모를 그 애매한 모습에 차마 화를 낼 수도, 따질 수도 없었다. 그저 핏발이 성성한 눈으로 무당을 죽일 듯이 노려보기만 하던 그 순간, 마침내 끌려 나온 필구의 몸뚱이가 천천히 시야를 채워갔다.

그러잖아도 새카맣던 양복이 온통 물에 젖은 채 칠흑 같은 빛을 띠고 있었다. 한데 그 안주머니에서 새하얗게 빛나고 있어야 할 물건이 보이질 않았다. 바로 그가 그토록 아끼던 펜 한 자루였다. 그 부재를 확인한 순간, 시현은 문득 뭔가를 깨닫곤 반사적으로 고개를 쳐들었다.

아니나 다를까 낯익은 꼬락서니가 눈에 띄었다. 어젯밤에 보았던 소복의 여인이었다. 그녀는 보란 듯이 모습을 드러낸 채 우물 저편에 서 있었는데, 반지투성이의 새하얀 손으로 가느다란 쇠 막대 같은 것을 탐욕스럽게도 움켜쥔 채 느긋하게 만지작대고 있었다. 일찍이 필구가 그토록 아끼던 펜이었다. 단지 그 모습을 본 것만으로도 울분에 가슴이 터질 것만 같은데, 여인은 한술 더 떴다. 그녀는 이윽고 들고 있던 펜을 소복 앞섶에 꽂아 넣더니, 고개를 들어 시현과 눈을 똑바로 마주했다.

새하얗게 질린 무감각한 얼굴이 금세 웃음기로 물들었다. 어떻게 보아도 비웃음, 그 이상도 이하도 아니었다.

"저…… 저, 개 같은 새끼가!"

발악인지, 통곡인지 모를 욕지거리가 울음처럼 터져 나왔다. 다급히 어깻죽지를 붙잡은 무당이 아니었더라면 당장이라도 자리에서 벌떡 일어나 달려들었을 터였다.

"보지 마라, 보면 안 된다."

눈두덩이를 가로막는 손길이 서늘하기 짝이 없었다. 이미 눈에 뵈는 게 없어진 시현은 그 자리에서 발광하며 어떻게든 손을 떼어내려 했다. 그러나 어째서인지 아무리 악을 쓰고, 몸을 마구 비틀어대도 도저히 그럴 수가 없었다.

그로부터 얼마나 시간이 흘렀을까. 귓가에 어렴풋이 들려온 '쯧' 하는 비웃음을 마지막으로, 여인은 다시금 자취를 감추었다.

* * *

 필구가 그 나이를 먹고도 결혼을 하지 못한 것이 과연 불행이었을까, 아니면 차라리 다행이었을까. 본인에게는 어느 쪽이나 끔찍한 불행이겠지만, 가장이 죽었을 때 가족들이 마주해야 할 충격을 생각하면 혼자인 것이 차라리 다행이었다. 마흔이 다 되어가도록 딱히 살갑게 챙긴 친척도 없어 시신을 고향까지 옮겨달라는 요청도 없었고, 겨우 연락이 닿은 필구의 동생에게는 그 지역의 병원에서 장례를 치러 달라는 짤막한 부탁만이 전해졌을 뿐이다.

 까다로운 셈법이 똬리를 틀고 앉은 필구의 고독한 인간관계 속에서 그나마 인간적인 인연이 닿은 시현만이 어설프게나마 상주 노릇을 해주었다. 촬영팀에, 얼마 안 되는 마을 사람까지 조문을 마치고 나니 장례식장은 쥐 죽은 듯 고요해졌다. 그러나 겨우 찾아온 평안도 그리 오래가지는 못했다. 스태프들 사이에서 촬영을 접네, 마네 하는 목소리가 두런두런 들려오기 시작한 탓이었다. 단지 그 소리만으로도 적잖이 심기가 불편한데, 그럴 때마다 들려오는 감독의 질책이 더욱 시현의 속을 긁어댔다.

"야 이 새끼들아, 우리가 죽었어? 이번에 촬영비를 얼마나 받았는지나 알고 지껄이는 거야 지금?"

"감독님, 이건 진짜 아닌 것 같아요. 저희 그냥 1부작만 찍든가, 아니면 국장님한테 연락해서……"

"야!"

"……"

"똑바로 들어. 지금 여기서 다 같이 죽든, 아니면 돌아가서 죽든지, 하나만 해. 알아들어?"

목에 핏대를 세운 채 지껄여대는 감독의 꼬락서니가 마음에 들지는 않았지만, 악에 받친 것만큼은 시현도 마찬가지였다. 필구가 그런 꼴을 당한 모습을 두 눈으로 보고도 그냥은 도저히 돌아갈 수 없었다. 어떻게든 그 귀신을 불러다 꿇어 앉혀놓고 필구를 토해내게 해야 한다는 생각뿐이었고, 그러려면 방법은 역시 하나밖에 없었다.

시현은 이내 자리에서 몸을 일으켰다. 그러곤 핸드폰을 꺼내든 채 조용히 장례식장 뒤편으로 향했다. 워낙에 늦은 시간이라 바로 받아줄 것이라고는 기대하지 않았다. 그런데 신호음이 채 몇 번 흐르지도 않았는데 스피커 너머에서부터 반가운 목소리가 들려왔다.

"오야, 시현이가."

"할매……."

"오야."

"……."

"와 불러놓고 말이 없노. 니 혹시 우나?"

그러잖아도 서러운데 그 말을 듣자마자 더욱 울컥하며 가슴에서부터 뜨겁게 치미는 것이 있었다. 마치 물이 가득 담긴 그릇이 불시에 흔들린 것처럼, 미처 마음을 굳게 다잡을 새조차 없이 벌써부터 두 눈에서 후끈한 눈물이 줄줄 흘러내리고 있었다. 자연스럽게 코도 시큰거리고, 서럽게 훌쩍이느라 말은커녕 '응응' 하는 간단한 대답조차 내놓을 수가 없었다.

"아이고, 아까도 펑―펑 울드만, 또 우나? 이제 고마 울어라. 뭐가 그리 슬프노? 고마 얼른 눈물 안 닦나?"

"……."

"니 앞으로 이 길 걷게 되면은, 이보다 드러운 꼴도 봐야 하고, 더 슬픈 일도 니한테는 많―이 생길 기라. 이만한 일로 이케 슬퍼하모, 니가 이 길을 걸을 수나 있겠나?"

"걸어서 뭐해? 신이라면서 억울하게 죽는 사람들 살려주지도 않고, 말도 한마디 안 해주고, 그게 무슨 신이라고······."

"그게 뭔말이고?"

"여기 성황 할매, 나 보고도 아무 말도 안 했어. 그 사람 죽을 거 다 알고도 아무 말도 안 했단 말이야."

"아이고······ 그랬나?"

"그 사람이 돈을 밝히긴 했어도 죽을죄를 지은 것도 아니고, 그렇다고 거기서 죽을 만한 나이도 아닌데······. 대체 왜······."

"······시현아, 잘 들으래이. 죽음도 삶인기라."

"뭐······?"

"죽고 사는 것도 다 하늘의 뜻이라는 기다, 내도 인연이 돼가, 니를 만났지만······ 하늘이 왜 니를 내한테 보내주셨는지는 내도 모른데이. 그저 가만히 기다리다 보믄 그 뜻이 천천히 보인다 안 카나."

"······."

"그래, 니 말도 맞다. 그분도 다— 보고 계셨을 거다. 그런데도 말을 안 해주신 건 이유가 다 있겠지. 신의 세계랑 인간의 세계는 다른 법이라고, 할매가 누누이 말했제?"

"······응."

"하늘의 뜻이 이 미천한 제자들 뜻이랑 우째 같겠

노? 아직은 너한테 보여선 안 되는 게 있는 게지."

"……."

"그 양반, 교수라 했제?"

"……응."

"그 양반이 니한테 마지막까지 가르침을 주고 간 기라."

"가르침……? 무슨 가르침?"

"우리 같은 사람들은 인연 함부로 맺는 게 아니래이. 내 니한테 사람들 데꼬 돌아댕기지 말라고 했던 게 다 그래서였던기라. 내도 참 많—은 사람을 보고, 인연도 맺었지만서도…… 항상 이쪽 일에 휘말리지 않도록 보이는 사람이 잘해야 하는기라. 어쩔 땐 잘 다독이고, 어쩔 땐 화도 내고. 똑바로 갈 수 있도록 끝까지 바로잡아줘야 한데이. 근데 니는 그리 했나?"

나긋나긋하게 울린 그 마지막 한마디가 송곳처럼 가슴을 후벼팠다. 대답은 머릿속에서부터 퍼뜩 떠오른 지 오래였지만, 시현은 차마 그것을 입 밖으로 내지 못했다. 그저 저도 모르는 새 길바닥에 털썩 주저앉은 채 더욱 서럽게 울음을 터뜨릴 뿐이었다.

"아이고, 고마 됐다. 죄책감 가지지 말그레이. 어차피 그 사람의 운명은 거기까지였던 기라. 아마 니가 벤

또 싸말리고 가서 말렸어도 계속 거기 붙어있었을 거래이. 마음 아프겠지만은 지나간 일은 흘려보내고, 다음에는 이러지 않으면 된데이."

"할매…… 내 잘못 맞고, 내가 진짜 죽일 놈인데……. 나 부탁 하나만 들어주면 안 되나……?"

"부탁? 무신 부탁?"

"나, 그 사람 그냥은 못 두겠어. 그 미친년이 처먹은 그 사람 넋이라도 건져야 하는데, 내 힘으로는 안돼."

"오야, 미우나 고우나 인연이 닿은 사람인데 이대로 둘 수는 없는 기지. 내 내일 동트자마자 몽두리 챙겨가 가꾸마. 너무 걱정 말그래이, 알았제?"

"정말……?"

"니만 그 양반 봤나? 내도 봤데이. 우리 같은 사람들은 인연이 닿았으면 일단은 덮어놓고 돕는 기라."

"할매……."

마음 같아서는 속을 터놓고 더 이야기하고 싶었다. 그런데 난데없이 등 뒤에서부터 느껴지는 기척에, 시현은 획 하고 고개를 돌렸다. 귀신인가 싶었는데 뜻밖에도 얼굴이 낯이 익었다. 다름 아닌 정시현 작가였다. 초조해 보이기도 하고, 면목이 없어 보이기도 하고, 막상 찾아와놓고도 머뭇거리는 모습으로 보아 보통 일이 생긴 것은 아니지 싶었다.

"작가님, 무슨 일이에요?"

"저어……."

"……할매, 나 잠시만. 사람이 와서 얘기 좀 해야겠다."

"오야."

작가는 일단 전화를 끊고 난 뒤에야 말문이 트인 듯 머뭇머뭇 이야기를 늘어놓기 시작했다.

"저어…… 말씀드릴 게 하나 있는데요. 저희 감독님은 개꿈이라 그러는데, 이게 저희가 봤을 땐 아무리 생각해도 뭔가 좀 심상치 않거든요……? 그래서 선생님한테 말씀 좀 여쭤보려고요."

"다 필요 없고, 일단 내용부터 말해보세요. 내가 들어야 조언을 해주든 말든 하지."

"이게…… 저희 음향팀 스태프가 꾼 꿈인데요……. 꿈에서 웬 책을 봤대요."

"책이요?"

"네, 그 뭐야…… 사극에 나오는 소품 같은 책 있잖아요. 그런 오래된 책이 있어서 무심코 펼쳐보니까 이름 하나가 보이고, 그 옆에 날짜가 적혀있더래요."

"……그래서요?"

"이름을 보니까 '정필구'라고 적혀있고, 그 옆에 꼭 생년월일 같은 날짜랑 올해 년도 적혀있었는데, 그게 보니까 오늘이더래요."

그 말을 듣자마자 퍼뜩 뇌리를 스치는 것이 있었다. 시현은 당황한 나머지 말까지 더듬어가며 재차 물었다.

"나, 날짜는 기억해요? 생년월일 같은 날짜?"

"그게…… 1985, 10, 22였대요. 숫자가 너무 선명하게 기억이 난다고 하더라고요. ……근데 저희가 교수님 성함은 알아도 생년월일은 모르는데, 만약 그게 맞아떨어지면 확실히 뭔가 있는 것 같아서……."

그 이후로 작가가 뭐라 떠들어대는 소리는 귀에 들어오지도 않았다. 그도 그럴 것이, 시현의 머릿속은 언젠가 필구와 나누었던 실없는 대화로만 가득했다.

내가 소띠야 인마! 그래서 이렇게 안 맞았던 거구만!"

"어우, 소띠셨어요? 그럼…… 73년생?"

"85년생 새꺄!"

명부록

 생년을 맞춘 것만으로도 결코 우연으로 치부할 수 없는 필연이었다. 아마 조상신이 꿈에 나와 넌지시 경고라도 해준 것이겠거니 싶어, 시현은 대수롭지 않게 대꾸했다.

 "조상신인가 보네. 별거 아니에요. 그냥 언질만 넌지시 주신 거지."

 "아, 잠시만요. 계속 들어보세요."

 "왜요? 다른 게 또 있어요?"

 "네네, 그 친구가 아무 생각 없이 다음 장을 넘겨봤는데…… 거기 뭐가 있었다는 줄 아세요?"

"뭐가 있었는데요?"

"자기 이름이 있었대요. 교수님이랑 똑같이 생년월일이 적힌 숫자 옆에 다른 숫자가 또 있었는데, 이번에는 2056 어쩌고, 그렇게 적혀있었다는 거예요."

"……그래서요? 그게 끝?"

"아뇨, 그 숫자에 빗금이 죽 그어져 있더래요. 그리고 그 위에 웬 숫자가 또 적혀있는데, 그게 날짜가 영 불길해서……."

"왜요? 몇월 며칠이길래?"

"……7, 29."

"7, 29……?"

시현은 그 숫자를 연거푸 입속말로 되뇌어보았다. 날짜가 익숙하다 싶었는데 오늘이었다. 그것을 깨달은 순간, 시현은 스태프가 꾼 꿈이라는 것이 그저 단순한 현몽이 아니라는 것을 직감했다. 그리고 그가 보았던 책은 다름 아닌 생사부일 것이라는, 그런 확신에 가까운 추측도 본능적으로 고개를 들었다.

한 번 솟구친 불길한 예감은 꼬리에 꼬리를 물었다. 필구의 생년월일과 사망 일자까지 정확히 적혀있었던 만큼 이번에도 우물이 그 스태프를 삼켜버리는 것은 기정사실일 터였고, 날짜가 오늘이라면 시간이 없었다. 시현은 일말의 망설임조차 없이 작가를 다그쳤다.

"그 사람 좀 봅시다. 지금 어디 있어요?"

***

새벽부터 청천벽력과도 같은 암울한 소식이 시현을 찾아왔다. 발단은 할머니에게서부터 온 전화였다.

"어, 할매? 터미널이야? 왜 이렇게 시끄러워?"

"할미 지금 병원이다."

"어?"

시현은 하마터면 핸드폰을 떨어뜨릴 뻔했다. 그 직후에 들려온 할매의 목소리가 아니었더라면 아마 그 자리에 털썩 무너져내리고도 남았으리라.

"사람 말 끝까지 들으래이. 가다가 차 사고가 났다 안 카나. 내는 상한 덴 없는데, 어린 제자들이 좀 상했데이."

"……할매, 설마……. 살 맞은 거야……?"

"내도 모르겠다. 살은 살인데, 점잖게 날렸다 안 카나. 그래도 크게 상한 사람은 없데이. 내 볼 때는 이렇게 점잖게 날린 살이믄, 필시 신이 날리신 게지."

"신……? 신이 날렸다고?"

"그냥 내 느낌이 그렇다. 오지 말라고 넌지시 말해 주신 것도 같은데……. 이라모 우리는 가믄 안 되는데, 니는 괘안겠나?"

"아니, 지금 내가 문제가 아니잖아! 애초에 어떻게 살을 맞은 건데? 할매를 어떻게 알고?"

"됐다. 인자 와서 그런 얘기 해가 뭐하겠노. 이미 터진 일인데."

"할매, 내가 지금 갈게. 어디 병원이야?"

"씰데없는 소리 말그래이. 내는 신명님이 지켜주시니 괜찮은데, 니가 걱정이다 안 카나. 괜히 호들갑 떨다가 함부로 경거망동하지 말래이. 우리 신명님이 너를 지켜주시기야 하겠다마는 내가 직접 가질 몬하니, 얼미나 믹아주실 수 있을지도 모르겠고, 또 니 말고 다른 사람들은 어떻게 될지 모르겠데이."

"……할매, 그럼 지금 진짜로 큰일 난 것 같은데……?"

"와 또 호들갑이고? 뭔 일 있노?"

"그게 아니라, 지금 여기 사람 한 명이 어젯밤에 살을 맞은 것 같아. 이거 내가 봐도 보통 살이 아닌데, 아무래도 오늘 내일 할 것 같은데……. 이거 어떡하지……?"

"호들갑 떨지 말고 자세히 좀 말해본나. 무신 일이고?"

시현은 황망한 와중에도 어젯밤의 일을 소상히 전해주었다. 산전수전을 다 겪어온 만신이 느끼기에도 보통 꿈은 아닌 듯, 호들갑 떨지 말라며 느긋하게 굴던 그녀도 이야기를 다 듣고 나서는 사뭇 심각한 탄식을 흘렸다.

"그라모 이렇게 하그래이. 임시방편이긴 해도 통하긴 할기다. 그 양반을 방에 넣고, 문을 똑디 닫아놓고, 창문도 닫아 놓그래이. 그라믄 된다."

"……진짜 그거면 돼? 다른 건 더 필요 없고?"

"오야, 그라믄 된데이. 그리고 혹시라도 누구 하나 홀릴지도 모르니깨, 니가 문 앞에서 단디 지키고 있으래이. 니한테는 부적이 있다 안 카나. 그저 그 문 앞만 지키고 있어도 사람 목숨은 지킬 수 있을 거래이."

"……다른 건 할 필요 없어? 진짜 그게 다야?"

"됐다는데 자꾸 쓸데없는 소리 말아라. 무조건 할매 말 단디 듣고 믿어야 한데이. 니가 안 믿으면 누가 믿겠노? 괜히 의심하고, 겁먹고, 그라믄 안 다칠 것도 크게 다치는기라. 나는 그 의심병이 제일 문제라 안 카나?"

"……알았어, 그렇게 할게."
"오야, 다 끝나고 전화 한통 하그래이. 알겠나?"
"……응."

* * *

시현은 할머니가 전해준 방편을 그야말로 철저하게 지켰다. 꿈을 꿨다는 음향 스태프를 마을회관의 구석진 방에 가두다시피 한 뒤, 바깥으로 통하는 유일한 통로인 창문 역시 밖에서부터 단단히 잠가놓았다. 만약 중간에 끼어든 감독만 아니었더라면 언성을 높일 일도 없이 무난하게 준비를 마쳤을 터였다.

"감독님……, 지금 뭐 하시는 거예요?"

왠지 익숙한 목소리인 것 같아 고개를 돌려보니, 아니나 다를까 정시현 작가였다. 촬영 경험이 없는 시현으로서는 그가 대체 무슨 짓을 하다 들킨 것인지 알 길이 없었지만, 경력 많은 다른 스태프들은 벌써부터 두 눈을 가늘게 뜬 채 인간적인 혐오감을 온 얼굴에 고스란히 내보이고 있었다.

"아니 뭐……. 뭐라도 건질 여건이 되면 찍어두긴 해야 할 거 아냐. 아마추어도 아니고 다들."

정상적인 촬영팀이라면 감독이 손수 카메라를 설치하는 일 따위는 없어야만 할 터였다. 그러나 아무도 자신을 선뜻 도우려는 기색이 없자, 감독은 손수 카메라를 들어 방 이곳저곳에 달아두었다. 야속하다는 듯 그 모습을 쳐다보는 스태프는 안중에도 없는 듯한 눈치였다.

"저 새끼가 진짜……."

그 꼬락서니를 보고 울화가 치미는 것은 비단 스태프뿐만 아니라 시현 역시 마찬가지였다. 성질머리 같아서는 바로 달려들어서 뺨부터 올리고 멱살잡이를 해도 시원찮았지만, 그는 일단은 사람 목숨 먼저 지켜내겠다는 일념만으로 그것을 꾹 참아냈다.

모든 준비를 마친 뒤, 시현을 포함한 촬영팀은 모두 회관 마루에 모여 앉았다. 그 누구도 감히 말을 꺼낼 엄두를 내지 못해 사방이 마냥 고요한 와중이었다. 시현이 지키고 앉아있는 방 안쪽에서부터 웅얼거리는 목소리가 들려오기 시작했다. 처음 들었을 땐 대체 무슨 말을 중얼거리는지 알 길이 없었지만, 수십 번을 듣고 나니 비로소 분명하게 알 수 있었다. 그것은 다름 아닌 주기도문이었다.

가진 종교가 있냐고 물었을 때 딱히 없다고 대답

했던 그였다. 그런 주제에 어디서 주워들은 주기도문을 외우는 그 모습에, 시현은 저도 모르게 쓴웃음을 지었다. 그것이 과연 효과가 있을지는 차치하고서라도 적어도 아예 안 하는 것보다는 나을지도 몰랐다.

낙백(落魄 - 넋이 달아나다)

그러나 그 소리가 몇 분도 아니고 무려 몇 시간이 넘도록 꾸준히 들려오자, 시현은 의아한 얼굴로 고개를 갸웃거렸다. 제아무리 무섭더라도, 또 웬만큼 독실한 신자라도 그러기는 힘들 텐데, 대체 어떻게 이렇게까지 할 수가 있나 싶어서였다.

시현은 그제야 뭔가 이상하다는 것을 직감하곤 무심결에 문을 열어보려 했다. 한데 문고리에 손을 얹은 그 순간, 뜻밖에도 감독이 화들짝 놀라며 앞으로 나섰다.

"왜 이래요? 뭐 하시려고요?"

"아, 그게……, 느낌이 좀 안 좋아서. ……잠깐만 열어봅시다."

"아니…… 진짜 이러시기예요……? 분명히 선생님 입으로 열면 안 된다고 하셨잖아요."

"그거야 상황에 따라 다른 거죠. 비켜봐요."

"보세요, 선생님. 지금 우리가 자리도 다 지키고 있고, 문도 잠가놓았는데, 애가 나가서 뭐 헛짓거리나 할 수나 있겠어요? 지금 보니까 목소리도 제대로 들리는구만."

"……아니, 그건 맞는데 지금 느낌이 아무래도 좀 쎄하니까……."

"지금 당장 큰일이 난 것도 아니니까 그냥 계세요. 난 선생님이 이러시는 게 더 무서워."

뭐라 반박하고 싶어도 하나하나 따져보면 다 이치에 맞는 말인지라, 시현은 일단 한걸음 물러섰다. 하지만 그로부터 더욱 시간이 흐른 뒤에도 그 불길한 낌새가 사그라질 기미가 없자, 시현은 더는 참지 못하고 무턱대고 문을 두드렸다.

"저기요, 지금 괜찮으신 것 맞죠?"

다그쳐도 대답은 돌아올 기미가 없고, 들려오는 것이라고는 스태프의 무미건조한 주기도문 소리뿐이었다. 그 음색과 박자는 마치 신부나 목사가 읊기라도 하는 것처럼 분명 정확하게 맞아떨어졌지만, 정작 가장 중요한 활력이 느껴지지 않았다. 사람이 내는 목소리라기에는 생기가 일절 없이 공허하기만 했고, 들으면 들을수록 경건함은커녕 불길함만이 스멀스멀 치밀어 오를 따름이었다.

그쯤 되자 감독을 믿고 잠자코 자리를 지키고 있던 스태프들도 비로소 뭔가 이상하다는 것을 눈치챘다. 처음엔 그저 알아들을 수 없는 크기로 한두 마디씩 수군거릴 뿐이었지만, 종국에는 그들마저 서로를 돌아보며 걱정스러운 얼굴로 웅성대기 시작했다. 그제야 감독은 뒤늦게나마 상황을 파악하곤 주춤거리며 슬그머니 자리를 비켜주었다.

시현은 즉시 문을 열어젖히고 안을 휘휘 둘러보았다. 그런데 보여야 할 사람이 보이지 않았다. 방은 마치 처음부터 아무도 없었던 것처럼 텅 비어있었고, 구석에 덩그러니 놓인 음향 장비에서는 이제 귀에 익을 대로 익은 스태프의 목소리가 끊임없이 흘러나오고 있었다.

시현은 그 모습을 보고는 순간적으로 몸에 힘이 풀렸다. 반쯤 넋이 나간 채 주위를 휘휘 둘러보니, 활짝 열려 있는 창문에서 찬바람이 쌩쌩 들어왔다.

시현의 뇌리에 불현듯 과거의 기억이 스쳤다. 여인에게 홀렸던 정시현 작가를 가만히 내버려 둔 채 그 모습을 찍어대던 감독의 모습이었다. 그는 그것을 떠올리기가 무섭게 대뜸 감독을 돌아보더니, 두 눈을 부라리며 목에 핏대까지 세운 채 바락바락 내질렀다.

"너지? 너 맞지!"

그러자 정시현 작가가 시현보다 한 뼘은 더 작은 키로 필사적으로 그들 사이에 끼어들었다.

"일단 나가요! 우물부터 가봐야 구하든 말든 할 거 아니에요!"

시현은 그 말을 듣고 나서야 억지로나마 화를 누그러뜨렸다. 감독 역시 마찬가지였다. 그들은 황급히 마을회관을 나서는 다른 스태프들을 따라 반쯤 넋이 나간 채로 그저 망연하게 발걸음을 옮겼다.

사방이 어둑어둑한 탓인지 우물로 가는 길은 낮에 겪었던 것보다 갑절은 더 고되었다. 그러나 다들 숨이 턱까지 차올라 헉헉거리면서도 그 누구도 잠시 쉬어가자는 말조차 않았다. 오직 걱정만을 앞세워 한달음에 산을 오르자, 펜스에 단단히 걸려있어야 할 자물쇠가 바닥을 구르고 있었다.

그 광경을 본 순간부터 다들 음향 스태프의 최후를 거의 확신에 가깝게 추측했다. 그럼에도 차마 그것을 함부로 입에 담지는 못하고, 다들 지푸라기라도 잡는 심정으로 무거운 걸음을 재촉했다.

겨우 도착한 우물은 이미 뚜껑이 활짝 열려있었다. 그나마 담력이 있는 남성 스태프들은 괴로운 한숨만 푹푹 내쉴 뿐 눈물을 보이지는 않았지만, 여성 스태프들은 그 광경을 보자마자 울음바다가 되어버린 지 오래였다.

감히 그 누구도 가까이 다가갈 엄두조차 내지 못하던 그때였다. 줄곧 넋이 나간 채로 산을 오르던 시현이 비로소 앞으로 나섰다. 그러자 눈치 빠른 조명 스태프 한 명도 내키지 않는 기색을 내보이면서도 플래시를 들고 그의 곁을 따라주었다.

후끈거리는 불빛 아래로 비친 이의 몰골은 참혹하기 그지없었다. 그러나 일련의 사태를 일찌감치 예상했던 시현은 눈 앞에 펼쳐진 광경을 보고도 눈 하나 깜짝하지 않았다. 그저 입술을 앙다문 채 주먹 쥔 두 손을 파르르 떨기만 할 따름이었다.

음향팀 스태프는 일찍이 필구가 그러했듯 바로 그곳에 있었다. 눈부신 조명 아래로 드러난 시신의 몰골

역시 필구의 것과 조금도 다를 바가 없었다. 머리는 미처 물에 잠기지도 않았고, 드문드문 물기가 어린 새하얀 얼굴이 마냥 평온하기만 했다. 하다못해 타박상이나 은은하게 배어나오는 핏물조차 일절 없었다. 굳이 메스로 살갗을 베어 들여다볼 필요조차 없이 단지 겉으로 비치는 그 모습만으로도 사인이 익사가 아니라는 것쯤은 누구나 본능적으로 알 수 있었다.

그리고 당연하게도, 그 안에 담겨있어야 할 사내의 넋 또한 간 데가 없었다.

* * *

우물이 하루 새에 연거푸 두 사람을 삼켰다는 소식은 꼭두새벽부터 온 마을로 퍼져나갔다. 비슷한 일을 하도 많이 겪어서인지 이제는 사람이 죽었다는 말을 듣고도 온 얼굴이 무덤덤한 무당이었지만, 스태프의 시신을 마주하고 나서는 그 얼굴에 비로소 표정이라 할 만한 것이 피어나기 시작했다.

무당은 이윽고 초점 없이 멍하던 두 눈을 크게 떴다. 늘 무덤덤하기만 하던 얼굴도 어느새 잔뜩 일그러진 채 날 것의 감정을 그대로 드러냈다. 낯빛을 보아하니 하고 싶은 말은 있는데 정작 말문은 턱 막혀버린 듯했다. 그러기를 한참, 그녀는 불현듯 입술을 달싹이며 알 수 없는 말을 조용히 중얼거렸다.

"……오늘 내일 할 상은 아니었는데……. 오갈 데 없는 혼을 다 삼킨 것도 모자라, 이제는 역천(逆天)이라……."

필구의 시신을 보았을 때와는 반응이 사뭇 달랐다. 그도 그럴 것이, 필구는 괴이하게 죽긴 했어도 어찌 됐든 제 명에 간 목숨이었다. 그 탓에 시신을 보고도 이렇다 할 동요가 없었지만, 이번만큼은 사람이 죽을 때가 아닌데도 죽어 나자빠졌다는 사실을 알아차린 모양이었다.

그때였다. 멍하니 있던 무당이 난데없이 시현을 돌아보았다. 거기서 그치지 않고 성큼성큼 앞으로 다가오더니, 두 눈을 똑바로 마주한 채 한마디 툭 내뱉었다.

"기도 많이 해."
"뭐라고요?"
"기도 많이 하라고."
"안 그래도 저도 드릴 생각이긴 했는데, 갑자기 그건 왜……?"
"나중에 얘기해. 어차피 금방 다시 보겠지만서도."

뭐라 대꾸할 짬조차 없었다. 무당은 그 말만을 남기더니, 뒤도 돌아보지 않고 자리를 획 떠나버렸다.

* * *

그날 밤, 시현은 무당의 조언대로 방 한편에 제사상을 차렸다. 필구와 함께 지낼 땐 그렇게나 좁던 방이 이제는 제사상을 한가득 차려놓고도 한없이 넓게만 느껴졌다.

그는 반쯤 넋이 나간 얼굴로 필구가 쓰던 창가 쪽 이부자리를 가만히 들여다보았다. 그렇게 한참을 바라보며 옛 기억을 곱씹어본 뒤에야 서서히 정신이 들었다. 제아무리 애틋한 마음으로 기도를 올리고, 또 그를 기억해주려 한들 천도재를 지내주지 않으면 아무런 소용이 없었다. 그리고 그러기 위해서는 얼른 신의 힘을 빌려 그의 넋부터 건져내야만 했다.

시현은 이윽고 제사상 앞으로 다가가 천천히 무릎을 꿇었다. 그러곤 소중히 간직해온 부적을 품에서 꺼내든 채 그 어느 때보다도 간절한 마음으로 기도를 시작했다.

한 시간이 넘도록 기도를 이어간 뒤에야 마침내 신

의 기척을 느낄 수 있었다. 고향과 마을의 거리가 너무 멀어서인지, 그게 아니라면 간절함이 부족한 탓인지, 신의 모습을 두 눈으로 직접 볼 수는 없었다. 오직 벽에 드리워진 새카만 그림자만으로 신의 존재감을 어렴풋이 느낄 수 있을 뿐이었다. 시현은 그 모습 앞에서 꾸벅 인사부터 올렸다.

"미천한 제자를 위해서 이렇게 먼 길을 와주셔서 감사합니다. 제가 염치 불고하고 부탁 하나만 드려도 되겠습니까?"

"말해 보거라."

"큰 걸 바라지는 않겠습니다. 그냥……, 다들 살려만 주시면 안 되겠습니까……? 거기서 조금만 더 욕심을 부리면, 다들 사지 멀쩡하게 나갈 순 없겠습니까?"

신은 아무런 대답이 없었다. 앞에 놓인 제사상에도 손을 대지 않고, 그저 곧게 좌정한 채 침묵을 지키다가, 낮게 깔린 목소리로 조용히 중얼거렸다.

"……죽을 사람은 죽어야지."

"예……?"

"천리와 순리를 지키는 것이 우리의 일이고, 하늘과 땅을 이어주는 것이 너희 제자의 일이다. ……허나 그 천리와 순리라는 것이, 항상 제자의 뜻과 맞을 수는 없는 노릇이 아니겠느냐?"

"……잠시만요. 그럼 설마, 저희가 다 죽어야 한다는 말씀이세요?"

"……그럴지도 모르지."

체념에 가까운 목소리였다. 그 청천벽력 같은 소리에, 시현은 겨우 붙잡고 있던 정신을 반쯤 놓아버리고 멍하니 중얼거렸다.

"저희가 그 정도로 죄를 지었어요? 그 우물을 들쑤신 게……, 그렇게까지 큰 죄예요?"

"……아니다."

"그럼, 대체 왜……?"

"그놈이 올바른 신이라면 그러지는 않겠지. ……하나 시금 그곳을 틀어쥔 건 신이되, 신이 아니구나."

"신이되, 신이 아니라고요……?"

"그래. 그런 잡스러운 것이 붙어있는데, 나는 손을 댈 수가 없구나. 다만 그저 손을 놓고 있으면 언젠가는 풀릴 일인 건만, 죽을 놈은 죽어야 풀리겠구나……. 이 많은 생목숨이 다 끊어지는 중에도 나는 너 하나밖에는 지킬 수가 없겠구나……. 불쌍한 것, 불쌍한 것……."

자그마치 수백 년을 대가 없는 헌신으로 보내오며

볼 꼴 못 볼 꼴을 고루 보아왔을 신이 그렇게까지 뜻을 전하는데, 고작 수십 년을 살아온 제자로서는 감히 토를 달 수가 없는 노릇이었다.

그러나 시현은 그 법도를 머리로는 잘 알아도 가슴으로는 도저히 받아들일 수가 없었다. 그는 쉽사리 포기하지 않고 같은 부탁을 몇 번이고 입에 담았다. 하지만 그럴 때마다 신은 계속해서 고개를 저으며 그 이상은 아무런 언질도 주지 않았다. 그러다 문득 거뭇거뭇한 손을 내밀어 시현의 손을 위로하듯 꼭 붙잡아주더니, 이내 연기처럼 스르륵 흩어질 뿐이었다.

신이 이렇게나 갑작스레 떠나는 이유를 당장은 알 길이 없었다. 마지막으로 귓가에 울려온 목소리 역시 그저 아리송하기만 했다.

"안타까운 사람이다. 너무 미워하지 말아라."

대체 누구를 말하는 것인지 고민할 필요조차 없었다. 그 말이 끝나기가 무섭게 누군가 문을 두드려왔으니까. 시현은 화들짝 놀라 문밖에다 대고 외쳤다.

"누구세요?"

"접니다, 감독이요."

감독은 제멋대로 슬며시 문을 밀어젖혔다. 거기서 그치지 않고 고개를 들이민 채 방 안을 들여다보기까지 하더니, 이윽고 시현과 제사상을 발견하고는 아차 싶은 얼굴로 횡설수설하기 시작했다.

"아……! 술안주 사서 들어가시길래, 저는 또 혼자 술이라도 한잔하시는 줄 알고……."

시현은 똥 씹은 얼굴로 대충 술이나 한잔 따라서 바닥에 놓아주었다.

"……한잔하시든가 그럼."

"아유, 감사합니다."

마지못해 한잔 권한 것을 계기로 불편한 술자리가 시작되었다. 말 한마디 없이 서로 주거니 받거니 하며 술잔만 비우던 중, 묵묵히 술을 넘기던 감독이 뜬금없이 말을 던졌다.

"……다 내가 그런 줄 압디다."

"뭘요?"

"창문이요. 내가 열었다네요."

"그럼, 아니에요?"

"당연히 아니죠. 제가 미쳤다고 그러겠어요?"

"왜요? 방송 거리만 되면 사람이 홀리든, 죽든 상관없는 거 아니었나?"

그 매서운 힐난에, 감독은 뜻밖에도 피식 웃음을 흘렸다. 그러더니 반쯤 체념한 듯 한숨 섞인 목소리로 대꾸했다.

"우리 팀에서 촬영하다 한 명이라도 죽으면, 그거 싹 다 방송불가 처분이에요."

"……확실해요?"

"확실하다니까 그러네."

분명 어제까지만 하더라도 그렇게나 날뛰던 감독이 스태프가 죽은 뒤로는 모든 것을 다 내려놓은 채 폐인처럼 앉아있기만 했는데, 이제 보니 방송은 다 글렀다는 확신 때문에 그런 모양이었다.

하지만 그것은 어디까지나 인간으로서 최소한의 도리만 지킨 것일 뿐, 필구의 죽음을 보고도 카메라를 들이밀던 그 모습만큼은 여전히 용서가 되질 않았다.

"사람이 그래도 어느 정도는 도리라는 걸 지키기 마련인데, 댁은 왜 이렇게까지 괴물이 됐어요? 대체 그런 심보로 어떻게 그 자리까지 갔지?"

"……다 이해해요. 이해는 하는데, 나라고 처음부터 이랬겠습니까……? 내가 단언하겠는데, 내 나이대 PD 중에서 나보다 애들 지키는 게 우선인 양반은 없었어요."

"퍽이나 그러셨겠다."

"선생님, 이 바닥 매뉴얼이란 게 있어요. 언제 철수

하고, 언제 촬영하고, 언제 무당 부르고. 그런 매뉴얼이 어떻게 생긴 건지 알아요? 나랑 다른 감독들이 만든 거예요. 하도 사고가 나니까 매뉴얼도 만들고, 어떻게든 안전하게 찍어보려 했는데…… 그러다 보니까 방송이 다 똑같아지더라고요."

"……"

"애들 안전하면 뭐해요? 납량특집이 다 똑같으니까 시청률도 떨어지고, 지원비도 안 나오고……. 그래서 납량특집 자체가 올해로 죽느냐 사느냐가 된 거예요."

"……그래서, 여기까지 기어들어 오셨다?"

"그렇죠. 올해에 정말 마지막으로 불태워보자고, 사활을 걸고 찍으러 왔는데……. 나라고 슬프고 절박하지 않겠어요?"

"……"

"선생님, 「전설의 고향」 아시죠?"

"……그걸 모르는 사람도 있나?"

"제가 그때부터 데리고 다닌 애들도 있어요. ……걔네들, 이번에 납량특집 없어지면 다 케이블로 팔려가는데, 제가 어떻게 두 눈 시퍼렇게 뜨고 그 꼴을 봅니까?"

"……."

"선생님은 모르죠. 아무것도 모르니까 제가 그냥 마냥 미운 거죠."

"……."

"그 친구가 꾼 꿈도 말이에요, 우리한테는 그런 말이 있어요. 무슨 일 생겨도 그냥 모른 척하고, 귀신을 봐도 본 거라고 믿지 말고, 그냥 잘못 본 거라고 생각하라고. ……왜 그런 줄 아세요?"

"……왜 그러는데요?"

"그렇게 믿기 시작하면 정말 밑도 끝도 없이 굴러떨어지니까. 그러니까 누구 하나는 괜찮다고 큰소리도 칠 줄 알아야 하는 거예요. ……그래서 믿지 말라고 큰소리 좀 친 건데 사람을 그렇게…… 그렇게 쓰레기로 몰아가고……."

"……."

"……내가 뭐, 이렇게 말해도 무슨 소용이에요. 어차피 남들은 아무것도 모를 텐데."

그 체념 같은 한탄을 마지막으로 감독은 잠시 말이 없었다. 그 막간의 침묵 동안 시현은 입을 꾹 다문 채 감독의 꼬락서니를 잠자코 굽어보았다.

용서하고 싶은 마음은 여전히 터럭만큼도 들지 않

았다. 다만 젖은 코를 볼썽사납게 연신 훌쩍이는 모습을 보고 있자니 동정심이 일어나는 것은 사실이었고, 적어도 창문을 열어놓은 범인은 이 사람이 아닐 것이라는 확신도 들었다.

하지만 그렇다면 대체 누가 창문을 열어놓았단 말인가? 누가 그를 홀려다 우물까지 꾀어냈단 말인가?

시현은 입을 꾹 다문 채 곰곰이 생각을 이어갔다. 그러나 아무리 시간이 흘러도 혼자서는 어떠한 답도 찾아낼 수가 없었다. 하다못해 필구라도 곁에 있었더라면 이런저런 의견이라도 주고받았겠지만, 지금은 그럴 만한 사람이 없었다.

⋯⋯아니, 방금까지만 해도 그런 줄로만 알았다. 한데 마음속 미움을 어느 정도 덜어내고 감독의 침울한 얼굴을 다시 들여다보고 있자니, 뒤늦은 깨달음이 불현듯 그의 뇌리를 스쳤다. 다음 순간, 시현은 갓 떠올린 발상을 곰곰이 따져보지도 않고 곧바로 입에 담았다.

"아저씨. ⋯⋯아니, PD님."

"예?"

"지금 진짜 억울하고 미치겠죠? 뭐라도 할 수 있으면 당장이라도 하고 싶고, 좀이 쑤시죠? 그쵸?"

"그렇죠. 할 수 있는 게 없으니까 문제지."

"지금 저도 그쪽이랑 똑같아요. 궁금한 게 있긴 한데 나 혼자서는 암만 용을 써도 안 될 것 같거든. 애초에 교수님 없이 혼자서 들쑤시고 다닌 적이 있어야지. ……그래서 말인데, 혹시 이번 한 번만 협업할 생각 없어요?"

"협업……이라뇨? 갑자기 무슨……?"

"들어봐요. 저도 실수했고, 그쪽도 실수를 했잖아. 그럼 만회까지는 아니더라도 하다못해 최선은 다해봐야 하지 않겠어요?"

"그러니까, 뭘 하면 되는데요?"

"일단은 당장 내일 아침부터 해야 하는데. 직원분들은 어떻게, 다들 시간은 되시고?"

"되죠, 당연히. 만들어서라도 뭐든 해봐야죠. 어차피 지금 저희도 남는 게 시간밖에 없는데."

"오케이, 그럼 일단 10시까지 장비 다 챙기시고, 최대한 있어 보이게 와보세요. 뭘 하면 되는지는 그때 다 알려드릴 테니까. 꼭 시사 고발 프로그램처럼 꾸미고 오면 더 좋고."

그때까지만 하더라도 그런 식으로 꾸미고 오라는 시현의 의도를 짐작조차 하지 못한 감독이었다. 그리고 그의 말마따나 다음 날 아침에 만나, 대략적인 설명을 듣고 나서야 그 속내를 속 시원하게 알 수 있었다.

* * *

그날 아침, 그동안은 후줄근한 차림 일색이던 방송국 직원 모두가 마치 딴사람처럼 갖춰 입은 채 마을 곳곳을 쏘다녔다. 어린아이와 어리숙한 중년, 보행기를 끌고 겨우 걸음을 떼는 할머니에 이르기까지, 길가에 나선 모두에게 뜨거운 취재 열이 쏟아졌다.

"안녕하세요, 방송국에서 나왔습니다. 저희가 듣기로는 이 마을 우물에 타지 사람들이 그렇게나 많이 떨어져서 죽는다던데요. 그 소식 듣고 솔직히 기분이 어떠셨어요? 혹시 이 마을 사람이 아니라서 다행이라는 생각은 안 드셨나요?"

마을 사람들의 반응은 제각각이었다. 언성을 높이며 그 자리에서 삿대질해대는 사람도 있었지만, 찔리는 구석이 있는지 직원들을 떨쳐내고 도망치듯 자리를 피하는 사람도 있었다. 마을 곳곳에서 실랑이가 이어지기를 한참, 금세 소문이 돌기라도 한 것인지 정오쯤 되어서는 길가에 쥐새끼 한 마리 지나다니지 않았다.

그리고 마지막으로 그들은 마을 이장을 찾아갔다.

사람 좋아 뵈는 미소로 가득하던 이장의 얼굴이 이제는 근심 걱정으로 어둡게 물들어 있었는데, 그는 내키지 않는 걸음으로 시현 일행 앞까지 다가와 기어들어 가는 목소리로 운을 뗐다.

"그, 저기 말인데. 갑자기 왜들 그러시나?"

"예? 뭐가요?"

"사람 무섭게 아무나 붙잡고 물어보고 그러면 안 되는 거지. 안 그래도 맘 아픈 사람들인데, 그 사람들이 무슨 죄가 있다고 그렇게 마음을 들쑤시나."

"그래요? 그럼 할아버지는 어떠신데? 마음이 좀 아프신가?"

"……무슨 말을 하는지 모르겠네? 나야 당연히 맘 아프지. 그쪽 사람들이 둘이나 죽었는데."

"어이구, 진짜요? ……근데 어쩌나? 믿어주고는 싶은데, 내가 볼 땐 영 아닌 것 같은데?"

"뭐여……? 지금 어디서 그런 망발이야? 그쪽이 우리 마을 찾아온 적이나 있어? 아는 것도 없으면서 지금 자기네 사람 죽었다고 꼬장부리는 거여? 시비를 걸 사람이 따로 있지, 어디 우리한테 지금……."

시현은 그 말이 끝나기도 전에 필구의 스크랩을 들이밀었다. 그 안에 오려놓은 신문 기사를 알아보자마자 이장의 낯빛이 눈에 띄게 어두워졌다.

"지금 뭐 하자는 건지 모르겠네? 이게 뭐 어쨌다고?"

"이장님. 그냥 좀 솔직해집시다. 그게 아니면 설명이 안 되잖아요. 타지 사람들 숨넘어가는 걸 다 아는 양반들이 우물도 덜컥덜컥 보여주고, 내쫓긴커녕 과일도 한 바구니 내주고. 본인이 생각해도 이상하지 않아요?"

"……참나. 무슨 말을 하나 했더니, 대접 잘해준 게 죄여? 마침 있으니까 실컷 먹으라고 내줬더니 은혜를 원수로 갚으려고들 하네?"

그 뻔뻔스러운 대답과는 달리, 반쯤 벗겨진 이장의 이마에는 이미 식은땀이 송골송골했다. 그 모습을 빤히 바라보던 시현은 더 볼 것도 없다는 듯 곧바로 정곡을 찔렀다.

"우리가 돼지였지?"

"뭐……? 댁들이 뭐라고?"

"제사상에 올리는 돼지. 당신네들 목숨값 대신해서 먹 따이기 전에 배부르게 먹인 거잖아. 내 말이 틀려?"

"……."

"우물 앞에서 굿판도 벌이신다며? 효과도 없는데 거기서 대체 뭘 비실까? ······아, 아니지. 효과가 있긴 있지? 그거 지내고 나서 여기 사람 죽었다는 얘기는 한 번도 못 들었네. ······그럼 뭐, 여기 말고 다른 사람들 대신 잡아가라고 빌기라도 하나?"

그 순간, 마냥 어리둥절하던 이장의 얼굴이 삽시간에 당혹감으로 물들었다. 그 찰나의 낌새를 놓칠 시현이 아니었다. 사실, 대화를 시작한 이래 줄곧 그 반응만을 기다려왔으니까.

"와······, 내가 설마 했는데 표정 보니까 찐이시네? 신줄도 없는 양반들이 뭘 알고 그런 건 아닐 테고. 누가 시켰어? 누가 시켜서 하는 거야?"

그때였다. 듣고만 있던 이장이 그 말이 떨어지기가 무섭게 느닷없이 고개를 쳐들어 시현을 똑바로 마주 보았다. 시현뿐만 아니라 PD까지 쏙 훑어보는 그 눈빛이 증오인지 분노인지 모를 억하심정으로 가득했다. 그리고 다음 순간, 그는 적반하장으로 울분을 터뜨리며 별안간 고함을 내질렀다.

"우리라고 그럴 줄 알았나!"

"······뭐라고요?"

"알았으면 안 했겠지! 우리가 알고서 그런 줄 알

아!"

 "뭐야? 지금 뭐가 잘났다고 우리 앞에서 큰소리를……!"

 잠자코 듣고만 있던 PD가 울컥하며 앞으로 나섰다. 그러나 정작 시현은 당황하거나 맞서 화를 내긴커녕 오히려 침착해진 얼굴로 노인을 마주 보았다. 이윽고 내뱉은 말도 조금 전보다는 훨씬 정중한 어투였다.

 "어르신, 누구한테 들으셨어요? 찾아온 사람 과일도 먹이고, 1년에 2번씩 우물 앞에서 굿도 하고. 누가 그러라고 시킨 거예요?"

 "……."

 "어르신이 그런 뜻으로 굿판 벌인 게 아니라는 건 저희도 알아요. 그런데 누가 그걸 시켰는지, 그걸 말씀을 해주셔야 사람이 더 안 죽어요. 이 마을 사람이나, 타지 사람이나. ……지금 뭔가 잘못됐다는 거, 본인도 아시잖아요? 막는다고 별짓을 다 하는데도 막아지지가 않고, 타지 사람은 계속 죽어 나가고. 제 말이 틀려요?"

 "……."

 "말씀을 좀 해주세요. 누가 시켰는지, 누가 나쁜 놈인지. 제가 그걸 꼭 알아야 해요."

"……조상님이야."

"예……?"

"……우리 집안 조상님들, 그분들이라고. 그분들이 우리 아버지 꿈에서 할머니를 모시고 왔어. 아주 곱게 나이 드신 할머니를. 그분이 '이제 이 마을 사람들은 더 안 죽을 거니까, 타지 사람들이나 오면 잘 대해주라'고. '과일도 먹이고, 정성을 다하라'고, '굿도 1년에 두 번씩 하라'고……. 그래서 따랐는데, 그게 대신 죽어 주러 오는 줄은 내가 몰랐지."

"……"

"학생, 미안해. 나는 그래도 우리 마을 지켜야 해. 우리 집안 400년 역사를, 그 긴긴 역사를 내 대에서 끊을 수는 없는 거잖아. 그건 못해, 난 죽어도 못해."

이장은 말을 마치자마자 도망치듯 뒤돌아 걷기 시작했다. 그 멀어져가는 뒷모습을 미처 손쓸 도리도 없이 멍하니 바라보기만 하던 시현이 뒤늦게나마 정신을 차리곤 마지막 물음을 던졌다.

"할머니예요? 할머니가 그랬어요? 그 굿판 벌이고, 다른 마을 사람들 오면 과일도 먹이고. 그러면 이 마을 사람들은 더 안 죽는다고?"

"그렇다니까는."

"혹시 그 할머니가 자기가 누구라고 말 안 했어요? 어느어느 종갓집 조상신이라든지, 아니면……."

"주인 할머니."

"……예?"

"여기 주인 할머니랬어. 저기 당산나무에서 마을 지켜주는 할머니라고."

그 대답을 마지막으로 이장은 도망치듯 자리를 떠났다. 졸지에 닭 쫓던 개가 되어버린 제 신세에, PD는 화풀이하듯 시현의 어깨를 잡아 흔들었다.

"왜 보고만 있어요? 뭐가 그렇게 쇼큰데?"

"……터주가 그런 말을 해?"

"예……?"

"터주가 그랬다잖아요. 다른 생목숨 가져오면 이 마을 사람들은 안 죽는다고. ……그게 제대로 된 신이 할 소리야?"

일반인인 PD도, 무업에 조금이나마 발을 들인 시현도, 그 누구도 해답을 내놓지 못했다. 두 사람의 계획은 또 다른 의문만을 낳은 채 그대로 끝나버렸다.

부정풀이굿

인터뷰가 흐지부지 끝난 그날 저녁, 뜻밖에도 무당이 시현을 찾아왔다.

"기도 많이 했어?"

"저야 드리기야 했는데……. 그러는 제자님은요?"

"많이 했지. 그리고 명도 받았지."

"명이요……? 무슨 명을요?"

"너희를 지키라고 하시더라. 한 명도 빠짐없이, 전부 다."

"예……? 그게 무슨……?"

"죄를 짓기도 많이 지었고, 피를 보기도 많이 봤다

마는……. 그래도 그게 죽을죄까지는 아니었지. 아마 너도 알고 있었을 거야."

"그야 당연하죠. 여기서 죽을죄 짓고 죽은 사람이 얼마나 된다고."

"그래, 그러니 모두 풀어주라고 하시더라. 내 힘이 거기까지 닿을지 어떨지는 모르겠지만, 그래도 모두 한마음, 한뜻으로 빌면서 기도하면 어떻게든 잘 될지도 모를 일이지."

그렇게 읊조린 직후, 무당은 문득 고개를 들어 시현을 똑바로 마주 보았다. 그러더니 조금 전의 가벼운 태도에서 완전히 돌변해 사뭇 정중한 말투로 넌지시 부탁을 건네왔다.

"자네가 나를 좀 도와줬으면 좋겠는데. 자네 생각은 어떤가?"

"예……? 제가요? 아니, 전 아직 신내림도 안 받았는데?"

"받지만 않았다 뿐이지, 이것저것 알 만한 건 다 알 것 아닌가? 세습무 집안인데."

"아니……. 아무리 그래도 그렇지, 나는 우리 할머니 굿하는 것밖에 못 봤는데……."

"오면 안다, 오면 알아."

그렇게 딱 잘라 말하는 무당을 차마 거스를 수는 없어, 시현은 얼떨결에 고개를 끄덕였다.

* * *

무당의 집은 깔끔하게 정돈된 것을 제외하면 예전에 보았을 때와 크게 다를 것이 없었다. 다만 떡이니, 과일이니, 한과에 어포, 술까지 마루에 한가득 늘어놓은 것이, 당장이라도 굿을 치르려는 듯한 낌새였다.

"아니, 제자님. 지금 혹시 굿 뛰시려고 그러세요?"

"왜? 안 될 거라도 있나?"

"아니 굿 날짜를 이렇게 막 잡는 게 어디 있어요? 다 따져보고, 고르고 골라서 뛰어야지…… 이게 무슨……?"

"제자님은 한시가 급한데 날짜가 중요하신가? 당장 오늘내일 살 맞게 생겼는데 부정풀이부터 해야지."

"부정풀이요……? 그게 뭔데요?"

무당은 그 물음에는 들은 척도 하지 않았다. 일단은 도와주러 온 입장인지라 시현은 허드렛일을 도우면서도 나지막이 구시렁거렸다.

"아니 난 또 뭘 부탁하시나 했더니…… 이런 일 시

키려고 부르셨나?"

"아무리 아는 게 없어도 그렇지, 이런 허드렛일이라도 맡아서 정성을 보이고, 우리 신명께 얼굴도장은 찍어야 할 것 아닌가?"

신명이라는 그 한마디에, 시현은 대번 눈살부터 찌푸렸다. 적어도 시현 자신이 보기에는 그것은 신도, 뭣도 아니었다. 그 꺼림칙한 모습을 두 눈으로 보고도 정말 이 무당을 믿어도 될지, 가벼운 점사도 아니고 굿을 맡겨도 되는 것일지를 고민하던 그 순간. 신장대와 무당 방울 같은 무구를 일일이 챙기던 무당이 넌지시 말을 건넸다.

"이번 굿에서는 자네 역할이 크네."

"예? 역할이요? 신도 안 받은 제자가 뭘 할 수 있다고요?"

"내 그릇으로는 감당이 안 될 일이라 큰 그릇인 자네가 좀 도와야겠네."

"큰 그릇? 제가요?"

"알면서 뭘 그러시나. 그분을 담는 것은 신내림을 받은 내 역할이지만, 그분께서 마음껏 힘을 부릴 수 있도록 기도드리는 것은 다 자네의 역할이네. 내 말 알아들으시겠나?"

하기야 커다란 굿에서는 만신 서너 명이 모여 역할을 분담하고는 하니, 이해하지 못할 것도 아니었다. 시현은 떨떠름한 와중에도 고개를 끄덕인 뒤, 제사상에 올릴 과일의 머리를 날리려 주방으로 향했다.

한데 부엌칼을 챙겨 마루로 돌아오려던 그때였다. 낡아빠진 서랍장 위에 놓인 액자 하나가 불현듯 시야에 들어왔다. 나무를 깎아 만든 액자 틀은 낡을 대로 낡아 있었지만, 꾸준히 마른 천으로 닦아준 모양인지 유리에는 먼지 한 톨 없었다.

그는 홀린 듯 액자를 손에 쥐었다. 혹여라도 놓칠세라 굳게 움켜쥔 채 유리 너머로 보이는 사진을 가만히 들여다보니, 그 안에 담긴 사람의 인상이 왠지 모르게 낯이 익었다.

이제 막 노년으로 접어드는 여인과 기껏해야 스무 살이 조금 넘었을 법한 무당이 나란히 선 채로 찍은 사진이었다. 젊은 여인이 무당이라는 것쯤은 정황상 쉬이 알 수 있었는데, 그 옆의 나이 든 여인은 묘하게 낯이 익으면서도 다시 보면 낯설었다. 얼마쯤이나 들여다보았을까. 불현듯 뇌리를 스치는 직감에, 시현은 다짜고짜 입을 열어 물음부터 던졌다.

"제자님, 이거 누구랑 찍은 사진이에요?"

"사진? 무슨 사진?"

"이거요, 할머니랑 같이 찍은 거."

"그걸 인제 봤나?"

들려오는 목소리가 어딘가 모르게 타박하는 듯한 기색이 있었다. 꼭 언제 묻나 은근히 기다리고 있었던 것처럼 들리기도 했다. 그런 낌새를 깨달은 순간, 막연한 추측은 금세 확신이 되었다. 시현은 비로소 액자에서 시선을 뗀 채 무당을 돌아보며 재차 캐물었다.

"아니, 제자님……? 우리 할매랑 알아요?"

"응, 조금 알지."

"그럼……. 내가 누군지도 알았어요……?"

"응, 알았지."

그 순간, 시현은 할매가 '점잖게' 맞았다던 살을 떠올렸다. 그 소식을 갓 들었을 당시에는 너무 경황이 없어 대체 누가 날린 것인지 파악할 여유조차 없었지만, 이제는 그럴 만한 짬이 차고 넘쳤다.

애초에 살이라는 것이 무엇이던가? 제아무리 기세가 강한 신이라도 생면부지의 타인에게는 날릴 수 없는 것이 살이었다. 남의 사주, 하다못해 얼굴이라도 보았어야 날릴 수 있는 것이 살인데, 지금 보아하니 그게 가능한 사람이라고는 마을에 오직 이 사람뿐이었다.

거기까지 생각이 미치자, 마치 불난 데 기름이라도 부은 듯 의심이 활활 타오르기 시작했다. 시현은 이제는 구태여 돌려 말하려 들지도 않고, 반쯤 확신에 가득 찬 목소리로 대놓고 물음을 던졌다.

"제자님, 어제 우리 할머니가 살을 맞은 것 같던데. ……뭐 아는 거 없어요?"

제정신 박힌 무당이라면 당연히 그 자리에서 펄쩍 뛰며 부정해야 할 이야기였다. 그런데 어쩐 일인지 사진에 담긴 노만신의 얼굴을 빤히 들여다보던 무당은 이내 입을 열어 맥없이 중얼거렸다.

"……신의 뜻이라는 게……, 우리 같은 미천한 제자한테는 참 알다가도 모를 일이지. 나도 모르고, 아마 너도 모를 거야."

"……무슨 말이에요 그게? 당신이 날렸다는 거야, 뭐야?"

"믿고 싶은 대로 믿어."

"……뭐라고요?"

"지금 할 말은 그것밖에 없는데, 내가 딱 한 마디만 더 할게. ……날 믿기 싫으면은, 그냥 돕지를 마. 뭐든 제대로 믿지를 못하면 없느니만 못하거든."

"빙빙 돌려 말하지 말고 제대로 말씀을 해주셔

야……."

"내가 신을 의심하면 막아주실 것도 막지 못하고, 가볍게 다칠 것도 더 크게 다친다. ……너도 들어서 알 것 아니야."

어떻게 모를 수가 있겠는가. 할머니한테서 귀에 딱지가 앉도록 들은 가르침인데. 적어도 그 말만 떼놓고 보면 맞는 말이기는 했다. 하지만 아무리 그렇게 말한다 한들, 없었던 믿음이 생기는 것은 또 아니었다.

본인이 제대로 된 신이라면 당당하게 모습을 드러내서 명패를 부르고 도움을 구하면 될 일인데 어째서 그러지 않는 것인지, 이런 불확실한 신을 정녕 자신이 돕는 것이 맞는 일인지……. 시현은 무엇 하나 답을 내릴 수가 없었다.

얼마나 그렇게 넋이 나가 있었을까. 시현은 그 찰나의 순간에 빠르게 잔머리를 굴려, 그럴듯한 임시방편을 생각해냈다. 바로 '일단 굿을 뛰는 모습을 다 지켜본 뒤에 판단해도 늦지 않을 것'이라는 계산이었다.

예컨대 허주와 신을 구분하는 가장 확실한 방법 중 하나가 굿을 뛰는 모양새였다. 허주는 두 발을 번갈아 가며 뛰어오르기 마련이지만, 제대로 된 신을 받은 몸주는 굿이 끝날 때까지 두 발을 동시에 뛰기 때문에 쉬이 분간할 수 있었다. 제아무리 불확실한 신이라도 몸주가 굿을 뛰는 모습을 지켜보고 있으면 속된 말로 견적이 잡히기 마련이었고, 제아무리 모습을 보이지 않는 신이라도 굿판에는 반드시 모습을 드러내기 마련이니, 굿을 뛰는 모습을 보고 결론을 내려도 늦지는 않을 것이라는 확신이 들었다.

시현은 들고 있던 액자를 슬그머니 도로 내려놓았다. 그러곤 어디 한 번 두고 보자는 심정으로 마루에 주저앉아 과일의 머리를 십수 개나 뚝뚝 끊어냈다. 우물에서 끌어온 물을 먹고 자란 과일이 어찌나 탐스러운지, 서늘하게 벼린 칼날을 댈 때마다 진득한 단물이 울컥울컥 잘도 터져 나왔다.

* * *

다음날, 정오도 채 되지 않아 악사들이 도착했다. 비록 번갯불에 콩 구워 먹듯 시작된 굿이었지만, 그만큼 모든 절차가 일사천리로 이루어졌다. 무당이 촬영팀을 한 데 불러 모아 굿의 내용을 일러주었고, 연이어 그들이 마을에서 저지른 잘못이 무엇이었는지, 아무런 대처도 하지 않았다면 앞으로 어떤 벌을 받아야 했을지. 그리고 마지막으로 무엇을, 어떻게 빌어야 하는지도 상세히 알려주었다. 그런데 그녀는 정작 도움을 요청했던 시현에게는 아무런 미련도 없다는 듯 이렇게 툭 내뱉었다.

"자네는 여기 끼지 않아도 되네."

"예? 이제 와서 그게 무슨 말이에요?"

"자네는 딱히 죄지은 것도 없고, 지켜주시는 분도 계시는 것 같으니 지금 당장 이 마을을 나가도 큰일은 없을 것이네. 그래도 이 사람들을 돕고 싶으면 남아도 되는데, 어떻게 하시겠나?"

"이상한 걸 물으시네? 내가 어디 무서워서 안 나간 줄 알아요? 이왕 도운 거 끝까지 도와야지."

말은 그렇게 했지만, 속내는 따로 있었다. 굿판에 틀어 앉아 그녀가 모신다는 신명을 두 눈으로 직접 확인할 셈이었다. 혹여라도 터주가 온다면 자초지종을 묻고, 다른 신명이 온다면 제대로 된 신인지 아닌지 직접 확인하는 것. 당장은 그것만이 목표였다.

* * *

우여곡절 끝에 마침내 굿판이 벌어졌다. 대담하게

도 우물 바로 앞에서 벌이는 굿판이었다. 애초에 부정풀이라는 것을 처음으로 겪어보는 만큼 시현은 함부로 앞에 나설 엄두를 내지 못했다. 그저 강 건너 불구경하듯 무당의 모습을 멍하니 지켜보기만 할 뿐이었다.

그런데 묘하게도, 생전 처음 보는 굿판이어야 할 텐데도 계속 지켜보고 있자니 뜻 모를 기시감이 자꾸만 등골을 스멀스멀 기어 올라왔다. 처음 얼마간은 그 이유를 알 길이 없었다. 그런데 어디선가 많이 본 듯한 기다란 천을 두 손으로 늘어뜨린 채 춤을 추던 무당이 굿의 첫 소절을 내뱉은 순간, 뒤늦게 뇌리를 스치는 깨달음이 있었다.

"……모시러 가세, 모시러 가세. 사자송방을 모시러 가세."

"어……? 이거 뭐야……? 사자거리 아니야?"

시현이 겨우 한글을 떼고, 할머니가 풀어놓는 굿거리의 의미를 어렴풋이나마 이해할 수 있게 되었을 무렵부터 귀에 딱지가 앉도록 들어왔던 소절이었다.

이 세상에 수많은 부류의 사람이 있듯 신명도 마찬가지였다. 옥황상제, 배욱선관, 약사할미와 별상애기씨, 용왕이나 칠성, 일월성신 등등……. 그 수많은 신명 중 박씨 무가에서 모시는 신명은 다름 아닌 저승사자였다.

애초에 저승과 이승을 잇는 일을 도맡아 하는 만큼 저승사자 신명이 절대 흔한 신명은 아니었다. 할머니의 말씀으로는 도깨비 대감을 신으로 모시는 무당보다도 더 드문 것이 저승사자 신명이라고 하셨으니까.

'아무리 저승사자 신명을 받았어도 모셔오는 게 쉬운 일이 아닐 텐데……. 웬만한 무당도 거의 1시간은 넘도록 뛰어야 겨우 오시던데, 이번에도 쉽지만은 않겠네.'

그러나 시현의 예상과는 달리 굿판이 어느 정도 구색을 갖추자마자 수많은 인파를 헤치고 당당하게 걸어오는 자가 있었다. 얼굴이 백지장처럼 새하얗고 이목구비가 시현만큼이나 날카로운 젊은 사내였다.

단지 그 모습만으로도 위화감이 물씬 풍겨오건만, 몸에 걸친 복식은 더했다. 그는 마치 조선 시대에서 건너왔을 법한 기묘한 차림을 하고 있었다. 머리에는 갓을 눌러 쓰고, 몸에는 새카만 도포를 두른 채 새하얀 버선까지 갖춰 입은 채였는데, 그 모습이 영락없는 저승사자 그 자체였다.

그 모습을 마주한 시현은 불현듯 옛 기억을 떠올려냈다. 이제는 제대로 기억조차 나지 않는 어릴 적, 할머니께서 마을의 성황 나무 아래에서 사자거리 굿을 진행하던 모습이었다.

그 당시 할머니가 입었던 무복도 눈앞에 있는 무당의 것과 크게 다르지 않았었다. 등에는 버선을 한가득 엮은 새끼줄을 메고, 주름이 가득한 두 손에는 새하얀 천을 길게 늘어뜨린 채 악사의 장단에 맞춰 무념무상으로 허공에 나풀거리던 그 모습이 마치 어제 보았던 것처럼 여전히 생생하기만 했다.

그 당시의 기억을 떠올려본 것은 참으로 오랜만이었다. 하지만 할머니와 무당을 마냥 동일 선상에 놓고 보기에는 눈앞에 나타난 저승사자의 몰골이 자꾸만 마음에 걸렸다. 자세히 들여다보니 머리에 쓴 갓은 거의 다 떨어진 채였고, 새카만 도포는 군데군데 해져있었으며, 버선 역시 여기저기 구멍이 난 채로 새하얀 맨발이 그대로 들여다보이고 있었다.

신명을 업은 신이 대체 어쩌다 그런 행색을 하게 된 것인지는 시현으로서도 알 길이 없었다. 그러나 풍겨오는 기운만큼은 빼도 박도 못할 저승사자가 맞았기에, 시현은 일단 공손하게 고개부터 떨어뜨렸다.

그러자 저승사자 역시 가만히 고개를 끄덕였다. 한데 인사를 받아준 뒤에도 지그시 시현을 들여다보는 그 눈빛이 왠지 모르게 착잡하기만 했다. 그렇게 한참을 들여다보더니, 그는 이윽고 시현에게서 시선을 거두었다. 그러고는 천을 흩날리며 굿을 뛰는 무당에게 다가가 서서히 몸을 포개었다.

몸주와 그릇이 마침내 하나가 되자, 굿거리를 이어가던 무당이 주춤하며 그 자리에 우뚝 섰다. 그러나 그것은 말 그대로 찰나에 지나지 않았다. 바로 다음 순간, 무당은 들고 있던 무구를 천천히 늘어뜨렸다. 그리고 질끈 감았던 두 눈을 다시금 뜬 시점부터는 무당의 원래 모습은 흔적조차 찾아볼 수가 없었다. 평범한 사람에게는 무당의 눈빛만이 달라진 것처럼 보였지만, 시현의 눈에는 무당은 온데간데없이 오직 저승사자만이 굿판에 홀로 서 있는 것처럼 보일 따름이었다. 그 상태의 무당의 입에서 나오는 말 또한 당연히 공수일 수밖에 없었다.

"……인간이 인간을 죽여 제 살길을 찾는 것이 어찌 천리이고, 또 순리이겠는가? 그러나 아무리 생매장을 당한 원한이 크더라도, 그 한을 적당히 갚아야 내가 두고만 볼 수 있지 않겠는가……? 하늘의 벌이라는 것이 무겁고, 또 무거운 것이라지만…… 그래도 이건 아니네. 이렇게 죄 없는 사람을 끌어가는 꼴만큼은 내가 더는 두고 볼 수가 없네."

그 이야기를 처음 들었을 때만 하더라도 대체 누구를 향해 그런 말을 던지는 것인지 퍼뜩 감이 잡히질 않았다. 그런데 문득 고개를 들어 우물 저편을 바라보니, 우물 바로 뒤에 서 있는 여인의 모습이 시야에 들어왔다.

여인은 새하얀 소복에 여전히 인형을 주렁주렁 달고 있었다. 머리칼에는 색 바랜 머리핀과 비녀, 새하얀 배꽃 한 송이가 그대로 있었고, 마지막으로 챙긴 필구의 펜 역시 소맷자락에 꽂아 넣은 채였다.

그녀의 시선은 오직 저승사자만을 향하고 있었다. 그런데 정작 얼굴에 배어 나오는 감정은 일찍이 시현이 짐작했던 분노도, 두려움도 아니었다. 여인은 뜻밖에도 그저 코웃음만 치며 저승사자를 멀거니 들여다보고 있었는데, 그 기묘한 여유로움의 이면에는 당장이라도 달려와 멱살잡이를 할 것만 같은 살기 또한 생생하게 자리 잡고 있었다.

한동안 대치 상황만이 이어졌다. 그렇게 얼마나 시간이 흘렀을까, 저승사자가 먼저 행동을 취했다. 그는 여인에게서 고개를 돌려 제사상 앞에 꿇어앉은 시현과 촬영팀을 주욱 굽어보았다. 그러곤 마치 한숨처럼 천천히 말을 이어갔다.

"내가 너희의 정성과 기도를 받았으니, 힘을 써보마. 그 일이 아무리 고되어도 내 힘이 다할 때까지 막아주겠다마는, 너희의 죄가 그렇게까지 가벼운 것은 또 아니라는 것을 알아야 할 것이다. 이렇게나 우르르 몰려와서 제 욕심이나 채우려 불쌍한 넋을 건드렸으니, 그저 죄송하다고 빌거라. 너희는 단지 그거면 된다."

무당의 입에서 흘러나온 말을 듣곤 다들 바닥에 머리를 처박다시피 하며 두 손을 모아 저마다 열심히 기도를 올리기 시작했다. 그러자 저승사자는 두 손 가득 휘어잡고 있던 천을 가지런히 모아 흙바닥에 늘어뜨렸다. 그러고는 허리춤에서 망치와 못을 꺼내든 채 끄트머리에서부터 하나씩, 하나씩 못을 박아넣기 시작했다.

그 말끔하던 천이 금세 흙먼지투성이가 되었다. 흠집 하나 없이 말끔하던 천에도 커다란 대못이 하나둘씩 박히며 땅에 꽂히고 말았다.

그렇게 네 개째 연달아 못을 박아넣으려던 찰나였다. 깊디깊은 우물 바닥에서부터 찢어질 듯한 비명이 들려왔다. 남자의 것인지, 여자의 것인지도 구분할 수가 없는 끔찍한 아우성이었다. 어림잡아 수십 명은 넘는 사람이 입을 모아 냈을 법한 절규에 가까운 비명이 텅 빈 우물에서 수십, 수백 번을 메아리치며 돌벽을 기어 올라와 온 뒷산을 쩌렁쩌렁하게 울려댔다.

그 소리가 어찌나 섬찟한지 시현은 저도 모르게 번쩍 고개를 쳐들었다. 다른 촬영팀은 아무것도 눈치채지 못한 채 기도에만 열중하는 것을 보아, 오직 시현에게만 들려온 소리인 듯했다.

그는 그것이 지금껏 우물이 잡아먹어 온 수많은 넋의 비명이라는 것을 본능적으로 알아차렸다. 어떻게든 넋을 걷어 올리려면 신명에게 조금이라도 더 기운을 보태야만 했고, 지금으로서 시현이 할 수 있는 일이라고는 그저 간절한 기도를 올리는 것뿐이었다.

그런 확신이 들자, 시현은 곧바로 두 손을 합장했다. 이윽고 마음을 가다듬고 기도를 올리려던 바로 그 순간, 난데없이 몸이 크게 기우뚱했다. 누군가 대뜸 팔목을 휘어잡은 탓이었다. 그 손길이 어찌나 우악스러운지 처음에는 산 사람이 그런 줄로만 알았다. 한데 반사적으로 내려다보니, 제 팔목을 움켜쥔 손이 핏기 하나 없이 새하얗기만 했다. 그리고 그 손등 위로 들여다보이는 옷소매는 다름 아닌 새카만 정장 소매였다.

그것을 확인하자마자 불현듯 뇌리를 스치는 확신이 있었다. 시현은 반가움 반, 두려움 반으로 서서히 시선을 들었다. 이윽고 시야에 가득 들어온 광경은 그립고, 또 낯익은 얼굴이었다. 하지만 동시에 가장 보고 싶지 않았던 끔찍한 얼굴이기도 했다.

분명 이틀 전에 평온한 얼굴로 우물에 삼켜졌던 필구가 고개를 들이민 채 자신을 똑바로 들여다보고 있었다. 아니, 사실 들여다보고 있는지도 확신할 수가 없었다. 새빨갛게 피 칠갑이 된 두 눈동자에 대못이 반절이나 넘도록 박혀있었으니까.

그는 그런 끔찍한 몰골을 한 와중에도 바짝 말라붙은 입술을 연신 달싹이며 뭔가를 말하려 했다. 그러나 조금 전에 팔을 당긴 것으로 이미 힘을 다 써버린 것인지, 목소리는 끝끝내 나오지 않았다.

생면 부지한 귀신이 그런 몰골을 하고 있었더라면 눈 하나 깜짝하지 않았을 터였다. 그러나 필구가 그 꼴이 된 것을 보자, 시현은 숨이 턱 막혀버렸다. 눈앞이 점차 희뿌옇게 물들고 가슴까지 덜컥 내려앉는 가운데, 몸이 모로 기울었다.

몸이 넘어가는 와중에도 중심을 잡을 수가 없었다. 그는 아차 하는 사이 까무룩 정신을 놓았다.

기로

 눈앞이 마냥 흐릿하고, 정신이 몽롱한 와중에도 분명하게 느껴지는 것이 있었다. 곁에서 팔을 받쳐주며 힘겹게도 일으켜 세워주는 듯한 감각이었다. 조금 전에 굿판에서 보았던 그 신명이 어느새 코앞까지 다가와 묵묵히 자신을 부축해주고 있었다.

 "정신이 좀 드는가? 내가 온전히 막아주지 못해서 미안하네."

 "……저, 살 맞았나요? 죽은 건 아니죠……?"

 "사람 목숨 하나쯤은 끊어내고도 남을 살이었지. 하지만 자네 그릇도 그릇인 데다, 이미 곁에서 지켜주는 분이 계시니 졸도에 그쳤네."

"감사합니다……. 제가 은혜를 입은 줄도 모르고……."

"내 힘으로만 막은 것도 아니니 고마워할 필요는 없네. 그보다, 내 힘이 미천하여 이렇게 잠깐 이야기하고 떠나는 것이 고작이니…… 제자님이 이해해주시게나."

"힘이요……? 그러면 설마, 지금 힘이 없으셔서 이렇게 되셨어요?"

"……그래, 이런 꼴을 하고 있는데도 나를 위해 빌어줘서 고맙네. 덕분에 잠시지만 이렇게 자네 얼굴을 보고 이야기도 나눌 수 있게 되었네."

"아, 아니요……. 그거야 뭐 당연한 일인데요. 그보다, 대체 무슨 일을 겪으셔서 그렇게 되신 건지, 제가 여쭤봐도 되겠습니까……?"

"……나는 이 우물을 지키던 단물차사일세."

어찌 모르겠는가? 할머니께서 차사 신명을 모시는 만큼 단물차사라는 말을 듣자마자 그 뜻을 떠올리는 것은 그리 어려운 일이 아니었다.

"단물차사면……, 우물에 빠져서 돌아가신 분들. 그분들 거두시는 분 맞죠?"

"그래. 내가 짊어진 업이 많아 차사의 일을 맡게 되었고, 오직 우물에 빠져 죽은 넋만을 건져 올리는 것이 나의 소임이었네. 하나 이제는 우물을 쓰는 인간도 없고, 이곳에 있는 넋은 모두 건져 올렸으니 그것이 다 끝난 줄로만 알았네."

"아……! 그러면 이제 일을 그만두셔서 이렇게 되신 거예요?"

"……내 그저 일을 놓기만 했더라면 이렇게까지는 되지 않았을 것이네. 다 내 욕심이 일을 그르친 것이지."

"욕심이라면……?"

"……한시라도 빨리 성불하고 싶은 욕심에, 끝까지 간수해야 할 명부록을 던져버렸다네. 내 차사로서의 세월을 바쳐온 저 우물에 던져버리고 그 긴긴 저승길을 걸었네만, 돌아갈 수가 없었지."

"어째서입니까?"

"……가장 먼저 건져냈어야 할 넋을 건지지 못했고, 그 업보를 내가 받아버렸으니까."

"가장 먼저 건졌어야 할 넋이라고요? 아니, 무슨……. 가는 데에도 순서가 있습니까?"

"인간이 죽는 이유야 제각각이라지만, 가장 안타깝

게 죽었으니 가장 먼저 건졌어야 하지 않겠는가?"

"그럼…… 어떻게 죽었다는 말씀이신지……?"

"순리를 따라 진작에 죽었어야 할 인간들이, 저들만 살겠다고 생목숨을 끊어다 바쳤다네. 명부에도 없는 억울한 죽임을 당하게 된 것이지."

그 이야기를 듣자, 시현은 한때 필구와 덧없이 나누었던 대화를 떠올려냈다.

"……야, 일단은 너만 알고 있어. ……거기다 사람을 바쳤다더라……!"

"뭐라고요……?"

"인신공양을 했다는 거지, 인신공양!"

그뿐만이 아니었다. 필구가 보여준 스크랩에 적혀 있던 조선왕조실록의 내용도 떠올린 직후, 시현은 반쯤 확신에 가까운 말투로 다짜고짜 말을 뱉었다.

"어르신, 설마 그 여자가 처음으로 인신 공양을 당한 그 여자……인가요……?"

"맞네. 억울하게 죽은 그 여인이 내 인도도 마다하고, 어떻게든 이 마을을 끊어놓겠다고 발악을 하지 않겠나. 그 원한 때문에 나도 미처 끌어내지 못하고 잊었던 그 여인이 결국은 내가 던진 명부록을 쥐었고, 이제는 그 많은 인간을 삼켜서 스스로 신 행세를 하고 있다네."

"아……!"

"이제는 신이되, 신이 아닌 것이 되어버려 이곳의 터주도 함부로 손을 댈 수도 없네만…… 이번만큼은 내가 막아야만 한다는 확신이 들었네. 죽어 마땅한 이 마을 사람들과는 달리, 다들 죄 없는 사람들이 아닌가?"

"……."

"그러니 자네가 날 좀 도와서, 저들도 날 위해서 기도하게 힘을 써주시게. 그리 해준다면 내가 어떻게든 내 힘으로 막아보겠네만, 지금은 내가 만신창이라서 힘을 낼 수가 없네."

그 일련의 이야기를 듣자마자 마음 한편에서부터 원망이 치밀었다. 차사직을 제대로 마쳤어야 할 신명이 자신의 책임을 내버린 것부터 경을 칠 일인데, 외지인 두 명이 죽을 때까지 나서지 않았다는 점은 더더욱 괘씸하게 느껴졌다.

그런 주제에 이미 필구마저 잃어버린 자신한테 무슨 양심으로 기도해 달라고 부탁하는 것인지, 분명 같은 차사인데도 어떻게 이다지 어리석을 수가 있는 것인지……. 시현으로서는 무엇 하나 도저히 납득할 수가 없었다.

그때였다. 죄지은 사람처럼 서 있던 차사가 문득 팔을 뻗어 시현의 두 손을 꼭 움켜쥐었다. 그러곤 마지막 당부의 말을 남겼다.

"……제자님, 흔들리지 마시게."

"예……?"

"염치없는 부탁이네만, 나를 믿어주시게. 부디 흔들리지 말고, 한 번만 믿어주시면 안 되겠나……?"

"……미천한 제자가 당연히 어르신을 믿어야지요. 왜 갑자기 그런 말씀을 하십니까?"

"……다들 그러지 못했으니 드리는 말이네."

그 의미심장한 말을 마지막으로 신명은 완전히 떠나갔다. 신명이 모습을 드러낼 만큼 드러냈고, 전할 이야기도 아쉽게나마 전해주었으니 이쯤에서 정신이 돌아와야 정상이거늘, 어째서인지 시현은 여전히 깨어날 수가 없었다. 의아하게 고개만 갸웃거리던 그때. 등 뒤에서부터 익숙한 목소리가 울려왔다.

"얘기 끝났냐?"

반사적으로 등 뒤를 돌아본 직후, 시현은 아차 싶

었다. 정신을 잃기 전에 우물에서 보았던 그 여인이었다. 눈에 대못이 두 개나 박힌 필구와는 달리 그녀는 흠집 하나 없이 멀쩡한 모습을 하고 있었는데, 연신 히죽거리며 자신을 들여다보는 그 새카만 눈동자에 오직 조롱하는 기색만이 가득했다.

"너, 방금 누구 만났지? 그치?"

"……."

"누구야?"

"……."

"왜? 말 못 해?"

여인은 뭐가 그리 우스운지, 입을 꾹 다문 시현을 향해 연신 깔깔거렸다. 거기서 그치지 않고 세 치 혀를 놀리며 끊임없이 시현을 흔들어댔다.

"야. 그 새끼 말 듣지 마."

"……."

"야, 너 그거 알아?"

"……."

"너, 나랑 처음 봤을 땐 니 명줄이 되게 길었다?"

"……."

"근데 지금 니 명줄이 내일로 끊어지네?"

"……."

"그거, 왜 그런 줄 알아?"

"……."

"내가 나가랄 때 진작 안 나가서 그렇게 된 거야. 니가 생각해도 그렇지?"

"……."

"야, 너 이름이 시현이랬나? 시현아, 내가 볼 때 니가 할 일은 딱 하나야. 뭔 줄 알아?"

"……."

"그냥 그 새끼 무시해. 그리고 가던 길 가. ……애초에 니가 왜 도와줘야 하는데? 니 형님도 죽게 내버려 둔 새끼를?"

다른 말은 다 참아도 그 말만큼은 도저히 참아넘길 수가 없었다. 시현은 핏발이 서 오른 눈으로 여인을 돌아보았다. 금방이라도 멱살이라도 휘어잡을 듯 그 기세가 흉흉하기 짝이 없었으나, 그녀는 그 시선을 받고도 아무런 동요가 없었다. 오히려 가소롭다는 듯 코웃음까지 치며 천천히 말을 이어갔다.

"야, 내가 마음 같아서는 당장 니 그릇에 치고 들어가서 휘두르고 싶거든? 근데 왜 안 그러는 줄 알아?"

"……."

"니가 잘나서? 어림도 없는 소리. 니 할멈 말이야, 그 여자가 쓴 부적 하나야. 그것만 아니었으면 그 새끼고 뭐고 내가 다 박살 내는 건데, 지 손자 지키겠다는 할멈 마음이 너무 갸륵해서 내가 봐주는 거야. ……알아?"

"……."

"애먼 사람을 두 명이나 보낸 새끼를 신이랍시고 떠받들고, 닭처럼 조아리는 꼴이 우습다, 우스워."

가증스럽게도, 그녀의 입에서 튀어나오는 말 한마디 한마디가 칼날과도 같았다. 가슴을 도려내는 것도 모자라 더욱 깊이 후벼 파기까지 하는 그 비아냥에, 시현은 금방이라도 속이 뒤집어질 것만 같았다.

그러나 상대는 사람을 죽이는 살을 쉽게도 날리는 악신이었다. 그런 신에게 한낱 인간이 대든다고 해서 승산이 있는 것도 아닌지라, 시현은 끝끝내 분노를 삼켰다. 그저 입을 꾹 다문 채 부르쥔 두 손을 파르르 떠는 시현에게, 여인은 마지막까지 조롱으로 답했다.

"그래, 니 맘대로 해라? 니가 뭐, 이제 와서 별짓거리 한다고 순리가 바뀌는 것도 아니고. 너네들 수십 명 죽어 나자빠져도 난 아쉬울 게 없어. 왜냐? 그게 천리고, 순리거든."

"……."

"야. 그냥 지금이라도 뒤돌아서서 여기 나가. 니가 진짜 재밌어서 그래."

"……내가 기가 막혀서. 한낱 잡귀가 어쩌다 힘을 얻었으면, 그 알량한 힘으로나마 사람을 돕고, 혹여 혼내더라도 적당히 혼내고 떠나든가. 그렇게 생사람 목숨을 수십 명씩이나 끊어놓으면 아무리 원한이 깊어도 그 벌이 작은 게 아닐 텐데, 그렇게 힘을 얻어놓고 왜 이렇게나 악독하게 굴어요 굴기를?"

"그걸 말해준다고, 니가 믿어주기나 하니?"

"……뭐라고요?"

"내가 백날 천날 이야기하면 뭐해? 다들 안 믿어주는데."

"지금 그걸 말이라고 하십니까? 믿고 안 믿고는 내 선택 아니에요?"

"……."

"오갈 데 없는 불쌍한 영혼한테 무슨 일이 있었는지 들어주는 게 우리 일인데, 못 들어줄 건 또 뭡니까? 듣고 나서 풀어줄 일이면 풀어주고, 꾸중할 일이면 꾸중하는 게 우리 일 아니에요?"

"……."

"그렇게 억울하고 할 말이 많으면, 어디 이야기나 한 번 해보세요. 내가 들어는 드릴 테니까."

"······야, 너 진짜 재밌다? 사람이 달라도 달라. 역시 내가 사람 보는 눈은 정확하다니까?"

"······."

"그래, 뭐. 들어준다니까. 내가 그럼 딱 하나만 말해줄게. 잘 들어?"

"······."

"야, 명부록? 나한테 그딴 게 어딨어? 내가 그런 게 있었으면 지금 여기서 이러고 있겠니? 당장 그 새끼 잡아다 저승으로 처넣었지?"

"······기가 막혀서. 하다 하다 이젠 끝까지 오리발을······!"

"야, 진짜라니까? 나 그딴 거 없어. 난 그냥 너희 받아먹는 거야."

"뭐라고요······?"

"그거, 나한테 진―짜 없다니까? 그냥 너희도 내가 다 삼키면 되는데, 내가 너희는 먹기 싫어. 그래서 마지막으로 얘기해주는 거야."

"······."

"더 말하기 귀찮고, 내가 진짜 마지막으로 얘기할

게. 너, 그냥 돌아서서 여기 뜨든지, 아니면 기어코 그 새끼 굿판엘 가든지. 니 맘대로 해. 난 이거 말고는 더 할 말 없어."

* * *

 시현은 내리 반나절을 기절해있다시피 하다 깨어났다. 정신이 들자마자 서둘러 자리에서 일어나 보니, 필구와 함께 쓰던 마을회관의 구석방이었다. 어찌나 오랫동안 자다 일어났는지 분명 낮에 시작한 굿판이었는데도 주위가 벌써 어둑어둑했다.
 방에서 나와보니 마을회관은 그야말로 아수라장이었다. 십수 명에 달하는 촬영팀이 다들 안색이 새파랗게 질린 채 여기저기 전화를 걸어대고 있었고, 개중에는 밑도 끝도 없이 전화기 너머로 버럭버럭 소리를 질러대는 사람도 있었다. 그 난장판을 수습해야 할 감독의 모습은 코빼기도 보이지 않았다. 자신이 기절해 있는 사이에 대체 무슨 일이 있었던 것인가 싶어 어리둥절하던 그때. 곁에서 와락 그를 잡아끄는 손길이 있었다.
 "왜 이렇게 늦게 일어나셨어요?"

타박 섞인 목소리가 귀에 익다 싶었는데 역시 정시현 작가였다. 시현은 마침 반가운 마음에 다짜고짜 그녀의 손을 붙든 채 이것저것을 물어댔다.

"아니 작가님, 여기 분위기가 왜 이래요? 저 기절하고 나서 무슨 일이라도 있었어요?"

"선생님만 기절하신 거 아니에요, 저희도 다 그랬어요."

"네? 다 그랬다고요? 전부 다?"

"……선생님, 혹시 무슨 꿈 안 꾸셨어요?"

"꿈이요……? 꾸긴 꿨는데…… 갑자기 그건 왜요?"

"그럼 시현 씨도 그 책 봤겠네요?"

"책이요……? 무슨 책이요?"

"그때 저희 음향 스태프가 꿈에서 보셨다던 책, 기억하시죠……?"

"그거요? 당연히 기억하는데, 갑자기 그건 왜요?"

"……저희도 저희 이름을 봤어요."

"예……?"

"거기 저희 이름이 적혀있었다고요. 그분이랑 똑같이, 딱 내일 날짜로……."

그 청천벽력 같은 소리에, 시현은 정수리에 벼락이라도 맞은 양 그대로 굳어버리고 말았다. 그와 동시에 저승사자가 일러주었던 이야기가 퍼뜩 뇌리를 스쳐 갔다.

"사람 목숨 하나쯤은 끊어내고도 남을 살이었지. 하지만 자네 그릇도 그릇인 데다, 이미 곁에서 지켜주는 분이 계시니 졸도에 그친 게지."

'사람 목숨을 끊어내고도 남을 살'이라는 것이 설마 티끌만큼의 과장도 섞이지 않은 말이었을 줄은 몰랐다. 만신이라 불리는 할매마저 가법다고는 하나 살을 맞아 함부로 오라 가라 할 수도 없는 노릇인데, 그 와중에 무당은 굿판에서 살을 날리긴커녕 도리어 살을 맞아버렸으니……. 이젠 도대체 뭘 어떡해야 할지 눈앞이 막막하기만 했다.

"작가님, 그러면 무당은요? 그분은 괜찮아요?"

"아 무당이요……? 걱정 안 하셔도 돼요, 유일하게 기절 안 하셨던 분이라."

"그럼 그분이 뭐래요? 뭐 어떡하라고 말은 해줬어요?"

"한 마디로, 이제는 사생결단이래요. 살을 날린 귀신을 찍어 눌러야 하니까 누름 굿도 해야 하고, 살풀이 굿도 해야 하고, 마지막에는 사자거리까지 다 한다 던데……. 솔직히 그걸 혼자서 다 하시는 건 힘들 것 같아서, 저희도 저희가 아는 분들한테 알음알음 연락 돌려보고 있는 거예요. 근데 지금 도와주겠다는 분이 한 분도 안 계세요."

"누름 굿에, 살풀이 굿에, 사자거리……? 혼자서 세 개를 뛰겠다고요? 아니, 하나도 제대로 못 하면서 대체 무슨 자신감이야?"

"저희도 좀 못 미덥긴 한데……. 그래도 믿을 사람은 그분밖에 없잖아요, 안 그래요?"

"아니, 이럴 게 아니라 일단 얼굴이나 좀 보고 말합시다. 그분 지금 어디 있어요?"

"밤샘 기도 가셨어요. 그리고 선생님한테도 부탁 전해달라고 그러셨는데……."

"부탁……? 무슨 부탁을요?"

"자기가 못 미덥게 보이는 건 아는데, 그래도 믿고 도와주시면 안 되겠냐고……."

그 이야기에, 시현은 말문이 턱 막혀버렸다. 꿈에서 보았던 저승사자가 신신당부처럼 덧붙였던 말이 불현듯 떠오른 탓이었다.

"염치없는 부탁이네만, 나를 믿어주시게. 부디 흔들리지 말고, 한 번만 믿어주시면 안 되겠나……?"

"미천한 제자가 당연히 신명님을 믿어야지요. 왜 갑자기 그런 말씀을 하십니까?"

"……다들 그러지 못했으니 드리는 말이네."

믿어야 할까, 말아야 할까. 어쩌면 그 감언이설에 속아온 사람이 한둘이 아닐지도 모른다는 생각이 들었다. 하지만 아무리 믿어주고 싶어도 눈앞에 놓인 상황만 보면 곧이곧대로 믿어주기 힘든 게 현실이었다.

큰 굿을 하나만 뛴다면 또 몰라도, 내리 세 번을 뛰어야 한다면 만신이라 불리는 할매도 버거울 터였고, 몇 사람을 모아야 겨우 뛸 수 있을 세 번의 큰굿을 과연 그 여인이 홀로 해낼 수 있을까 싶었다. 혹시라도 굿이 잘못되면 역살을 맞아 본인까지 거꾸로 넘어갈 텐데, 대체 무슨 자신감으로 그 커다란 짐을 혼자서 감당하겠다는 것인지. 시현의 상식으로는 도저히 이해할 수가 없었다.

시현은 일단은 알겠다며 작가를 물렸다. 그러곤 방으로 돌아가자마자 할매한테 서둘러 전화부터 걸어보았다. 난장판이 된 마을회관의 분위기를 아는지 모르는지, 만신은 우여곡절을 다 전해 듣고도 언제나처럼 평온한 목소리였다.

"오야, 욕봤다. 고생이 많았겠다 니가."

"할매, 지금 그게 중요한 게 아니야. 혹시 이금자 씨 알아? 할머니랑 똑같이 저승사자 모신다던데?"

"이금자……? 가만 있어보래이, 이금자, 이금자……. ……아, 그 사람이구먼. 이름을 들어보니 인제사 기억이 난다."

"그치? 할매도 알지? 어떻게 알게 된 사람이야?"

"나와 같은 신명을 받은 신을 모신다 케가, 내가 이것저것 가르쳐줬지. 갑자기 그건 와 묻노?"

"아니 잠깐만, 그럼 설마…… 신딸이야……?"

"하이고야, 신딸이면 내가 인제사 기억을 했겠노. 그 정도는 아니고, 내사 길이나 잡아주고, 이것저것 가르쳐준…… 말하자면 이모인기라. 신이모."

할매가 설마 제대로 된 신명을 알아보지 못했을 리가 없고, 그런 말이 나올 정도라면 적어도 제대로 된 저승사자를 모시는 무당은 맞을 것이라는 확신이 들었다. 그런데 그 확답을 듣고도 여전히 마음에 걸리는 것이 있어, 시현은 그것을 무심코 입에 담았다.

"할매, 근데 그 사람이 할매한테 살을 날릴 이유가

있을까?"

"살? 무신 살?"

"아니…… 이건 그냥 내 생각인데……. 아무리 봐도 할매한테 살을 날릴 만한 사람이 그 사람밖에 없어서 그래. 여기서 할매 아는 사람이라고는 그 무당밖에 없잖아."

"그래, 날릴라믄 날릴 수도 있겠제. 근데 니 지금 확실한 기가? 뭐 알고 그러는 거가?"

"아니……? 아직 증거는 없는데, 정황상 좀 그런 거 같아서……. 왜, 사람 촉이라는 게 있잖아."

"하이고야, 무신 소리를 하나 봤더니……. 니 함부로 그런 소리 하지 마라. 목숨줄 쥔 신명님한테 싹싹 빌어도 모자랄 판에 그런 씨잘데기 없는 생각이나 하고 앉았노."

"그럼 그 사람이 아니면 누군데? 살을 날릴 만한 사람이 그 사람 말고는 지금 아무도 없잖아. 안 그래?"

"고마 해라. 됐고, 너 이제 어쩔 거가?"

"……뭘 어째?"

"그 사람이 니한테 뭐라 했노? 도와달라캤나?"

"……응."

"니는 그럼 어떡하고 싶노?"

시현은 잠시 말문이 막혔다. 순리를 따르자면 저승사자를 도와 굿판에서 기도를 드리는 게 맞겠지만, 그렇다고 해서 자세한 사정도 모른 채 우물의 여인을 찍어누르는 것도 도리가 아닐 것만 같았다.

그리고 다른 무엇보다도 시현은 그 신명을 위해 진심으로 빌어줄 수 있을지도 확신할 수가 없었다. 두 눈을 뜬 채 필구를 잃어버린 미움 때문이었다. 만신은 그 일말의 망설임을 귀신같이도 눈치챈 듯, 이내 타이르듯 나긋나긋한 목소리로 조언을 건네왔다.

"시현아. 누구를 믿든 한 맴으로다가 믿어야 한데이."

"뭐⋯⋯?"

"내사 신이지만은 업을 쌓아가, 당신이 신인 것을 당당히 못 밝히는 분도 보았다. 그것뿐이겠노? 신이 아닌데 신 행세를 하는 잡것도 수두룩 빽빽하게 보았데이."

"⋯⋯그래서?"

"니 눈에는 누가 누고? 니는 누구를 돕고 싶노?"

"⋯⋯할매는? 할매는 어떻게 생각해?"

"그걸 내한테 물어가 무슨 소용이고. 겪어본 니가

아는 기지."

"……"

"말해본나. 인자 어떡할기가?"

시현은 쉽사리 입을 열지 못했다. 이제는 뭘 더 알아낼 시간도 없는데, 이것저것 뭘 해달라는 사람만 사방천지에 널려 있었다. 여인의 말을 따라 제 몸 하나 지키기 위해 얌전히 마을을 떠나야 할지, 그렇지 않으면 목숨을 걸고서라도 이 많은 생목숨을 도와야 할지, 그로서는 도저히 결단을 내릴 수가 없었다.

무엇보다도 여인의 말 한마디 한마디가 자꾸 마음에 걸렸다. 애초에 마을을 떠나라는 의도가 무엇이었을지, 수많은 넋을 잡아먹은 주제에 천리와 순리를 대체 무슨 자신감으로 입에 담았던 것일지……. 그와 더불어 살은 누가 날린 것이며, 누구의 말을 따라야만 할지……. 제아무리 머리를 굴려도 뚜렷한 해답이 나올 기미가 없었다.

그렇게 한참을 고민하던 시현은 문득 고개를 들었다. 뭔가를 떠올리기라도 한 모양인지 마냥 막막하던 두 눈동자에 어느새 생기가 돌고 있었다. 그리고 바로 다음 순간, 시현은 기나긴 고민 끝에 비로소 대답을 내놓았다.

"······내 눈에 보이는 거."

"그게 무슨 말이고?"

"난······. 내 눈에 보이는 것만 믿을래. 뭐든 끝까지, 확실하게 보고 나서 정할 거야."

그 의미심장한 말을 마지막으로, 시현은 서둘러 전화를 마무리했다.

* * *

그 시각, 정시현 작가는 버스 정류장에 있었다. 이제 10분 뒤면 버스에 몸을 실어야만 했다. 타야 할지, 말아야 할지 마음을 정하지 못하고 그저 한숨만 푹푹 내쉬던 그때. 누군가 옆에 다가와 스르륵 앉는 기척이 있었다.

화들짝 놀라 돌아보니 다름 아닌 시현이었다. 작가는 그제야 놀란 가슴을 쓸어내렸다.

"뭐예요, 간 떨어지는 줄 알았네······."

"이 시간에 어디를 가셔요?"

"그냥······. 여기서 멀어지면 되지 않을까 해서······."

"에이, 그런다고 이미 날린 살이 피해지나. 아무리

못 미더워도 굿판에는 가셔야지."

"……그러게요. 제가 무당분 믿어달라 그래놓고, 저는 도망치다 걸렸네요. 쪽팔리게."

"그럴 만하죠. 그 양반이 굿한다고 난리를 치다가 단체로 살을 맞았는데."

"……"

"작가님, 그러고 보니까 예전에 여기 똑같이 오셨잖아요. 그죠?"

"네……? 네, 그렇죠?"

"지금 보니까, 그냥 그때 가시는 게 맞았을 거 같아. 그랬으면 이런 더러운 꼴은 안 보셨을 텐데."

"……말해 뭐해요, 나 지나간 일인데."

대화는 거기서 잠시 끊겼다. 시현은 무슨 의도인지 곧 떠날 버스만 바라보며 한숨만 푹푹 내쉬다가, 승차 시간이 5분 남짓 다가오고 나서야 어렵사리 입을 열었다.

"저 내일 큰일 치르는 거, 아시죠?"

"……네."

"그럼 혹시, 응원하는 셈치고 제 부탁 하나만 들어줄 수 있어요?"

"부탁이요? 무슨 부탁을요?"

"자세한 건 바로 말씀드리기 좀 그런데……. 그것만 들어주면 내가 작가님은 꼭 살게 해드릴게. 약속해."

"제가 뭘 하면 되는데요……?"

"그냥 굿판에 오셔요."

"네……?"

"그냥 굿판에 오셔요. 그거면 돼."

작가는 외이한 얼굴로 두 눈만 끔벅였다. 그러나 시현은 두고 보란 듯 의미심장하게 웃기만 할 뿐, 당장은 뭘 더 말해주려는 낌새가 없었다.

단물차사

 요란한 북소리와 꽹과리 소리, 간드러진 태평소 선율이 한데 어우러져 뒷산을 정신 사납게 울려대는 가운데. 새하얀 천을 달아놓은 신장대 끝자락이 허공에서 연신 꽃처럼 흩어졌다. 그 털 가닥 하나하나가 마치 배꽃처럼 하얗고 수수했는데, 정작 그것을 손에 쥐고 흔드는 무당의 차림은 온통 울긋불긋하고 화려하기 짝이 없었다.

 바닥에 쓸릴 만치 길게 늘어뜨린 새빨간 소맷자락이 쥐불처럼 새빨간 아지랑이를 그렸고, 등 뒤로 두 갈래 늘어뜨린 노랑 파랑 두루마리는 무당이 발끝으로

원을 그리며 제자리에서 빙글 돌 때마다 나팔꽃처럼 푸르르게 피어났다. 그와 함께 흩날리는 여인의 송골송골 땀방울은 새벽녘 이파리에 맺힌 밤이슬과도 같았다.

그 앞에 꿇어앉은 십수 명의 촬영팀은 손이 발이 되도록 빌며 기도를 이어가고 있었고, 그중에는 박시현 역시 끼어있었다. 마음만 먹으면 언제든 마을을 떠날 수 있는 그였지만, 결국은 그곳에 남아 굿을 돕기로 마음먹은 것이었다. 빠진 사람은 오직 정시현 작가뿐이었는데, 무당은 그녀의 안위를 걱정하는 시현에게 차라리 잘된 일이라며 딱 잘라 말했다.

"갈 사람은 가고, 살 사람은 살아야지. 자네라도 나를 믿어줘서 다행이네. 지금부터는 우린 같은 배를 탄 것이나 마찬가지니, 부디 열심히 기도하고, 또 기도해주시게."

온전히 믿지도 못하면서 괜히 굿판에 끼었다가는 도움이 되기는커녕 방해만 된다는 논리였다. 그것이 딱히 틀린 말도 아닌지라, 시현은 마지못해 고개를 끄덕였다.

대개 이렇게까지 성대하게 누름 굿을 벌이면 당하는 귀신이 얼굴이라도 내보이기 마련이건만, 어째서인지 굿판을 시작한 지 두어 시간이 지나도록 우물에서는 아무런 반응이 없었다. 그러자 무당은 애가 타는 듯 우물을 돌아보았다.

턱턱 막혀오는 숨을 미저 돌리기도 전에 두 팔을 가로질러 하늘로 쭉 뻗더니, 의욕만 앞세워 발끝을 날카롭게 세웠다. 그러곤 오직 두 엄지발가락만으로 몸을 지탱한 채 튕겨놓은 팽이 마냥 그 자리에서 핑그르르 돌기 시작했다.

번쩍 추켜든 신장대와 펄럭이는 새빨간 소매, 마치 부풀어 오른 치마처럼 푸르게 뻗친 두루마기와 샛노란 옷깃이 정신 사납게 어우러져 마치 한 가지 것으로만 보였는데, 몸에 신을 실은 것이 아니고서야 그런 묘기와도 같은 일을 쉬이 해낼 수 있을 리가 없었다.

웬만한 제자는 그 광경을 보고 넋이 나갈 만도 하건만, 정작 시현의 눈빛은 어딘가 모르게 영 탐탁지 않았다. 그는 감탄하기는커녕 정신 사납다는 듯 두 눈을 지그시 감아버린 채 나지막이 한숨을 짓기까지 했다.

애당초 그의 역할은 무당의 몸에 실릴 신명을 위해 정성껏 기도를 올리는 것이었다. 한데 그는 두 손을 가지런히 모으긴 모았으되, 기도는 드리지 않았다. 그저 눈과 귀를 완전히 틀어막은 채 저만의 생각에만 몰두

하고 있을 따름이었다.

그로부터 얼마나 시간이 흘렀을까. 파문 한 점 없이 마냥 고요하던 우물이 마침내 반응을 보였다. 차갑고 깨끗하던 물에 콩알만 한 거품이 한두 방울 일어난 것도 잠시, 그것들이 이윽고 게거품처럼 새하얗게 온 수면을 뒤덮어버린 채 끓어오르는 듯 부글대기 시작했다.

그 무시무시한 소리가 우물의 돌벽을 치대며 수십, 수백 명의 아우성처럼 아득바득 기어 올라왔다. 그러나 그 소리는 끝끝내 우물 밖으로 터져 나오지는 못했다. 절규와도 같은 거품소리가 돌벽을 기어오르다 말고 커다란 나무 뚜껑에 막혀 연신 도로 밑바닥까지 떨어지기를 그칠 줄도 모르고 반복하고 있었다.

비단 시현만 그 소리를 들은 것이 아니었다. 굿판에 모인 촬영팀도 저마다 고개를 쳐든 채 우물을 응시하며 앉은 자리에서 벌벌 떨어대고 있었고, 그나마 조금 전까지 사람들을 살펴보던 무당은 이제는 우물에만 시선을 고정한 채 더욱 격렬하게 춤사위를 벌이고 있었다.

시현은 그 아수라장 속에서도 결코 동요하지 않았다. 바로 지금이야말로 천지신명께 간절히 기도를 올리며 신에게 힘을 실어줘야 할 때라는 것을 잘 알고 있었기 때문이었다. 하지만 마음을 깨끗이 비워도 모자랄 판국에 자꾸만 머릿속에 떠오르는 생각이라고는 오직 그 스스로만이 짊어져야 할 의문뿐이었다.

애초에 사람을 삼키는 우물이라는 말을 처음 듣자마자 필구를 막았다면 어땠을까? 만약 그랬다면 필구도, 촬영팀 스태프도 살아남았을지도 모를 일이었다. 하지만 결국은 우물이 죄 없는 사람을 두 명이나 삼켜버리고 말았다.

시현은 그 여인이 원망스러웠다. 할 수만 있다면 지금 당장이라도 우물에서 끌어내, 필구와 스태프를 토해내게 하고 싶었다. 하지만 그 염원을 이뤄줄 수 있는 신명에게 아무런 사심 없이 힘을 보태줄 자신이 있냐면, 그것도 아니었다.

시현은 그들 모두가 미웠다. 그 탓에 누구를 위해서 기도해야 할지도 쉬이 결정을 내릴 수가 없었다. 본인이 일을 그르쳤음에도 힘이 없어 아무것도 하지 못했던 신에게 힘을 보태주어야만 할까? 그게 아니면 제 나름대로 억울하다는 그 악신의 말을 따랐어야만 했을까?

솔직히⋯⋯ 그는 둘 다 따르고 싶지 않았다. 비록

억지로 이끌려 굿판까지 오긴 했지만, 그는 역시나 그 누구를 위해서도 진심으로 기도할 수가 없었다. 그리고 앞으로도 그럴 작정이었다.

'그래, 그래야만 하겠다.'

그가 그렇게 마음먹은 바로 그 순간이었다. 절정에 치달으며 그 자리에서 하늘을 향해 두 팔을 뻗었던 무당이 그대로 우뚝 굳어버렸다. 그리고 그 직후, 마치 망치로 뒤통수를 얻어맞기라도 한 양 그대로 뒤로 넘어가 버리고 말았다. 그와 동시에 연신 벌컥거리며 벌어진 틈새로 뭔가를 뱉어내던 우물 뚜껑이 펑 하는 굉음과 함께 그대로 떨어져 나갔다.

소리와 함께 울컥울컥 터져 나온 것이 온통 핏물이었다. 그 자리에서 머리를 조아리던 모두가 미처 피할 새도 없이 그 핏물을 와락 뒤집어쓴 채 그 자리에 털썩 고꾸라지고 말았는데, 제일 앞에 무릎을 꿇고 있던 시현 역시 마찬가지였다. 그는 합장한 자세 그대로 흙바닥에 엎어졌다. 그러곤 미동조차 하지 못했다.

비단 시현뿐만이 아니었다. 촬영팀도, 무악을 연주하던 악사들, 심지어는 구경을 온 마을 사람들마저 그 자리에서 거꾸러졌다. 그 지경이 되어서야 우물에서 끓어오르던 소리가 잠잠하게 가라앉았다. 산 사람의 숨소리조차 들리지 않는, 죽음과도 같은 적막만이 감돌던 와중이었다. 바닥에 아무렇게나 쓰러져 있던 무당이 마침내 고개를 들었다. 목 아래의 몸뚱이는 미동조차 하지 않건만, 마치 실을 달아놓은 꼭두각시처럼 머리통만이 부자연스럽게 들어 올려졌.

그것을 시작으로 땅에 널브러진 몸뚱이 역시 위태롭게 기우뚱거리면서도 끝끝내 두 발로 땅을 딛고 섰다. 그러나 정작 우물 앞을 내다보는 눈동자는 이미 반이 넘도록 풀린 채였다.

평범한 사람이라면 겉으로 보이는 그 껍데기만 눈으로 좇고, 뭔가 이상하다는 점만을 어렴풋이 알아차릴 수 있을 뿐, 그 인을 차지하고 앉은 악신은 알아볼 길이 없었다.

다음 순간, 그녀는 쓰러진 촬영팀을 향해 비척비척 걸어갔다. 그러곤 앞으로 엎어진 시현을 그 자리에 일으켜 세워, 질질 끌다시피 하며 우물로 데리고 갔다. 체격 차이가 웬만큼 심한 게 아닌데도 대체 어디서 그런 힘이 나올 수 있나 몰랐다.

무당은 끌고 온 시현을 기둥 한편에 아무렇게나 기대어 놓았다. 이윽고 우물의 뚜껑을 단숨에 쉽게도 밀어젖히자, 사람을 삼키지 못해 안달을 내던 우물이 마침내 아가리를 벌렸다.

볕이 들지 않는 우물은 마냥 칠흑 같았다. 무당 본인이 먼저 고개를 쏙 내빼어 그 안을 들여다보더니, 뭐가 그리 좋은지 연신 히죽거리며 웃어댔다. 그러곤 평소에 내던 것과는 전혀 다른 목소리로 나지막이 뇌까렸다.

"네가 그렇게나 고생이 많았으니, 제일 먼저 보내주는 것이 인지상정이겠지?"

말을 마친 바로 그때였다. 그들의 등 뒤에서부터 굵직한 호통소리가 마른하늘에 날벼락처럼 내리꽂혔다.

"네 이놈!"

그 시원시원한 일갈에, 무당은 반사적으로 고개를 돌렸다. 머리부터 발끝까지 온통 새카만 차림의 남자가 다 엎어진 굿판 뒤편에 서 있는 것이 시야에 들어왔다. 그 행색만 보고도 그가 저승사자라는 것쯤은 누구나 쉬이 알 수 있었는데, 은은하게 풍기는 분위기가 일반적인 저승사자의 것과는 사뭇 달랐다.

그는 그저 평범한 저승사자가 아니었다. 한때는 저승사자였으나 지금은 세습 무가의 신명으로서 머무는, 박씨 무가의 신명이었다. 그 모습을 알아본 무당은 정말 오래간만에 만난 저승사자를 웃음기 가득한 목소리로 맞이했다.

"늦었네, 이 친구야. 늦어도 너무 늦어버렸어."

한데 박씨 무가의 신명은 혼자가 아니었다. 우물에 있어야 할 소복 차림의 여인이 그의 곁에 서 있었다. 몸에는 포승줄이 묶이고, 두 손목에는 오랏줄까지 단단히 묶여있는데도 새하얀 얼굴이 아무런 감정 없이 그저 무덤덤하기만 했다.

그 광경을 찬찬히 굽어보던 무당은 금세 입꼬리가 귀까지 걸렸다. 그는 숨이 넘어가리만치 껄껄거리며 웃어댄 뒤에야 신명을 향해 넌지시 운을 뗐다.

"자네는 어떤 차사인가?"

"나는 탄석차사나!"

"그러셨는가? 나는 단물차사네, 보다시피."

그 이야기를 들은 탄석차사의 눈동자에는 벌써부터 분노가 이글거렸다. 마음 같아서는 당장이라도 힘으로 끌고 가고픈 기색이 새카만 두 눈동자에 그대로 드러나 있었으나, 그 감정을 꾹 참고 마치 달래듯이 말을 이어갔다.

"……내 자네의 마음을 이해하네. 하루아침에 소임을 잃고 방황하고, 또 번뇌하는 자네의 마음은 십분 이해하네. 당장 나부터가 내 허한 마음을 달래보고자신 노릇을 하며 인간을 돕고 산다마는, 어찌 자네는 지켜주기는커녕 도리어 사람을 해치는가? 그것도 명부를 바꿔가면서까지 생사람의 목숨을 끊어내는 것이 천벌을 받을 일이라는 것을 잘 아는 자네가, 대체 왜 이렇게까지 하시는가?"

"자네는 시작부터 잘못되었네."

"뭐라……?"

"제 힘으로는 저승 가는 길조차 찾지 못하는 그 우매한 것들은 가엾고, 이제는 보답조차 받지 못하고 이승을 떠도는 우리 운명은 가엾지 않으신가?"

"……."

"어차피 골백 번을 죽고 죽어, 태반은 인간도 되지 못하고 미물이나 될 운명인 것을. 그런 것들을 위해 한 몸 바치는 그 꼴이 부끄럽지도 않으신가?"

탄석차사는 그 말을 듣고도 아무런 대답이 없었다. 다만 그 뜻이 지당하여 말문이 막힌 것은 결코 아니었다. 그저 하도 기가 막혀 대답을 내놓지 못하는 것뿐이었다. 그 심경을 아는지 모르는지, 무당은 제 이야기를 밑도 끝도 없이 늘어놓기 시작했다.

"……그래, 지난날이 좋았지. 우물에 많이도 고꾸라지고, 서로 돌을 던져 죽이고, 인간이 인간을 잡아 죽이고……. 그 넋을 모조리 우리에게 갖다 바치던 그때가 좋지 않았는가? 이제는 우물도, 석전놀이도, 돌 맞아 죽는 넋도 없이 그저 떠도는 영혼이나 잡아다 인도하는 것이 고작이 아닌가?"

"자네야말로 시작부터 잘못되었네. 애당초 무엇을 바라고 하는 일이 아니지 않았는가! 세상이 변하고 소임이 끝이 나면 다만 그뿐이지, 순리를 거스르는 것도 모자라 천리를 거슬러? 지금까지 살아온 세월이 있을 테고, 그토록 오래 인간을 도왔을 차사가 어찌 이런 짓을 벌이는가! 살아온 업을 지고 이 일을 맡은 것을 다 잊었는가!"

"자네야말로 순리니, 천리니 하는 공허한 소리는 집어치우시게."

"뭐라……?"

"제아무리 세상이 바뀐다 한들, 차사의 소임조차 내려주지 못하는 하늘이 무슨 하늘이란 말인가? 자신의 일은 자신이 찾아야 하는 이따위 세상에서 염라니, 상제니 하는 것은 아무런 의미가 없다는 것을 왜 아직도 모르시는가? 우리 차사를 길들이고, 억압하고, 부려 먹기 위해 내거는 그 명분과 법도라는 것이 이다지도 허망하다는 것을 왜 아직 모른단 말인가? 나는 내가 응당 받았어야 할 소임을 내 스스로의 힘으로 찾았을 뿐, 하늘에서 명한 일을 열과 성으로 끝까지 하여 보답하겠다는데 대체 무엇이 잘못되었다는 것인가?"

그렇게 지껄인 직후, 그는 껄껄 웃으며 이렇게 덧붙였다.

"아, 베풀지를 못했구려……? 자네도 쓸쓸할 텐데, 내가 너무 내 이야기만 한 것 같구먼. 뭐, 어디서 돌이라도 구해오시겠는가? 마음에 드는 인간이 있으면 내 기꺼이 내어드리겠네. 그 집안에 묶여있었을 세월이 하루 이틀이 아니었을 텐데, 오랜만에 그 옛날 기분이나 내보지 않으시겠는가?"

"그 입 닥치지 못할까!"

탄석차사는 더는 참지 못하고 괄괄한 성정을 그대로 내보였다. 그러나 단물차사는 그 모습을 보고도 눈 하나 깜짝하지 않았다. 오히려 실실 웃어가며 기막힌 이야기를 잘도 늘어놓았다.

"'차사는 차사에게 손을 대지 못한다'. 능히 신이 될 수 있으면서도 인간의 삼원을 빌어먹고 사는 그렇게나 고명하신 차사이시니, 그 법도는 당연히 알고 있으리라 믿겠네."

"······터진 입이라고 줄줄이······!"

"나는 내 몫으로 챙긴 것은 넘겨줄 생각이 없네. 자네의 그릇은 애시당초 여기서 명이 다할 운명이었던 게지. 저승사자를 하직신장으로 데리고 가니, 그 먼 길이 외롭지는 않을 게야."

마지막에 마지막까지 차사를 조롱한 뒤, 무당은 마지막으로 차사의 곁에 선 여인을 돌아보았다. 그러고는 웃음기 가득한 목소리로 덧붙였다.

"······그래도 차사라고, 써 먹힐 대로 써 먹히고도 인간을 돕겠답시고 이승에 남은 것도 모자라 내가 해야 할 일까지 대신하고 있으니, 이 어찌나 우둔한가?"

"······."

"지금껏 모아온 그 알량한 힘이 일시에 허사가 되었구나. 그래도 차사 하나는 어찌할 수 있을 줄 알았건만, 고작 탄석차사 따위한테 잡힌 네 꼬락서니가 아주 가관이로고."

무당은 말을 마치자마자 품에서 뭔가를 꺼내 들었다. 일찍이 우물 속에 던져넣었다던 바로 그 명부록이었다. 명부록은 그가 그저 눈빛을 던진 것만으로도 저절로 펼쳐져, 박시현의 이름 세 글자를 내보였다. 단물차사는 적힌 한자와 생년월일을 눈으로 하나하나 훑어본 뒤에야 천천히 입에 담았다. 그 목소리가 일부러 그러는 것이라 누구나 확신할 수 있을 정도로 지독하리만치 느릿느릿했다.

"……박시현, 박시현. ……박시현."

머리에 손을 대고 세 번을 불렀으니 이만 넋이 빨려 나와야만 했다. 한데 어째서인지 아무런 일도 일어나지 않았다. 당혹감이 짙게 밴 정적만이 흐르던 그 순간, 뜬금없이 길가 서 너머에서부터 들려오는 목소리가 있었다.

"나 찾냐?"

그 목소리가 왠지 귀에 익었다. 반사적으로 고개를 돌려보니, 길가 저편에 시현이 서 있었다. 반남 박 씨를 쓰는 박시현이 아닌, 촬영팀의 정시현이었다.

단물차사는 그 모습을 보고는 잠시 얼이 빠졌다. 그 상태로 눈빛 하나 바뀌지 않은 채 고개를 갸웃거리더니, 꽤 시간이 흐른 뒤에야 비로소 뭔가를 깨달았다는 듯 헛웃음처럼 말을 툭 내뱉었다.

"네년이 안 보인다 했더니, 결국은 돌아온 게지? ……그런데 이제 와서 네가 뭘 어떡하겠다고 돌아왔느냐?"

그 물음에, 정시현은 대범하게도 코웃음을 쳤다.

"아니, 방금 내가 '나 찾냐'고 묻지 않았었나? 그리고, 내가 지금 댁이랑 얼굴도 마주 보고 이야기하고 있고, 친히 목소리까지 들려줬는데, 그런데도 아직도 감이 안 와? ……와, 그 세월을 똥구멍으로 치먹었나……? 진짜 멍청한 양반이네……?"

"뭐라……? 네놈이 감히!"

목청을 높여 더욱 시현을 힐난하려던 바로 그때였다. 단물차사는 문득 뭔가를 깨닫곤 아차 하며 도로 입을 다물어버렸다. 애초에 영안이 트이지 않았을 그녀가, 대체 무슨 수로 자신을 두 눈으로 똑바로 마주 본 채로 소통하고 있단 말인가?

그 의문은 그리 오래 고민힐 필요조차 없이 간단히 풀렸다.

"아, 잠만 기다리쇼. 안 그래도 답답해 죽겠으니까, 이거 떼고 말해야겠네."

말을 마친 직후, 그녀는 난데없이 얼굴에 손을 가져다 댔다. 그러곤 왼편 관자놀이에서부터 오른편 관자놀이에 이르기까지 핏기 하나 없는 새하얀 인두겁을 단숨에 잡아 뜯었다.

종이가 찢어지는 소리가 허공에 울린 직후, 잘게 찢어진 새하얀 종이가 꽃잎처럼 허공에 흩날렸다. 그리고 그 종이 사이로 드러난 것은 여인의 것이 아닌, 사내의 얼굴이었다. 고집스러운 인상에 앙다문 입술, 그리고 마주 본 이에 대한 혐오감이 가득한 두 눈에 이르기까지……. 그는 다름 아닌 박시현이었다.

"야, 내가 아직도 정시현으로 보이냐?"

대뜸 입을 열어 물어본 직후, 시현은 하필 신발 위로 떨어진 종이를 대강 걷어냈다. 반으로 갈라진 백지장 위에 적힌 것이라고는 한자 한 글자뿐이었는데, 새빨간 염료로 단숨에 휘갈긴 듯한 한자는 단지 두 획으로도 그려낼 수 있을 만큼 지극히 간결했다.

바로 고무래 정(丁)이었다.

그릇

 시현은 생전 처음으로 할머니의 사자거리를 구경했던 그날을 아직도 잊지 못했다. 그날 굿판에서 보았던 위엄이 흘러넘치는 저승사자의 모습은 물론이거니와, 쌍쌍바를 나누어 먹으며 할머니와 나누었던 대화 역시 생생하게 기억했다.

 "할매, 저승사자는 죽은 사람들 데려가는 신이야?"

 "글쎄…… 모든 저승사자가 신은 아닌데, 우리 신명님은 그렇게 되셨제? 그건 와 묻노?"

 "그럼 저승사자는 저승 공무원인 거네?"

"하이고야, 니는 시퍼렇게 어린놈이 말 참 웃기게 잘한데이. 그라제, 저승 공무원이제."

"그럼 평생 일해야 하는 거야? 쉬는 날도 없이?"

"모든 분이 다 그러신 건 아이다. 중간에 그만두시는 분도 있다."

"진짜?"

"그래서 우리 신명님이 저승사자이신 게지. 이 지저분한 인간 세상에서 그렇게나 볼꼴 못 볼 꼴 다 보셔놓고, 이 미천한 제자에, 인간들 도우시겠다고 남아 계신다 안 카나."

"그럼 엄청 착하신 거네?"

"그제. 우리는 뭐, 상상도 몬할맹키로 착하신 기지."

"할매, 그럼 나쁜 저승사자는 없어?"

"나쁜 저승사자? 그기 무신 말이고?"

"사람한테 해코지하고, 나쁜 짓하고, 놀리는 저승사자는 없어?"

"어허, 무엄하게 그런 말 하지 말그래이. 그런 건 저승사자가 아니고, 악신이다 악신."

"악신……?"

"오야. 신은 신이되, 신이 아닌 것을 악신이라고 한

데이. 가끔가다 그런 분이 있다. 이상해지시는 게지."

"진짜? 그럼 저승사자가 미치면 그렇게 되는 거야?"

"하이고야, 니 말조심하래이. 아무리 악신이라도 신이고, 우리보다 몇 곱절, 수십 갑절은 더 살아오신 분들한테 무슨 버르장머리고? 미쳤다기보다는 본(本)을 잊으면 그리 되신다 안 카나."

"본……? 할매, 본이 뭐야?"

"근본이다, 근본. 당신께서 어떤 맴으로다 우리 미천한 인간을 도우시고, 제자도 도우시고 그러셨는지다— 잊어뿔면 그리되는기라."

"왜……? 신이 되면 머리가 나빠져?"

"그런 말 함부로 하지 말그래이. 니라고 안 그럴 것 같나? 수십, 수백 년 살다 보면 잊어뿌는 것도 많을 거래이. 그제?"

"응."

"신도 마찬가지인기라. 가끔 가다 너무 오래 지내신 분들이 본을 잊어뿔고, 나쁜 짓도 하시는 거래이."

"그렇구나……."

"와? 들을 거 다 들어놓고 무섭노?"

"……아니, 그런 건 아닌데……. 그럼 할매도 봤어?

그런 나쁜 분들?"

"오야, 많이 뵌 건 아니고 가끔 봤지. 그래도 내는 우리 신명님께서 지켜주셔서 괜찮았지, 웬만한 무당이었으면 크게도 당했을 거레이. 그러니까 니도 항상 조심해야 한데이, 알았나?"

"응!"

어젯밤, 그 기억을 오래간만에 다시 떠올린 시현은 한밤중에 우물을 찾아갔다. 홑몸으로 간 것은 결코 아니었고, 당연히 박씨 무가의 신명과 함께였다. 그는 어둑어둑한 우물에 도착하자마자 휘파람을 불어 그 안에 잠들어 있을 여인을 깨웠다.

"야, 듣고 있냐? 있으면 우리 얼굴 보고 이야기나 좀 하자."

그 도발과도 같은 부름에, 여인은 우물 뒤편에서부터 스르륵 모습을 드러냈다. 그러더니 고개를 돌려 시현을 보자마자 입가에 조소를 머금었다.

"신이랍시고 옆에 달고 다니니까 눈에 뵈는 게 없지? 그지?"

"뵈는 게 있으면, 내가 여기 왔겠냐?"

그 모습이 이상하리만치 당당한 탓에 여인은 일순간이나마 주춤했다. 그러자 시현은 모처럼 잡은 기세를 놓치지 않고 한술 더 떴다.

"야, 내가 뭐 하나만 물어볼게. 잔머리 굴리지 말고 그냥 바로바로 대답해라?"

"묻긴 뭘 물어? 이제 와서."

"됐고, 묻는 말에만 대답해봐. ……너, 나한테 살 못 날리지? 그럴 힘은 없는 거지?"

"살? 무슨 놈의 살?"

"우리한테 꽂힌 살이 당신이 날린 거든 아니든, 나한테는 지켜주는 분이 계시니까 못 날릴 거 아니야, 안 그래?"

"그래서? 못 날리면 뭘 어쩌려고?"

"다른 게 아니고, 내일 우리가 여기서 굿판을 벌일 거거든? 누름굿에, 살풀이 굿에, 사자거리에……. 나 하나 감당 못 하면서 그거 다 당해낼 수 있겠냐?"

"누름굿? 누굴 눌러? 날?"

"그럼, 당신 말고 또 누가 있나?"

여인은 그 말이 끝나기가 무섭게 깔깔거리며 웃어댔다. 우물 뚜껑에 걸터앉은 채 머리에는 배꽃을 달고, 숨이 넘어갈 정도로 웃어대는 그 모습이 정신 나간 사람과 다를 게 없었다.

"그러니까 너희들이 멍청하다는 거야. 나를 누르긴

왜 눌러? 그 미친 차사 놈이나 누를 것이지."

"차사? 차사는 왜? 당신이 그 사람들 다 삼킨 거 아니야?"

"그래, 삼켰지. 그놈이 죽인 그 넋을 삼켰지. 그런데 그 새끼가 다 잡아 죽이는 것도 모르고 나를 누른다니까, 내가 기가 막히지, 안 막히겠어?"

"지금 말이 되는 소리냐 그게? 그분이 뭐가 아쉬워서 그런 짓을 해?"

"낸들 알아? 미친 귀신이 미친 짓 하는 데 이유라도 있을까?"

"그래? 일단 오케이. 그럼 복잡한 거 다 제쳐놓고 당신 말만 들어보면 그 사람들을 당신이 죽인 게 아니라, 다 그 차사가 죽였다는 거잖아? 그치?"

"그렇지?"

"그럼 당신은 진―짜 억울하겠네, 그지?"

"글쎄……? 옛날엔 그랬는데, 요즘은 딱히 그러지도 않네?"

"왜? 우리가 미워서?"

"……이제는 미운지도 모르겠고. 그냥 꼭 불나방……? 불나방 보는 기분이지 요즘은."

"……불나방? 웬 불나방?"

"처음이야 불쌍하기도 했다마는, 가만히 생각해보니까 내 말도 안 듣는 것들이잖아? 그런 것들이 수십 명씩 죽어 나간다고 내가 눈 하나 깜짝할 것 같아? 천만에, 다 자업자득이지."

그 말을 잠자코 듣던 시현은 문득 고개를 들었다. 이윽고 여전히 여유가 넘치는 얼굴로 여인의 눈을 쓰윽 마주 보더니, 그 표정만큼이나 담담한 목소리로 무심코 말을 던졌다.

"그러니까, 살릴 수 있으면 살리고 싶었다, 이 말 아니야?"

"……뭐?"

"그래서 나도 보내려고 했던 거고, 시현 작가도 보내려 했던 거고. 맞지?"

생각지도 못한 부분을 찔렸는지, 여인은 대화를 시작한 이래 처음으로 크게 흔들렸다. 마냥 표독스럽던 얼굴이 일순간 풀어지자, 시현은 여인을 가만히 지켜보다 말고 난데없이 태도를 바꾸었다. 그러곤 한결 누그러진 말투로 재차 말을 이어갔다.

"어르신, 그런 씀씀이로 사는 분을 저희가 신이라고 불러요. 아무리 성미가 괴팍해도, 그래도 인간은 돕고 사시는 분들. 사실 원래 그런 분들이 터주도 하고, 산신도 하시는 법이거든?"

"……"

"어르신, 일단 어르신 말씀은 잘 알겠으니까, 저랑 일 하나만 같이 해봅시다. 어때요?"

"……일?"

"잘 되면 어르신 한도 풀고, 우리한테도 좋은 일인데. 어떻게, 한 번 들어보시겠어요?"

"……너, 진짜 웃기는 놈이다. 너도 알지?"

"알죠, 하도 많이 들어서."

"그럼 어디 말이나 해봐. 이번 딱 한 번. 딱 한 번은 네 장단에 맞춰주려니까."

* * *

일련의 상황을 깨닫고 나서야 단물차사의 낯빛이 변했다. 아차 싶어 제 곁에 서 있는 시현을 돌아보니, 진작에 깨달았어야 할 본모습이 비로소 눈에 들어왔다. 다름 아닌 정시현이었다. 다만 반남 박 씨(朴氏)가 그려진 종이를 머리에 쓰고 있어, 한순간이나마 몰라보았다.

그 꼬락서니를 확인하자마자 두 눈에 핏발이 섰다.

직후, 그는 흉흉한 낯빛으로 시현을 돌아보며 대뜸 윽박질렀다.

"대체 언제부터였느냐? 언제부터 내 눈을 속였느냐?"

"머리기 달렸으면 생각을 좀 해라, 설마 처음부터 그랬겠냐? 네가 실리고 난 다음에 바꿔치기한 거지."

타박하듯 내뱉은 직후, 시현은 아예 두 손을 주머니에 찔러넣기까지 했다. 그러곤 온 얼굴에 가벼운 미소를 띤 채 차사가 뭔가를 대꾸할 틈조차 없이 속사포처럼 몰아붙였다.

"너, 애초에 내 힘도 필요 없었지? 그래도 꼴에 저승사자라고, 사람들한테 살 날리는 건 일도 아니었을 거야, 그치?"

"······."

"근데 말이야, 그것도 어쨌든 명부록이 있어야 가능한 거잖아? 이분이 악신이든, 네가 악신이든, 명부록이 있는 쪽이 악신일 거란 말이지?"

"······그래서, 그래서 이런 짓을······?"

"그렇지, 이제야 좀 알아듣네. 만약에 네 말이 맞으면 내가 이분 손을 묶어둬서 명부록을 못 꺼내게 만들면 그걸로 끝인 거고. 만약에 네가 구라를 친 거였으면 여기서 명부록을 꺼내서 쓸 거 아니야, 그치?"

시현은 마치 어린아이를 대하듯 친절하게도 설명을 늘어놓았다. 그런 뒤에야 손가락을 들어 차사를 가리키며 쐐기를 박았다.

"근데 말이야, 지금 보니까 잃어버렸다던 명부록이 너한테 있네? 그럼 뭐, 더 이상 볼 것도 없이 네가 현행범인 거지. 내 말 맞지?"

"……."

"욕심을 부리다 제 발목을 제가 잡았으니, 이제 와서 누굴 원망하겠어? 내 옆에는 신명님도 계시니까 나한테는 살도 못 날릴 거고, 이제 어쩔래? 다음 플랜은 뭐야?"

그쯤 되면 창피하고 부끄러울 법도 하건만, 단물차사는 이미 수치심도, 양심도 버려놓은 지 오래였다. 그는 체면 불고하고 악에 받친 얼굴로 오히려 아득바득 내질렀다.

"제 목숨 하나 살았다고 기고만장하는 것이냐! 애시당초 네놈한테는 살을 날리지도 않았으니, 이놈들만 보내버리면 그것으로 충분한 것을!"

"……아니 잠깐만, 설마 이 사람들을 데려가겠다고?"

"그래, 누구를 먼저 보내주랴? 네놈 장난질에 어울려준 이년부터 보내주랴? 주제도 모르는 년이 제 목숨을 걸고 나섰으니, 당연히 먼저 보내주는 것이 인지상정이겠지. 당연히 그렇고말고!"

"와……. 진짜 어쩜 이렇게 전형적일까……? '설마 이러겠어?' 싶은 걸 다 하고 있네? 부끄럽지도 않나?"

"그래, 역시나 인간의 잔꾀란 고작 이 정도란 말이지. 제힘으로는 아무것도 이르지 못하는 타력본원의 족속이라, 신의 힘을 빌어다 제 몸 하나 건사하는 주제에 모든 이치에 통달한 것처럼 주둥아리를 나불대는 꼬락서니 역겹기 그지없구나. 이제 와서 깨우쳤다 한들 신내림도 받지 못한 선무당 따위가 그저 지켜보는 것밖에 더할까? ……이왕 이렇게 되었으니, 네놈은 거기서 두 눈 뜨고 똑똑히 지켜보거라. 이 인간들은 다 네 부덕함으로 죽는 것이다……!"

"……타력본원은 인정. 아직 신내림도 못 받은 선무당이라는 것도 인정. 근데 마지막은 인정 못 하겠는데?"

"뭐라……?"

"아까 네가 그랬었지? 차사는 차사를 건드릴 수 없고, 옆에 계신 저분의 힘으로는 널 어쩌지 못한다고."

"……그게 무엇이 어떻단 말이냐?"

"뭐, 솔직히 내 생각도 그래. 아마 이분의 힘만으로는 널 막기에는 역부족이겠지? ……근데, 그릇이 있으면 얘기가 달라지지 않겠냐?"

단물차사는 그 말을 퍼뜩 알아듣지 못했다. 그가 두 눈을 가늘게 뜬 채 그저 끔벅이기만 하는 사이, 시현은 품에서부터 뭔가를 꺼내 보란 듯이 앞으로 내밀었다.

가만히 들여다보니 부적이었다. 풍기는 기운으로 보아 탄석차사가 힘을 불어넣은 것임이 틀림없었는데, 그 신명이 바로 앞에 있어서인지 느껴지는 위압감이 보통이 아니었다. 그러나 단물차사는 그것을 보고도 오히려 코웃음을 치며 나지막이 뇌까렸다.

"무슨 수작을 부리려나 했더니, 고작 이 정도였나. 차사의 힘으로는 날 어쩌지 못한다고, 내가 누누이 말하지 않았느냐?"

"누가 너한테 쓴대? 사람 말은 끝까지 들어야지."

다음 순간, 시현은 빈손을 주머니에 찔러넣었다. 이윽고 손아귀에 딸려 나온 것은 웬 라이터였는데, 필구가 남기고 떠난 지포 라이터였다.

시현은 일찍이 필구가 그러했듯, 라이터의 뚜껑을

멋들어지게 열어젖혔다. 그러곤 새파랗게 타오르기 시작한 불꽃을 일말의 망설임조차 없이 부적에 가져다 댔다.

곧이어 샛노랗던 부적이 끄트머리에서부터 금세 새빨갛게 타올랐다. 거뭇거뭇하게 타버린 잿더미들이 추적추적 떨어져 내리자, 여인을 묶고 있던 포승줄과 오랏줄 역시 스르륵 풀리며 흔적도 없이 사라졌다. 그뿐만이 아니었다. 조금 전까지만 해도 탄석차사의 곁에 서 있던 여인의 모습 역시 감쪽같이 시야에서 사라져 버렸다.

단물차사는 처음 얼마간은 눈앞에 벌어진 상황을 퍼뜩 깨닫지 못했다. 두 눈을 지그시 감고 있던 시현이 천천히 눈꺼풀을 들어 자신을 마주 본 뒤에야 아차 싶었는지 그 자리에서 두어 걸음을 물러났다.

시현의 두 눈이 눈동자로 가득했다. 새하얀 흰자에 작고 새카만 눈알이 수십 개가 넘도록 빼곡하게 들어차 있었는데, 그것들이 모조리 단물차사, 본인을 노려보고 있었다.

그 작은 눈빛들에서 느껴지는 살기가 이루 말할 데가 없이 흉흉하기만 했다. 그러나 정작 그 가운데에 자리 잡은 커다란 눈동자는 그저 평온하기만 했고, 뒤이어 시현의 입에서 흘러나오는 여인의 목소리 역시 그 눈빛에 걸맞게 마냥 온화하기 그지없었다.

"……이 큰 그릇이 맑은 물로 넘치는구나. 좋은 그릇이 제 주인을 만났으니, 세상천지에 무엇이 두려우랴……?"

하직

 살아생전 처음 받은 신내림임에도 시현은 눈 하나 깜짝하지 않았다. 하늘 아래에 우뚝 선 채 악귀를 찬찬히 굽어보는 그 모습이 마냥 고결하기 그지없었는데, 단지 겉으로 들여다보이는 모습뿐만이 아니었다. 몸에서부터 흘러나오는 기운 또한 악귀는 물론이거니와 탄석차사의 것과도 비교조차 할 수 없을 정도로 거세고, 또 왕성했다.
 그럴 수밖에 없었다. 올바른 신명의 뜻과 제자의 뜻이 하나로 합하였고, 그들의 뜻이 곧 하늘의 뜻이니…… 하늘 아래 그 어떤 잡귀, 악귀, 악신도 감히 그들을 막지 못했다. 지금의 그들이야말로 세간에서 흔히들 일심동체라 일컫는 모습을 하고 있었다.

단물차사는 그 광경을 마주하자마자 그대로 기가 눌렸다. 자신이 차지한 그릇으로는 결코 그들을 당해낼 수 없으리라는 확신은 그 직후 정확히 맞아떨어졌다.

이윽고 시현의 입에서 흘러나온 목소리는 본래의 것과는 달라도 한참은 달랐다. 일찍이 저 자신을 마을의 주인이라 칭하던 노인의 것이었다.

"나와."

단지 그 한마디뿐이었다. 그러나 음성이 땅에 떨어지자마자 울린 무게감이 웬만한 호통보다도 더욱 묵직했고, 우뚝 선 체구에서 쏟아져 나온 서슬푸른 기운이 맞은편에 버티고 선 이금자에게 정통으로 직격했다.

그 순간, 겨우 서 있던 몸뚱이가 크게 휘청이며 앞으로 고꾸라졌다. 제아무리 악신일지언정 한때 신 노릇을 하던 신력은 어디 가지 않았는지, 몸주가 강제로 떨어져 나간 충격으로 여인의 코에서 거뭇거뭇한 피가 두 줄기 흘러내렸다.

엎드린 그녀의 등 뒤로 단물차사의 형상이 그림자처럼 졌다. 한데 이상하게도, 낭패감으로 물든 것은 차사가 아닌, 이금자의 얼굴이었다. 여인은 제 몸도 가누지 못하고 흙바닥에 엎드린 와중에도 가까스로 땅을 딛고 자리에서 일어나 무릎을 꿇었다. 그러고는 온통 흙물이 든 두 손을 필사적으로 내저어가며 악착같이 내질렀다.

"안 돼, 안 돼! 하지 마! 아직은 안 돼, 아직은……!"

몸주를 잃은 그녀와는 달리, 시현은 탄석차사와 터주신, 우물의 여인에 이르기까지 자그마치 세 신명을 싣고도 정신이 온전했다. 눈에 비친 여인의 모습이 찢어 죽여도 시원찮아야 하건만, 어째서인지 그런 마음은 일절 들지 않았다. 그녀를 바라보는 시현의 가슴은 영문 모를 안타까움으로만 가득했다.

제 몸주가 악신인 것을 뻔히 알고도 저렇게까지 하는 이유가 대체 무엇인지, 어째서 그 많은 사람을 우물로 몰아넣은 것인지. 무엇 하나 짚이는 데가 없었다.

한데 막상 여인의 눈을 똑바로 마주 본 순간, 마치 주마등처럼 뇌리를 스쳐 지나가는 기억이 있었다. 그녀의 기억을 담아놓은 화경이었다.

* * *

눈을 뜨니 장례식장이었다. 조문객도, 상주도 없는

텅 빈 식장이 시야에 들어온 것도 잠시, 별안간 눈앞이 흐릿하게 물들었다. 가슴이 꽉 막히고 목이 조여온 탓이었다.

시현은 살길을 찾아 허공에 늘어뜨린 두 다리를 발버둥 쳤다. 그럼에도 상황은 나아지지 않고 점차 숨이 멎어가던 그때, 몇 걸음 앞에 놓인 영정사진 근처에 아른거리는 형체가 어두운 시야에 잡혔다.

조금 전에 우물 앞에서 보았던 그 단물차사였다. 한데 그보다는 그 옆에 죄인처럼 꿇어앉은 남자의 얼굴이 더욱 눈에 밟혔다.

영정사진에 찍힌 모습과 쏙 빼닮은 남자였다. 차이가 있다면 멀끔하게 차려입은 사진 속의 모습과는 달리 머리부터 발끝까지 푹 젖어있다는 것, 단지 그뿐이었다.

그 모습을 확인하자마자 두 손이 제멋대로 목덜미로 향했다. 얼마 남지도 않은 힘으로 목을 졸라오는 올가미를 부여잡고, 간신히 다음 숨을 들이마셨다. 조금이라도 더 숨을 이어가려 필사적으로 발악하던 그때. 귓가에 들려오는 익숙한 목소리가 있었다.

"이 미련한 것아. 서방 따라 죽는다고 너희가 함께할 수 있을 것 같으냐? ……안 되지, 그렇게 놔둘 수야

없지."

 대답은커녕 숨 쉬는 것조차 벅찼다. 그 신세를 아는지, 단물차사는 대답을 기다리지도 않고 일방적인 조롱을 이어갔다.

 "네년은 이미 죽은 목숨이다. 네 스스로 목을 맨 그 순간부터 이날 이때 죽기로 되어있는 팔자라는 것이야. ……하나, 나와 약속 하나만 해준다면 그 짧은 명줄, 조금이나마 늘려줄 수도 있지. 거기에 더해서 저승길만은 서방과 함께 갈 수 있도록 길을 터줄 수도 있다마는. ……어떡하겠느냐? 나를 따라보겠느냐?"

 더 따져볼 것도 없었다. 떠밀리듯 필사적으로 고개를 끄덕인 그 순간, 목덜미 위로 이어진 동아줄이 한순간 거뭇거뭇하게 타들어 가, 그대로 뚝 끊어졌다. 허공에 뜬 몸 역시 다리부터 바닥에 떨어져 내렸다. 눈앞이 뿌옇고 귀도 먹먹한 와중, 소름 끼치도록 웃어젖히는 음성만이 머릿속에서부터 또렷하게 울렸다.

 "이것으로 생사경을 보았으니, 네년도 그릇으로 그럭저럭 쓸 만은 하겠구나. 이 마을 것들을 전부 데려가게만 돕는다면, 네 서방은 풀어주마. 아무리 잡스러운 그릇이라도 그것만은 할 수 있을 터. ……아니, 해야만 하겠지. 그렇지 않느냐?"

* * *

생전 처음 마주한 화경에 넋이 나간 그때. 울며불며 발악하는 이금자의 목소리가 시현을 다시금 현실로 끌어냈다.

"……내가 그렇게나 도와달라고, 제발 꿈에서라도 얼굴이나 한번 보게 해달라고……, 간이고 쓸개고 다 떼어놓겠다고 두 손 모아 빌 때는 들은 척도 안 하더니……! 마을 신이면 이 마을 사람들을 도와줘야지, 내 서방 죽게 내버려 두는 신이 세상천지 어디 있냐고……! 너희는 신도 아니지, 신이면 안 되는 거지. 어디 내 말이 틀려? 내가 모신 신은 적어도, 적어도 약속이라도 해줬어. 내 남편 넋이라도 돌려주겠다고, 그렇게 약속이라도 했는데……, 당신들은 그동안 뭘 했는데? 그 많은 사람들이 다 죽어 나가는데, 뒷짐 지고 서서 한 게 도대체 뭔데!"

필구를 잃은 기억이 있어서일까. 이금자의 피 토하는 절규 한마디 한마디가 시현에게는 모두 진심으로만 들렸다. 안타까운 마음에 말문이 막힌 것과는 별개로, 입술과 목은 신명의 뜻대로 움직이며 냉정하기 이를 데 없는 말을 서슬푸르게 뚝뚝 떨어뜨리고 있었다.

"세상 살아가는 사람 모두에게 저마다의 업이라는 것이 있다. 그 업에 이끌려 죽어야만 할 사람은 죽고, 살 사람은 사는 것이니라. 네 낭군도 마찬가지다. 꽃다운 나이에 멀리 떠났다마는, 결국은 이 마을에서 나온 핏줄. 그 집안에서 일찌감치 멀리 떠밀어놓은 업을 돌려받은 것이다. 잠시 잠깐 미뤄놓은 제 집안의 업을 후손이 되돌려받았을 뿐인데, 너는 무슨 짓을 했느냐? 허주 잡신을 몸주랍시고 떠받들고, 멀쩡한 사람까지 잡아다 저승길로 몰아넣지 않았느냐? 이쯤 하였으면 무엇이 잘못인지 스스로 깨달아야지, 감히 천지분간 못하고 날뛰어서야 되겠느냐?"

"……웃기고 있네. 그걸 왜 내 남편이 받는데! 그 사람 조상이 잘못한 걸 왜 지금 우리가 받아야 하는데!"

"미뤄놓는다고 죄가 사라지는 줄 아느냐? 살아야 할 사람을 죽음으로 떠밀고, 그 넋마저 자그마치 수백 년을 부려왔으면 응당 대가를 치러야지. ……그러니 비켜있거라. 그래도 네가 가여워 마지막으로 기회를 주는 것이니라."

"안 돼, 나는 못 해. 죽어도 못 해!"

죽어도 못 비킨다는 그 말이 단순히 악에 받쳐 내

뱉는 빈말이 아니었다. 이미 몸주로 모시던 단물차사까지 떨어진 와중에, 이금자는 기어이 비틀비틀 일어나 터주의 앞길을 막았다.

"정 그리해야만 한이 풀린다면야, 그리해야지."

그 말이 떨어진 얼마간은 아무런 변화도, 기미도 없었다. 아니, 적어도 그런 줄로만 알았다. 하지만 이윽고 들려온 고통스러운 신음에, 시현은 비로소 이금자에서 일어나기 시작한 변화를 알아차렸다.

꼿꼿이 서 있던 몸이 점점 땅으로 무너져내리고 있었다. 반사적으로 시선을 떨어뜨린 뒤에야 그 원인이 눈에 들어왔다. 땅에 디딘 두 다리가, 더욱 정확하게는 무르팍이 으스러지고 있었다. 우드득, 우두둑 하는 끔찍한 파열음과 함께 일자 다리가 점차 안쪽으로 굽어가고 있었는데, 안짱다리로나마 버티고 서 있는 것이 용할 지경이었다.

고통에 겨운 비명이 점차 분을 이기지 못한 울음소리로 변해갔다. 마침내 몸뚱이가 뒤로 넘어가 흙바닥에 드러누운 뒤에도 두 다리는 원래대로 돌아갈 기미가 없었다. 그 와중에도 수없이 내지르던 비명은 점차 갈라져, 목이 쉬어버릴 지경에 이르러서는 가래 끓는 거북한 소리가 섞여들었다.

하늘을 향해 부릅뜬 두 눈에 새빨갛게 핏발이 섰다. 이내 실핏줄마저 터져 흰자위가 붉게 물든 것과 거의 동시에 입에서도 게거품이 터졌다. 핏물이 섞인 새빨간 피거품이었다. 가슴팍에서부터 끓어오른 거품이 서너 번을 터지며 입가에 흘러내리더니, 이내 잠잠해졌다. 그나마 숨만은 붙어있어, 두텁게 피어오른 피거품이 들숨과 날숨에 희미하게나마 흔들거렸다.

제 몸주를 잃고도 악착같이 앞을 막던 그릇이 마침내 깨어졌다. 혼절한 이금자의 뒤편으로 떠오른 단물차사의 형상은 조금 전과는 달리 마냥 흐릿하기만 했고, 기세 역시 조금 전과는 비교조차 할 수 없을 정도로 초라하기 짝이 없었다.

보잘것없는 악신이 변변찮은 그릇마저 잃은 형국이라, 터주의 힘으로 그대로 찍어누르기만 하면 끝날 일이었다. 하지만 시현은 더욱 힘이 실리기는커녕 오히려 몸이 한결 가벼워짐을 느꼈다. 잠시 실었던 터주가 떠나간 것이었다.

시현은 영문을 모르고 가만히 두 눈을 끔벅였다. 의아함이 스친 직후, 다시 눈을 감았다 뜬 그 찰나의 사이에 눈빛이 달라졌다. 엄하면서도 차갑던 터주의 눈빛은 어느새 온데간데없고, 그 빈자리를 살기로 번

들거리는 눈빛이 채웠다. 마치 철천지원수를 목전에 둔 듯한 불길 같은 눈빛이었다.

그 눈을 마주한 순간, 단물차사는 그 자리에서 주춤거리며 몇 걸음을 물러섰다. 그 눈빛이 분명 낯이 익었다. 수백 년 전, 우물 위에서 내려다보며 마주했던 바로 그 여인의 눈빛이었다.

그것을 떠올린 순간, 그는 시현의 그릇에 들어앉은 이가 누구인지를 마침내 확신했다. 깨닫자마자 온 얼굴을 잔뜩 일그러뜨리며 호통부터 내질렀지만, 그것은 그저 종이호랑이의 허장성세에 지나지 않았다.

"이, 이놈들은 나의 것이다! 내가 잡아 온 넋이란 말이다! 수백 년 헌신의 보답을 이대로 물거품으로 만들쏘냐? 천한 년, 길가의 개보다 못해 떠밀린 네년한테는! 단 한 놈도 넘겨줄 수 없다, 단 한 놈도!"

바락바락 고함을 내지른 직후, 그는 손에 든 명부록을 마구 넘겨댔다. 얼마 지나지 않아 자신이 붙들고 온 이의 이름을 찾아냈는지, 목울대에 핏발까지 세운 채 아득바득 고함을 질러댔다.

"정시현, 정시현……! 정시……!"

그가 이름을 세 번 읊으려는 그 찰나의 순간 동안 시현은 바람처럼 우물까지 내달렸다. 그리고 마지막한 마디를 내뱉기 직전에 가까스로 목을 휘어잡을 수 있었다. 목울대에 움푹 들어간 엄지와 검지의 손자국이 선명하게 보일 정도로 목을 졸렸으니, 이름을 부르긴커녕 비명조차 지르지 못하게 된 것은 당연한 수순이었다.

시현은 거기서 그치지 않고 그가 작가의 머리에 가져다 댄 더러운 손을 잡아 쳐냈다. 그런 뒤에야 손에 들린 명부록을 낚아채 그대로 바닥에 처박아버렸다. 목소리를 잃고, 명부록마저 빼앗기고 나니 한때 차사였던 악귀는 그저 추레한 잡귀 몰골이 되어버리고 말았다.

바로 그 순간, 시현의 몸에서부터 몸주가 스르륵 빠져나왔다. 곧장 차사에게 달려들어 두 팔로 그를 끌어안았는데, 열 손가락에 낀 십수 개의 가락지가 서로 단단히 맞물려 그를 옴짝달싹 못 하도록 옭아맸다.

여인은 그제야 고개를 들어 차사의 눈을 똑바로 마주 보았다. 이윽고 한마디 한마디 씹듯이 뇌까리는 그 목소리가 얼굴에 띤 희미한 미소와는 달리 마냥 살벌하기만 했다.

"이 자리에서 네 살과 뼈를 씹어 골수까지 뽑아 마셔도 시원찮을 것을…… 지난 500년의 원한을 어찌

이 한순간에 다 갚을 수 있을까……?"

차사는 여전히 목을 꽉 잡힌 터라 아무런 대꾸도 할 수 없었다. 그 대신 핏발 선 눈으로 여인을 마주 보며 입술을 달싹이긴 했지만, 그 누구도 그의 뜻을 알아들을 수 없었다.

"……가자. 빛 한 점 들지 않는 무간지옥이 저 아래에 있으니, 네놈 못자리로는 딱이겠구나."

그 소름 끼치는 조롱을 마지막으로, 여인은 마침내 몸을 던졌다. 마치 아이가 자신의 침대에 몸을 던지듯 우물 속으로 추락하는 여인의 얼굴은 너무나 태연해, 언뜻 봐서는 편안해 보이기까지 했다.

그러나 차사는 달랐다. 그토록 자신이 애지중지해 왔을 우물이건만, 정작 그 안으로 빨려 들어가는 본인의 낯빛은 처절하기 짝이 없었다. 야속하게도 외마디 비명마저 끝끝내 나올 길이 없었고, 분노와 두려움으로 형편없이 일그러진 그의 얼굴은 여인의 말마따나 빛 한 점 없는 무간지옥의 아가리 속으로 완전히 삼켜지고 말았다.

* * *

그로부터 채 며칠도 지나지 않아 또다시 굿판이 열렸다. 제향 마을에서 두 번 다시 없을 성대한 씻김굿이었다. 시현은 고향에서부터 태백산맥까지 올라온 할머니와 이런저런 이야기를 나누었다.

"할매, 할매는 진짜 몰랐어? 여기 무당한테 붙은 게 악귀라는 거?"

"나도 사람인데, 악귀가 작정하고 신인 척하는 걸 우예 알겠노? 그래도 니가 잘 알아챘으니 다행이데이. 그런데 니도 참 신기하데이, 내보다 경험 많은 만신들도 끔벅 속아 넘어간 걸 니가 우예 알았노?"

"글쎄……? 그냥…… 같은 저승사자인데 느껴지는 기운이 우리 신명님 같지가 않고, 보고 있으니까 기분이 묘하게 더럽더라고."

"하이고야, 역시 내 니 날때부터 알았다 안 카나. 큰 그릇은 달라도 뭐가 다르데이. 그런 것도 척척 알아맞히고."

"……그보다 할매, 이금자는 이제 어떡해? 이미 영안은 트일 대로 트였고, 아무리 악신이라 해도 신을 담은 건 맞잖아. 작게나마 그릇이 된 거 아니야?"

"그제, 그렇게 죄 많은 그릇에 올바른 신명이 내려올 턱도 없고, 평생 잡귀 잡신한테 시달리모 살겠제."

"그럼 할매가 영안이라도 달아줘야 그나마 좀 살지 않을까……? 보니까 벌전도 너무 심하게 받았던데."

"됐다. 이제 와서 내가 뭘 어쩌겠노? 본인이 원해서 받은 악신인데, 본인이 책임을 져야지."

"……그 사람, 왜 그렇게까지 했을까?"

"그게 무신 말이고?"

"아무리 자기 남편 영혼이 걸린 일이라지만……, 결국 죽인 건 단물차사였잖아. 그런데 자기 남편 넋이라도 돌려받겠다고 그놈 편을 들고, 그 많은 사람을 죽이려 했다고?"

"그 여편네가 그 욕심만으로 그런 일을 벌였겠나?"

"그럼?"

"이 마을에서 지 낭군만 죽어 나자빠졌으니, 그게 그리 억울했던 게지. 너도 살다 보면 알겠지마는, 남들한테 손가락질당한 사람이 밑도 끝도 없이 한을 품으면 그리 무서운 거래이. 지한테 찾아온 게 악신인 줄도 알고, 지 몸을 휘둘러댈 줄도 알면서도 그냥 내어주기로 한기라. 악에 받쳐가, 다른 놈들도 확 당해보라고."

"그거야 할매 생각이지. 사람 속은 귀신도 모른다던데, 정말 그런 마음으로다가 그랬을지는 모르는……."

"그분이 어디 그냥 귀신이가? 신명께서 보시기에 정말 안타깝고, 불쌍한 사람이면 그렇게까지 모질게는 못 하시는기라. 그분이 그렇게 벌전을 내리모 우리 같은 제자가 무신 말을 더 히겠노? 몇 년 살지도 않은 우리 같은 제자들이 이러쿵저러쿵 끼어들어서는 안 되는 거래이. 내사 평생 내보다 몬한 어르신은 단 한 분도 못 봤데이."

"……그럼, 정말 어떻게 구제가 안 되는 거야?"

"안 된데이. 그냥 나쁜 맴으로 기도만 했으면 또 몰라도, 생사람 죽이게 지 손으로 문도 열어주고 한 죄는 지가 갚아야지. 안 그렇노?"

만신은 그렇게 딱 잘라 말하고는 이금자에 대한 이야기는 두 번 다시 입에 담지 않았다.

이후 반나절 간의 준비를 마친 끝에 마침내 성대한 굿판이 벌어졌다. 분명 첫걸음은 박씨 무가의 만신이 떼었으나, 어째서인지 그녀가 아무리 청신을 해도 신은 좀처럼 내려올 기미가 없었다.

그렇게 수십 분을 더 뛰고 나서야 딱 한 분이 그 자리에 모습을 드러냈다. 그 마을의 터주 할매였다. 일찍이 입을 꾹 다문 채 시현에게 아무런 언질도 주지 않았던 예전과는 달리, 신명은 이번에는 시현을 똑바로 마주 보았다. 그러고는 온 얼굴에 사뭇 인자한 미소까지 띤 채 만신에게 이렇게 말해왔다.

"이 먼 곳까지 오시느라 제자님이 고생이 많으셨네. 다만 이번에는 자네가 아니라, 저 제자분이 위로굿을 하셨으면 좋겠는데."

신명이 지목한 이는 다름 아닌 시현이었다. 만신은 그 말을 듣고는 적잖이 놀랐으나, 시현은 이미 각오하고 있었다는 듯 별말 없이 자리에서 몸을 일으켰다. 그러더니 오히려 대수롭지 않은 듯한 말투로 할머니를 안심시켰다.

"할매, 나도 다 배웠잖아. 할 수 있어."

"……괘안겠나?"

"응. 내가 벌린 일인데, 내가 마무리 짓는 게 맞지."

시현은 비로소 굿판을 이어받았다. 만신이 벗어준 무복을 주섬주섬 주워 입은 뒤, 두 손에는 무구를 든 채 다시금 굿을 이어갔다. 한 손으로는 방울을 흔들고, 다른 손으로는 천을 휘날리며 능숙하게 그 자리에서 빙글빙글 도는 그 자태가 십수 년이 넘도록 굿을 뛰어온 웬만한 만신과 별반 다를 바가 없었다.

그로부터 얼마나 시간이 흘렀을까. 청신이 시작된 지 채 몇 분도 되지 않아 우물에서부터 소복 차림의 여인이 모습을 드러냈다. 비록 새하얀 소복이 여전히 차가운 물에 흠뻑 젖은 데다 온갖 잡동사니를 몸에 주렁주렁 달고 있긴 했지만, 새하얀 얼굴에 띤 표정만큼은 더없이 평온하기만 했다.

시현은 그제야 돌던 것을 멈추었다. 그러곤 공손하게 머리를 조아리며 그답지 않게 사뭇 진지한 목소리로 말문을 텄다.

"이 미천한 제자가 지금껏 신명님을 몰라뵙고 큰 결례를 범했습니다. 이제부터라도 신명님을 올바른 신격으로 대접해드리며 즐거이 해드리려 하니, 원하시는 것이 있으시다면 무엇이든 말씀해주시지요."

그러나 여인은 그 말을 듣고도 가마히 고개를 저었다. 그러더니 더없이 무덤덤한 말투로 이렇게 대꾸했다.

"내가 짊어져 온 무게를, 감당할 수나 있을까."

"……감당해야지요. 마땅히 그래야지요."

나름대로 마음의 각오를 하고 나서 대꾸한 직후, 마치 주마등처럼 시현의 눈앞을 스쳐 가는 것이 있었다. 그녀가 겪어온 지난 500년의 야속한 세월이었다.

* * *

여인은 이제는 제 이름조차 기억하지 못했다. 다만 기억하는 것이라고는 한때 제향 마을에서 태어났으며, 아래로는 남동생이 한 명 있었다는 사실뿐이었다.

남매의 부모는 특별할 것 없는 소작농에 지나지 않았다. 다만 하필 시기를 잘못 태어나, 꽃다운 열 살이 되자마자 전국 각지에 혹독한 가뭄이 들었다.

농사는커녕 사람이 마실 물조차 없었다. 목이 바짝바짝 타들어 가 아비규환은커녕 신음조차 들려오지 않고, 마을 곳곳에서 사람이 소리 없이 죽어가는 와중에 그녀의 부모 역시 무사하지 못했다.

아버지는 어떻게든 우물을 파겠답시고 구덩이를 파내다 한여름 뙤약볕 아래에서 실신하고 말았다. 한참이나 시간이 흘러 마을 사람이 내려가 보니, 그 안에서 죽어버린 것이 확실하여 시신을 건지지도 않은 채 그 위에 대강 흙을 뿌려 묻어버렸다. 말 그대로 제 무덤을 제가 판 것이었다.

그 광경을 두 눈 뜨고 지켜보던 어머니는 채 며칠도 지나지 않아 완전히 넋이 나갔다. 그리고 뭔가에 홀리기라도 한 듯 대들보에 목을 매어 죽어버렸다.

여인이 제 몸과 동생만을 건사하며 어떻게든 목숨만 이어가던 어느 날. 마을의 무당이 사람들에게 은연중 흘린 말이 있었다. 바짝 말라버린 우물을 사람의 피로 적시면 곧 난비가 내려, 온 마을 사람을 구해줄 것이라고. 자신이 그 이야기를 잡귀, 잡신도 아닌 차사에게 직접 들었노라고······.

여인 역시 그 이야기를 어깨너머로 들었다. 다섯 살배기 남동생은 아직 분별이 없어, 그 희생자가 부모 없는 아이 중 한 명이 될 것이라는 사실을 꿈에도 생각지 못했다.

그러나 여인은 그 잔혹한 운명을 어렴풋이나마 알고 있었다. 얼마 지나지 않아 자신들을 찾아와, 부자연스러운 친절을 베풀며 마지막으로 마실 물과 음식까지 챙겨주려는 그들에게, 그녀는 아무것도 입에 대지 않은 채 딱 한 마디만을 남겼다. 내 동생은 손대지 말라고, 오래오래 살려달라고.

그 말을 듣고 마음이 움직인 사람도 몇 명은 분명히 있었다. 어쨌든 부모도 없는 천애 고아보다는 자신의 자식이 더욱 소중했기에, 천륜을 거슬러서라도 이들 중 누구라도 제물로 바치면 그만이었다.

그날 밤, 수많은 장정이 합심하여 남동생 대신 여

인을 목 졸라 죽인 뒤, 시신은 우물에 던져버렸다. 단지 거기서 그쳤다면 그나마 다행이었겠으나, 여인의 넋만큼은 남아 말라버린 우물 안에서 눈을 떴다.

처음에는 자신이 죽었다는 자각조차 없었다. 그로부터 한참이나 시간이 더 흐른 뒤에야 제 죽음을 깨닫고, 여인은 자신을 끌어올려달라며 바락바락 소리를 질러댔다.

그 위에서 모습을 드리낸 것은 마을 사람이 아닌, 웬 처음 보는 남자였다. 새카만 갓을 쓰고 그와 똑같은 색의 도포 차림을 한 남자가 자신을 내려다보고 있었는데, 여인은 그가 저승사자라는 사실을 본능적으로 알아차렸다.

그가 당연히 자신을 끌어줄 것이라 여겼건만, 그는 손을 내밀어주기는커녕 그저 우물 안쪽을 내려다보며 껄껄 웃어댔다. 그러곤 이런 말을 남겼다.

"이 우매한 것들이 정말로 인간을 가져다 바쳤으니, 내가 마땅히 상을 줘야겠구나."

그 말이 떨어진 지 얼마 지나지도 않아 하늘이 열렸다. 하늘의 호통과도 같은 벼락과 채찍과도 같은 빗줄기가 온 마을을 두들겨댔지만, 그 뜻을 모르는 마을 사람들은 서둘러 바가지와 항아리를 꺼내다 빗물을 받았다. 그리고 더 이상 가져올 것도 없고, 모든 그릇이 빗물로 그득그득 차오르자, 그들은 그 따가운 빗줄기 속에서 덩실덩실 춤을 추었다.

하지만 여인은 그러지 못했다. 점점 차오르는 우물 속에서 비명을 지르며 허우적거리기만 했다. 그러다 물이 턱 끝까지 차오른 뒤에는 비명도 지르지 못한 채 부글거리는 소리와 함께 그대로 잠겨버리고 말았다. 사람 하나 없이 버려진 우물은 그 안쪽을 내려다보며 차사가 흘리는 껄껄대는 웃음소리와 빗소리만으로 가득했다.

그날 이후, 우물의 물이 마르는 일은 두 번 다시 없었다. 차갑고 깊은 물 속에 푹 잠겨버린 여인이었지만, 그런 와중에도 우물 밖에서 들려오는 웃음소리와 바가지로 물을 퍼내는 사람들의 목소리만큼은 선명하게 들려왔다.

그녀가 품었을 분노를 그 누가 감히 짐작이나 할 수 있을까? 여인의 넋은 언젠가 이곳에서 나가기만 한다면 저승사자고, 마을 사람들이고, 모조리 잡아 죽이겠다는 원한으로만 가득했다. 그리고 그 원한에 넋이 삼켜져 버린 탓에 제 이름조차 잊어버리고 말았다.

그러나 그렇게 몇 년을 묵어왔던 어느 가을날, 뜻

밖의 인연이 우물을 찾아왔다. 이제는 제법 원숙해진 목소리였지만, 여인은 그 목소리만 듣고도 상대가 누구인지 단박에 알아차릴 수 있었다. 바로 나이를 먹을 만큼 먹은 그녀의 남동생이었다.

"……누나야, 거기 있나……?"

당연하게도, 여인은 목소리를 내지 못했다. 벌써부터 물기에 젖은 남동생의 목소리만이 우물 바깥에서부터 웅웅 울려왔다.

"……누나야, 배꽃이 정말 이쁘게 폈다. ……같이 봤으면 좋겠는데, 내가 미안하다. 우리 누나 거기서 꺼내줘야 하는데, 내가 나 살기 힘들어서 아무것도 해줄 수가 없다. 누나야 미안하다……."

그 직후, 풍덩 하는 소리와 수면에 떨어진 것이 있었다. 아이 머리통만 한 탐스러운 배와 배꽃 한 송이였다.

여인은 그 배를 차마 입에 대지 못하고 가슴에 품었다. 배꽃은 머릿결에 꽂고, 두 눈을 감은 채 차디찬 물속에서 가만히 몸을 웅크렸다.

그녀가 지금의 모습이 된 것은 바로 그때부터였다. 마냥 마음이 편해지고, 사방으로 뻗치던 머리카락도 곧게 뻗었으며, 거뭇거뭇하던 옷가지 또한 새하얗게 변했다. 머릿속을 가득 채워가는 생각도 원한이 아닌, 막연한 안도감과 체념뿐이었다.

그래, 내 동생 하나 살았으면 됐다. 천지신명이 있다면 내 동생은 살려주시겠지. 자식도 보고, 아내도 보았을 내 머나먼 핏줄들, 그 자식들까지 살 수 있게 해주시겠지. 이 마을에 조금이라도 더 맛있는 과일이 열리게 해주시옵고, 내 동생이 그것으로 먹고살 수 있게 해주시옵고……. 나는 다만 언젠가는 이곳에서 나갈 수만 있게 해주시라고, 하늘에 빌고, 또 빌었다.

오직 그 간절한 마음만으로 머리에 꽂은 첫 번째 장신구가 바로 배꽃이었다. 그 먼 옛날부터 오늘날에 이르기까지, 여인은 오직 그 배꽃을 매만지며 자신의 본을 잊지 않을 수 있었다.

한데 그렇게 살아오던 어느 날, 이미 사람들에게 잊힌 우물에 웬 아낙이 몸을 던졌다. 화들짝 놀라 그 몸뚱이를 살펴보니, 이미 넋이 떠나 있었다.

여인은 누군가 아낙을 죽인 뒤에 시신을 던진 것이라 확신했다. 그런데 바로 그 순간, 또다시 풍덩 하며 떨어지는 것이 있었다. 이번에는 몸뚱이가 아닌, 아낙의 넋이었다. 혼비백산한 그녀를 붙든 채 사연을 물어보니, 아낙은 아무것도 기억하지 못했다. 그저 누군가 자신을 밀어 넣었다는 말만을 되풀이할 뿐이었다.

여인은 그 넋을 어떻게든 올려보내려 무던히도 애를 썼다. 하지만 천신만고 끝에 끌어올려도 넋이 자꾸 도로 떨어지기를 수차례나 반복하자, 여인은 아낙의 손을 잡고 시신을 걷어 올리는 사람들에게 붙어 우물 밖으로 직접 올라갔다.

그곳에서 그녀가 본 것은 다름 아닌 단물차사였다. 비록 처음 보았을 때보다도 허름한 행색을 하고 있긴 했지만, 그 얼굴만큼은 우물 아래에서 올려다보았던 모습과 조금도 다를 바가 없었다.

두 여인의 모습을 본 순간, 그는 대뜸 웃음을 터뜨리며 물어왔다.

"그 안에서 마을의 안녕이나 빌어줘야 할 년이 어쩌자고 올라왔는가? 혹, 먹이로 던져준 년이 마음에 들지 않았는가?"

'먹이'라는 그 한마디에, 여인은 눈이 뒤집혔다. 그러나 차마 달려들 엄두는 내지 못하고, 그 자리에 선 채 온몸을 파르르 떨며 한마디 한마디 씹듯이 뇌까렸다.

"……네놈의 짓인가? 네놈이 내가 올리는 넋을 다 잡아다 도로 처넣었는가……? 나를 이렇게 비참하게 만든 것도 모자라, 이젠 이 마을 사람들까지 잡아다 처넣는가……? 자네가 그러고도 저승의 녹을 받아먹는 차사란 말인가? 하늘을 우러러 부끄럽지도 않은가!"

여인의 절규는 그 이상 이이지지 못했다. 성큼성큼 다가온 차사가 그대로 두 여인을 휘어잡아, 그대로 우물에 던져버린 탓이었다. 외마디 비명과 함께 먼저 우물 속으로 처박히는 아낙의 모습이 눈앞을 스쳤다.

밑도 끝도 없는 어둠 속으로 삼켜지던 그 순간, 여인은 이를 바득바득 갈며 한가지 결심을 품었다. 내가 저놈만큼은 잡아 죽이겠노라고. 살은 물론이거니와, 잔뼈까지 바득바득 씹어 삼켜버리겠노라고…….

가증스러운 차사에게 당해 우물에서 거꾸러진 영혼은 아낙 외에도 하나둘씩 늘어만 갔다. 이제는 하늘로 올라갈 수도, 바깥에 떠돌지도 못하게 된 영혼들은 자신들이 소중하게 품어온 물건을 하나씩 여인에게 건넸다. 그러면서 피를 토하는 심정으로 넋두리를 늘어놓았다.

부디 이것을 받아 힘을 키우고, 저놈이 우리 후손들만큼은 죽이지 못하게 해달라고. 그리고 저놈을 잡아 죽이기 전까지는 억울해서 하늘로 오르지 못할 것이라고…….

여인은 그 무거운 한을 하나둘씩 짊어졌다. 힘을 키워 우물 밖으로 나설 수 있게 된 이후로는 저승사자의 세 치 혀에 속아 넘어가는 사람들을 어떻게든 살리려 노력했지만, 하늘이 무심하게도 단 한 번도 성공한 적이 없었다. 그 탓에 그저 체념한 채로 살아왔거늘, 이제는 천도의 길이 눈앞에 있었다.

여인은 시현의 몸을 빌려 비로소 두 눈으로 하늘을 올려다보았다. 눈살이 찌푸려지고, 따가워야만 뜨거운 태양 빛이 마냥 따스하기만 했다.

"……이제야 나도 빛 좀 보고 살겠네. ……자네들도 그렇지? 이제 한은 없지……?"

그렇게 중얼거린 뒤, 여인은 지금껏 자신이 품어왔던 것을 하나씩 바닥에 내려놓았다. 가장 오래된 비녀, 이것은 자식을 넷이나 두었던 새말네의 것. 가장 오래된 가락지, 이것은 혼사를 눈앞에 두고 비명횡사한 말금이의 것. 강아지의 모양을 한 작은 인형, 이것은 학교에 가다 끌려온 죄 없는 어린 민지의 것…….

그 모든 것을 내려놓을 때마다 여인의 눈에 박혀있던 눈동자가 하나씩 줄어들었다. 마침내 우물 앞에 수십 명의 영혼이 늘어서자, 그 모습을 가만히 지켜보던 터주가 마침내 앞으로 나섰다.

"이 세상에 수천, 수만 가지의 죽음이 있듯, 억울한 죽음도 어디에나 있기 마련이지. 자네들이 이렇게 된 것도 마냥 억울할 수 있겠으나, 이 모든 것이 사실 하늘의 뜻이고, 자네의 선조들이 과거에 쌓아온 업보일세. 자네의 조상들이 제 목숨 하나 살리겠다고 죄 없는 생목숨과 자네들의 넋을 팔았고, 나도 도와주고는 싶었으나 언젠가는 자네들이나 자네들의 후손이 반드시 치렀어야 할 업인지라 그러지를 못했네. 다만 이제는 그 벌이 다 풀렸고, 저 불쌍한 신명도 이 마을을 용서하기로 했으니, 이제 그만 돌아갈 때가 된 게지. 너무 원망들 말고, 이제라도 마음 편히 가시게나."

마음 편히 가라는 그 말마따나 다들 우물에 빠진 영혼이라고는 도저히 상상조차 할 수 없는 말끔한 모습을 하고 있었다. 다들 고개를 숙여 그 뜻을 받아들이자, 시현의 몸을 빌리고 있던 여인도 마침내 시현에게서 빠져나왔다. 시현은 그 바람에 그 자리에서 기우뚱하긴 했지만, 용케 중심을 잡고 우뚝 버티어 섰다.

다음 순간, 일찍이 하나가 되었던 그릇과 신명은 이윽고 아무런 말 없이 서로를 마주 보았다. 신명은 그렇게 한참이나 시현을 지켜보더니, 이내 자신의 소맷자락에 꽂혀 있던 뭔가를 꺼내 앞으로 내밀었다. 받아보니 필구가 애지중지하던 펜이었다.

시현은 반사적으로 그것을 받아들었다. 그리고 다시금 고개를 들어보니, 그리운 이가 눈앞에 아른거렸다.

필구의 넋이었다. 한때 눈에 대못이 박힌 채로 마주했던 며칠 전과는 달리 그는 이제는 말끔한 모습을 하고 있었는데, 이윽고 내뱉는 목소리 또한 생전과 마찬가지로 웃음기로 가득했다.

"야 인마……! 시현아! 역시 내 수제자 아니랄까 봐, 내 시그널 귀신같이 알아차렸지? 그치?"

"……네, 보자마자 알았죠."

"야, 역시 우리가 둘도 없는 콤비라니까? 하긴, 우리가 지금까지 해온 게 얼마냐? 그 옛날부터 말이야, 아주 그냥……."

필구는 시현과 함께 지금껏 겪어온 일을 일일이 늘어놓으려 했다. 하지만 아무리 기억을 더듬어보아도 어째서인지 떠오르는 것이 없었다. 뭔가를 말하려다가도 말문이 턱 막혀, 도로 입을 다물어버리기 일쑤였다.

"……이상하다……? 내가 너랑 겪어온 일이 몇 갠데, 내가 하나도 생각이 안 난다……? 왜 이럴까……?"

시현은 그 말을 듣다 말고 필구의 손을 가만히 움

켜쥐었다. 그러고는 위로하듯 차분하게 가라앉은 목소리로 대꾸해주었다.

"……그게 곱게 가시는 거예요. 미련 한 점 없이, 훌훌 털어놓고 가시는 거예요."

"그래……? 그런 거냐……? ……에이, 어쩐지 하나도 안 슬프더라. 그래서 그런가보다 야."

"……일생에 후회 한 점 없다는 뜻이니까, 가셔도 좋은 곳에서 다시 태어나실 거예요. 그러니 편안하게 가세요, 제가 계속 기도도 해드릴게."

"……시현아, 고맙다. 내가 정말 고맙고……. 이번에 너 진짜 잘했다. 정말 잘한 거야, 정말로……."

그것을 마지막으로, 필구의 넋은 이내 흐릿하게 흩어지며 그대로 자취를 감추었다. 두 사제의 해후를 끝까지 지켜본 뒤, 이윽고 시현에게 힘을 보태주던 탄석 차사 역시 그의 몸에서 서서히 빠져나왔다. 일찍이 제 소임을 내려놓았던 차사는 다시금 하늘의 뜻을 받들어, 눈앞에 늘어선 수많은 넋을 거느린 채 눈앞의 길을 향해 천천히 걸음을 옮기기 시작했다.

새하얀 길이었다. 마치 정월 대보름의 달빛이 내려앉은 것처럼 새하얗게 윤이 나는 돌다리 위로, 수십 명에 달하는 넋들이 보폭을 맞춰가며 느리게 걸어갔다. 샛노란 햇살 아래에서도 그토록 새하얗게 반짝이는 것이 돌다리가 뿜어내는 빛 때문인지, 그게 아니라면 넋들이 스스로 그렇게나 찬란하게 빛을 발하는 것인지……. 시현은 도무지 알 길이 없었다.

참 이상한 일이었다. 그 모습을 보는 것만으로도 온몸의 힘이 쭉 빠져버린 나머지, 그 자리에 서 있는 것조차 버거웠다. 그 광경 앞에서 시현이 할 수 있는 일이라고는 그저 눈물이 글썽이는 눈으로 그 모습을 막연히 지켜보는 것뿐이었다.

그가 멀거니 그 행렬을 내다보기만 하는 사이, 박씨 무가의 만신은 가만히 그의 곁에 다가가 섰다. 그러고는 위로해주듯 시현의 귓가에 대고 나지막이 속삭였다.

"……시현아, 저게 윤회 길인기라. 언젠가는 우리도 밟아야 하는 길이고, 저걸 미련 없이 밟고 가야만 다들 행복할 수 있는 기다."

"……."

"……그래, 암말 못 하는 니 맘 다 안데이. 그래도 니는 제자라 안 카나? 하늘과 땅을 이어주는 제자가 그냥 보고만 있을 기가? 니는 저 넋이 훌훌 떠날 수 있도록, 덕담 한마디라도 해줘야 하는기라."

"……."

"시간이 없데이. 뭐든 말해라, 얼른."

너무나 막연한 나머지 당장은 떠오르는 것이 없었다. 하시만 느리지만 꾸준하게 멀어져가는 여인의 뒷모습을 본 순간, 뭔가를 미처 떠올리기도 전에 입이 먼저 움직였다.

"그동안 고생이 많으셨습니다."

그 한마디에, 신명은 그 자리에 우뚝 멈춰 섰다. 그러곤 그 자리에서 고개만 돌린 채 시현을 빤히 들여다보았다. 새하얗고 무덤덤한 얼굴이 아무런 미련도, 슬픔도 없이 그저 평온하기만 했다.

시현은 그 모습을 본 뒤에야 마음을 놓고 말을 이어갈 수 있었다.

"……못난 제자 만나서 고생이 많으셨습니다. 다음에는 더 나은 제자가 될 수 있도록, 앞으로는 몰라뵙지 않게 최선을 다하겠습니다. 그리고…… 그리고 또……."

하고 싶은 말이 너무나 많은 터라 무엇부터 말해야 할지 선뜻 마음을 정할 수가 없었다. 시현은 반쯤 고개를 떨어뜨린 채 한참을 망설이더니, 이내 다시금 고개를 든 채 다시금 말을 이어갔다.

"……행복하세요, 꼭. 다음 생에는 그 누구보다도 행복하게 사세요."

그 말이 떨어진 직후, 마냥 무덤덤하기만 하던 여인의 얼굴에 옅은 미소가 번졌다. 늘 비틀린 조소만을 보여주던 예전과는 달리, 그 미소가 마냥 깨끗하고 아름답기만 했다.

"……자네도 못난 년을 만나 고생이 많았네. 앞으로는 나 같은 것 만나지 말고, 불쌍한 사람들 많이 도와주는, 그런 그릇이 되시게."

소탈한 미소와 함께 건넨 덕담을 마지막으로, 여인은 다시금 고개를 돌려 새하얀 돌다리를 마저 걷기 시작했다.

마치 등불처럼 반짝이는 수많은 넋의 행렬은 은하수와도 같은 그 하이얀 길을 따라, 그러잖아도 밝은 숲길을 더욱 휘영청 밝혀가며 영영 먼 길을 떠났다.

<끝>

중편들, 한국 공포문학의 밤

우물

1판 1쇄 찍음 2024년 9월 5일
1판 1쇄 펴냄 2024년 9월 20일

지은이 | 지언
발행인 | 박근섭
편집인 | 김준혁
펴낸곳 | 황금가지

출판등록 | 2009. 10. 8 (제2009-000273호)
주소 | 06027 서울 강남구 도산대로 1길 62 강남출판문화센터 5층
전화 | **영업부** 515-2000 **편집부** 3446-8774 **팩시밀리** 515-2007
홈페이지 | www.goldenbough.co.kr

도서 파본 등의 이유로 반송이 필요할 경우에는 구매처에서 교환하시고
출판사 교환이 필요할 경우에는 아래 주소로 반송 사유를 적어 도서와 함께 보내주세요.
06027 서울 강남구 도산대로 1길 62 강남출판문화센터 6층 민음인 마케팅부

ⓒ지언, 2024. Printed in Seoul, Korea
ISBN 979-11-7052-435-9 04810
ISBN 979-11-7052-429-8 04810(세트)

㈜민음인은 민음사 출판 그룹의 자회사입니다.
황금가지는 ㈜민음인의 픽션 전문 출간 브랜드입니다.